宗教·教育·社会

吴梓明教授
荣休纪念文集

陶飞亚 刘 义·编

東方出版中心

目录 CONTENTS

心系崇基中大四十年
—— 代序[①]

一、引　言

首先多谢崇基学院教职员团契,特别是伍渭文牧师的安排,让我退休前能与大家再会面,更多谢大家的拨冗光临,参加今日的欢送会。四十年不算太长,但实在过得很快。我十七岁进入崇基,当时是1968年,现在已进入2008年,原来已经过了四十年了。所以当伍牧师邀请我分享的时候,我立时便选上了这个题目:"心系崇基中大四十年"。四十年,真是不简单;在这四十年中,我有三十五年半是在崇基中大度过的,包括学习、生活和工作。我计算过,在崇基念本科四年,当时香港中文大学已是四年制的大学,我主修"宗教"、副修"社会学";跟着三年是在崇基神学院修读神道学硕士(Master of Divinity)课程,我是第一批入读这个课程的学生,也是香港中文大学第一批获颁神道学硕士学位的毕业生;之后,又在香港中文大学教育学院读了两年教育文凭课程(1976 - 1978),教育学院大楼也是在崇基校园之内。所以,我在中大崇基的校园内总共花上了九年的岁月。随后,我亦获中文大学校外进修部聘为校外文凭课程兼任导师(1979年),再有三年(1979 - 1982)在中大教育学院担任兼职讲师(Part - time Lecturer)。1982年我有机会前往英国伦敦大学教育学院进修,第一年读毕文学硕士(主修教育)的学位课程(M. A. in Education),再花两年时间便完成了哲学博士学位课程(Ph. D. in Education);我当时是打破了伦大教育学院学生三年内取得两个高级学位的纪录;

① 本文乃吴教授于2008年1月22日及24日分别应香港中文大学崇基学院宗教与中国社会研究中心主讲"二十年来的中国教会大学史研究"专题、及崇基校园基督徒教职员团契邀请作退休前分享"心系崇基中大四十年"之发言稿,获教授将两篇讲稿重新整理修订转载之,谨此致谢。

1985 年我返回中大崇基宗教系任教，一直到现在，刚好满二十二年六个月。若是将这些数字全部加起来，即在这四十年间，我总共有三十五年半是在中大崇基的校园内成长的。

二、崇基的开始

还记得我最初入读香港中文大学宗哲系的时候，有很多同学怂恿我转系，这个转系的风气多年来是没有改变的，但我却从没有想过转系；亦估不到，四十年来我一直没有离开宗教系（虽然学系的名称曾有改变，2004 年开始已改称为文化及宗教研究系）。

有人问我为何会转读教育？其实我在读神道学硕士课程时，是兼修圣经研究及基督教教育两个范畴的，我的心愿就是要将基督教圣经的道理清楚地教育下一代。所以，我除了在本科时主修“宗教”、副修“社会学”外，在硕士课程中，我也是尝试主修“圣经研究”，副修“基督教教育”的。因此，“宗教学”、“社会学”及“教育学”也就成为了我一生所关注的三个课题了。在念硕士课程时，刚巧圣杰灵女子中学的校长班佐时牧师前来崇基神学组找兼职老师教圣经，当时神学组主任廖新民博士（Dr. Paul Newman）便推荐我去任教，一教便教了十年，先是兼职，硕士课程毕业后便改为全职老师。我也顺其自然地继续在香港中文大学教育学院修读学位教师教育文凭的课程，读完教育文凭后又获教育学院院长的错爱，建议我一边在圣杰灵教书、一边回馈教育学院作兼职讲师。于是，接下来的数年我是日间教中学、晚上返回中大崇基校园教授教育文凭课程的。当时，我想如果要继续在教育方面发展学术事业的话，我应该赶快修读一个博士学位课程。我于是又采纳了当时神学组主任潘应求博士及圣杰灵女子中学校长班佐时牧师的意见（他们都是伦大教育学院的校友），决定去英国伦敦大学教育学院修读博士学位课程。因此也可以说，我是从“宗教”转向“神学”、再从“神学”转向“教育”的；也是顺理成章地，我在伦大修读教育的时候，是主修宗教教育的。

在英国念第三年的时候，便收到神学组主任陈佐才法政牧师的来信，邀请我返香港中文大学任教。陈法政更将聘请讲师的广告寄来，注明是要聘请宗教教育科讲师，应征者必须获取宗教教育方面的哲学博士学位。这是度身定制吗？我只好遵命，申请返回中大任教，这样一教就教了二十二年半。

三、心系崇基与中大

过去的四十年中，我有三十五年半是在中大崇基校园内度过的，先后住过神学楼二楼三楼、E座31室、S座2号室和A座1号室等。不单是我个人的成长，就是我家人(太太和两个孩子)的成长、我们的生命中如果有什么成就的话，肯定是与崇基中大有关的。临退休前，或许也让我向大家忆述一下几件心中难忘的事件：

一、1960年代进入中大崇基读书，最主要的交通工具是火车，再须穿过运动场，跑上半山上课。所以留下最深刻印象的就是靠近火车站的岭南运动场，因为每天都必须经过。我们每天都是要踩踏一片烂泥地，跑上山才可以上课的。那时，我已懂得不断提醒自己，要读书是不容易的。每日要坐差不多一个小时的火车，还要跑过一段烂泥地，跑上山，才有书读。"既然是有幸进入大学校园里，就要珍惜机会，好好地读书，不要辜负父母、老师的期望啊！"

二、在崇基读书的年代，我留下最多踪迹的当然是神学楼及图书馆。二年级的时候(1969年)，神学楼新楼落成，我们成为了入住神学楼的第一批学生；当时还未有顺利桥的小路，为了同学出入的方便，我们便自告奋勇帮忙搭桥铺路，现在那段路已修葺过，当然已好走得多了。我三年级时被选上担任宿生会会长(当时是吴利明教授当舍监、我当会长，十分凑巧)，当年最深刻印象是在崇基图书馆搬书运动中有一项各单位出席率比赛，神学楼宿生出席率是98%，夺得全场冠军，那面锦旗现在仍挂在神学楼墙上。我也经常带朋友往神学楼参观，除了介绍一些早期的照片及锦旗外，还提及神学楼草地上的一块怪石头、上面刻有一个"隽"字，旁边有一棵高高的树，已经有三十五年的历史了。正因为那块石头和那棵树是1972年我们一班住宿神学楼的毕业同学特意留给母校神学楼作为纪念的。我们就是当年1972年毕业级"隽"社的同学。

三、在2001年，在崇基学院庆祝创校五十周年校庆的时候，我曾经为母校撰写了一本小册子，题为：《五十年来崇基学院的基督教教育》，以贺母校的金禧纪念。在修订版的附录中，我又加上一篇文章：《我和崇基有个故事》。去年(2007 年)是崇基创校五十五周年校庆，我追随梁元生院长，与他一同编制了一本英文书：*Christian Responses to Asian Challenges: A Globalization View of Christian Higher Education in East Asia.*（亚洲处境给予基督教大学的挑战与他们的响应）①，总算我也为母校留下一些纪念吧！

四、伍渭文牧师吩咐我讲一下我在基督教大学研究的历程及心得。我读的是宗教教育，也不断思考有关教会办学的问题。正因为我是在崇基中大成长，崇基学院 1951 年创立时，是为继承国内十三所基督教大学的传统而办理的，很自然地我就开始钻研基督教大学教育的问题，并以崇基作为一个个案研究。在中大崇基读过宗教、读过神学，我亦很自然地会从宗教神学的角度看教育的问题。基督教的上帝是一位超越的上帝，上帝是超越者，这个思考方法很有意思。过去二十年，我是选择了从一个超越的角度检视崇基学院的基督教教育。

若是借用本地维他奶广告的一句话："点只咁简单。"我会说："崇基的基督教教育点只基督教咁简单。"因为崇基强调的基督教精神是超越宗派、甚至是超越了宗教的框框。在崇基的校园内，我们不仅有基督宗教的研究——基督新教、天主教研究，也有佛教、道教、印度教、伊斯兰教的研究。最近几年，或许大家会留意到，在校园内多了些和尚、尼姑、道士，他们也一群一群地参加暑期研习班。我会说：这正是崇基作为基督教大学的特色。其他宗教大学很少像我们这样的开放，可以容纳不同宗教的人士为个别宗教举办培训班，所以是"点只基督教咁简单"。崇基学院的校牧室也是这样，伍渭文牧师对崇基学院、甚至对中文大学的老师和学生的照顾也不只限于是基督教徒，信徒、非信徒也是校牧室关顾的对象，所以是"点只基督教咁简单"。

另一方面，崇基的基督教教育也是"点只一般教育咁简单"。现代的大学教育愈来愈专门化、学术化，追求知识的传授、钻研及创造，愈来愈少关注人的需要，甚至使人成为了学术竞争、权力斗争的牺牲品。但在崇基的校园里，我们多少也受到一些基督教气氛的熏陶，也会关顾我们的生命、成长，表达我们对心灵成长的关顾。

---

① 两本书均是由崇基学院的宗教与中国社会研究中心出版。

有学者喜欢用“世俗化”这个社会学的理论去描述近代基督教大学的演变历程，但我觉得是不足够的。因为“世俗化”的理念比较负面和不够全面，我较喜欢从“基督教教育现代化”的角度去理解，这样才能看出崇基的基督教教育是“点只基督教咁简单”，也是“点只一般教育咁简单”。

四、二十年来的中国教会大学史研究

很多人问我：为何从事中国教会大学史的研究？是偶然的吗？抑或是上帝的安排？这也许亦是一个不容易回答的问题。刚才我的解释是：我念大学的时候主修宗教研究、副修社会学，后来又读神学，再转到教育学院，我一直都关心宗教教育和教会办学的问题。1985 年，我刚完成博士论文回港履新，本是想在中文大学专心钻研香港的教会办学及学校宗教教育的课题，但是因为香港面临九七回归的问题，很多学者开始面向中国内地，因此，研究香港教会办学的问题也不能离开在内地教会办学的一段历史经验及思考，所以我亦开始主动地读中国历史（又从“教育”转到“历史”了），尤其是 1920 年代的非基督教运动及收回教育权运动等。1989 年 1 月，武汉华中师范大学校长章开沅教授正在筹办第一届中国教会大学史国际研讨会，他发给我一封邀请信函，我便毅然应邀参加了。这确是一个极好的机会，让我能够接触更多关注中国教会大学史研究的学者，从那时候开始，我便一直专注从事中国教会大学的历史研究。若是由 1989 年开始算，也差不多有二十年，所以我也可以藉此机会向大家报道二十年来中国教会大学历史研究的情况吧！

武汉华中师范大学的研讨会是称为第一届中国教会大学史国际研讨会，其实 1987 年在四川大学也有一个较小型的研讨会，他们称之为筹备委员会研讨会。那次推选了章开沅教授扛大旗，所以武汉的会议便算是第一届。①

1989 年 5 月 31 日至 6 月 3 日武汉华中师范大学举办第一届中国教会大学史国际研讨会，我是参加这个会议的唯一一位香港学者，所以依

① 参章开沅、林蔚合编：《中西文化与教会大学》。湖北教育出版社 1991 年。亦可参吴梓明：《基督宗教与中国大学教育》，中国社会科学出版社 2006 年，第 223 页。

据章开沅教授的说法，我是最早参与中国教会大学史研究的香港学者。我初到武汉的时候，也曾尝试在书店寻找一些有关基督宗教学术研究的书籍，却是一本也找不到。现在不到20年，大家已可以随便在内地的书店找到有关宗教学术研究的书籍，也有不少是有关中国教会大学史研究的书籍及学术文章。所以，大家可能很难想象20年前的中国教会大学史研究是从空白开始的。我初时认识几位老学者——包括华中师范大学的章开沅教授、苏州大学的张梦白教授、复旦大学的胡景钟教授、福建师范大学的陈增辉教授等，都是以前教会大学的学生，他们的年纪有多大，大家可以推算之；事实上，现在除了章教授以外，其他都已经去世了。当时，我遇上这些前辈学者非常开心，他们告诉我，研究中国教会大学的历史最大的困难是资料的搜集，其次是如何引起年轻学者研究的兴趣。因为得到内地一班前辈学者的鼓励，我便立下决心致力推动有关中国基督教大学史的研究工作，并在这两方面尽上一点绵力。

1991－1992年是我在香港中文大学任教以来第一个的安息（休假）年，我便计划走访美国（在东岸耶鲁大学住了半年，也在西岸加州太平洋神学院留了半年）。我特意访问了美国哈佛大学、耶鲁大学、哥伦比亚大学、加州大学伯克利分校及斯坦福大学的档案馆，了解有关中国教会大学史研究档案文献的收藏情况。在耶鲁大学搜集资料期间，刚巧遇上当时在耶鲁大学做访问研究的章开沅教授和马敏博士，分别与他们共同撰写了两篇文章：《中国教会大学研究近年在大陆的发展》及《中国教会大学历史文献在美国收藏情况简介》，我亦很幸运地能与章教授合作完成一篇英文文章，帮助他向 Henry Luce Foundation 申请资助，也达成他的心愿：在华中师范大学成立一个中国教会大学史研究中心①。留美期间，我还有一个十分难得的机会，可以亲自前往新泽西州拜会当时还健在的柯乐智博士（Dr. Archie Crouch），他是《基督教在中国——美国图书馆、档案馆所藏文献指南》（*Christianity in China: A Scholar's Guide to Resources in the Libraries and Archives of the United States*. New York: M. E. Sharpe,

---

① 参 Zhang Kai Yuan & Ng Tze Ming Peter, "Recent Development in Research on the History of Christian Higher Education in Mainland China – the Chinese Experience" in *Newsletter for Modern Chinese History*,《近代中国史研究通讯》the Journal of the Institute of Modern History Academia Sinica (Taiwan), vol. 15, March 1993, pp. 118－128。及吴梓明、马敏：《中国教会大学历史文献在美国收藏情况简介》，刊于《近代中国史研究通讯》。中研院近代史研究所，第16期，1993年9月，第180－198页。

Inc., 1989）那本书的作者①，我很佩服他花了十多年时间编写那本书，所以希望聆听前辈在搜集有关中国基督教历史文献的宝贵经验，以便着手计划及推动有关中国基督教大学文献目录研究的工作。柯乐智博士给予我很多宝贵的意见，终于我决定返港后筹办一个中国教会大学历史文献研讨会。我更有幸从柯博士手中获取他的一份手稿，于是我邀请了美国旧金山大学中西文化研究所（后来改称为“利玛窦中西文化历史研究所”）的吴小新博士共同翻译该文，并将有关中国教会大学史研究档案文献在美国的收藏情况，于《近代中国史研究通讯》内作些报道②。

1990年代初从事这方面的研究实在不容易。在内地必定会遇上很多问题，在香港也是有困难的。内地的问题主要有三方面，一是因为中国教会大学史研究与宗教有关，内地一直不鼓励人从正面去研究有关宗教的课题；二是基督教与帝国主义、文化侵略有关，中国教会大学史研究是十分敏感的课题；三是它也涉及学生运动，这也是属于十分敏感的研究课题。所以内地学者一直不愿直接去研究教会大学的历史的。香港又如何？1990年代初，中大的学者也有不少视内地研究为十分敏感的课题，容易受到政治审查，最好不要触碰它；另外，当时也有同事认为内地学者的水平参差，甚至不符合国际水平，所以，与内地学者打交道是将自己的学术水平降格，我当时也受到一些批评。总之，当时在中大从事中国教会大学史研究也是有困难的。幸好“九七”之后，形势大大改变了。

1993年12月，我们在香港中文大学崇基学院主办了一个“中国教会大学历史文献国际研讨会”。获邀出席的学者们来自美国，加拿大，中国内地、台湾、香港等地区的中外学者共60多人，其中宣读论文者有40多位③。在会上，学者们深深体会到要透彻了解中国基督教大学的历史，就必须要翻查有关的档案及历史文献，因此对中国教会大学档案及文献的分布及储藏情况的认识便是十分重要的了④。为了进一步鼓励学者们进行深入的研究，我于是与刚回中大任教的梁元生教授携手，亦联系了内地有

---

① 柯乐智博士曾编撰：《基督教在中国——美国图书馆、档案馆所藏文献指南》一书，参 Archie Crouch, *Christianity in China: A Scholar's Guide to Resources in the Libraries and Archives of the United States.* New York: M. E. Sharpe, Inc., 1989。

② 参吴小新、吴梓明合译：《编撰〈基督教在中国〉全世界所藏文献指南的模板》，刊于《近代中国史研究通讯》，第19期，1995年3月，第106－112页。

③ 有关报告可参阅吴梓明编：《中国教会大学历史文献研讨会论文集》，香港中文大学出版社1995年。

④ 吴梓明编：《中国教会大学历史文献研讨会论文集》。

关档案馆的研究人员，共同搜集有关教会大学历史文献的资料，并于1996－1998年间合力出版了共五辑《中国教会大学文献目录》，为从事中国教会大学研究的学者们提供基础性的资料指引①。这是推动中国学者进行深入研究的第一步。

1994年3月在成都四川联合大学举行了另一个“教会大学与中国现代化研讨会”，其中一群来自中国不同地区的学者，相聚间谈及中国内地有关基督教教育研究的专论著述不多，尤以丛书形式出版的专书研究有关基督教教育与中国社会的课题方面作学术研究的更少。有见及此，学者们建议彼此合作，共同撰写一套《基督教教育与中国社会丛书》，先后出版了七种，分别是：

1. 陶飞亚、吴梓明：《基督教大学与国学研究》

2. 史静寰、王立新：《基督教教育与中国知识分子》

3. 黄新宪：《基督教教育与中国社会变迁》

4. 徐以骅：《教会大学与神学教育》

5. 吴梓明：《基督教大学华人校长研究》

6. 朱峰：《基督教与近代中国女子高等教育——金陵女大与华南女大比较研究》

7. 刘家峰、刘天路：《抗日战争时期的基督教大学》②

这项丛书出版计划，其实也标志着另一个开始，是内地、香港两地学者首次携手合作，共同撰写有关基督教教育与中国社会课题的专论；也是第一次由香港一个宗教机构赞助、由内地一家教育出版社出版的基督教教育丛书。丛书还有一个特色，就是它挑选了一些重要的专题作研究，是有关“国学研究”、“神学教育”、“华人校长研究”、“女子高等教育”和“抗日战争时期的基督教大学”等研究。现在回头看，会觉得学术水平仍有不足之处，但相对于1990年代初内地的学术水平来说已算不错，并且更重要的是我们希望可以引发学者们进一步的探究。

---

① 参吴梓明、梁元生主编：《中国教会大学文献目录》（共五辑），香港中文大学崇基学院宗教与中国社会研究中心1996－1998年。

② 该丛书已由福建教育出版社1996－2002年陆续出版。

五、研究方向的寻觅

中西文化交流

从1950年代初以来,大陆学者一般都只采用马克思主义的理论来评价中国基督教大学,将基督教大学视为西方霸权在中国境内进行文化侵略的工具。因此,在中国的历史上,基督教大学并不负起任何正面的角色。但自1980年代开始,随着中国不断的改革和开放,内地学者在学术思想上开始享有较大的自由,可以逐步冲破过往的历史成见。学者们开始重新肯定"思想解放"、"实事求是"的研究态度的重要。在武汉举行的第一届中国教会大学史国际研讨会上,章开沅教授已经明确指出,他说:"毋庸讳言,一些教会与教会大学曾与西方殖民主义及所谓'为基督教征服中国'的宗教狂热有过不同程度的联系,也正因为如此,教会大学曾经引起众多中国人士的反感……但是,以现在的眼光来看,这种尖锐的批评虽然不无事实依据,但却失之笼统与有所偏颇,因为它没有将教会大学作为主体的教育功能与日益疏离的宗教功能乃至政治功能区别出来,也没有将学校正常的教育工作与西方殖民主义的侵华政策区别出来。"他又补充说:"过去人们曾经将中国教会大学单纯看作是帝国主义文化侵略的工具,殊不知它也是近代中西文化交流的产物,它的发展变化是近代中西文化交流史的重要组成部分……今天,我们已有可能并且应该排除民族情绪与历史成见中的某些偏颇因素,更为客观地、全面地、科学地从事中国教会大学史的研究,从各个侧面与不同层次探索其发展流变与社会效应。"①章教授随即建议学者们可以从中西文化交流的角度看中国的基督教,这当然不仅是关乎传教士在华的活动,也不只是限于基督教大学的活动吧。

促进中国教育的现代化

1990年代以来,内地学者亦多是从较正面的角度及采取较积极的态度看待基督教教育在中国的历史发展,并且尝试将中国基督教教育史放

① 参章开沅:《序言》,章开沅、林蔚合编:《中西文化与教会大学》,第1–4页。

回中国历史或中国教育史的范畴作研究。譬如高时良主编之《中国教会学校史》(湖北教育出版社 1994 年)、黄新宪之《基督教教育与中国社会变迁》(福建教育出版社 1996 年)及王奇生之《中国留学生的历史轨迹 1872 – 1949》(湖北教育出版社 1992 年)等。也有学者是着重从现代化和中西文化交流的角度作研究,譬如史静寰之《狄考文和司徒雷登在华的教育活动》(台湾文津出版社 1991 年)、何晓夏与史静寰合撰的《教会教育与中国教育近代化》(广东教育出版社 1996 年)和王立新之《美国传教士与晚清中国现代化》(天津人民出版社 1997 年)等。明显地,他们已经开始从一个新的角度去检视中国教会大学的历史,更加客观、科学化地看教会大学在促进近代中国现代化的进程上所扮演的角色。

西方冲击中国响应 vs. 中国冲击西方响应

我相信大家必定熟识费正清(John Fairbank)教授的"冲击与响应"(Impact – Response) 研究范式,按费教授的理解,西方的基督教教育对近代中国来说可算是一种冲击,它也必然会引起中国社会和人民的响应。但这种"冲击与响应"的研究观点其实亦可以是从相反的方向看的,换言之,中国的文化和社会处境也可以是对来自西方的基督教教育带来另一种的冲击,逼使西方传教士也必须对中国的冲击作出相应的响应来。譬如:基督新教传教士在中国所设立的大学可以被视为传教士将西方的教育搬进中国来的一项尝试,但在中国却遇到了社会及文化上很大的冲击,为了响应中国的冲击,传教士也在不断的修订他们办学的宗旨及方向。因此,中国基督教大学的演变也可以被视作是传教士面对中国冲击的一种响应。事实上,西方传教士来到中国后,也有不少因着与中国人士的接触交往而被改变过来。近代学者也尝试从这相反的角度去研究,较突出的研究是连曦的博士论文,题目便是:《传教士的改变——在华美国新教差会中的自由主义》①,论文中清楚描述了几位西方传教士来华接触中国社会的宗教和文化后,是如何将他们对自身来华宣教的看法逐渐改变过来的。他们本想改变中国,却最终被中国改变了②。

---

① 参 Lian Xi, *The Conversion of the Missionaries-Liberalism in American Protestant Missions in China*, 1907 – 1932, Pennsylvania: The Pennsylvania State University Press, 1997。

② 连博士是专门研究三位传教士在中国的转变,即是胡美 (Edward H. Hume)、乐灵生(Frank J. Rawlinson)和赛珍珠(Pearl S. Buck)三人。

自1996年开始，我与梁元生教授及两位内地学者（复旦大学的徐以骅博士与北京师范大学的史静寰博士），亦尝试从这样的角度、就四个不同的分题展开有关中国教会大学的深入研究。这四个课题分别是：（一）神学教育；（二）宗教教育；（三）国学研究及教育；（四）爱国主义教育等。研究的成果是出版了一本英文书，Ng, Peter Tze Ming et al, *Changing Paradigms of Christian Higher Education in China*, 1888 – 1950. Lewiston, New York: The Edwin Mellen Press, 2002。这项研究也是进一步证实了中国教会大学研究的确可以成为中西文化交流史中相反方向研究的一个具体个案①。

西方元素 vs. 中国元素

过去学者研究中国基督教史时也多是侧重看传教士或西方差会的历史，因而忽略了华人教会的历史发展研究。在中国教会大学的研究上也是如此，学者们多是视中国教会大学为西方传教士的宣教机构之一，将其定位为传教士在中国设立的西方教育体系，却忽略了这些基督教大学本身也有许多属于中国的元素。因此，在推动有关中国教会大学史研究的同时，我也着意地突显出研究有关“中国元素”的重要性。在1997年，刚巧徐以骅博士及华中师范大学的周洪宇博士同在香港，我们三人共同开展了一项有关“基督教大学华人校长研究”的计划。我们先后邀请了十多位学者参加，分别探究中国基督教大学华人校长教育理念的形成及实践的情况。这些华人校长的身份比较特别，他们均须面对至少三方面的冲击。其一是他们身为华人信徒，必须在基督教信仰与中国文化之间带来的冲突问题中寻求解决的方案。究竟他们如何能在持定“中国人身份”的同时，亦能坚守其“基督徒的身份”呢？其二是身为基督徒教育工作者，他们必须面对教育工作给予基督徒的挑战。究竟他们是如何处理“对教育专业的委身”与“对基督教信仰的委身”二者带来的冲突问题呢？其三是他们身为华人校长，必须面对“为基督教信仰服务”与“为国家或当地社会服务”之间带来的冲突问题。究竟他们是如何面对中国政府与基督教会或差会给他们的压力呢？事实上，华人校长的研究更能

① 该研究项目已经完成，并以英文专书的形式在美国出版，见 Ng, Peter Tze Ming, *Changing Paradigms of Christian Higher Education in China*, 1888 – 1950. Lewiston, New York: The Edwin Mellen Press, 2002。

帮助我们看到教会大学不完全是西方的东西,更是有很重要的中国元素,并且是愈来愈中国化,我们更加需要从华人信徒的角度看,才可以清楚了解中国教会大学的发展历程①。

传教士研究 vs. 华人信徒研究

1991 年北京师范大学史静寰博士出版了她的博士论文《司徒雷登与狄考文在华的教育活动》(台湾文津出版社 1991 年);天津南开大学王立新博士的论文也是研究"美国传教士与晚清中国现代化"(天津人民出版社 1997 年)的。但近年更多见到的是华人信徒的研究。因为在有关中国教会大学华人信徒研究中,会更容易找出有关的"中国元素"。譬如:我有一位研究生研究的是燕京大学的早期华人教授——刘廷芳②。刘廷芳是浙江省温州永嘉县人,父母均是中国人,他当然也是个中国人;但刘是出身于一个基督教的家庭,他已是第三代的基督徒,他也不讳言自己生下来便是个基督徒。他这双重的身份都是与生俱来的,对刘廷芳而言,他必须同时拥有这与生俱来的"双重身份"。刘的一生正好是见证了"基督徒"与"中国人"两种身份的一个完美结合吧。

另一位学生是研究金陵大学的学生——陶行知。陶行知是中国近代著名的教育家,他本来的名字是"陶文浚",后来因为坚信"知行合一"的理想,改名为"陶行知"。一般学者或会承认陶行知的基督徒身份,或是说陶行知只是曾经一度成为基督徒,其实综观陶行知的一生,他自始至终都是个基督徒,并没有断言放弃过他对基督教的信仰,并且他也一直是积极参与基督教群体的活动者。我的学生在其研究过程中,也找到了不少有关陶行知与基督教机构相联系的资料,及他在基督教出版物中发表过的文章材料,帮助学者重新发现这位基督徒教育家的身份及工作。陶行知既然相信基督教,自然地会在他的言行中流露出他所接受的基督教信仰来。事实上,陶行知所推崇的教育也正是一个中国(本色)化

① 参吴梓明编:《基督教大学华人校长研究》。福建教育出版社 2001 年。

② 参吴昶兴:《刘廷芳宗教教育理念的实践与中国社会变迁》,香港中文大学博士论文 2002 年。除了有关基督教大学人物外,当然也有是关乎中国基督教会内的华人信徒研究,譬如耶稣家庭的创始人敬奠瀛及东南亚华侨教会的拓荒者黄乃常等。读者亦可参阅陶飞亚《中国的基督教乌托邦——耶稣家庭(1920 - 1952)》(香港中文大学出版社 2004 年)及朱峰《基督教与海外华人的文化适应—砂拉越华人美以美会社区的个案研究(1901 - 1951)》(香港中文大学博士论文 2004 年)。

的基督教教育。我们知道：基督教是一个“爱的宗教”，自然地，陶行知所致力推动的平民教育也正是一种活现爱心的教育。所以可以说，陶行知的平民教育理想真正是一个结合中西文化、落实基督教教育理想的中国化表达①。

另一位学生研究的是燕京大学的一位教授——许地山。许地山不单选择了信奉基督教，他也进入神学院深造，但他却娶了一位佛教徒女子为妻子。许地山也专门研究中国的宗教，曾发表过很多有关佛教、道教的著述文章，甚至连外教徒学者也十分接纳、欣赏，并且推崇他的学术成就。他如何能平衡“基督教”与“中国文化”二者，尤其是以宗教学者的身份，处理有关多元宗教的问题，譬如“基督教”与“中国宗教”的关系等问题，如何在他的文学作品中呈现出来，这些都是值得我们近代学者所关注研究的课题②。许地山只是其中一个例子吧。

我还有另一位学生是研究辅仁大学的校长陈垣教授的。陈垣虽是一位基督新教信徒，他却担当了一天主教大学的校长之职。更是由于陈垣热衷宗教学术研究，他常以“宗教研究者”自居，但在他的宗教研究中，却处处表现出他的个人宗教信仰是属于一种开放的信仰，这种宗教信仰并不否定中国文化、且更是具有广阔的宗教文化关怀的一种信仰③。这些博士生的研究中，亦明显地见证着中国教会大学的历史中，确是蕴藏着很丰富的资源，让我们可以探究有关基督教信仰与中国文化结合的问题、华人信徒可以如何具体地将他们的信仰落实在中国独特的社会文化处境中。这些都可以成为现代学者可以继续探究的问题。

世俗化 vs. 现代化

近代学者喜欢引用一些社会学的理论来研究宗教的历史，在中国教会大学史中常被学者引用的是“世俗化”（secularization）的观念。较早期是 Jessie Lutz 在她的博士论文中已是借用世俗化的理念来描述中国教会大学在 1920 至 1930 年代的转变。David Vikner 在他的博士论文中也同样是用世俗化的观念来描述教会学校在香港的转变经验。其实，中国学者也是引用这样的观念的，最近常引用的是刘家峰博士，在他近期的

① 参何荣汉：《陶行知：一位基督徒教育家的再发现》，香港中文大学博士论文 2002 年。
② 参陈伟强：《基督教与中国宗教相遇——许地山研究》，香港中文大学博士论文 2002 年。
③ 参刘贤：《陈垣之宗教研究》，香港中文大学博士论文 2005 年。

文章中亦可见到(早前高时良、史静寰、徐以骅也有引用)。相对于这种看法,其实我在1999年发表的两篇文章中亦有介绍过另一观念——"现代化"(modernization)①。近代学者亦已发现"现代化"的观念是比较中性及正面的看法;"世俗化"的观念却是比较负面及不完全的看法。因为"世俗化"的理论不足以帮助学者理解现代社会的演进,已有不少学者放弃了用这样的理论。为了继续鼓励学者从事中国教会大学史研究,我在2003年开始提出了另一个新的社会学概念,或者比较跨学科性的概念,即是"全球地域化"的概念。

全球地域化研究

为甚么选择这个新的概念,即是"全球地域化"的概念呢?

近代不少学者正鼓吹必须从普世基督教运动的角度去研究及教授基督教的历史。昨天在中大演讲的英国学者 Andrew Walls 亦提出了"Non – Christian West"和"Non – Western Christianity"的新概念。他亦曾指出:在基督教传教史中常提到的"国度意识"(Christendom)有地域扩张的含意,带有欧洲基督教王国领域扩张的意思。Walls 亦指出这种意识并不是未来基督教运动所必须具备的元素(现在已进入了 Non – Western Christianity 的年代,事实上,当基督教传入非洲及亚洲社会中,基督教的信仰已经超越了这种"国度意识"的观点了②。在检视近代中国基督教史时,我们也不难发现:基督教传入中国的时候,曾引起了中国人强烈反教的情绪。其中一个原因正是由于西方传教士带来的基督教具有强烈的帝国主义的色彩和领域扩张的意识。现在,我们可以从"普世基督教运动"的角度去审视中国基督教的历史,这必定有助我们跳出传统基督教"国度意识"的历史观点。事实上,在研究中国教会大学史的时候,我已发现中国的基督徒学者,早在1940年代初期已提出了这种"普世基督教运动"的概念。其中一个明显的例子是武汉华中大学的校长韦卓民教授,他曾率先肯定了基督教运动是一种普世性的运动。韦教授更建议

---

① 譬如参:"Secularization or Modernization: Teaching Christianity in China Since the 1920s" in *Studies in World Christianity*. Edinburgh: Edinburgh University Press, vol. 5, Part 1, 1999. pp. 1 – 17. 及《从神学教育到宗教研究——燕京大学宗教教育的考察》,刊于《近代中国基督教史研究集刊》第2期,1999年10月,第49 – 66页。

② 读者可参 Andrew Walls. *The Cross-cultural Process in Christian History*. Edinburgh: T. & T. Clark, 2002, p. 195。

我们应该修正西方传教士对“宣教”一词的诠释。过往西方传教士多是富有强烈的宣教意识，是由于他们从远洋而来，目的就是希望以基督教的福音改变中国，要使中国基督教化。因此，他们有意无意间贬低了中国的文化与宗教，将之视为“异教”，以达成他们“宣教”的目的。韦教授采用一个新的诠释方法，即是说：“（不单是）中国人需要基督教，基督教也（同样地）需要中国人。”①假若基督教是一个普世性的宗教，它就必须要传遍世界每一个角落，让世界上每一个民族均有机会通过其独特的文化将基督教信仰表达出来，既是这样，基督教需要有中国及世界各地的民族的参与，才能显明基督教信仰的普世性来。韦卓民这种解说的方法，正好能够帮助我们从“普世基督教运动”的角度看基督教的历史，我们不单是需要提供一个“全球化的视野”，也同时需要培育一种“地域性的关怀”。

近代学者在探讨全球化的课题时，多是指“全球化”必须包括国际性的网络和合作，但亦有学者提出一个问题，即是：“在多元文化的处境中，全球一体化是可行的吗？”②他们质疑“全球一体化”（在政治文化上而言）是否隐含了一种“强权政治和经济霸权主义”，更有学者提出“全球化”决不能够等同“西化”或“美国化”等言论③。在这些问题的思考上，中国基督教大学确有可供参考的价值，因为它的历史已经证实了：“霸权主义式”的全球一体化是绝对不可能的。无可否认，传教士在中国办教育，亦有些是开始时只侧重在神学教育和基督教宗教教育方面；也即是要以西方的基督教文化取代中国文化、实现“全球一体化”。但随着历史的进步，这些传教士已逐渐发现基督教学校不能单是提供西方的基督教宗教教育，或是西方科学和其他文化科目，它更必须补加中国文化或国学研究的课程。尤其是当面对具有悠久历史的中国文化的时候，基督教必须要学习尊重及接纳中国的传统文化。换言之，在中国基督教大学中，全球化并不能等同完全西化、美国化或是单一文化的教育。从这样的角度看，中国基督教大学正是一个探讨“全球地域化”课题的好个案，

---

① 参韦卓民《让基督教会在中国土地上生根》，载雷法章等编：《韦卓民博士教育文化宗教论文集》。台北华中大学韦卓民纪念馆 1980 年，第 137 页。

② 譬如参 Roland Robertson. *Globalization*: *Social Theory and Global Culture*. London: Sage Publications, 1992。

③ 譬如参王宁：《全球化时代的文化论争和文化对话》，载《东方文化》1999 年第 3 期，第 31－36 页。

因为中国基督教大学提供了现代学者一个十分具体的案例。

六、未来的展望

史料的搜集

2006年4月厦门大学召开了一个有关史料与视界——中文文献与中国基督教史研究的学术研讨会,我于是写了一篇文章:《中国基督教史研究的史料与视界——以中国教会大学史研究为个案》。在文章中我也提出了我对有关史料搜集的看法。简单来说,不同的史料可以帮助我们有不同的研究视角、产生不同的研究结果。假若我们集中在教会大学的内部档案的整理研究,我们很容易找到教会大学内部运作的完整图画;如果我们集中在传教士的档案中找有关教会大学的资料,我们很容易看到传教士的材料及观点。史料本身是有它的观点和视角的,这当然有它的价值及好处,但我们也应留意史料的限制。譬如,我们知道单从传教士的观点看事物是不足够的,所以我们也应找些传教士档案以外的文献资料,同样地,我们单看教会大学的档案资料是不够的,我们也应搜集教会大学以外的文献资料,譬如中国方面的史料、地方性或是人物性、其他机构组织的史料等,都会有助教会大学的研究。

研究视域的拓展

2006年我为宇宙光出版社纪念马礼逊来华200周年的丛书,搜集了十篇文章,我将书名定为《全球地域化视角下的中国基督教大学》(台湾宇宙光出版社2006年)。在书中我也强调必须为中国教会大学史研究寻找新的研究视域,拓展这个领域的研究。“全球地域化”只是其中一个可能性,我寄望其他的学者亦能开拓新的课题,去丰富有关教会大学史的研究。

其中一个例子是:当我与其他学者思考有关“全球地域化”的概念时,我们发现这个概念可有另一重的意义,它也指出了基督教大学的研究也不单是中国独有的一个地域性的问题,我们亦可以从一个较广阔的地区性、甚至是全球性的层面去处理及研究课题。譬如中国、日本、韩国均有基督教大学出现,但他们在不同的国家地域中的办学理念及发展过程、并在当地社会所扮演的角色也是有很大的不同,绝不能一概而论之。过往学者多只集中个别的国家或地域作研究,甚少有比较这三个国家的基督教大学情况的研究。自2004年开始,我有幸获得大学研究资助局批拨一笔研究基金,让我可以联同中国内地、台湾、香港,日本及韩国的学者们,共同开展一项有关不同地区基督教大学办学理念及实践问题的比较研究①。这样,更可以将中国教会大学史的研究提升至另一个较高层次的研究来。

青年学者的培训

最后是青年学者的培训,这也是我一直以来都很关心的问题。2000年当我接任研究中心主任一职时,我便开始与吴小新联络,希望自2002年起,能够每两年一次与美国旧金山大学利玛窦中西文化历史研究所(Ricci Institute for Chinese – Western Cultural History, University of San Francisco)联合举办"基督教与中国社会文化国际青年学者研讨会"。这种开放给青年学者共同参与的研讨会模式当时在国内是属于一种创举,随后便有不少学术单位响应举办相类似的学术活动。最早期的青年学者研讨会是我们举办之"国际青年学者研讨会"(2002年开始每两年一次);随后便是神学院举办之"青年教师及研究生暑期研习班"(2003年开始每年一次);浸会大学亦是自2003年起每年举办博士后研究员的研习营;内地方面,卓新平教授之北京中国社会科学院基督教研究中心主办周年研讨会(2003年开始开放给青年学者);北京中国人民大学举办之"青年学者暑期研习班"(2004开始每年一次);武汉华中师范大学举办之"中国基督教史青年学者暑期研习班"(2004开始每年一次)等。这些都是近年来兴起的活动,相对二十年前国内的学术研究情况,我相信没有人会想到今日青年学者对宗教研究有这样的兴趣,再展望未来的二十年将会是怎样,无人能够预测,但我会相信:前途在大家手中。让我们努力去创造吧!

---

① 该研究项目已经获香港的大学研究资助局支持,并在2004–2006年间展开有关的研究计划。

七、结　　语

适逢2008年2月1日是我在香港中文大学荣休之时，陶飞亚教授等一班友好及学生希望为我祝贺，于是计划就“宗教、社会、教育、历史”等范畴，搜集各人近期撰写的相关文章，编辑成书，向专家学者们呈献。一来是盼望这些近二十年来才被学者们关注及努力开拓的领域能够延续下去，二来亦能补足一些我过去还未有时间或精力去涉猎的课题研究。我亦盼望本书所辑录的文章亦能启迪更多的学者，激励更多青年学者对“宗教、社会、教育、历史”等范畴的兴趣及有关课题的深入探究。是所祷也。

吴梓明

2008年2月1日

于香港西贡帝琴湾寓所

中国的基督教乌托邦为什么会解体

——与《牛津基督教史》中一个观点的商榷

陶飞亚

耶稣家庭是中国基督教史上颇具影响的乌托邦社团。《牛津基督教史》有关作者认为耶稣家庭在1950年代与三自运动关系紧张是导致其处境艰难的原因,但事实上前者对三自运动表现出很大热情。其解体在于建国后社会安定民生改善,在战乱中兴起的耶稣家庭失去其依托的社会基础;家庭成员通过参加抗美援朝医疗队等活动与外界社会接触后,对封闭的乌托邦体制下的生活日益不满;同时家庭经济基础脆弱,土改后土地减少也难以维持。因此,正如世界基督教运动中其他国家的乌托邦社团一样,内因是导致家庭解体最主要的原因。

耶稣家庭是中国历史上著名的教会团体,笔者在一项研究中指出耶稣家庭废除私有财产限制血缘家庭,信徒共同劳动、实行公有的平均主义生活方式,因此它实际上成为中国历史上唯一的基督教教派乌托邦团体①。不过,本文要考察的是这个乌托邦最后为什么会解体。因为在关于耶稣家庭的研究中,这个问题是有异议的。例如在麦克曼勒斯(John McManners)主编的《牛津基督教史》中,鲍尔哈切特(Kenneth & Helen Ballhachet)就认为耶稣家庭对三自运动"态度强硬",所以"处境艰难"②。很明显,这里把耶稣家庭的困境归因于外部力量。这也是海外研究著作中比较流行的看法。但事实上,耶稣家庭在参与教会革新运动方面跟进得很快。1950年9月23日《人民日报》发表社论《基督教人士的爱国运动》,同时在第一版以显著位置刊登《中国基督教在新中国建设

---

① 参见陶飞亚:《耶稣家庭与中国的基督教乌托邦》,《历史研究》2002年第1期。
② 见《牛津基督教史》,贵州人民出版社1995年,第420页。

中努力的途径》，并公布了1527名首批签名拥护这一运动的中国基督徒名单。其中山东省有407人，耶稣家庭就占了381人①。在1950年至1951年4月支持基督教革新宣言签名者中，全国一共200195人，山东占9934人，耶稣家庭签名者有1747名，将近山东签名人的五分之一②。所以从签名运动的表现来看，至少在形式上，耶稣家庭在各个教会中，特别是灵恩派教会中是最积极地支持三自革新运动的。另外，在抗美援朝运动中，耶稣家庭也表现得特别积极。老家在1950年底就开始发动各小家缝制慰问袋、制作新衣送给志愿军，并在1951年组织"耶稣家庭抗美援朝医疗队"支持前线③。1951年4月3日，上海《解放日报》刊载了砀山各界4000人欢送砀山耶稣家庭医疗队出发的消息。4月7日，中国基督教会机关刊物《天风》发表了《向砀山耶稣家庭看齐》一文，表扬了耶稣家庭④。另一教会核心刊物《协进》在4月16日也以《耶稣家庭组织志愿医疗队敬奠瀛老人带队奔赴朝鲜其他各地小家纷起响应》对此事进行了报道。中国基督教革新运动的领导人吴耀宗在全国基督教会议上也数次表扬耶稣家庭⑤。家庭政治上的激进态度令其他教会望尘莫及，也使得它在派别林立的教会圈子里脱颖而出，家庭领袖敬奠瀛在正在形成的教会新领导层中占了一席之地。1951年4月15日至21日，政务院文教委员会宗教事务处在京召开"处理接受美国津贴的基督教团体会议"。敬奠瀛等代表耶稣家庭出席会议，并被推选为32人组成的会议主席团成员之一，是所谓灵恩教派中唯一入选的人物。在会议的最后一天，敬还当选为在大会上成立的"中国基督教抗美援朝三自革新运动委员会筹备委员会"委员，列名在吴耀宗之后⑥，名义上进入了中国基督教会领导的高层。

所以，从这些事实来看，一些海外研究认为耶稣家庭对三自会以及对新政府持"强硬态度"，把耶稣家庭的崩溃仅仅看成是外力的结果是不确切的。他们显然忽视了像耶稣家庭这类基督教乌托邦团体内部因素

---

① 《拥护吴耀宗"中国基督教在新中国建设中努力的途径"文件赞成人签名名录》，见《天风》第10卷第13、14合期，第27－29页。

② 《基督教革新宣言签名统计表》，见《天风》第11卷19期，第14页。

③ 《郭钧翔董恒新给全国小家的信》，1951年2月6日，《信徒来往书信》，泰安市档案馆，18－13－16，夹页。

④ 《向耶稣家庭看齐》，见《天风》第11卷第13期，第8页。

⑤ 《协进》第9卷第8期，第15－16页。

⑥ 《天风》第11卷16期，第30－31页。

的作用。因此,本文将转而讨论耶稣家庭的内部问题,特别是考察建国后这个社团的实际走向,从而来探讨其解体的真正原因。

一、外部环境的变化

耶稣家庭这种在宗教基础上独立的凝聚性很强公有生活团体的发展,得益于外部环境的恶劣和社会控制的松懈①。但建国后这个基督教社团所处的外部环境发生了巨大的变化。1949 年 10 月新中国成立时,耶稣家庭活动的地区已经全部解放。社会走出长达十二年的战乱时期,新政府采取一系列措施稳定社会、发展经济。从 1950 年 8 月到 1951 年 3 月耶稣家庭老家所在的泰安地区进行了全面的土改。据称此次土改"是我区(泰安)历史上规模最大的土地改革运动,是历次土地改革运动中进行得最顺利、搞得最好的一次"。1950 年开始在全区宣传和贯彻新婚姻法,"有效地推进了我区妇女的解放"②。这些巨大的社会变动给农村社会带来新气象,得到土地的翻身农民劳动热情空前高涨,生活逐渐得到改善,社会地位也在提高。农村中洋溢着对前途充满希望的气氛③。

这种周围社会氛围的变化对耶稣家庭的生存和发展很快产生了影响。随着局面的稳定,这一时期投奔耶稣家庭的人已经少了许多。虽然这一时期马庄老家团体的人口达到一个高峰,大约在 500 人左右,不过约三分之一是孩子,其中包括马庄老家及与外地信徒的子女,但此后人口逐渐减少,到家庭解体前下降到 300 多人。耶稣家庭在外地建立小家庭的速度也大幅度放缓,1949 年后平均每年建立 6.5 个家庭,低于内战时每年 10 个,抗战时每年 8 个的速度。

另外,这些新建家庭规模都很小,最少的两三个人,如绥远省的 3 处家庭总共才 7 名信徒,平均每个小家不到 3 人。小家发展的其他方面也呈现明显衰落的迹象。第一,以往小家庭发展最多的山东省,此期内仅有苍山县有一处新的小家,其外围的平原、河南两省,一个家庭也没有。

① 陶飞亚:《耶稣家庭与中国的基督教乌托邦》,《历史研究》2002 年第 1 期。
② 泰安市档案馆编:《中共泰安历史大事记》,1999 年,第 21 页。
③ 《泰安市志》,齐鲁书社 1996 年,第 3 页。

多数新的小家庭都是老家派人去帮助建立的。如湖北的3处小家庭,老家派出很得力的信徒去创立,但规模始终有限。因此,可以说在新局面下,耶稣家庭道路的吸引力大大下降了,特别是在它影响最大的山东地区,小家近乎停止发展,更说明家庭的黄金时期已经过去了。

1950 –1951 年新建耶稣家庭的地区分布与数量①

年份	山东	平原	河南	安徽	甘肃	绥远	辽东	辽西	吉林	湖北	江苏	上海	合计
1950	1			1	1		1	1		1			6
1951					1	3			1	2			7
合计	1			1	2	3	1	1	1	3			13

社会形势的变化也使得耶稣家庭的宗教理念和现实生活发生了深刻的矛盾。耶稣家庭创建者敬奠瀛在抗战和内战期间,一再用战乱来宣扬世界末日近了、耶稣马上再临人间的思想,说明耶稣家庭存在的合理性②。但在社会走向安定、经济逐步恢复,这种以灾变为内容的末日论就难以解释得通。这对一些信徒来说,会动摇他们对敬奠瀛所倡导的宗教理念和家庭道路的信念。其次,社会的安定使得耶稣家庭失去了在战乱年代作为信徒避难所的功能,反而使人们日益厌倦小圈子的单调生活。所以在组织抗美援朝医疗队时,青年人确实都踊跃报名,参加不上医疗队的人,对家长都产生了不满情绪③。

不仅是宏观环境的变化,对耶稣家庭来说,它还面临着一种新体制的管理。耶稣家庭长期以来处于无人过问自生自灭的状态。但新政府强有力的控制和管理已经延伸到社会最基层的村社组织,耶稣家庭虽然没有被置于直接的行政领导之下,但已经感受到这种无处不在的社会控制力量了。1949年底,耶稣家庭在马庄镇盖房,打算兴办商业合作社,为家庭经济开辟新的来源,据说生意很兴旺④。但是因为地方政府认为"不符合新民主主义"而不予登记,这个计划只好流产。1950年初家庭又想以全家资产为抵押兴办缫丝厂,也未得到政府的批准。家庭接连企

---

① 徐家枢:《耶稣家庭三十一年的历史》,山东省文教委宗教事务处编1952年铅印本,第23页。

② 《耶稣家庭诗歌》(*Song Book, Jesus Home*),1940年,山东泰安耶稣家庭。

③ 刘大作:《中国基督徒志愿赴朝医疗队出发前后》,见《恩友》第3卷第7期,1951年7月15日第8页;访问王冠民的记录,2000年5月9日。

④ D. Vaughan Rees, *The 'Jesus Family' in Communist China*, The Paternoster Press, 1959, p. 64.

图兴办工商事业，显然是看到时局稳定之后，为多余劳动力找出路。但这些尝试都因得不到地方政府的支持而受挫。不仅无法开辟新经济门路，原来的路子也越走越窄。1950 年秋，在政府所推行的合理负担政策中，对家庭按一般教会人员征收公粮，这使家庭感到不公平，因为以往按土地与人口之比的征粮，家庭是可以免除许多征粮负担的。但家庭解释无用，只能按新章纳粮。这些挫折使敬奠瀛和家庭其他领导人觉得“政府不了解家庭”，因此就必须在这方面做点工作①。实际上，这反映了耶稣家庭这种团体在新政府整合社会的努力中有一个重新定位的过程。从以后的资料中可以看到，耶稣家庭不断在向政府表明心迹，有意淡化宗教色彩，着重家庭的社会工作。耶稣家庭在向政府报告 1950 年的工作情况时，强调自己是一个“劳动的宗教团体”。在 1950 年春季大聚会上，“老家及各处家庭的工作汇报，都以生产为主，更以政府的号召为生产的重点，故大会总结以‘加强生产’、‘响应政府号召’为 1950 年的工作方针”②。但在抗美援朝的紧张气氛下，政府只可能加强对这种社团的管理。1951 年春季例行的大聚会后，地方公安部门方面以影响社会秩序和生产为由，不允许耶稣家庭继续这种活动，从 1927 年开始这种宗教传统终于因不合新时代的要求而告结束。显然，这意味着这个乌托邦社团活动必须接受一种新的规范。

另外，耶稣家庭这种团体得以存在的另一个条件是其与社会隔绝的封闭性。封闭就能切断外来信息的输入，就能使得信徒能安于现状，不会因为新思想的传入而产生波动。但在新社会体制下，这种封闭性受到冲击。1951 年起当地的区乡干部经常来借耶稣家庭的礼拜堂开会，有意识地吸收家中信徒参加。这是耶稣家庭的大部分信徒多年以来第一次有机会经常接触耶稣家庭以外的人物，听到与讲道和见证完全不同的声音。多年来的与世隔绝在马庄家庭也被打破了，信徒们了解到外界社会正在发生剧烈变化，这肯定会引起他们对自身生活处境的思考，特别是当外界社会经济生活在不断改善时，从最初的失落感必然会导致对自身处境的否定和对耶稣家庭的不满③。

比外面干部进入家庭更具有挑战性的，是耶稣家庭组织了抗美援朝

① 《三十年来的耶稣家庭——马庄老家呈人民政府原文》，见汪锡鹏：《记耶稣家庭》，第 17 页。
② 《中国耶稣家庭老家 1950 年度工作概况报告》，泰安市档案馆，3－2－29。
③ 访问李瑞君的记录，1999 年 6 月 15 日，第 4 页。

医疗队。这支队伍都是耶稣家庭中受过教育的精英分子。他们走出家庭经泰安、济南赴北京，被分配到各地的医疗机构。这对于长期生活在小圈子的这些知识分子信徒显然有了一个把家庭生活和新的社会生活横向对比的机会。这种对比的结果，正如青年人长期生活在农村一旦接触城市生活会对城市产生向往一样，对需要禁欲和封闭的耶稣家庭生活来说是具有强烈的否定性的①。

因此，1950 年代社会形势对于世俗生活的积极意义，对于在社会苦难情境下才得以生存和发展的耶稣家庭的生活制度却并非如此。社会的稳定和发展，却剥夺了这个在困境中形成的公有集体禁欲生活的神圣意义。在中国这个本来缺少像西方那样深厚基督教传统的国家中，宗教乌托邦社团的出现本身就是一个异数，现在更遇到严峻的挑战了。

二、从内部改革到要求“分家”

耶稣家庭自身也意识到一个完全不同的新时代已经到来了。在建国后的两年中这个离群索居的团体实际上也进行了一些改革，这些试图维护团体生存的努力是在一系列内部冲突中展开的。

耶稣家庭集体生活中最令信徒不满的是家庭封建家长式的管理制度。1950 年春天，做过陕西五原家长的刘礼堂和做过昌乐家长的王冠民这些见多识广的青年人首先发起反对家长制的提议，尽管未能成功，但此后改变家长制的要求一直没有平息。终于在经常来家庭开会的当地干部的影响下，1951 年 2 月家庭召开第一次对实际管理家务的女家长左顺真的检讨会。这次会议大概是相当温和的，但是这使得家长制的权威受到了削弱，而普通信徒则增添了批评家长的勇气。3 月间敬奠瀛率家庭领导骨干到北京为耶稣家庭在政府备案游说。但敬等一走，马庄家庭信徒趁机开起批评家庭各管理部门领导的检讨会。1951 年 6 月 1 日敬奠瀛及大部分家庭骨干随抗美援朝医疗队赴北京时，长期在家庭被原领导人“造就”的王冠民和宋钧枢、马光昕发起组织“民主组织部”。6 月 27 日到 7 月 3 日，老家也召开抗美援朝三自革新会，也搞起控诉会，重点在

① 《敬奠瀛的自述》，泰安市泰山区档案馆，1－16－9，第 59 页。

控诉家庭负责各部门的部长身上,也有对左顺真的控诉。7 月选出王晓声、郭钧翔、董恒新、丁书祺、宋汝舜、韩文美、孙仁翘七人组成的家事管理委员会,选举了各部部长,并最终取消了家长制①。

家事委员会成立以后,对家庭的发展方向可能有些新的计划。马庄家庭在家事委员会成立后到底有什么新的兴革,在资料中并无记载,但直属马庄家庭的泰山耶稣家庭家事管理委员会,在 1951 年 12 月 18 日的登记名册中附了一份泰山耶稣家庭章程(这也是我们所见到的唯一的耶稣家庭章程)。当时泰山家庭的家长制也已经改为家事管理委员会,可见老家的变动很快就影响了附近的小家,因此,小家的这份章程在某种程度上也反映了老家的走向。这份章程一共 19 条,大致可以分为 4 类内容。

第一类是关于家庭信徒与政府的关系。在第三条中规定了信徒"皆须实行政府的一切法令并响应祖国的一切号召"。第二类是关于家庭的管理体制,在第四、第六和第十六条中规定"一切负责人都是以民主方式经全家群众选举产生","一切事务经全家家事会议决定后交家事管理委员会执行","家事委员会任期两年"。第三类是关于家庭的生活方式。其中第二和第十条规定家庭"过相爱互助的集体生活","家庭分子不分男女老幼各尽所能劳动生产,家负生活教养之责"。第十二条规定"家庭基本分子不分性别均享受同一生活待遇,但物品之享用及工作之分配"以"需要"和"能力"为原则。婚姻方面则必须按照国家的婚姻法执行。第四类则是关于信徒入家条件。第七条规定入家者必须是"一、未被剥夺公权者;二、与本家有同一信仰者;三、具有爱祖国爱和平爱宗教之热诚者;四、同意本家各项章则服从本家集体生活之团体纪律者"。第八条规定"出家入家后中途自愿出家者有绝对自由"②。这份章程在最后说"本章程系依过去实际情形并今日之需要创立之"。但事实上比较以前家庭的措施来,章程表明了许多变化。第一,耶稣家庭超政治、孤立于社会之外的局面是再也不能维持下去了。第二,延续至今的家长制度为民主选举所代替,并规定了任期制度。第三,参加家庭必须实行破产等条件也被取消了,而且明确规定了出入家庭的自由。第四,由家长安排婚姻的制度也被废除了。总的看来,家庭在政治上强调服从政府,管理体

---

① 《徐家枢》,第 22 页。

② 《泰安县泰山耶稣家庭章程》,1951 年 12 月 6 日,泰安市泰山区档案馆,1-16-1,第 70-71 页。

制上采取民主制度，家庭成员享有较多的人身自由，这反映了这个基督教社团希望适应新的社会形势，还能在新社会继续存在下去。

但是，家庭最核心的经济制度没有变化。其一，它仍然主张财产公有、共同劳动、共同生活的方式没有变化。其二，仍然没有恢复信徒个人的小家庭。从章程表面来看，家庭似乎仍然要走这条乌托邦主义的道路，但是，实际上这里有家庭经济资源条件的限制，恢复信徒个人的小家庭制度是当时的家事管理委员会所不能想象的。这份章程是在1951年下半年形成的。当时敬奠瀛仍然在马庄家庭，这里面可能还有他的影响，当然这也体现了一些人希望把家庭维持下去的思想，但迅速发展的形势已经使这一切都没有可能了。

1951年下半年耶稣家庭的危机已经出现了。首先是经济问题。这是由于多方面的原因造成的。耶稣家庭本来每年两次的春夏大聚会从1951年春季起停止了。这除了影响到耶稣家庭信徒的宗教生活外，还减少了聚会期间已成定例的捐款收入。这些捐款在有些年份曾经为家庭提供了大笔收入①。建国以来，社会上各种政治运动，土改及三反、五反使得一些原来比较富有的家外信徒或者城市中对家庭制度的同情者都可能自顾不暇，也顾不上接济家庭了。这使家庭不定期的捐款收入锐减。小家的情况和老家差不多，临朐小家对老家支持比较积极，结果遭到小家信徒的反对。同时，对家庭自身的生产收入来说，耶稣家庭医疗队集中了家庭中大部分有文化有能力的青壮年信徒，许多是老家或小家的领导骨干，他们出发以后，使得家庭生产受到影响。医药部从前每月可以提供家庭总收入的三分之一，由于骨干几乎全部出动，医药部处于停业的状态，收入大不如从前。家庭中历来没有资金和粮食的积累，收入的锐减，使得经济危机隐隐地出现了。

其次是信徒对乌托邦体制的生活方式日益不满。家庭取消了家长制度后，仍然维持着财产公有、集体生活的方式。在家庭领导的权威已经大大削弱的情况下，信徒开始表现出对这种平均主义生活方式的真正看法。家庭内部事实上有两种倾向，第一种认为财产公有集体劳动这还是一条正确的道路，他们对多年来辛苦经营的事业有一分感情，他们还相信换了领导后，只要妥善安排，家庭的经济能得到很好的发展。持这

---

① 《徐家枢》，第8－9页。

种看法的主要是为数不多的一些家庭领导骨干。一些年老体弱的信徒当然也希望维持这种大锅饭制度。第二种则是厌倦这种公有的体制。大多数中青年人都持这种态度。当家庭开始反对家长制、批评左顺真、批评各部部长后,劳动纪律开始松弛。消极怠工、闹事的现象都出现了。大锅饭制度越彻底,对劳动生产的积极性越有害①。

对这种一眼看到头的贫穷的集体生活,绝大多数的年轻人都感到灰心。他们渴望离开这个家庭,到外面的世界去开创自己新的生活。耶稣家庭的人们就好像后来公社化时期的农民一样,生产积极性下降,小青年千方百计希望离开家庭。1951 年秋天,婴儿室 9 位小姐妹罢工一天,要求读书。接着有 8 位青年离开家庭,参加泰安失学失业知识分子的学习班,学习班结束后都找到了新的工作。这些对在家内的年轻人显然是一种刺激。

另一个不仅如此,使家庭生活黯然失色的冲击陆续到来。1952 年耶稣家庭医疗队成员陆续复员回来,参加医疗队的年轻人带回新信息。这些长期被局促在家庭中的青年就像笼中鸟儿见到海阔天空之后,心再也收不回来了。因此,“一对比家庭的封建管理感到受压制。小青年当中动起来了,中年人也有看法。一些不满都发生了,不稳定了,家长也压不住了……生产受影响了,一对比就无法维持了,闹分家了”②。到改革前夕,在 1950 年时约有 500 人左右的马庄家庭,因此不断有人离开,已经下降到 353 人,计男 162 人,女 191 人,其中儿童 123 人,如按姓氏血统划分约为 120 余户③。乌托邦制度的崩溃已经开始了。

政府不断从耶稣家庭里吸收知识分子、技术人才去参加工作④。徐家枢、彭大卫两个大学生 1952 年初到泰安当了教师。有中学文化的宋某也在泰安找到工作。泰山家庭家长张天民到泰安做小买卖谋生,副家长井庆范远赴甘肃。这些对家庭都产生了冲击⑤。

当时作为家事管理委员会主席的王晓声在 1951 年底陪敬奠瀛到上

---

① 《王晓声自传及报告》,泰安市泰山区档案馆,1-16-9,第 39 页。
② 访问彭大卫的记录,1995 年 11 月 5 日,第 3 页。
③ 《对山东省泰安县马庄耶稣家庭革新情况及今后意见的报告》,1952 年 5 月 15 日,泰安市档案馆,3-2-86,第 1 页。
④ 《张天民的控诉》,《马庄耶稣家庭控诉大会群众的控诉记录》,1952 年 8 月 3 日整理,泰安市泰山区档案馆,1-16-9,第 87 页。
⑤ 访问井庆范的记录,1999 年 6 月 15 日,第 2 页。

海时，已经向上海的三自会筹委会提出帮助分家的请求。王在一封信中写道：

> 耶稣家庭改革六个月以来，不够彻底，希仍继续前进，以期合乎领导。耶稣家庭里的兄弟姐妹们，学习的政治觉悟都提高了，懂得了当前全中国正全面的推行着生产竞赛，发家致富，就是进一步到了社会主义社会的时候，还各尽所能，按劳计酬的，又看到周围广大的群众在政府各种号召及领导下，都过着轻松愉快的幸福生活，而耶稣家庭独然过着与众不同的生活方式，即集体的共同生活，在感觉上好像是脱离了领导似的，成了一种突出的现象。
>
> 同时耶稣家庭本身也产生了一种不景气的现象。因为家庭中实行着不论贤愚能拙，打钟一律吃饭，使人有了闲懒依赖的机会，因此妨碍了生产力的自由发展，有几个弟兄姐妹在家庭里时，工作不积极，时常推病，但一回到他自己的俗家时，病就跑了，工作也积极了，拼命的干，所以人们得出了一个结论，要想生产情绪的提高，必须有私生活，由于酝酿和讨论，大家一致的提出这个要求，要脱离这种集体的共同生活形式，成立小家庭生活。现在是有组织有领导的社会，家庭不能擅自的改变了生活形式，也有些困难（主要的是户口的迁移及各级政府的谅解），需要领导上加以协助。①

王在这里谈出了真正的问题根源所在：当周围的社会人人正在“发家致富”时，耶稣家庭的这种“集体的共同生活方式”，又怎么能维持下去呢？据王说他和敬奠瀛此次到沪就是寻求三自会的帮助，来解决把“家庭”变“教会”的问题②。看来敬奠瀛确实感到自己已经无法解决这个难题了。但上海三自会迟迟没有作出决定，直到1952年3月间，王晓声感到实在无法维持了，在信徒的催促下，向泰安地委汇报了马庄耶稣家庭的情况，并连续给吴耀宗写了几次信，反映了马庄耶稣家庭的混乱情况，吁请派人来帮忙分家。迟至4月间，对耶稣家庭的处理，终于被提上当地政府和全国三自筹委会（以下简称三自会）的工作日程。4月底泰安

① 《王晓声自传及报告》，泰安市泰山区档案馆，1-16-9，第39页。
② 《王晓声自传及报告》，泰安市泰山区档案馆，1-16-9，第39页。

地委和全国三自会筹委会联合组织的工作队开进马庄耶稣家庭,8 月初革新完成,信徒重新建立自己的小家庭,耶稣家庭这一基督教乌托邦走完了自己的历史。

值得注意的是耶稣家庭创建人敬奠瀛的态度。在耶稣家庭体制逐步陷入困境之际,全国教会革新运动已经全面铺开。1951 年 11 月三自革新学习会在上海召开, 12 月间敬奠瀛也被召到上海三自革新筹委会处学习和交代问题①。敬到上海后不久,就开始写检讨,这些看来检讨是写给三自会领导看的②。最早的一份是 1952 年 1 月 7 日写的,现在看到的陆续写出的检讨一共有 5 份,实际上是敬对耶稣家庭的历史进行全面的反思。敬奠瀛也开始谈到分家的问题,他首先是从恢复信徒小家庭私生活的角度主张分家的:

> 自从新婚姻法颁布以后及政府的大力宣传,我才觉出了这新婚姻法的完美,重新认识到男女自由平等的基础,觉得最低限度应有他们的小家庭幸福生活,这也是我赞成耶稣家庭要改变旧有的生活形式,分析分居,各有其小家庭私生活的一大原因。③

另外,他也认为耶稣家庭在旧制度下的那种社会功能已经不存在了:

> 我得到一个觉悟。耶稣家庭实在代表了在帝国主义压榨下半殖民地国家封建社会所产生的社团。灾难轻,他的进步就缓,灾难重,他的进步就速。灾难消灭了(解放啦),他的功用就消失了,也就应当改变形式了。

敬奠瀛在这份检讨中还写了一首诗,他说"把我几节小俚歌写出聊

---

① 《徐家枢》,第 24 页;参加过马庄家庭革新的沈德溶则说敬于 1952 年初到上海避难,由于沈文发表于 1998 年,可能不甚确切。见沈德溶:《协助山东马庄"耶稣家庭"革新经过》,《纵横》1998 年 1 月号,第 37 页。

② 在敬的检讨中有一份题为"回答吴先生问关于家庭对离家人剥衣服的材料",因此推测这些检讨大部分是在回答三自会筹委会在学习会中提出的问题。泰安市泰山区档案馆,1－16－9。

③ 敬奠瀛的自我检讨,泰山区档案馆,1－16－9,第 161 页。

表我眼前的心境”：

一九五一年，家庭圈子小，人口太多，实在容不了，因爱国争着往外跑。

家庭之组织，好比救生船，帝国封建，灾祸罪滔天，家庭内比较有平安。

洪水渐消落，舟停西啦山，非宅非院，出进煞费难，无门窗实似黑幽监。

洪水既退去，世界成乐园，橄榄舒新，草绿花又鲜，宇宙间人物都改变。

而今大解放，感谢共产党，持定站稳，人民之立场，为人民才是真信仰。

家庭之组织，不如众教会，恩典神赐，物质国负责，新民主优游而自得。

全国既解放，家庭似赘瘤，总不痛痒，也多此块肉，为美观也应早割除。①

这里我们引证这些资料，是希望用敬奠瀛自己的话来展示他在这一时期思想的巨大变化。敬在写这些东西时可能已经受到某种压力，但他对耶稣家庭的否定和批评并非尽是自污不实之词，他对耶稣家庭兴衰与社会环境之间关系的看法，则是一种真实的历史经验的认识。其实，早在1948年敬奠瀛早年的学生并且是耶稣家庭最早信徒之一的马鸿纲就曾说过：

耶稣家庭的将来会遇见下列困难：（一）团体愈扩大，维持愈困难，将来的后起者能否还与创始人一样的坚贞贤能？（二）将来时局平定，民生容易解决，愿意参加家庭的人是否要减少？（三）今日是新教会，再三五十年后即变成老教会，充其极也不过与一般老教会并列，决不能再发挥出什么特殊的力量，因为一般老教会也都是新教会的过来人。所以耶稣家庭将来的工作若何，全视以后继者是否

① 《敬奠瀛的自述》，泰安市泰山区档案馆，1－16－9，第59页。

得人而定。①

马当年的预见就是后来耶稣家庭面临的现实。因此它说明了这个乌托邦团体的解体不仅有外因,最主要的还是在于多数对这种宗教社会生活一体化方式的否定。从参加耶稣家庭信徒后来认识来看,在社会上,他们付出的努力会比自己在这个宗教集体中生活得更好。正是这种长久的经济理性终究能胜过一时激情,最终使这个宗教公有制集体经济趋于瓦解。

三、与西方基督教乌托邦的一个比较

耶稣家庭作为中国的基督教乌托邦的最后结局,所以引起议论的一个原因是这个团体的终结是在一个与西方资本主义制度不同的国家里发生的。尽管按新中国在上个世纪 50 年代的走向,这种独立的基督教公有团体在今后政府发起的全国性的合作化、公社化运动中能否存在几乎肯定是个问题,但作为这种乌托邦团体最终瓦解的结局,则仍有其内在的必然性。在这里我们不妨将盛产基督教乌托邦团体的美国的情况作一比较。

根据对美国自 18 世纪以来最有影响的乌托邦团体的研究,美国学者古泰克(Gerald & Patricia Gutek)认为这些基督教乌托邦团体在宗教理念上有不少共性,例如,对人性的看法及对千年王国的期盼。美国乌托邦社团中的震颤派(The Shakers)、和谐派(the Harmonists)、琐珥的脱离派(the Separatists at Zoar)及阿麦那的灵恩派(the Inspirationists at Amana)等教派中的虔信者,都认为自己是从社会中分离出来被神拣选的人,他们相信《创世记》所说的人性是恶的,意识形态不可能再造人性,人只有通过信仰和被神拣选得到救赎和改造。作为被上帝拣选者他们坚持不和罪恶的世界生活在一起,而要建立一个上帝之城,等待基督的再次降临,迎来和谐神圣的千年王国。再如,这些团体在思想上也深受领袖的影响和控制。古泰克认为:“在建立和维持一个团体的过程中,关键的

① 马鸿纲:《介绍新兴教派“耶稣家庭”》,见《协进》月刊 1948 年 10 月 16 日,第 8 页。

因素是领导。创始者的个性在吸引人和赢得皈依者中是非常关键的。许多宗教团体的创建者，如震颤派的安·李（Ann Lee），和谐村的拉普（George Rapp）和完美派的诺斯（John H. Noyes）都具有卡里斯玛的个性，通过个性实施领导和控制……他们用个人魅力、自成一派的宗教学说及社会控制和（团体意识）一致性来实施统治。我们发现宗教团体的领袖比世俗团体领袖能对追随者实施更强和更持久的控制。"这些社团从生活方式、社会和经济组织、教育实施都受到团体创始人极强的影响。在这些社团中社会、经济及宗教高度地混为一体，劳动生产和宗教洗脑是团体生活的重要内容，劳动、祈祷和学习成为互相强化的手段，每个团体都致力于在精神上建立与领导者所制定的宗教实践和生活方式的一致性，以至于达到一种抹煞个性的社会控制。最后，在经济上美国的宗教共产者们也建立了独立于主流社会的在经济上自给自足的社团。这些社团实行财产公有，依靠以某些《圣经》条文为依据的规章来进行治理。其中一些团体（震颤派及和谐主义者）实行反传统的婚姻和家庭制度。非独身主义的公有制宗教团体（如灵恩派）则为他们的孩子开办学校，认为教育旨在把成人的文化传统传给儿童，使团体的文化精神和特征后继有人①。

根据上面的叙述，我们大致可以概括出美国基督教乌托邦的一些普遍特点：第一，起源于与体制教会对立的教派，它对《圣经》的理解采取原教旨主义的激进的解释，相信耶稣再临和在此生的集体的得救，认为自己是掌握特殊启示的群体。第二，有卡里斯玛个性的领袖对团体实行高度的控制。第三，建立分离的社区，仿效初期教会实行财产公有。第四，对社会的影响甚微。此外，美国的基督教乌托邦是由于社会条件的改善，在共产社区的建设方面比较成功。最后，则是这些团体无一例外地最终走向消亡。

根据古泰克的研究，笔者把这些乌托邦社团解体的原因列表如下②：

---

① Gutek, Gerald and Patricia, *Visiting Utopia Communities: A guide to the Shakers, Moravians, and others*, University of South Carolina Press, 1998, pp. 1 – 4.

② 本表资料据 Gerald and Patricia Gutek: *Visiting Utopia Communities: A guide to the Shakers, Moravians, and others*, University of South Carolina Press, 1998。

地点团体年代	解体原因
宾夕法尼亚州埃佛瑞特 埃佛瑞特隐居地(Ephrata Cloister),1732-1796	由于权力之争,主张禁欲生活派获胜,但后继乏人。1780年生活其中的20名女信徒都已超过六七十岁,1794年团体仅有13名女信徒6名男信徒。1796年最后一名领袖死后,团体告终。
北卡罗来纳州温斯顿-赛勒姆 旧赛勒姆(Old Salem)摩拉维亚兄弟会社团,1735-1856	在与外界社会贸易商业过程中,公有制度逐渐削弱,1762年公有大集体经济结束,但土地仍归教会集体所有,推行教内租地制,1770年代已婚夫妇可以有小家庭,劳动可以获利。1856年租地制对社会开放,团体结束。
美国纽约州、马萨诸塞州等18州,建有19个震颤派村(Shaker Village) 1785-1972	成年人在热烈一时后放弃对震颤派的信仰,背教问题为严重。儿童成年后往往离开团体。对性和婚姻的禁止使许多人脱离团体,16至29岁的青少年背教率最高。1875年震颤派村开始消亡,1972年后仅存一村。
1805年在宾夕法尼亚州,1814年移至印第安纳州、1824年移至宾夕法尼亚州匹兹堡郊区(拉普派)和谐社会(Harmony Society),1805-1905	该团体最初不对外传教,但提倡成员独身制度及低出生率使团体后继乏人。1880年时成员平均年龄70岁以上,1890年达斯(J. H. Duss)加入团体后,挥霍资金。1905年仅存两人均分资产,团体告终。
俄亥俄州朝澳 琐珥村(Zoar Village) 1817-1898	第一代创业信徒逝去后,后代对宗教及公有制热情下降。雇用劳工增加开支也带入新观念,在旅馆工作的成员收小费为已有,其他人则将产品出卖牟利,退休商人刚(A. Gunn)与团体领导交往更动摇公有观念,1898年决议分家,每一永久成员获50英亩土地200元现金,见习者半之。
纽约州奥奈德 奥奈德社团(Oneida) 1841-1880	该团体主张"复合婚姻"制,即团体全体成员可以互为不固定的配偶。但团体领袖和资深成员有优先选择处女的权利。报界和教会批评其婚姻制违法,创始人诺斯逃往加拿大,不久宣布放弃"复合婚姻"制度,次年团体改为股份制公司,信徒按年资持有股份。

（续表）

地点团体年代	解体原因
密苏里州贝色尔，贝色尔德裔殖民地（Bethel German Colony） 1844－1883 俄勒冈州奥如勒，奥如勒（Old Aurora），1856－1883	强有力的领袖去世后后继乏人。基尔死于1877年，1879年该派两个团体分割财产，贝色尔的团体首先解散，成员被退回加入时的财产，男性获每年7.76美元补偿，女性半之。奥如勒的团体1883年解体。两地成员已分别下降至近200人和近250人。
伊利诺伊州主教山 主教山（Bishop Hill） 1848－1861	团体投资因克里米亚战后经济萧条遭受巨大损失，失去信心并因批评董事会被逐的信徒向政府起诉要求结束公有制均分财产，1861年州议会下令分配财产，团体终结。
纽约西尼克（Seneca） 爱本耐热村（Ebenezer），1843－1864 艾奥瓦州阿麦那 阿麦那殖民地（Amana Colonies） 1855－1932	20世纪的工业化、城市化及交通改善及30年代的大萧条削弱团体的农业手工业经济。早年领袖人物去世后缺乏有创意的领导人，一批信徒被吸引到艾娣的基督教科学派中去。年轻人向往汽车、时装、电影，渴望能挣钱。消费主义也影响到成年人。1932年成员投票结束公有制生活，改为股份制公司。
佛罗里达州爱斯泰罗 考瑞幸城（Koreshanity） 1894－1940	梯德死后发生权力斗争，再无个人魅力领袖产生，成员逐渐流失和老去。到1940年代仅有12人仍留城中，团体首领将土地捐赠佛罗里达州作为历史遗址。

在上述基督教团体中，经济发展一度都是非常成功的。因为美国历来有宗教宽容的政治传统，又加以幅员辽阔资源丰富，这些团体的经济成就都颇为可观。它们都发展起了赢利的农业和手工业，震颤派、拉普派、脱离派、詹逊派（Janssonists）及灵恩派，都建立了自给自足的、财政上颇为成功的“小城邦”。它们充分开发利用土地资源，生产大量的玉米、小麦、燕麦、亚麻、干草、土豆和葡萄、苹果等水果。依据经济上的功能主义，每个聚居点通常有木工房、百货商店、面包房、酒窖和锯木厂，有些还有制革厂等企业。他们精心创建的机构能提供有效的服务，例如团体中托儿所、厨房、餐厅、洗衣房，以使妇女能在团体中承担其他经济活动。

团体有计划的劳动分工提高了生产效率,成员的辛勤劳作经常使这些宗教社团成为手工艺品生产中心。如震颤派居留地生产的种子、草药、工艺品一度在美国享有盛誉。同时,它们与外部社会维持有利可图的贸易关系,这使它们在社区之外的市场上获得丰厚的利润。著名的空想社会主义者罗伯特·欧文之子罗伯特·D.欧文(Robert Dale Owen)一方面批评这类宗教共产团体是"基督教贵族制"的社会结构,但却盛赞其经济的成功:拉普及其追随者到美国时人均仅25美元财产,但25年后(1825年)达到了人均2000美元,是当时美国人均财富的10倍之多①。但即使这种经济上的成就也没有阻止这些团体最终瓦解。

在上表列出的内容里,我们看到这种基督教公有团体的瓦解,或者是第一代领袖去世后再无强有力的领袖来主持,因而团体涣散;或者是对其特殊的婚姻家庭制度不满;最多还是年轻成员对公有集体生活的厌倦而导致整个团体成员越来越少而终结。

作为中国的基督教乌托邦,耶稣家庭运动显然体现了这类团体的基本特征:由被看成"异端"的有个性的宗教人物在与体制教会的冲突中创立,在社会危机年代中获得发展、因内部矛盾由盛趋衰;宗教上也信奉末世论,提倡激情崇拜,认为自己的道路是唯一得救之路;在与世隔绝的团体生活中仿效初期教会公有模式,经济上经营农业和商业;同时,除了最后两年的特殊情况外,对主流社会也没有产生重要的影响。读者如果有兴趣比较中美基督教乌托邦的资料,不难发现中西基督教乌托邦惊人的相似之处。尽管我们的资料还不能证明在耶稣家庭生活过的美国传教士是否向这些中国信徒描绘过美国基督教乌托邦的生活,但由于它和在泰安的美国神召会之间的特殊关系,耶稣家庭在经济生活上似乎更接近美国乌托邦模式②。因此,其兴衰自要受其乌托邦社团发展必然性的影响。

从耶稣家庭最后三年的走向来看,这个乌托邦主义的基督教团体,在新的历史条件下,实际上已经面临许多困难。海外有关耶稣家庭的看法虽然出发点不同,但都认为是三自会和政府主导的"革新"运动,使家庭运动完全解体。尽管耶稣家庭确实是在革新运动后不复存在,

① Lookwood, G. B. *The New Harmony Movement*, Dover Publication, New York, 1971, p. 28.
② 参见本章附表。

可是也许我们只能说外力的干预加速了这个团体的终结,因为在外力参与到耶稣家庭革新之前,家庭体制的先天性矛盾已经把这个团体引向崩溃之途。事实上伴随着西方新思想进入了山东地区的基督教,被耶稣家庭用来作为指导一种社会生活的意识形态,把信徒结合成集体,促成了团体的发展,在战乱年代的乡村中建立了安宁的基督教小社会。但耶稣家庭这种体制不是没有问题的,它抹煞了人的个性,否定个人的利益,要求信徒在绝对平均主义的原则下度过一生,说到底是和人性相冲突的。这里就埋下了家庭体制必然瓦解的根源,这与欧美的基督教乌托邦团体的命运并无二致。换言之,耶稣家庭这种以公有和集体生活为基础的制度,它的解体是迟早的事,革新运动只是临门一脚,而不是根本的原因所在。

不过,这并不是说中国基督教乌托邦的历史命运完全是西方同道的翻版,事实上中西基督教乌托邦与主流社会的关系也有深刻的差别。中国乌托邦面临着一种非常不同的社会环境。西方乌托邦运动的真正兴起是社会政治思想呈现多元发展的时期,包括基督教乌托邦在内的社会运动层出不穷。基督教乌托邦在欧洲最初受到排斥和驱逐,到美洲大陆从拓荒时期就成了任其自生自灭的团体,许多昔日兴盛一时但终归消失的乌托邦团体旧址如今都成了被保护起来的历史遗址,成为一种吸引游人参观的旅游资源。但中国的情况不同,容许乌托邦实验的社会空间是非常狭窄难得一遇的。在中国传统的政教关系中,历来没有容纳这种宗教经济混一的社会实体独立存在的空间。耶稣家庭萌芽正好是处在从帝制到民国新旧政治秩序重构的时代,发展则是两次战争期间,都是政府对地方社会的控制力严重下降的年代。这种暂时失控才为耶稣家庭这种组织存在形成了必要的空间和时间。但是,一旦政府重新确立对社会的控制后,传统的政教关系模式依然产生深刻的影响,特别是在一个逐步全面走向公有制度或集体所有制度的全能社会中,不可能有基督教乌托邦的位置。因此,耶稣家庭这种基督教乌托邦的消失,无论从其自身内在痼疾或者是外界的社会空间来看,都是历史的必然,可能有差别只是时间的迟早而已。

(作者单位:上海大学历史系)

私人信仰与社会结构的变迁

——中国信仰的社会学解读

李向平

"信仰"一词,对中国人而言,是一个比较费解的概念。它似乎与宗教有关,似乎又与宗教无关。

中国文化对世界的根本态度,是信仰一个超越的本原。然而,对于宇宙及历史是否体现一种确定不移的神圣计划,与其说有一种确认的信仰,勿宁说持一种未知或不可知的敬畏之心。所以在对于超越世界的信仰情怀上,独具有中国民族的性格。其特点是并不确信或深究神圣意志的结构,以制度的形式来表达人与神圣意志的交通,以此反复加强对神圣意志的确认和信仰;同时亦不以可确证交通的方式深究其结构,而仅仅满足于敬拜、冥思、敬而远之、敬而用之、思而修身①,进而导致中国信仰的现实呈现,不得不依赖于世俗的社会结构甚至是权力制度的刻意安排。

所以在人们言及"信仰危机"的时候,如欲界定这个"信仰"指的是宗教信仰,还是政治、国家、社会信仰云云,则是一件十分困难的事情。然而,正是这样界限不清的一个概念,其中蕴涵有极其丰富的社会内涵。

曾经一直为中国问题和人心问题所苦恼的梁漱溟,出自于他以伦理代宗教的论述,他曾把中国问题与人心问题结合起来思考,差点没走上一个再建传统"伦理宗教"的道路。他在其《中国建国之路》中认为:"……今天我的路没走通,而共产党的救国建国运动却有成效于世……简单扼要说,中共只是无意中作了两桩事:好像一个伟大宗教那样子,填补了中国缺乏宗教的漏空;此其一。从而引进了团体新生活,以代伦理

---

① 唐逸:《基督信仰中国本土化的症结》,《战略与管理》1998 年第 1 期。

旧组织;此其二。”①

梁漱溟的话,说得格外深刻,对于理解中国人的信仰问题大有启发。实际上,我们如果把梁漱溟终生思考的两大问题予以整合,就会变成一个“中国人心”的现象,那就是中国人的信仰问题。其间的逻辑是:解决了中国问题,就等于解决了中国人的人心问题;反之亦然。倘若中国发生了危机,就等于中国人心出了问题,固有的信仰出了危机。这一问题,意义重大而界限模糊,与宗教若即若离,却又与现实社会的结构变迁紧密联系,并紧随后者的变化而变化。

一、宗教信仰乎

在欧美宗教学或宗教社会学看来,“宗教”在中国并非统一的概念②,甚至是一“多余的概念”③,儒、释、道三教,甚至可被视为“无神的”宗教,局限于文化精英的宗教④。梁漱溟亦曾认为宗教是西洋泊来的概念,中国如有宗教,那就是祭族、祀天之类的“伦理教”,一种缺乏团体组织形式的宗教⑤。

西方的宗教定义,往往以宗教群体为基础。涂尔干曾指出宗教的社会本质就是一种群体的价值生活方式,将所有信奉者结合在一个被称之为“教会”的道德共同体之内,并表达为一种卓然出众的社会形式⑥。比较而言,中国宗教并不具备这样一种团体活动方式,缺乏自立的制度依托。它的宗教主体,或宗族组织,或是官方制度安排。公共宗教与私人信仰在传统中国的区别,就是一个极其明显的现象。所以,“信仰”在中国也不是一个独立的概念。信仰是个人的事情,宗教则是国家制度的安排,并非单纯的无数个人信仰的团体集合。特别是与宗教紧密联系的宗教信仰,中国人常常要以私人方式来解释和表达。

---

① 梁漱溟:《中国建国之路》,《梁漱溟全集》第三卷,山东人民出版社 2005 年,第 383 - 384 页。

② 孔飞力:《叫魂——1768 年中国妖术大恐慌》,上海三联书店 1999 年,第 129 页,注 2。

③ 罗德尼·斯达克、罗杰尔·芬克:《信仰的法则——解释宗教之人的方面》,中国人民大学出版社 2004 年,第 129 页。

④ 罗德尼·斯达克、罗杰尔·芬克:《信仰的法则——解释宗教之人的方面》,第 206 页,注 1。

⑤ 梁漱溟:《中国文化要义》,学林出版社 1987 年,第 87 页。

⑥ 埃米尔·涂尔干:《宗教生活的基本形式》,上海人民出版社 1999 年,第 11、54、558 页。

所以，局限于西方宗教模式，在以“制度宗教”（institutional religion）为宗教定义的前提下，中国宗教有难以把握之慨①。美籍华裔社会学家杨庆堃先生早在1961年提出“制度宗教”（institutional religion）与“扩散宗教”（diffused religion）的概念②。其扩散宗教，意指一种并不独立自在的宗教，其教理、科仪、组织、神职人员，均与其他的世俗制度如宗法、族群、家庭、权力、国家等混杂，主要依附于世俗制度，甚至成为它的一个部分。制度宗教，则指一种独立自在的宗教，具备了特有的宇宙观、崇拜仪式及专业化的神职人员。它的概念和理论是独立的，组织制度如教会、教堂等等也是独立的，并非世俗权力制度的构成部分。它的组织成员也是独立的，在参与宗教活动时从属某宗教组织，而非其他群体成员。宗教成员可以超然于世俗制度之外，并把这种超越作为进入社会的前提③。所以中国宗教应当以扩散宗教为主要特征，进而处于制约中国人的人心寄托常常处于一种弥散状态，处于有组织的宗教形式之外。

与此相应，中国宗教具有两个层面，一是制度层面，公共的或者公有的④、集权的、合法的形式；一是私人形式，弥散的、非法的形式。另有一个民间的宗教层次，处于公、私之间，因其取决于国家权力对它的认可和容纳，从而具有非法与合法的双重特征。其中的关键是，宗教的超越特征和价值理想，可同时并存于这两个层面，前后左右打通，不具二元分割的可能，能够在总体共享关系中转换自如。因此，在中国宗教的运行法则和中国人的信仰表达中，无论是制度型还是扩散型，大都隐含着一个权力关系，作为超越与现实关系间的交往媒介，使任何与超越世界的交往和寄托不得出离，如果一旦出离，传统社会中正邪、正统与异端的冲突就会油然而生⑤。

事实上，制度宗教与扩散宗教之间的行动逻辑是不一样的。制度宗

---

① 蔡彦仁：《中国宗教——定义、范畴与方法学刍议》，康乐、彭明辉主编《史学方法与历史解释》，中国大百科全书出版社2005年，第204－214页。

② C. K. Yang, Religion in Chinese Society: A Study of Contemporary Social Function of Religion and some of their Historical Factors , University of California Press , Berkeley , Los Angeles, London , 1961.

③ 刘创楚、杨庆堃：《中国社会——从不变到巨变》，香港中文大学出版社1989年，第65页。

④ 美国社会学家彼特·伯杰曾在研究东亚经济发展模式时认为，与东亚经济紧密联系的并非西方资本主义的个人主义，也不是人们常说的“集体主义”，而是一种“公有主义”。本概念受此启发，却另有具体界定。参［美］比尔·莫耶斯等《美国心灵—关于这个国家的对话》，三联书店2004年，第648页。

⑤ 参李向平：《宗教的权力表达及其形式》，《江西师范大学学报》2004年第6期。

教、公共宗教是正式变体(formal variant),扩散宗教、私人信仰、民间宗教是随意变体(casual variant)①。它们虽然在运作逻辑上相异,但必须同在一个权力秩序之中被整合。而整合起来的共同体结构,将世俗权力与价值精神均涵于其中,服从世俗权力同时就等于认同其价值原则;同时,谁要是反对了固有的价值原则,实际上就等于对世俗权力的反动。特别因为传统中国的公—私关系往往是一种对立的关系,公私间的利益实现常常要以对方利益的伤害为前提,所以在宗教、信仰的关系处理上,私人信仰的非正式、非制度的处理方法,恰好是应对了这种关系的对立。所以信仰就成为了一种非私人、非个人的事情。

二、信仰危机的公共内涵

这种现象,似乎矛盾,但却是中国信仰的现实及其特征。

私人的信仰通过宗教的公共形式而得以最终的体现。相反,控制了私人的信仰就等于控制了宗教的权力表达形式,于是,私人信仰就具有了特别的权力意义。由此观之,历代中国王朝之所以无比重视人的信仰问题——把对于精神、灵魂的控制等同于一个王朝权力的控制,实不为怪!所以,孔飞力在《叫魂——1768 年中国妖术大恐慌》一书中所讲的关于"叫魂"的故事,说明了中国人关于灵魂的信仰和宗教行为,并不是一个简单的"魂不守舍"的现象,而与官方设计的权力秩序紧密相关,精神秩序直接等同于权力秩序。精神秩序的失控和崩溃,几乎同时就是权力秩序的崩溃。在此层面上,所谓中国人的信仰危机,几乎就近似于中国社会转型时期的权力或政治危机。

其间复杂的内在关系,可以如下图示表达(见下页)。

依据这个图示,为了解决这个冲突,中国人只好将自己分为两个层次,一个是"公己"(public self)的层次,另一个是"私己"(private self)的层次。其公己关系,可以随人际需要而予以调节,而私己则不必因他人影响而轻易改变。对中国人而言,公己主要是对他人的"演戏"的自己,

① 正式变体与随意变体的概念,参曼瑟尔·奥尔森《集体行动的逻辑》,上海人民出版社、上海三联书店 2003 年,第 14 页。

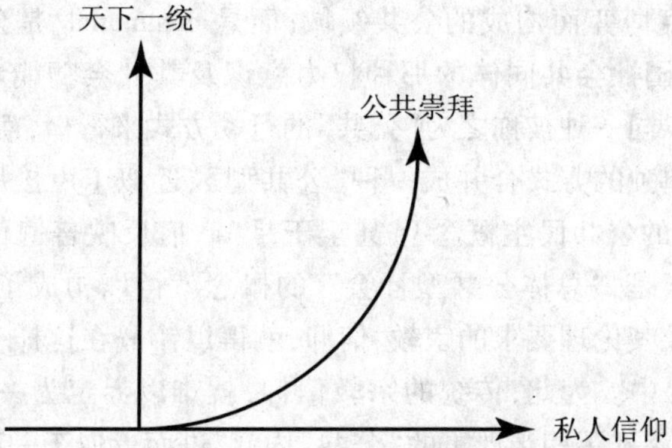

是角色，私己是对他人保密的自己。公己重应变，私己重稳定①，尤其是当这个公己渗透了权力的需要而强加在私己的身上时，这种矛盾就会表现于宗教与信仰之际，转变为一种公共宗教与私人信仰之间的冲突了。

这个公—私冲突，源自于中国宗教神人关系及其内在的两向性矛盾。这种两向性，在其最广泛的意义上是指对于指定给社会中的一个身份或一组身份的态度、信念和行为之相互冲突的规范期望，它在最狭窄的意义上则是指某一单一身份之单一角色所必须同时满足的相互冲突的规范期望。

从此两向性出发，它可将社会角色视为一个由规范和反规范构成的动态组织，而不是将它视为一个由各种居于主导地位的特征构成的复合体。主要的规范和次要的反规范轮流制约着角色行为，从而造成了两向性格②。因此，宗教与信仰的制度型和扩散性、合法与非法、公己与私己、正统与非正统……以及神人互惠关系、天命人道关系、人际伦理关系等等，均在不同程度上源自于此类难以摆脱的双重特性。至于国家权力，则总是在此双向性冲突中，反反复复地、自始至终地制约着中国人的私人信仰与社会结构的总体要求。合法的信仰、宗教，会使庶民百姓产生国家稳固并给他们带来好处的信念，同样，淫祀或私人与神灵世界之间未经官方批准的交往、信仰，就会对国家安全和社会道德构成一种威胁。

这种在国家、私人、社会之间均有一以贯之的、具有“公共形式”的中国宗教，其真实内涵，不是 public，不是社会团体或国家与个人、社会以契

---

① 杨中芳:《试论中国人的“自己”:理论与研究方向》，见杨中芳等主编《中国人·中国心——人格与社会篇》，台湾远流出版社 1991 年。

② 金耀基:《中国社会与文化》，香港牛津大学出版社 1991 年，第 15 页，注 35、36。

约、协调、制度博弈而构成的公共领域；而是 communal，是公用的、共同的，制约于中国社会共同体的那种权力意识及其社会功能。这就是说，每个私人均以同一种被称之为“公共”的行动方式来行事，而这种行动方式是由他们单独的方式合并成一种“公共型”、近似于卢梭那种“政府反映普遍民意”的公共民主概念①，甚至于是“政府反映普遍信仰”的公共宗教概念。于是，“总体公共型社会”的概念就得以构成了。中国人处理神人关系及其伦理要求的宗教、信仰，就得以镶嵌在这样一个“总体公共型社会”之中。为此，传统的宗教信仰，就难以界定为一种单纯的私人信仰，从中渗透了相当严重的“公共”内涵，进而近似于一种国家、权力信仰。

三、信仰与权力的双重“祛魅”

马克斯·韦伯在论及儒家伦理及其与资本主义经济关系时认为，中国儒教亟需一种祛魅而合理化的过程。这是相对于基督教新教而言的合理化要求。但对于传统中国的宗教祛魅而言，由于中国宗教所具有的特殊“公共形式”，国家权力利用“神道设教”而予以的神圣化，从而导致了中国宗教与国家权力在合理化进程中，必须实行一种双重的（合理化）祛魅。

如果说，20 世纪中国革命填补了传统中国的两大空白，一是以政治意识形态实现宗教功能的取代，同时引进了政党形式的团体生活方式，填补了中国人缺乏团体生活的空白。那么，在此两大空白被填补后，似又被建构为一种国家集团式的精神信仰结构，甚至也把个人的精神信仰视为国家政治的总体要求，被赋予了国家权力的统一特征。这不过是中国宗教传统的再现而已。

为此，相对于当代中国社会的改革与变迁，个人精神权利的独立，制度宗教的专业化与社会化（与国家相对而言的社会化），必将促成这个象征性权力结构的转型，而世俗权力亦将因这两种因素的独立形式，改变自己的存在结构——特别是改变自己的合法性证明方式，改变了固有的

---

① 罗纳德·德沃金：《自由的法—对美国宪法的道德解读》，上海人民出版社 2001 年，第 24 页。

权力秩序所包含的宗教信仰意义。于是，世俗权力不再需要信仰，但社会道德秩序却依然需要宗教和信仰，它们与道德、法律一道，参与人们对于社会秩序的认同。或者说，从社会改革的要求出发，当信仰仅仅是成为个人精神权利的时候，国家权力的理性化以及中国宗教的祛魅过程，国家与社会之间各自的合理化过程就能够基本告一段落，而总体社会也就会相应地转型成为一个现代公民社会了。

在这样一种社会的理想状态中，宗教功能明显缩小、减弱。与此联系的是，宗教的权力表达形式也将随之而相应缩小，权力的合法化功能也被减弱了，权力的合法化程序也将另寻他径，进入了另一个领域。宗教与权力进行了原则上的分割，功能上的分割，促使还原成为宗教自身的发展形式，私人的信仰也真正成为私人的东西，取得了合法的性格。为此，与传统社会秩序相比较，现在社会的基本公共制度不再深入地影响个人意识与个性的形成，尽管这些制度功能上合理的“机制”，对人们施加了大量行为控制。个人认同基本上成为一种私人现象。也许，这是现代社会最具革命性的品质。

现代社会的制度分割，给个人生活留下了未加组织的广大领域，也给个人经历的中心意义脉络留下了尚未决定的广大区域，从来自制度分割的社会结构间隙中的出现了所谓“私人领域”。在此前提之下，“宗教被定义为‘私人事务’，个人就有可能从‘终极’意义的聚集中挑选他认为合适的东西——只听从有他的社会经历所决定的偏好的引导”①。

因此，传统中国宗教的那种公共形式已难以为继，它必遭分解，必欲在无限的秩序概念之中还原它的有限性，即将对于天下国家的权力秩序的合法证明，转变为对于社会秩序或其他部分社会秩序的适应。天下本来就是被社会分割的结构，价值精神本身亦必须还给社会、私人，甚至是私人的信仰。于是，传统的公共崇拜形式以及国家权力的祛魅，就被分解在现代社会诸种有效性的制度分离之中，进而导致国家也放弃了对它的公民灵魂进行拯救的工作，放弃了它千百年来对于个人精神权的掌控，从而把拯救灵魂的事情交由私人、社会自己去料理。这样做的目的不是为了其他，而是为了“国家成功地做到不用宗教而进行自我组

① 托马斯·卢克曼：《无形的宗教——现代社会中的宗教问题》，香港道风山汉语基督教文化研究所1995年，第108、109－110页。

织”①。做到了各个领域均有自己的组成法则及其界限,不可逾越。

在此,中国历史上难解难分的公—私矛盾,也许会有一个了结。中国传统的私人信仰,从此可能被赋予一个最适当的社会形式还原,肯定它的正当性并将其制度化,并可以“被分化为有特殊利益的政治和文化单位”,制定严密的法律以“保护个人免受群体、国家以及主流教会等其他强制性机构的伤害”②。这就可以通过私人信仰的制度化而使社会秩序本身呈现出应该具有的功能边界。信仰也将由此而被分解为若干层次,如国家层次的公共信仰、政党层面的政治信仰、宗教层面的个人信仰、文化传统的社会信仰……不同的信仰将会对应于不同的制度组织关系,予以不同的处理方法,以避免宗教层面的私人认信、国家层面的公共信仰、政党秩序中的政治信念一锅煮,彼此串味,左右牵涉,相互影响。

特别在中国历史上,宗教多半被政治所包含,信仰被权力所制约,尤其是在国家取代了社会、乃至在单位社会的制度安排之中,宗教难以一种社会的制度设置进行自己的社会活动。但是这种包含与取代,往往付出了极大的政治成本,得不偿失。如依宗教合法性的制度设计,它能够将宗教团体乃至宗教活动的影响合法地分割在一个法定领域之中,就不会直接构成政治领域的意识形态冲突,促使行政监督、社会控制成为宗教合法性的最好补充。当然,这个补充既有法律的自律,也包含了法律的他律,宗教成为一个行政管理、社会控制领域的事情,能够将宗教与政治、信仰与权力的冲突转移成为行政管理,转成社会治理,从而难以直接地构成政治危机,危及国家权力及其秩序稳定。

四、走出危机的“信仰”

曾有人就当代中国的“信仰危机”提出过这样的论述:如果我们承认信仰危机,那么就应当主张信仰重建。既是对原有信仰(包括信仰对象)的否定,也是根据时代的条件和要求对原有信仰作新的理解和解释,更可以是对我们过去所持有的信仰状态本身做出更科学的理解、规范乃至

① 京特·雅可布斯:《规范·人格体·社会》,法律出版社2001年,第52页。
② J.C.亚历山大:《新功能主义及其后》,江苏译林出版社2003年,第222页。

于重新构架。当代中国人的信仰危机,并不完全是诸如马克思主义、共产主义等等信仰对象本身“不能再信”了,或“不值得再信”了,而是有些人认为它们“不能再信”了。这就是说,问题有可能出在我们没有能够正确地信仰它们。因此,当代中国人的信仰重建,并不是仅仅着力重新寻求一些新的信仰对象,而主要地在于深刻反省我们过去所拥有的信仰状态。后者比前者似乎更为关键①。

可惜该论仅仅从宗教信仰的理性和非理性的内在张力以及“教条化”和“纯粹或片面的信仰化”来讨论这个问题,无法从宗教信仰的公共性、社会性和政治性等角度来进行分析,所有只能流失于旧式的宗教、信仰分析框架,再度陷入了传统的总体象征关系中而无法自拔。该观点认为偏重于信仰张力结构中的“非理性”一面,则可能导致信仰成为一种仅仅凭依直觉或盲目情感的非理性信仰;相反,如果偏重于信仰的“理性”一面,那么就会大大削弱了甚至是取消了信仰应有的形象感召力。

这种论述,根本不能抓住中国信仰的要害。实际上,信仰可被分离若干层次,政治信仰、传统信仰、(制度)宗教信仰、(非制度的)民间信仰、民族信仰、文化信仰……至于私人信仰,则应当是公民自己的精神选择。传统的总体象征关系,它具有一个最大的基本特征,就是以一种制度宗教的公共信仰方式,把所有的精神、信仰一锅煮进,放在了国家权力秩序之中,不分层次,不加区别,常以一个价值信仰形式,面对并且服从政治权力,以此关怀精神和自我。所以一旦改朝换代,国家权力发生变迁,中国人的精神关怀似乎就会出现相应的“危机”,精神个体无处挂搭,亦无法挂搭。权力强大稳定,信仰不会危机;权力弱小动摇,信仰就危机了。辛亥革命以及“文革”之后所导致的那场儒教危机、信仰“危机”,更是这个总体象征关系体消逝之后的精神表达。权力秩序一去,镶嵌在其间的宗教、信仰、精神关怀,亦会一块随风飘去。相反的是,一旦建立了新的权力秩序,其中的稳定与服从,就相对于再度建构了精神归属一样,把人们的信仰和关怀都给集中起来了,人的精神似乎又有了挂搭之处,不再危机了。中国历史上常有的象征改造和宗教替代,其路径依赖不过如此。

所以中国政治文化的变革,既不需要所谓“政治儒学”复兴,也不需要回到与儒家的有为政治相左的所谓道家无为政治,而是培养对于不同

① 荆学民:《社会转型与信仰重建》,山西教育出版社 1999 年,第 283、364 - 371 页。

于政治伦理和宗教伦理的个人权利与社会公义的信念①。至于上述的信仰危机，亦应当在此过程之中方能拓展走出危机的再建信仰的路径。

为此，走出危机的信仰建设路径，主要是在于制约信仰之制度改变，在于宗教制度设置必须取得法团形式、专业化形式，真正实现宗教生活的团体组织形式。惟有这种社会化的团体宗教生活，将使集体意识朝着更加理性的方向发展，它的强制性色彩也就会越来越少，不再阻碍个人的自由变化和资源发展了②。所以，宗教的社会化方式，一方面是中国宗教能从传统的精神信仰所具有的公私、正邪二元对立的中解脱出来，另一方面，也能让宗教、信仰等类似的精神因素，能够具有一个制度化、团体化、社会化的存在形式，让宗教的社会性在当代中国社会的变迁过程中充分地表达出来，让个人的精神权利、信仰亦同时得以舒畅地表达。如此，中国人庶几能够实现国家与信仰的双重祛魅。

就宗教与政治的复杂关系而言，人们必须冷静对待。“宗教信仰所具有的全部力量绝不可能都用来建设公正的社会，因为它的最高的想象力产生于个人良知中的敏锐的直觉。如果宗教的最高想象力能够实现，那只能在亲密的宗教社团中实现。在宗教社团中，个人的理想能够在社会中实现，而不会征服社会……如果这种担忧被克服掉，宗教的理想就会获得社会与政治的意义。”③因此，当人们面对那些已经包含有宗教化、精神化的统治权力的时候，人们同样亦需要加倍的冷静。

现代生活之中，“具有宗教信仰是人的权利，而这一权利，即成为精神的权利，也是人的所有其他权利的基础。人如果拒绝这一权利，就会丧失自己的精神尊严并患上与这一丧失有关的全部疾病；人如果不实现这一权利，就会陷入徒劳无益的生活，不体面地给大家增加负担。对宗教的需求能催生出对精神自由的需求，因而也能催生出对法律秩序的需求；这就是为什么历史上信教不止一次地成了法律意识最深刻的渊源，而宗教信仰也成了争取政治自由的斗争的绝对的和神圣的基础”④。

在这里，“一旦宗教被定义为‘私人事务’，个人就有可能从‘终极’意义的聚集中挑选他认为合适的东西——只听从有他的社会经历所决

---

① 刘小枫：《儒家革命精神源流考》，上海三联书店 2000 年，第 106 页。
② 埃米尔·涂尔干：《社会分工论》，三联书店 2000 年，第 247 页。
③ 莱茵霍尔德·尼布尔：《道德的人与不道德的社会》，贵州人民出版社 1998 年，第 82 页。
④ 伊·亚·伊林：《法律意识的实质》，清华大学出版社 2005 年，第 217 页。

定的偏好的引导”①。而宗教群体的社会组织形式或者是社团形式的宗教组织,它们能够将此“私人事务”整合成为社会公共事务,纳入当代社会法律规范之中。尽管在当代中国社会之中,这个规范还在建设,国家、政治等公共权力秩序对于个人意识与个性的形成尚有重大的影响,并通过这些制度功能上的合理“机制”对个人予以大量的行为控制,然作为公民个人的宗教信仰在一定程度上已基本成为一种私人的现象了,成为宪法保护的私人权利了。

在此基础上,个人信仰的社会意义才得以突出出来,其意义几乎等同于当代中国第一次把合理的个人财产列入宪法保护范围一样,把私人信仰真正的变成个人的精神权利。这就是说,在当代宪政建设之中,其中有一个非常重要的问题,就是国家世俗权力与私人—公民精神权利的制度分离。这是一个相当重要的两权分离。只有此二者的制度分割,公民的最基本的精神权利才能得到根本的尊重和保护。否则,宪政建设就有可能要落空。

也许,这个精神权利伴随着合法性私人财产权的保护条例被写入宪法,这就成为了当代中国社会变迁中最具革命性的品质之一,给个人的精神信仰留下了未加组织的一个领域。虽然这个很难说就是来自社会变迁的结构间隙中出现的所谓“私人领域”,然而这已经为宗教信仰自由中的私人事务构成提供了基本的空间。以此观之,今日之信仰危机,主要在于世俗权力与精神权利之混同,导致宗教制度上自我认同以及它在社会表达形式上的衰败。

当代中国的宗教团体及其组织,作为社会变迁、权力秩序改革的结果,作为当代社会的社会团体之一,互动在国家与社会之间,其活动其组织,已经将国家、社会、个人之间的认同,相互连结,促进了非政府非市场的社会实践活动。它虽然模糊了私域与公域之间的功能及界限,却亦打造了国家和社会之间的中间地带或第三领域②。它在中国宗教的组织结构的变迁表明,国家与社会两边的权力秩序均发生了变化,其特征表现为公私混合的运作模式。虽然其“公域”和“私域”之间、公共宗教与私人信仰之间的分离并不很明显,但社会团体的空间已明显扩大,而私人

① 托马斯·卢克曼:《无形的宗教——现代社会中的宗教问题》,第119-110页。

② 黄宗智:《中国的“公共领域”与“市民社会”——国家与社会的第三领域》,参黄宗智主编《中国研究的范式问题讨论》,社会科学文献出版社2003年,第262页。

信仰的公民特征却日益呈现。

所以,我们能够说,梁漱溟指出的两大空白,正在被重新填补。

(作者单位:上海大学历史系)

双峰对峙

——燕京大学宗教学院与金陵神学院之比较[①]

徐以骅

一般认为,新教在华正式的神学教育始于 1866 年[②]。此后百余年中产生的数十所新教神学院校,没有一所比燕京大学宗教学院或金陵神学院声誉更隆,影响全国。作为神学教育层次最高的神学研究院,燕京大学宗教学院和金陵神学院在中国的新教神学教育界,曾居无可争议的领袖地位。两所神学院并驾齐驱,各领风骚,在 20 世纪上半叶的数十年,掌领中国新教高等神学教育发展的基本方向。

燕京大学宗教学院和金陵神学院同为跨宗派或多宗派合办之高等神学学府,自然有不少共同点。然而,前者为大学所属的神学院,后者为独立的神学院,在办学手段乃至神学取向上,又有许多相异之处。比较此两所著名神学院的异同,对于考察独立神学院与大学神学院之利弊及研究中国新教高等教育神学史,均有一定意义。

一

从组织形式上看,燕京大学宗教学院和金陵神学院同为多宗派合办

① 本文曾载于《建道学刊》14(2000),本次重刊略有改动。

② 师当理:《中国基督教神学教育的发展》(C. Stanley Smith, *The Development of Protestant Theological Education in China*),上海,1925 年;另参拙著:《教会大学与神学教育》,福建教育出版社 1999 年。

之神学院①，而且均从圣道学院发展而来，颇合中国新教神学院发展的一般轨迹。燕京大学宗教学院的前身，是成立于1915年的汇文大学神科，该神科是地处北京、天津、通州三地的若干圣经和神道学堂合并发展的结果，其核心是汇文大学神学馆（亦称神道学科正班）和华北协和道学院。汇文大学神学馆脱胎于美以美会在北京设立的怀理书院和英国循道公会在天津所设之圣经学堂，两校于1912年联合；成立于1905年的华北协和道学院则由美国公理会设于通州的潞河书院发展而来，此两院于1915年合并。1918年汇文大学和华北协和大学合并，正式成立燕京大学，汇文大学神科亦随之改称燕京大学神科。该科是由公理会、伦敦会、美以美会、北长老会以及后来加入的中华圣公会华北教区组成的跨宗派联合机构②。金陵神学院则正式成立于1911年，它是由1895年成立的美以美会圣道馆、1909年成立的基督会圣经学校和1904年成立的长老会圣道书院合并组成的。先后参与合办的公会有北长老会、南长老会、美以美会、基督会、监理会及中华基督教会华东大会③。燕京和金陵两神学院尽管为多宗派合办，但建院初期长老会在其中居首要地位。

合办神学在中国相当发达，甚至超过宣教会派遣国，被认为是中国新教神学教育的一大特点。据统计，1935年在华14所招收高中毕业以

---

① 燕京大学宗教学院的历史可参刘万芳：《燕京大学神科》，载《生命》第2卷第2期（1921年9月）；张仁济：《忆燕京宗教学院》，载《展望月刊》第6卷第6期（1963年6月）；刘廷蔚：《燕京大学宗教雪原》，载董鼎编：《学府纪闻——私立燕京大学》，第48－52页，台湾南京出版有限公司1982年；赵紫宸：《燕京大学的宗教学院》，载《文史资料选辑》（第43辑），中国文史出版社1964年，第106－128页；《燕京大学宗教学院的盛衰》，载前引《教会大学与神学教育》，第68－150页。金陵神学院的历史可参李汉铎：《金陵神学院开创四十年来之历史》，载《金陵神学志》第26卷第1、2期合刊（1950年11月）；张永训：《南京金陵神学始末记》，载《中华基督教会年鉴》（1925年），第163－165页；毕范宇（Frank Wilson Price）著、徐以骅译：《金陵神学院史（1911－1961）（暂定稿）》（"History of Nanking Theological Seminary: 1911 to 1961, A Tentative Draft"），载徐以骅、张庆熊主编：《基督教学术》（第1辑），上海古籍出版社2002年。

② 燕京大学宗教学院从1915年起曾有不同的中英文名称，最初为汇文大学校神学馆（Theological Department of Peking University），1916年改汇文神科大学（College of Theology），从1918年起又改称School of Theology。以表明其神学研究院的地位，翌年中文名改为燕京大学神科。1925年，燕京大学神科才最后定名为燕京大学宗教学院（Yenching University School of Religion）。见《燕京大学宗教学院1925至1926年简章》（*Yenching University, the School of Religion Catalogue*, 1925－1926），1925年4月。

③ 金陵神学院在历史上亦有不同的中英文名称。从1911年成立之日起称为圣经学院（Nanking Bible Training School），翌年改为圣道书院（Nanking School of Theology），1917年又改称金陵神学（Nanking Theological School），直到1929年其中文名才正式定为金陵神学院。见前引《金陵神学院史（1911－1961）（暂定稿）》，第237－238页。

上程度学生的神学院中，属于各宗派单独办理的共有6所（信义神学院、中央神学院、圣约翰大学神学院、奉天神学院、北平汇文神学院、滕县华北神学院、沪江浸会神学院），其余7所（广州协和神学院、齐鲁神学院、华西协和大学宗教学院、燕京大学宗教学院、金陵神学院、金陵女子神学院、中华女子神学院）为各宗派合办①。一般说来，多宗派合办的神学院往往优于某宗派独办的神学院，燕京大学宗教学院和金陵神学院之所以在中国新教高等神学教育界脱颖而出，多宗派合力当为因素之一。

从入学程度上看，燕京大学宗教学院和金陵神学院是20世纪40年代前中国仅有的两所研究神学院。1935年"韦格尔报告"建议把中国的神学院校分为以下三级：（1）神学院（theological college），专收高中毕业生，通常教以四年课程；（2）圣道书院（theological training school），专收初中毕业生，通常教三年课程；（3）神学研究院（graduate school of theology），专招大学毕业生，并教以一至三年课程②。燕京大学宗教学院步入神学研究院的行列较早，1920年便已规定入学新生需具有大学肄业两年以上的水平③；1923至1924年神科简章规定新生在中学毕业后读四年神学预科；1930至1931年的宗教学院简章则进一步要求"本院正科生，须具大学卒业资格"④。在中国基督教神学教育史上，只招大学毕业生为正科生的神学院，只有燕京一家。

金陵神学院成为神学研究院，几乎与燕京同时。早年该院设有正、附两科，分别招收高中和初中程度的学生。1918年起设大学科（即后来的神学士科），为大学毕业生提供三年的神学训练。1920年，学院再度改组，取消附科，正科（即证书科或后来的道学士科）学制从三年延长至四年，并增设文学士科（为大学预科毕业生所设，学程三年）。翌年秋又开设函授科，成为提供各级教育的神学院。1938年金陵神学院获美国纽约高等教育局所颁特许状，从此得授道学士（B. Th.）、神学士（B. D.）、宗教教育学士（B. R. E.）、宗教教育硕士（M. R. E.）和神学硕士（M. Th.）

① 韦格尔及视察团编，缪秋笙校：《培养教会工作人员的研究》（上编），第64－66页，中华基督教宗教教育促进会1935年。

② 《培养教会工作人员的研究》（下编），第24－39页。

③ 中华续行委办会编，蔡咏春等译：《中华归主：中国基督教事业统计（1901－1920）》（下），第930－933页，中国社会科学院世界宗教研究所1985年。

④ 另参前引《燕京大学宗教学院的盛衰》，第96页。

五种学位，成为当时远东地区唯一获此特许状的神学院①。然而金陵神学院历年来虽有神学士科、文学士科、牧师选修课之设，但其正科学生仍为攻读道学士科的中学毕业生，而代表神学研究院程度的神学士科只占学院的一部。因此严格地说，该院总体水平仍应为神学院而非神学研究院。

此种入学程度上的差距，实与两院的定位和专业诉求有关。燕京大学宗教学院的主要领导人如司徒雷登(J. Leighton Stuart)、刘廷芳和赵紫宸等均以美国神学教育体制为蓝本，试图把燕京宗教学院建成中国首屈一指、且与英美最好神学院相媲美的神学教育机构。无论是刘廷芳神科主任的就职演辞《一个大学的宗教学院的任务和标准》②，还是赵紫宸所撰的《我对中国高等神学教育的梦想》一文③，均反映了燕京宗教学院此种一脉相承的建院理念和抱负。1930 至 1931 年宗教学院简章声明："本院的目的，在养成有丰富宗教经验，具有历史眼光、科学态度、热心谋求中国教会的发展，及中国社会进步之男女青年，为中国基督教思想和生活，建树稳固的基础。"金陵神学院的建立则受美国纽约圣经师范学校(或称圣经研究院)院长怀德博士(Dr. W. W. White)访华的推动，最初的办学理念是加强中国的圣经教育和研究。其简章宣称："本校专以教授圣经，修养灵性，仿纽约圣经学校之模范，合中国现今之时局，培植有志于圣工者为宗旨。"④怀德博士的圣经学校被描述成"性质上合办、学理上完备、教义上守福音、心志上敬虔、教学上得法、目的上实行"的福音派神学校⑤，与燕京一流神学院的目标和后来金陵神学院本身努力的方向，显然有相当的差距。

然而燕京大学宗教学院和金陵神学院最大的差异，则在前者为大学所属神学院，后者为独立神学院，教会大学神学院与独立神学院构成神学教育最主要的两种类别⑥。20 世纪 20 年代中期，福州美国公理会教士黎天锡，曾建议把当时中国学院式神学教育，分为古典—教义型(clas-

① 《金陵神学院史(1911－1961)(暂定稿)》，第 218 页。
② 载《真理与生命》第 8 卷第 7 期(1934 年 12 月)。
③ 载《真理与生命》第 8 卷第 7 期(1934 年 12 月)。
④ 前引《南京金陵神学始末记》，第 163 页。
⑤ 《金陵神学院史(1911－1961)(暂定稿)》，第 189 页。
⑥ 此种区分对金陵神学院来说并不是那么绝对，该院向与金陵大学有较密切的联系，尤其是在 1914 年美国纽约州当局拒绝了该院(时称圣道书院)立案的申请后，金陵大学还一度受合办差会的委托代管该院的所有财产。

sical – dogmatic type)和科学—历史型(scientific – historical type)两个子类。照黎氏的说法,古典—教义型神学注重超自然的启示和圣经;而科学—历史型则强调宗教经验和科学、历史的方法。黎氏认为,大多数圣经学校属于古典—教义型;独立神学院则有古典—教义型的明显倾向;而绝大多数教会大学神学院,则最接近科学—历史型①。换言之,由于与日益专业化和世俗化的教会大学关系较密切,一般大学神学院较为自由,而独立神学院则较为保守。

黎氏的此种分类,当然是所谓理想型的,但也有相当的依据。燕京大学宗教学院标榜"教会广涵主义",实际办学时则以学术自由为号召,与教会日益疏离,逐渐成为中国基督教自由派神学的重镇。现代大学文科教育所倡导之怀疑的眼光、批评的精神以及开放的态度,不能不对大学神学产生影响。金陵神学院虽然与邻近之金陵大学有相当程度的合作,但毕竟没有大学在教会和神学院之间作为缓冲,故在各方面受到合办教会更直接的干预和控制,而呈保守的倾向,如 1917 年新聘的教员需签署下列宣言:"任一教员从在本校担任教席之日起便须向董事会提交一份书面声明,重申其对教义准则或本会宣言的忠诚,并宣布本人信仰圣经的完整性和历史真实性。"② 20 世纪 20 年代初,由于部分福音派教员离任(其中最关键的是南长老会江北教区脱离金陵神学院,转而支援更为保守的华北神学院),金陵神学院才得以维持其中间派的神学立场,并在 30 年代中期后的专业发展中,显出其在学术和神学上较为开放的倾向。

二

作为中国当时实力最雄厚的神学院,燕京大学宗教学院和金陵神学院固然有许多相似之处,但大学神学院和独立神学院的不同身份又使其在教学手段和学术研究上各具特点。

从神学师资上看,燕京和金陵无疑曾拥有中国所有基督教神学院校

---

① 黎天锡:《中国基督教牧师的教育》(Samuel H. Leger, *Education of Christian Ministers in China*),上海 1925 年,第 41 – 67 页。

② 第一位作此种宣誓的教员便是贾玉铭,他后于 1922 年离开金陵神学院加盟华北神学院。见《金陵神学院史(1911 – 1961)(暂定稿)》,第 195 – 196 页。

中最强大的师资阵容。中华基督教教育会曾对1925至1926年度中国10所招收高中毕业程度以上学生的神学院校作过调查，发现该年度此10所院校共有教员97名，其中金陵27名，燕京13名，位居第一和第二，两院教员总数为10所院校全部教员的41%。至于拥有高级学位的教员两院更占优势：燕京拥有4位博士，6位硕士；金陵则有1位博士，8位硕士，两院拥有博士和硕士头衔者，分别占10所院校同类学位拥有者总数的56%和44%①。

燕京的神学教员虽不及金陵的一半，但这不仅是一支包括吴雷川、刘廷芳、赵紫宸、陈垣、洪煨莲、徐宝谦在内的全明星教员队伍，也是当时中国同类神学院校中最本色化的教员队伍。燕京的华人神学教员无论在人数上还是在学术声望上均超过西籍教员，这在当时中国所有的神学院校中是绝无仅有的。相比之下，金陵的神学师资则声望较低，且以西人为主。1926至1927年度该院共有教授、讲师20名，其中西人12名，华人8名，分别为总数的四成和六成。该年度的13名教授中，只有4名为华人②。1931年李汉铎被推选为该院历史上第一任华人院长③，而燕京从1921年刘廷芳出任神科代理科长以来，神学院的最高负责人便一直由华人担任。

燕京刘廷芳博士曾就学于纽约协和神学院及哥伦比亚大学，金陵李汉铎博士则在哲吾大学深造，他们的出身似乎象征着两院的差异。协和神学院和哥伦比亚大学对燕京神学院确实有相当之影响，燕京早期神学教员中受协和神学院与哥伦比亚大学教育的除刘廷芳外，还有洪煨莲、徐宝谦、诚质怡、简又文、许地山等人。早年金陵曾聘请尚在美国留学的刘廷芳为神学教授，但却派人去劝刘"不选纽约协和神学院有关课程"④，反映了该院董事会部分成员对协和自由派神学的猜疑。不过以教员所受教育来界定两院的神学和学术取向，尤其在两院成立的后期，则有相当的困难。两院的师生互有交换，如燕京的校长司徒雷登便曾是金陵的教授；圣约翰大学神科毕业生蒋翼振，曾在燕京大学宗教学院的全盛时期在该院进修过神学，后来先后出任金陵和燕京两神学院的教授；而金陵最后一任院长诚质怡，曾为燕京大学宗教学院新约教授，他也

① 葛德基：《1925至1926年基督教在华高等教育》（Earl H. Cressy, *Christian Higher Education in China, A Study for the Year 1925－1926*），第118－127页，上海中华基督教教育会，1928。
② 《金陵神学院史（1911－1961）（暂定稿）》，第206页。
③ 实际上1932至1933年上半年李汉铎在美进修，直到1933年才回国就任院长之职。
④ 《金陵神学院史（1911－1961）（暂定稿）》，第197页。

是金陵神学士科最早的学生之一。

然而就学生而言,燕京大学宗教学院却难与金陵抗衡。师多生少或教员对学生比例偏高,是在华教会大学神学院的主要特点之一。1925 至 1926 年度金陵神学院有各类学生 100 人,而燕京大学宗教学院只有 5 人,形成 2.6 名教员对 1 名学生的局面①,师生比例严重失调。燕京神学生人数不足的问题曾引起不少讨论。早期燕京宗教学院标榜不受任何宗派控制,所招收的学生多无较深的教会背景,又非受教会指派,于是有论者认为就读燕京的神学生人数甚少,乃因其神学新派,缺乏教会的支持②。其实宗教学院"思想太新",固然为燕京与教会关系疏远的原因之一,但燕京所招正科学生须具有大学毕业程度,而金陵之正科生,则为攻读道学士科的高中毕业生。总计从 1915 年开办到 1941 年,燕京正科共有 76 名毕业生③;而金陵从 1930 年开始颁授神学士学位到 1950 年,具大学毕业资格入学而考获神学专业学位的毕业生也只有 64 名(其中道学士 17 名、神学士 31 名、宗教教育硕士 16 名)④,在训练大学毕业以上程度神学生方面,两院可谓旗鼓相当,由此可见标准过高实为燕京招生不足的主因。

燕京等教会大学神学院由于标准较高,在学生来源上比独立神学院更受限制,而其毕业生却比独立神学院毕业生在担任牧职外有更多的选择,因此一般说来,教会大学神学院"有效"毕业生的比例,往往小于独立神学院。至 1931 年燕京大学宗教学院的所有 110 名毕业生中明确从事宗教社会服务的只有 56 人,占毕业生总数的一半左右⑤。据赵紫宸 1934 年的估计,燕京大学宗教学院 60 多名正科毕业生中,担任牧职的仅为 1/3⑥;而

---

① 《1925 至 1926 年基督教在华高等教育》,第 121、125 页。

② 如邵玉铭:《一个美国在华宣教士:司徒雷登与中美关系》(Yu - ming Shaw, *An American Missionary in China: John Leighton Stuart and Chinese American Relations*), Harvard University Press, 1992, pp. 88。关于燕京大学宗教学院师多生少的原因可参前引《燕京大学宗教学院的盛衰》,第 103 - 111 页。

③ 《燕京大学宗教学院 1946 - 1947 年纪念册》。

④ 《本院历年各科毕业生表》,载《金陵神学院开创四十年来之历史》,第 9 页。当然金陵神学院函授科的学生远远超过他科学生,仅 1941 至 1946 年该科在华西办理期间便招收了来自 25 个公会的 280 名学生。见《金陵神学院史(1911 - 1961)(暂定稿)》,第 229 页。

⑤ 此 110 名毕业生的职业分类如下:教育,21 人;国内研究,2 人;国外研究,3 人;政界,6 人;宗教社会服务,56 人;实业界,3 人;已故,1 人;未详,18 人。见《燕京大学毕业同学录再版》,第 112 页,1931 年 12 月。

⑥ 赵紫宸致祁天赐(N. Gist Gee)函,1934 年 8 月 8 日,《亚洲基督教高等教育联合董事会档》

至1950年金陵神学院历届毕业生中担任传道工作的则高达80%[①]。由于合办差会的压力和培养教牧的实际需要,从20年代末起,燕京也不得不改弦更张,在正科生外增招专修生、特别生和短期生。到40年代初,该院的非正科学生无论是在校还是已毕业,均已超过正科生而构成学生的主体。

照金陵神学院教授师当理(C. Stanley Smith)的说法,中国基督教神学教育主要参照英、美两国的制度。英国大学传统的神学教育,通常结合大学文科和神科的课程。而美国和苏格兰的神学教育的标准较高,通常要在完成四年大学学业后再进修三年神学[②]。其实在中国,真正实践美国神学教育模式(即四年大学加三年神学训练)的,只有燕京一家。然而此种神学教育的理想模式,确如阳春白雪,高于中国教会的现实。连赵紫宸本人后来也不得不承认,如果要在中国有效地开展神学教育,燕京应兼容研究院和本科程度的两种神学教育[③]。

在学校的财政方面,燕京和金陵的实力对比发生逆转。早年燕京大学宗教学院在美积极筹措捐赠基金,由于获得来自基金的固定收入,该院逐渐成为当时只招高中毕业生的神学院中,最"财大气粗"的学院了。1934至1935年度燕京大学宗教学院的总收入为30080元:其中学费为2240元,捐赠基金收入为27840元,收入居中国全部基督教神学院之冠;而同年度收入位居第二位的金陵神学院的总收入则为28742元:其中17300元来自差会,学费收入为1325元,其他收入为10117元[④]。燕京大学宗教学院在开办经费上不再依靠合办学院之差会,也是造成该院与教会关系疏远的客观条件之一。

然而正如美国平信徒调查团报告所指出的那样,中国基督教神学院"印出来的财务报告毫无价值,因为通常均略去宣教士教员的工资或津贴,而这些工资和津贴也许构成全部开支的较大的一部分"[⑤]。由于外

(United Board for Christian Higher Education in Asia Archives,下简称亚联董档),Reel 189(缩微胶卷号),第523页。

① 《补白》,载《金陵神学志》第26卷第1、2期合刊(1950年11月)。

② 《中国基督教神学教育的发展》,第42-43、56-57、123-124页。

③ 赵紫宸致甘博(Sidney D. Gamble)函,1947年6月,《亚联董档》卷164,第534页。

④ 前引《培养教会工作人员的研究》,附录第四章。

⑤ 斯坦利·R.费希尔、H.保罗·道格拉斯:《教会与其领袖》(Stanley Ross Fisher and H. Paul Douglass, "The Church and Its Leadership"),载美国平信徒调查团编:《宣教事业平议》分报告第5卷(Laymen's Foreign Missions Inquiry, Vol. 5, *Supplementary Series*),第274页。

国教员的薪金一般均由差会提供，而中国教员的薪金则需自筹，故燕大宗教学院杰出的中国教员团队在学术研究上是学院的巨大财富，然而在财政上却是学院的沉重负担。尽管燕大宗教学院在账面收入比其他神学院更高，但因其中国教员人数占优，且发展过于铺张，故支出也最大，常常入不敷出，收支难以平衡。由于1929至1933年资本主义世界经济危机，宗教学院海外基金收入锐减，财政上更加捉襟见肘。在经费紧缩的压力下，学院不得不靠减少奖学金和裁减教员来加以维持，结果导致学院"梦幻组合"式的教员团队在30年代中期离散飘零，中国新教神学教育的"燕京时代"，在宗教学院本身濒临解体的认同和生存危机之际，被划上了句号。

金陵神学院的经费主要来自合办差会，故无论在神学还是在学术上一向没有燕京大学宗教学院那种自由度。然而30年代，金陵神学院得到美国温得尔—斯沃普(Wendel - Swope)家族的高达250万美元以上的巨额遗产，从此该院的取向乃至中国新教神学教育的整个格局均大大改变①。1935年由金陵神学院资助的韦格尔视察团在其报告中，建议加强燕京大学宗教学院和金陵神学院这两所中国当时仅有的基督教神学研究院的力量，其中燕京仍以学术研究和培养基督教学者为主；而金陵则强调实际教牧事工以造就教会领袖，在某种程度上认可了中国新教神学教育领域燕京与金陵"双峰对峙"的局面②。"韦格尔报告"虽然主张燕京和金陵各有分工，互为补充，但实际上金陵已在发展其庞大的教学和研究计划，并着手重整全国的神学教育，30年代中期后中国新教神学教育领域绝大部分重大的跨院校活动，均由金陵神学院倡导或资助。还在1935年，燕大校长司徒雷登便不得不承认，由于金陵获得温氏遗产，"今后在任何金钱能起作用的地方，金陵集团将占尽优势"③。

在学术取向方面，一般公认燕京重学术、金陵重职业训练，燕京创造性的学术研究和金陵的宗教教育及乡村教会事工，似乎便为两院的主要特色。然而这种简单的区分并不能涵盖两院的全部历史。燕京大学宗教学院早期也以教牧职业训练为主，后来才逐步过渡到职业训练和学术

---

① 1934年金陵神学院得到第一笔来自温氏遗产的收入5000美元。见《金陵神学院史(1911 - 1961)(暂定稿)》，第20页。

② 《培养教会工作人员的研究》(下编)，第49 - 50页。

③ 司徒雷登致葛斯德(B. A. Garside)函，1935年8月14日，《亚联董档》卷189，第1189页。

研究并重，进而偏重学术研究；金陵神学院固然以职业训练为本，但后来也努力发展学术，呈现“燕京化”趋势。尤其在获得温氏遗产后，金陵的学术建设蒸蒸日上，而燕京神学却随师资的离散而江河日下，两所学院在学术上的差距已大为缩小。

在学校出版物上，燕京与金陵亦难分轩轾。中国新教神学最权威的两份期刊《真理与生命》和《金陵神学志》，便分别为两院所办。《真理与生命》脱胎于“北京证道团”1919 年 10 月所创办之《生命》季刊，它虽非燕京大学宗教学院的机关刊物，但其编辑和主要撰稿人，均出自燕京。1924 年该刊编辑部又迁入燕京，完全“燕京化”。《金陵神学志》创刊于 1914 年 2 月，首任主笔为金陵神学院第一位华人教员陈金镛。与《真理与生命》一样，该刊的编辑多年来主要由华人担任①。此外燕京还出版全国性刊物《紫晶》，金陵则办《乡村教会》。中国新教神学文字阵地最先由华人占领，也是中国神学教育的一大特点。就一般而言，《真理与生命》以撰述居多，而《金陵神学志》则以译作见长，这也是两院文字事工的基本特色。燕京推出《基督教与中国文化》（吴雷川）、《墨翟与耶稣》（吴雷川）、《基督教进解》（赵紫宸）和《圣保罗传》（赵紫宸）等十来种学术著作，在独创性的神学研究上略胜一筹；而金陵在乡村教会建设以及后来大规模译介西方神学名著方面独树一帜，对推进中国新教教会的组织、思想建设和文字事工亦有重大贡献。

两所神学院在学术取向上的差异，当然跟它们与大学的关系有关。燕京的赵紫宸曾经典性地评价说，独立神学院有其长处，即“能专心而虔诚”；有其短处，即在“卑狭而僵干”，因此主张神学院“最好与邻近的大学发生关系，使其学生得在大学各系读相当的课程”②。然而大学神学却顾此而失彼，独立神学院的长处往往正是大学神学院的短处，赵紫宸所担忧的“世俗变移圣善”，在某种程度上正是神学与大学联合应有之结果。其实在专业化和多元化潮流的冲击下，神学院在大学的位置，已逐渐从中心退至边缘，大学与神学日益分离，神学变成大学文科中的一科，为大势所趋。燕京大学宗教学院试图藉较广泛的宗教研究来补充或取代较狭窄的神学研究，以模糊或稀释本身独特性的方式来应付此种“边

① 继陈金镛后担任该刊主编的先后有朱显文、程修兹、朱宝惠、董小园、王治心、陈维屏、万国同、李路德、施煜方、邹秉彝、程伯群、诚质怡、谢受灵、余牧人等。

② 《我对中国高等神学教育的梦想》，第 347 页。

缘化"处境,但这不仅使其宗教和神学课程人文化,亦使其教员分散在各系,结果虽然扩大了影响范围,却使宗教学院顾此失彼,"在大学的各种活动中分散了精力"①。

三

到30年代中期,燕京大学宗教学院和金陵神学院各自的发展趋势和相互的实力对比,发生了根本性的变化。在燕京,昔日体现勃勃雄心的发展蓝图,已为挣扎图存的权宜对策所取代;在金陵,巨大的赠款带来相应的发展条件和机会。燕京大学宗教学院和金陵神学院实力的此消彼长,固然有诸多偶然的因素,却也是大学和独立这两类神学院校发展的必然结果。

就偶然因素而言,神学院校不能按政府法令在中国注册立案,是中国基督教神学教育所面临的特殊处境。作为教会大学最显著标志的神学院由于不能立案,在法律上便处于被政府否认或非法的地位,尽管在地理上仍为学校的一部分。于是在立案风潮中,所有教会大学均依据政府法规,在形式上或在实质上与神学院分离。燕京大学宗教学院虽保持原名,但在校章上已非大学之一部。只有拒绝立案的圣约翰大学,其神学院才得以维持现状,不过大学本身的存在却现危机②。总的说来,20年代保留神学院(或神科)的大学还有6所,到30年代中只剩下4所(燕京大学宗教学院、圣约翰大学神学院、齐鲁神学院和华西协和大学宗教学院)。至少就数量而言,教会大学神学院在这些年里是有减无增的。

其次,金陵神学院30年代初获得温氏巨额遗产,完全出乎该院、乃至素来贫血的整个中国新教神学教育界的预料。1935年5月22日金陵神学院通过《金陵神学院计划书》,在大力扩充学生、师资、设施和研究计划的同时,呼吁其他神学院与之合作,以分享受其控制的部分资金。同年7月中华基督教宗教教育促进会在牯岭召开年会。这次中国基督教神学教育有史以来最大最重要的会议,决定成立中华基督教神学联合

---

① 赵紫宸致司徒雷登函,1931年1月30日,《亚联董档》卷164,第431页。
② 关于圣约翰大学神学院可参拙著:《教育与宗教:作为传教媒介的圣约翰大学》,第248-299页,珠海出版社1999年。

会,以协调全国神学教育的发展,并支持金陵神学院出面联合广州协和神学院、华西协和大学宗教学院、齐鲁神学院,由四院共享“金陵神学院”名义,在同一院董会领导下,分别于南京、广州、成都、济南四处办理神学教育①。1936 年 1 月金陵董事会邀请其他三院董事会参加四院联席会议,成立临时委员会商讨具体联合事宜②。尽管这一庞大的“神学组合计划”因抗战爆发等因素终未实现,但金陵神学院在神学教育界的领袖地位却因此而确立。

再次,抗日战争全面爆发是另一个意想不到的因素。由于建于沿海地区,又由于不属于政府教育体制而在原址滞留,各级神学院校在整个抗战期间所遭受的损失,比其他教育机构更为严重③。与在太平洋战争爆发后被日军关闭的燕京大学和其他神学院校相比,金陵神学院由于较早转移至上海和成都设立分部,损失较轻,尤其是与华西协和神学院密切合作的华西分部神学士科,在整个抗战期间一直开办,成为当时大学毕业入学程度的神学生的主要来源。抗战后期较有声色的神学教育和学术活动,如乡村和城市教会建设、内地神学教育推广计划、神学教育调查与研究、基督教经典文献编译以及学术演讲与交流,也几乎均与金陵神学院的华西分部有关。

然而,大学神学的式微,也有其必然的原因。从理论上说,大学神学院(或宗教学院)在完成其职业训练与学术研究双重使命或目标方面,经常得二择其一。现代大学创造出一种专业文化,使所属各院系只有通过专业化的学术研究和教学实践,才能在大学中占有一席之地。然而大学神学院尽管在专业上被要求服从大学游戏规则,在信仰上却被要求服从教会的传统教义,肩负着所谓双重服从之轭;大学和教会的要求之间,产生巨大的张力。燕京大学宗教学院在其全盛时期,重学术而轻职业训练,近大学而远教会,以大学而非教会的标准为依归,结果虽然获得学理上的自由和声誉,却失去教会支援和教会意识。只是在濒于解体的情况

---

① 《培养教会工作人员的研究》(下编),第 42 页;《培养教会工作人员的研究》附录第三章:《金陵神学院计划书》,第 9 - 14 页。

② 《金陵神学院史(1911 - 1961)(暂定稿)》,第 210 页。

③ 抗战期间中国基督教的神学教育,可参师当理:《中国的神学教育》(C. Stanley Smith, “Theological Education in China”),载《国际宣教评论》(*International Review of Missions*)第 34 卷(1945 年);师当理:《1933 - 1934 年度至 1943 - 1944 年度十年间中国的神学教育》(C. Stanley Smith, “Theological Education in China in the Decade 1933 - 1934 to 1943 - 1944”),载《培养教会工作人员的研究》,纽约金陵神学院托事部 1944 年,第 158 - 165 页。

下，学院才开始“回归”教会，后来甚至纡尊降贵，要与教会“相依为命”，学院与大学和教会的关系，又发生戏剧性的调整。

在实践上，大学神学院的萎顿乃至危机均为普世现象，尽管出现的时间有先有后。以美国为例，长期以来大学神学院（或宗教学院）在美国的基督教神学教育界，一直占有支配地位，负有向其他神学院校提供标准和师资的使命。然而在专业化和多元化等现代大学发展趋势的影响下，美国大学神学院在结合大学和教会目标、履行专业学术研究和培养教牧人才的双重使命上，遇到越来越大的阻力。尤其是从20世纪60年代以来，美国大学神学院面临着来自两方面的越来越大的挑战：一方面，美国大专院校迅速扩张的宗教系和宗教研究计划，已经在学术研究和资源上与大学神学院形成相互竞争的局面；另一方面，独立神学院不仅在提供教牧职业训练上拥有比大学神学院更多的优势，而且在学术研究上正在成为足以与大学神学院分庭抗礼的中心。面对双重挑战，大学神学院不仅在神学教育界失去往日的优势，在其所在大学中的地位也日趋边缘化而陷于严重的认同危机①。某一专业学科的功能一旦不再特殊而可被他科所替代，便随时有自行消亡的可能。

由于种种偶然的因素，教会大学神学院在中国的自然发展进程一再被打断。然而大学神学院在新教神学教育界由强转弱的轨迹，却仍清晰可见。在20世纪首20年，近半数的教会大学设有神学院。这些大学神学院不仅在学术水平、师资配置甚至在学生数量上，均优于同类的独立神学院。其中同属美国圣公会的圣约翰大学神科和文华大学神科，由于起点高且用英语教学，曾经风光一时。燕京大学宗教学院后来居上，成为中国新教第一所神学研究院，在学术研究上一枝独秀，为他院难以企及。然而，随着时间的推移，教会大学在神学教育上的此种领先地位，受到来自独立神学院的挑战。20年代后期有中国新教基要派神学大本营之称的华北神学院异军突起，该院生源充足，尽显保守神学人数上的优

① 关于美国基督教神学教育以及大学神学院与独立神学院之比较，可参 Joseph Mitsuo Kitagawa, ed., *Religious Studies*, *Theological Studies and the University - Divinity School*, Scholars Press, 1992; Conrad Cherry, *Hurrying Toward Zion*, *Universities*, *Divinity Schools*, *and American Protestantism*, Indian University Press, 1995; Edward Farley, *The Fragility of Knowledge*: *The Theological Education in the Church and the University*, Fortress Press, 1988; George M. Marsden, *The Soul of American University*: *From Protestant Establishment to Established Nonbelief*, Oxford University Press, USA, 1996。

势。30 年代中蓄势待发的金陵神学院后来居上，终于坐上新教神学教育的头把交椅。

如果不是由于日军入侵华北致使华北神学院元气大伤，30 年代中期后中国新教高等神学教育原可出现燕京、金陵、华北“三足鼎立”的格局，此三所神学院正好代表中国基督教左、中、右三派势力。赵紫宸称其时燕京大学宗教学院和金陵神学院在高等神学教育界仍旗鼓相当，“双峰对峙”，其实前者只有一些往日的荣耀，总体实力根本无法与后者抗衡。因此金陵神学院在 20 世纪 30 年代中期的崛起，不仅标志着中国基督教神学教育燕京时代的结束和金陵时代的来临，同时也表明高等神学教育的重心已全面地从教会大学神学院向独立神学院倾斜①。

对于大学神学院和独立神学院的长处和短处，燕京的赵紫宸有深刻体验，并曾用心良苦地设想出扬长避短的“貌离神合”解决方案。照赵氏的设想，理想的神学院应有以下几方面的特点：(1)此种神学院应是半修道院式的，立志不婚嫁的可终身居院，已婚嫁者则可择时入院修养，男女均可放下俗务，过修道士式的生活，“以科学的方法，宗教的精神”在修习院从事修习，从此则“宗教生活可以助学问，而学问亦可助宗教”②；(2)此种神学院应设在大学之外，但又与大学保持“不远不近、若即若离”的关系：近至可以使学院享用大学所提供的资源，并且为大学提供有效的宗教服务；远至可以使学院保持个性和师生同处的团契生活，这样，“在精神上而非在形式上院校仍为一体”③；(3)此种神学院应是多功能的宗教中心：它既是神学院，又是研究中心；既是函授学院，又是宗教试验站，同时也是举行退休会和其他各种会议的会议中心。赵氏认为此种宗教中心一旦形成，学院便得以“本色的接触方式”与中国社会发生关系，从而使本色神学能从中心向华北乃至全国辐射④。然而赵紫宸此种本色化的建院理想，尽管曾于 20 年代末和 30 年代初在燕京引起激烈讨论，终因缺乏大权在握的合办差会的支持而胎死腹中⑤。于是在关于大学和独

---

① 可参《教会大学与神学教育》，第 19 - 67 页。

② 赵紫宸：《我对中华基督教文字问题的感想》，载《文社月刊》第 1 卷第 1 期(1925 年)。

③ 赵紫宸致全绍文函，1930 年 4 月 23 日，《亚联董档》卷 164，第 415 页。

④ 赵紫宸：《关于宗教学院的备忘录》(Memorandum Regarding the School of Religion)，1932 年，《亚联董档》卷 159，第 508 页。

⑤ 关于赵紫宸的建院思想和燕京院校分离的风波，可参《燕京大学宗教学院的盛衰》，第 112 - 119 页。

立神学院优劣的世界性的辩论中，中国教会失去了一次有创造性贡献的机会。

1949 年中国基督教神学的自然发展再次中断。1951 年 2 月，燕京大学宗教学院改名燕京宗教学院，与大学正式脱离关系。1953 年，该院先后与北京神学院、联合女子圣道神学院、中华圣洁教会圣经神学院、中华基督教会东北神学院、华内浸会神学院、中国基督教信义会信义神学院合并，成立燕京协和神学院；金陵神学院则于 1952 年与上海圣公会中央神学院、上海浸会神学院、杭州中国神学院、无锡华北神学院、济南齐鲁神学院、漳州闽南神学院、福州协和神学院、宁波三一神学院、镇江浸会圣经学院、济南明道圣经学院联合，成立金陵协和神学院①。1953 年后，大陆整个基督教会只有燕京和金陵南北两所协和神学院，依稀可见当年“双峰对峙”的影子。1961 年，燕京协和神学院被并入金陵协和神学院，基督教神学教育终于九九归一，形成了金陵大一统的局面。大学和独立神学院的优劣之争，于是也就只具理论上的意义②。

（作者单位：复旦大学美国研究中心）

---

① 两院合并的情形可参中国基督教全国会议秘书处编印：《金陵协和神学院、燕京协和神学院介绍》，1954 年 8 月；《金陵神学院介绍》（1955 年 10 月修正），载《金陵神学志》第 4 期（1955 年 11 月）。

② 唯一的例外是香港中文大学崇基学院宗教系神学组（现改称神学院），该神学院是目前全国（包括台湾地区在内）仅有的大学神学院。

基督教与中国近代乡村建设论纲

刘家峰

从20年代末到30年代，在中国曾兴起一场轰轰烈烈的乡村建设运动，据时人统计，约有700个公私团体参与，创办的实验区多达1000余处，可谓盛极一时。在这其中，就有为数不少的基督教团体积极参与，创办的实验区也多达百处。遗憾的是，中国内地学术界在这方面的研究还很缺乏，已有研究大多集中在晏阳初及梁漱溟领导的乡建实验上①。相比之下，海外的研究倒是多一些，为我们了解基督教乡村建设提供了大致的轮廓②。但已有的研究忽略了一些重要问题，如基督教乡村运动的起源，还有一些问题在笔者看来仍有商榷和探讨的必要，如基督教乡村建设理论的形成、乡村建设的路径等问题。本文将尝试对这些问题作进一步的梳理和阐发。

---

① 目前为止，笔者所见内地在这方面的著作仅有杨念群《社会福音派与中国基督教乡村建设的理论与组织基础》，载汉语基督教研究所编《道风汉语神学学刊》第8期，第253 - 302页。最近关于乡村建设的著作有郑大华：《民国乡村建设运动》（社会科学文献出版社2000年）。该书除了略为提及教会大学办理的三处实验区外，并没有注意到基督教会所从事的大量乡村建设活动。

② William A. Brown, "The Protestant Rural Movement in China, 1920 - 1937", *Papers on China*, 9:173 - 202 (Harvard University, East Asian Research Center, 1955); William J. Megginson, *The Rural Work of American Protestant Missionaries in China*, 1911 - 1937 (Mississippi College, 1966, unpublished master degree paper, Yale University Library)；卢孝齐：《中国基督教乡村建设运动——以华北地区为例》（中国文化大学史学研究所硕士论文1985年）。感谢王成勉教授为笔者提供卢文。

一、农业传教士与中国基督教乡村运动的兴起

基督教在中国的乡村建设活动源于世界范围内的农业传教活动。所谓"农业传教"(Agricultural Mission),按当时一位农业传教士的说法,是指由基督教会开展的内容广泛的农业和乡村服务活动①。威廉·凯里(William Carey)是农业传教的先驱,1793 年他从英格兰来到印度,看到印度农业和园艺技术非常落后,就在他的苗圃里引进英格兰的果树、蔬菜、谷物等,1820 年他还组织了印度农艺学会。另一位倾心于农业的传教士是戴维·斯图尔特(David Stewart),他在南非创办了农业学校,用科学知识培训当地人们,使这一地区完全换了一幅气象②。但在整个 19 世纪,在亚洲、非洲和拉丁美洲,农业传教还不像医学传教、教育传教那样普遍,大约只有 50 名来自北美、欧洲受过农业训练的传教士在这些地方。但这一状况到了 20 世纪起了变化。1907 年是农业传教史上一个重要的年份,美国长老会派出了第一位到南美洲的农业传教士本杰明(Benjamin H. Hunnicutt),他在巴西创办了一所农业学校;同年,高鲁甫(George Groff) 来到广州岭南学堂(后来之岭南大学) 任教,这是来华的第一位农业传教士,标志着美国差会的农业传教工作正式启动③。在 20 世纪农业传教运动中,美国差会无论在人才、资源还是在知识经验方面,都占据主导地位,对亚洲、非洲和拉丁美洲各国的农业传教工作影响甚巨。美国教会界在 20 世纪初期开始转向农业传教,一方面是由于 19 世纪中叶以来社会福音思潮的兴起,提倡把基督教原则应用到社会生活中,"基督化社会"成为教会追求的目标;另一方面是教会开始反思它在美国乡村社会中所应发挥的作用,这其中以包德裴的影响最大。

包德裴(Kenyon L. Butterfield,1868 - 1936),被誉为"美国农业之父",他对美国教会最大的影响就是推动教会参与乡村建设。1911 年他出版了《乡村教会与乡村问题》,认为教会不仅是宗教生活的管理者,也

① Arthur L. Carson, *Agricultural Missions: A Study Based Upon the Experience of* 236 *Missionaries and Other Rural Workers* (thesis, Cornell University, 1931), p. 1.

② Benjamin H. Hunnicutt and William Watkins Reid, *The Story of Agriculture Missions* (New York, Missionary Education Movement of the United States and Canada, 1931), pp. 12, 14, 18.

③ Ibid.

应在乡村建设中扮演更重要的角色;要求乡村牧师不仅要知道医治灵魂,还应当成为当地社区领袖,接受诸如农业耕作、农场管理、农业教育等方面的培训[①]。为推动包德裴提议的乡村运动,1915 年 12 月 8 日—10 日,美国教会联合委员会下属的"教会与乡村生活委员会"在俄亥俄召集了第一次全国性的教会领袖会议,讨论在现代条件下乡村教会和乡村生活中的新问题,讨论如何加强教会的乡村工作[②]。这次大会以后,美国乡村生活运动在全国逐渐兴起,农业传教士作为一类新型的传道群体业已形成,他们不仅活跃于国内,更开始被大量派到亚、非、拉等国家。1920 年,美国和海外的一批农业传教士在纽约组成了农业传教国际联合会(International Association of Agriculture Missions),预示着基督教乡村运动的进一步发展。这是探讨中国基督教乡村建设的一个不可忽略的世界背景。

来华农业传教士的贡献之一是创办了两所著名的农科大学,即金陵大学农林科和岭南大学农科(1930 年后都改称农学院),他们把美国农业高等院校教学、科研、推广体制引进到中国,为中国农业高等教育发展、人才培育、科技推广及综合性的乡村建设等方面作出了很大贡献。金陵大学农科开办于 1914 年,是我国四年制农学本科教育的开端。农林科在来华第二位传教士芮思娄(John H. Reisner)任上(1917 - 1928)得到极大发展,到 20 年代后期已经蜚声海内外。这一时期农业传教士不断来华,成为教学、科研和推广力量的骨干。到 1924 年,来华农业传教士已达 27 位,其中有 15 位任教于金大和岭南,其余在教会任职[③]。金大、岭南农科并非专为传教而立,20 世纪初期的基督教高等教育已开始向世俗化和职业化转变,教育主要目标已转变成培养高级专业人才和中国的"未来领导人",而不是牧师,但金大和岭南作为基督教大学,为基督教运动服务的目标从来都是明确的。1919 年芮思娄在一份声明中谈到:"认为我们的工作仅仅与中国农业相关,这是一个非常狭隘和错误的看法;我们最重要的贡献是使基督教传教工作更有效率,使之成为人们日

---

① Kenyon L. Butterfield, *The Country Church and the Rural Problem* (Chicago, The University of Chicago Press, 1911), Preface, v - vii, 93.

② Paul L. Vogt edited, *The Church and Country Life* (New York, Missionary Education Movement of the United States and Canada, 1916).

③ John H. Reisner, "The Church in Rural Work", *The Chinese Recorder* (Vol. 55, No. 12, Dec. 1924), p. 790.

常生活的一部分，一种他们能看见并能理解的需要。”①1920 年岭南大学校长晏文士(C. K. Edmunds)在一篇为岭南农科地位辩护的文章也谈到教会大学“通过培养农业领导人不仅仅是为改善农村经济，而且还能把基督教信仰的种子播进农民的心田，以此实现中华归主”②。

这一强烈的宗教关怀，使得农业传教士把目光从大学投向了为数众多的乡村教会，提出了“教会乡村化”的新主张。所谓教会乡村化，就是要求教会把工作重心从城市转向农村，运用农业传教方法，使乡村教会成为为农民服务的教会。传教士提出这一主张基于两点：第一，农民占中国人口的绝大多数，只有基督化乡村社会，才能基督化中国，因此，传教重点必须从城市转向农村。芮思娄批评教会把最好的人才都送到城市，把教育和医疗事业都集中在城市，他认为“传教兴趣的钟摆现在应不可抗拒地转向乡村教会”，“整个基督教运动的资源必须更清醒、更明确地集中到乡村人口”③。第二，强调农业是乡村传教的钥匙，具有和医药、教育同样的价值。晏文士在 1920 年就明确提出“农业在中国的机会是言语所不能表达的，教会利用农业这把钥匙如同医药一样正确、有效”④。在 20 年代早期，教会乡村化的重点放在增强教会服务乡村的功能上，主要以各地农业传教士为核心，特别是农业传教士最为集中的金陵大学，通过与各地教会、教会学校以及示范农民的合作，形成一个乡村工作的网络，这些农业教育与技术的推广工作，是以后基督教乡村建设的基本内容之一⑤。

这一时期的地方教会也开始尝试在新的领域开启乡村工作。最著名的是华北公理会的两位农业传教士，他们都是以后基督教乡建运动的领袖人物。一位是亨特(James A. Hunter)。亨特从 1922 年起就在河北通县(潞河)举办农产品展览会，每年举办暑期学校，使乡村工作者得补习之机会，还在冬季举办平民夜校。另一位是胡本德(Hugh W. Hubbard)，他在保定开创了乡村识字工作。从 1923 年冬天开始，他用晏阳初

① *University of Nanking*, *College of Agriculture and Forest Report* 1918 - 1919, p. 27.

② C. K. Edmunds, “Agricultural Education in China: A Suggestion”, *Educational Review* (Vol. 12, No. 2, April 1920), p. 152.

③ J. H. Reisner, “The Church and China's Rural Population”, *The Chinese Recorder* (Vol. 55, No. 12, Dec. 1924), p. 765.

④ C. K. Edmunds, “Agricultural Education in China: A Suggestion”, *Educational Review* (Vol. 12, No. 2, April 1920), p. 156.

⑤ 详见刘家峰：《基督教与近代农业科技传播》，《近代史研究》2000 年第 2 期。

在基督教青年会时编的《千字课》对农民进行识字教育，到 1924 年就有 5000 多人注册①。1924 年秋天晏阳初在火车上遇见胡本德，向他请教在农村推广识字教育的方法。胡给晏很多帮助，包括提供乡村工作人员、分析乡村的情形。晏阳初和傅葆真在保定挨村走访了三天，考察胡的平民学校。胡本德很具体地向晏阳初介绍了他的工作方法，晏阳初深受启发②。识字及平民教育在 30 年代成为全国乡村建设的一项基本内容，教会不失创立之功。以上分析了教会早期乡村工作的由来，可以看出农业传教士在这中间发挥了关键作用。由于农业传教士的努力，农业传教的价值才逐渐被教会所认识，教会的功能开始趋向多元，教堂也可以充当"农业展览室"或"农业知识讲习所"，牧师既是灵魂拯救者，也是乡村工作的指导者，由此开始了基督教的乡建工作。值得注意的是，这一时期（20 年代前半期）基督教的乡建工作在全国是领先的，晏阳初和梁漱溟的乡建工作要到 20 年代末期才真正开始。

二、乡村牧区：基督教乡建的理论与方法

中国基督教的乡建活动，一方面可以看做是基督教会对中国乡村危机的回应；另一方面，世界性的基督教乡村建设运动在这一时期也有很大发展，作为一场普世性运动，它对中国基督教影响颇深，尤其是在乡建理论方面。这一点多被过往的研究者所忽视。

农业传教国际联合会自 1920 年成立后，逐渐成为一个乡村工作经验和信息交流的中心，并得到世界基督教协进会的支持。作为该会主席和青年会世界协会总干事的穆德（John Mott），1928 年与在印度的 38 名农业传教士集会，号召教会发起一场世界性的乡村建设运动，因此，同年 3 月 24 日至 4 月 8 日，在耶路撒冷召开的世界传教大会上，农村问题就成为会议的一个主要议题。中华全国基督教协进会对这次会议非常重视，专门就乡村教会和乡村工作问题准备了两份报告。耶路撒冷大会特

---

① Heng-ch'iu Chang, *The Rural Church of China Today* (Shanghai, National Christian Council of China, 1925), p. 17.

② Charles W. Hayford, *To The People: James Yen and Village China* (New York, Columbia University Press, 1990, pp. 66 - 67.

别安排包德裴和其他6名农业传教士参加。包德裴做了“基督教与乡村文明”的演讲，对乡村事业的意义、指导原则、方法和手段等都做了阐述。他指出村庄和社区作为一个社会单位是头等重要的，乡村文明要在经济和社会方面基督化，要基督化乡村，“不能单靠劝东一个西一个的个人归主，也不是在社区里建个教会就可以的，除非教会努力使整个社区过着基督化的生活”①。这次大会明确了教会对乡村建设的责任，认为基督教应对此作出特别的贡献，会议提出的“建造基督教的乡村文明”、“基督教化乡村社会”被普遍接受，成为世界各地包括基督教乡村工作的哲学。

耶路撒冷会后不久，中华全国基督教协进会就邀请包德裴来华指导乡村工作。他于1930年11月开始，从北向南依次考察了华北及江南的很多乡村以及教会，直到次年4月23日才离开中国前往日本。这次中国之行，包德裴重点在于与中国教会交流他关于乡村工作的一个基本理念，即“乡村牧区”（Rural Community Parish，有时也称“乡村教会服务区”）。他以中国乡村为例解释了乡村牧区的概念，从地域上讲，是指以市镇为中心的一个区域，包括周围与市镇联系密切的一组村庄（10到15个），村庄到市镇的距离不是太远（8到10里），通常人们可以步行走到镇中心，牧区之间的界限当然是因地而宜，人口也各不相同，大约在1万到1.5万之间②。他认为这样一个区域很适合发展一个自立、并能服务当地社区的教会，这样的地区就被称做“牧区”（Parish）。之所以要提出乡村牧区的概念，他认为在人力和资源都有限的情况下，如果要使乡村工作有效率，就必须集中在一个适当的“单位”进行，这样工作才能有影响，才能对建设社区有真正的作用，而过去那种到处撒种式的做法往往没什么效果。在他的设计中，每个乡村牧区应有一个服务社区的教会，它能满足当地农民生活的各种需要，发展出一个全面而且实际可行的计划，包括教育、卫生、生计、娱乐、家庭副业和领袖训练等③。当然，任何一个教会团体都不可能有这么多各领域的专家，他建议一个地区或一个省份的教会团体应该联合起来，制定统一的计划，相互提供各类专家，交流

---

① Kenyon L. Butterfield etc. *The Christian Mission in Relation to Rural Problem* (New York and London, The Jerusalem Meeting of the International Missionary Council, Vol. 6, 1928), pp. 9-10.

② Kenyon L. Butterfield, *The Rural Mission of the Church in East Asia*: *Report and Recommendation* (International Missionary Council, 1931), p. 48.

③ Ibid, pp. 50-51.

信息和经验①。在他看来，一个拥有自立教会的乡村牧区，用本土化的方法，在一位受过训练的牧师（不仅是个布道者，也是社区的领袖和建造者）领导下，在信徒和专家支持下，最大可能地服务社区，他认为这是把中国乡村生活建立在基督教基础上唯一的方法②。

在包德裴来华期间，他就基督教乡村建设问题发表了大量演讲，在很多会议上，乡村牧区成为讨论的中心，在1931年4月全国基督教协进会在杭州召开的第八次大会决议采纳了他的建议。这次会议后来被称为"包德裴会议"，被看做基督教"乡村运动新生活的起点"③。从此，乡村牧区理念得到了教会广泛的认可，成为各地教会乡建工作的指导理论，特别是华北地区的教会，对此颇有兴趣，纷纷加以实验。根据包德裴的乡村牧区计划，由华北公理会、美以美等教会在1931底成立了华北基督教农村事业促进会，负责指导各地实施乡村牧区的理念。这一理念随着各地乡村建设的实践也在不断地被修改。华北农促会于1935年3月20日至4月3日在河北通县举办了乡村工作领袖训练会，这次会议的主要思想可以归结为"以村庄教会作为事工的中心，使整个的生活全盘基督化"④，强调了每个独立的村庄都应是一个基督教工作的单位，是一个中心，只要有15名受洗的教友就可以组成一个村庄教会。在大约一个县的范围内，如果有10到20个这样的村庄教会，不低于300名教友时，就可以组成一个牧区，其主要功能是指导和培训区内的村庄教会领袖，每个牧区至少要有一名男牧师和女工作者。⑤ 这次会议对包德裴牧区理念做了很大的修改，以村庄教会代替市镇教会作为乡村工作的中心，更符合中国乡村分布的实际情况。1937年4月1日到13日，华北农促会在河南安阳再次召开乡村工作会议，有来自14个教会团体的71名乡村工作者参加。这次会议除重申1935年通县会议确定的以村庄教会作为乡村工作的中心外，更强调了建立"更大牧区"的必要性，主张在牧区内的乡建工作不仅需要所有的教会机构如学校、医院等贡献专家和资源，

---

① Ibid., p. 67.

② Ibid., p. 344.

③ 张福良：《农村教会》，《中华基督教会年鉴》(1933)，壹，第63页。

④ North China Christian Rural Service Union, *A Report of the North China Institute for Supervisors of Rural Work* (Tunghsien, March 20 – April 3, 1935), p. 1.

⑤ Ibid., pp. 4 – 5.

也要与附近的政府机构合作①。虽然这两次会议都是针对华北的乡村教会，但教会领袖黎天锡(Samuel H. Leger)曾乐观地预言“南方的农村教会必定也要用这种组织计划”②。

香港学者吴利明在一本研究中国基督徒知识分子的著作中提到：“教会在农村建设中的工作，显然是跟随着当时政府的建设途径而作出的努力。”③这个观点值得商榷。正如前面所讲，早在社会和政府注意乡村建设之前，基督教就已开始了乡村工作，基督教乡建不仅有它自己的来源与目标，而且在乡建理论方面也和政府及其他团体所从事的乡建活动有本质的差别。从耶路撒冷会议、包德裴来华以及华北两次乡村工作讨论会可以看出，基督教乡村建设理念的形成有其内在的发展过程，特别是受世界基督教乡村运动发展的影响，并非是在当时全国流行的乡村建设上加上基督教的名义。基督教乡村牧区的理念包含了乡村建设与教会建设两层含义，两者互为目标与手段，统一在基督教的乡建运动之中，这是基督教乡建运动与当时中国其他乡建运动在理论与方法上相区别的一个重要特征。

三、中国基督教乡村建设的实践

基督教会一度是中国乡村建设的先驱，但在 20 年代末晏阳初和梁漱溟发起大规模的乡建运动后，教会却明显落伍了。晏阳初曾向教会请教识字教育的方法，现在基督教要反过来向他们学习了。全国基督教协进会在 1930 年 4 月召集各教会代表到定县学习平教会的乡村工作方法。同年基督教协进会发动了“五年奋兴布道运动”，使“教会对农村建设之事业益感加倍之兴趣”，特别是其六项事工之一的识字运动，参与教会之多、范围之广、影响之深，是教会以往任何运动所不及的④。可以说，基督教大规模的乡村建设是从“识字”开始的。到 1933 年，基督教界也已基本形成了有声有势的乡村建设运动，这年在定县召开的乡村建设讨

---

① *A Report of the North China Institute for Supervisors of Rural Work* (Anyang, 1937), p.6.

② 黎天锡：《充实中国教会基础的两年》，《中华基督教会年鉴》(1934－1936)，壹，第 6 页。

③ 吴利明：《基督教与中国社会变迁》，香港基督教文艺出版社 1980 年，第 277－278 页。

④ 张福良：《民国十九年的识字运动》，《中华基督教会年鉴》(1929－1930)，肆，第 86－91 页。

论会可以作为一个标志。

1933 年 4 月 7—20 日，共有 14 个省份、18 个教会团体的 186 名代表在定县召开了乡村建设讨论会，主题是“基督教对乡村建设应当有何贡献”。很多代表都是教会的高层领导，代表的高层次和广泛性说明教会对乡村建设的空前热情和重视。定县讨论会通过了关于平民教育、宗教教育、领袖训练、乡村服务、乡村牧区实验五个方面的决议，与会代表一致认为基督教应该在全国乡村建设中扮演一个很重要的角色①。基督教协进会于 1933 年 5 月 3—11 日在淞江召开的双年大会重申了定县讨论会的决议，强调“要彻底加强教会的乡村工作，使基督徒在现阶段全国的乡村建设中占有一席之地”②。这些会议激起了各地教会团体的热情，在世界基督教乡村运动和中国乡村建设两股潮流的裹挟下，中国基督教的乡村建设在抗战前也达到了鼎盛时期。

全国各地教会的乡建工作并不平衡，就大体论，以华北地区最为发达，华东、华中次之，华南、华西又次之。华北地区各教会注重乡村工作最早，特别是华北公理会的亨特在通县创办的潞河乡村服务部，成为华北乃至中国基督教乡村建设的典范。保定在胡本德的领导下推广识字运动成绩最大，他主持的樊家庄实验区更名噪一时。此外，美以美会河北昌黎教区的安各庄也是很著名的乡村实验区。1931 年成立的华北基督教农村事业促进会在河北、山东、山西设立三个分会，成为华北地区基督教乡建事业的中枢。华北基督教工业改进社在推动乡村手工业发展方面发挥了重要的作用，它是由全国基督教协进会与华北教会合作于 1932 年成立的。华东地区最著名的乡建工作当属金陵神学院和南京中华基督教会在淳化镇开办的乡村教会实验区。该实验区从 1930 年开始，以教会为中心，以实现教会自立自养为目标，推展生计、教育、卫生、宗教等综合性的事工计划③。华中地区的乡村事业在数量上比之华东更不及，但从 1933 年江西的基督教乡建事业异军突起，由全国基督教协进会与国民政府及省政府合作成立江西基督教农村服务联合会，以黎川县为实验区，开始别具一格的乡建实验，一位牧师在政府的压力下担任了

---

① *The Church and Rural Reconstruction*: *A Symposium on the Tinghsien Rural Institute* 1933 (Shanghai, Christian Literature Society, 1933), p. 13.

② National Christian Council of China, *Report of* 1933, pp. 10 – 11.

③ 详见朱敬一：《一个实验的乡村教会》（金陵神学院 1940 年；香港圣书公会 1954 年再版）。

实验区所在地的区长①。华南和华西就更弱一些。广东中华基督教协会在人和墟举办的乡村建设颇为知名。华西教会的乡建工作起步较晚,在很大程度上依靠华西协和大学,在作物、水果和蔬菜品种改良方面贡献很大。抗战期间,由于很多教会机构西迁,华西的乡建才得到进一步发展。

基督教教育界参与乡村建设主要通过两种形式,一是通过对农业和乡村社会的科研、教育,给教会和全社会提供知识和人才;二是以农业推广或开办实验区的形式直接地服务乡村。在这两个方面,金陵大学都有杰出的贡献,在作物改良方面尤为突出。战前,金大共改良小麦、大豆、棉花、稻谷等 8 类作物的 36 个品种,其中有 27 种得到普遍推广,最有名的就是金大 2905 号小麦,比传统品种产量能高出 20% ,推广区内农民受益颇多②。金大还在安徽乌江与中央农业推广委员会合作,成立"乌江农业推广实验区"③。燕京大学在 1930 年开办了清河社会实验区,1935 年又在山东汶上县建立起新的试验区,曾在清河试验区任主任的张鸿钧被任命为汶上县县长,开始了比清河更大规模和更深层次的乡建实验。齐鲁大学的文学院一度被要求改为"乡村建设学院",并在 1927 年开始在济南附近的龙山镇建立实验区。福建协和大学的乡村服务始于 1927 年,并以附近以牛田村为中心开办了乡村实验区,到 1936 年大学董事会甚至同意成立"乡村建设学院"。一些基督教中学也都有明确的乡村建设计划,如河北通县的潞河中学、保定的同仁中学、山西铭贤学校、山东峄县实业中学等。基督教的男女青年会也在很多地方办理了实(试)验区。

卢孝齐在其论文中把基督教乡建运动分为两派,一派为教会人士,包括协进会、教会和神学院等团体,这派认为乡村教会才是基督教乡村工作的真正唯一中心;另一派为基督教教育界(教会大中学等)以及基督徒知识分子组成或发起的社会团体(男女青年会、中华平民教育总会等),卢认为这派的乡村建设工作是"为'关怀社会'而服务社会"④。杨念群在此基础上,把基督教乡村建设进一步阐述成两种不同的路向:第

① James C. Thomson Jr., *While China Faced West: American Reformers in Nationalist China*, 1928 – 1937 (Cambridge, Mass., Harvard University Press, 1969), Chapter 4 and Chapter 5.

② John Reisner, "China Report: Recommendations for China", p. 2. Yale Divinity School Library, HR1000 – 9.

③ 详见蒋杰编著:《乌江乡村建设研究》,南京朝报印刷所 1936 年。

④ 前引卢孝齐文,第 26 – 27 页。

一种是基督教的同仁以基督教会为核心展开的社会服务行动，认为这一路向仍以属灵福音为归宿；另一些乡建领袖认为这一路向“不能应付乡人的生活”，于是发展出了第二路向：“动员拥有基督信仰的人从世俗服务的角度渗入农村地区，以‘实验区’的形式从事相当具体的改善经济生活的工作。”杨把教会举办的乡村服务区（即乡村牧区）如淳化镇实验区等十余处列为第一路向，把晏阳初的平教运动、华北基督教农村事业促进会、华洋义赈会、教会大学等举办的乡村活动列为第二路向。他把这两种路向的差别归结为社会福音内部两派的神学立场不同所致的结果，并且以晏阳初的定县乡村建设为例，说明“第二路向比第一路向更卓有成效”①。

参与基督教乡建运动的团体果真有壁垒分明的两派，甚或由两种不同的神学立场而导致的不同乡建路向？遗憾的是，卢文和杨文都没有给出充分有力的事实或理论的证据来支持，相反，他们还误用了一些用来支持观点的关键证据，比如对乡建实验区性质的划分。晏阳初所领导的中华平民教育总会虽然其中很多人都有很深厚的基督教（包括晏本人）背景，但它是一个典型的世俗乡建机构，没有任何传教或建设教会的目的，无论当时或以后，无论晏阳初本人还是教会，从没有把定县的平教运动归类为“基督教乡村建设”，因此，杨把它列为第二路向的代表，并以此为例来说明第二个路向比第一个路向更有效就根本无从谈起了。华洋义赈会虽同样有着基督教的背景，但它从成立起就宣布是一个“非政治、非宗教”的社会组织，所以把它列为第二路向也名不副实。至于华北基督教农村事业促进会，它可以说是包德裴“乡村牧区”理念的产物，它所指导的华北各公会的乡建工作，都是以乡村教会为中心开展的，按照杨的区分标准，应属典型的第一路向，而不应被列为第二路向。无论哪一处的基督教乡村建设实验区，无不都在“从事相当具体的改善经济生活的工作”，这也是全国乡村建设工作的共同特征，用这一点作为界定两种不同路向的标准是无法成立的，事实上，在乡建实践中并不存在这样的分野。基督教的乡村建设，其目标从来都是双重的：既能服务乡村、改善农民的生活，又能通过服务来展示基督教的精神，以期达至“基督化乡村社会”的目标。所谓“属灵”与“世俗”，在乡村建设中是结合在一体的，

---

① 杨念群：《“社会福音派”与中国基督教乡村建设运动的理论与组织基础》，第 277－280 页。

并不能一分为二。

基督教在各处的乡建实践活动的确存在着差别,但这种差别并非如卢文和杨文所说的立场或路向的不同,毋宁说是因为参与乡建的主体不同,因而各自所承担的角色也不同罢了。无论从参与的力量还是规模来看,教会界实际上是基督教乡村建设的主流。在30年代,教会界所关注的问题,除了如何挽救中国乡村的衰敝之外,首当其冲是教会本身自养自立的问题,因此,教会在进行乡村建设时往往也是和教会建设结合在一起的,比如上面提到的乡村牧区的建设理念。而基督教教育界,更多的关怀是如何通过教学、科研、乡村实验等环节,造就一批适用的人才,为基督教运动以及全国的乡村建设服务。和教会界不同,教育界的乡村建设往往和直接的宗教或教会建设工作联系甚少,但并不能因此而否认基督教教育界的宗教关怀。前面所论及的金陵大学和岭南大学在创办和发展农科方面都有为基督教运动服务的目标,另外,基督教教育作为中国基督教运动的一个组成部分,其最终目标(中国基督化)和教会是一致的。首任金陵大学农林科中国籍科长过探先在1927年曾明确指出,农林科是根据国家农业教育需要而设立,同时也"以教会服务乡村之枢纽自任焉"①。还有一个有力的证据是,基督教在乡村建设过程中,教育界和教会界自始至终都是密切合作进行的,真有所谓的路线分歧,还会有如此普遍又和谐的合作吗?因此,把基督教乡建实践中的差别,解释成不同的建设主体有着不同的工作重点、担当着不同的角色更为合理,所谓"分歧的路向"实际上夸大了角色分工的差异,也不符合历史事实。

四、乡建运动与社会福音神学的困境

基督教乡村建设作为中国近代乡村建设运动的一部分,它对中国乡村和农民的贡献是无可置疑的,在农业高等教育、防灾救灾、作物改良、信用合作、农民夜校、农村妇女教育等领域,在中国乡建历史上留下了浓重的一笔。但这些被教会引以自豪的贡献,虽然很重要,但并非是基督教乡建的最终目标,基督教乡建的目标是要"建设基督化的农村社会",

① 过探先:《金陵大学农林科之发展及贡献》,《教育季刊》第3卷第1期,第19页。

要“把天国建在中国的乡村社会”。从本质上讲,基督教乡建运动是近代基督教社会福音神学思潮运动的一种实践,代表了一种新的宣教理念,因此,从宣教的角度来评论基督教乡建,也许更能准确地把握它对中国基督教运动的意义,同时,通过基督教乡建运动,也可以体认到社会福音神学在中国近代社会的困境。

从前面的论述可以看出,乡建运动对中国近代基督教运动来说,至少有如下三个方面的影响:第一,它改变了基督教以往重城市的传教战略,开始下移到乡村;第二,它开创了新的宣教理念,农业成为继布道、医疗、教育之后的又一重要宣教方法,乡村工作不同于以往“头疼医头,脚疼医脚”的单一宣教模式,它追求个人和社会的全面基督化;第三,乡建运动促进了中国教会本色化的实践历程。乡建运动在很大程度上也是为了解决乡村教会自身的自立自养问题,为中国教会的本色化寻求一条可行之路,这应该说是一次积极的有价值的尝试。

但必须看到,基督教乡建运动的理念与实践之间存在着很大差距,如果以乡建运动所取得的实际成绩与所宣称的目标相比,可以说基督教乡建运动是失败的,即使在小范围区域内的实验,其成功的例子也不多见,尤其是在“基督化乡村社会”的目标方面。当然,有很多原因可以解释。从教会外部来讲,基督教会和全国其他乡建组织一样,面临着恶劣的社会外部环境:土地制度的不合理,政府的苛捐杂税,日本人侵使大部分乡建运动戛然而止。土地和苛捐等问题必须要用政治的方法来解决,而包括基督教在内的所有乡建工作者却只能提出非政治的解决方案,仅这一点就注定当时全国的乡建运动不太可能取得真正的成功。然而,对教会而言,它本身亦存在着很多问题,其中最大的问题是,教会拥有的经济和人才资源并不能胜任乡村建设这样庞大的社会改造工程。在30年代乡建初期,农业传教士贾尔森(Arthur L. Carson)就敏锐地觉察到,在教会对乡建兴趣增长的同时,也面临一个危险:用不充分的资源从事着复杂的建设计划①。

另外一个重要的问题是,乡建运动作为由基督教社会福音神学引发的一种新的宣教实践,并不为基督教内保守的福音派(基要派)神学所

① Arthur L. Carson, *Agricultural Missions, A Study Based upon the Experience of 236 Missionaries and Other Rural Workers*, pp. 105 – 106.

认可，因此其合法性也一直受到福音派教会的质疑。福音派认为教会在世的唯一使命就是传福音，反对从事任何社会改良，更不赞成社会福音派“在地上建立天国”的理论，他们认为在世俗社会永远不可能建立天国，如基要派领袖王明道所言：“我们不相信在一日比一日坏的世界上凭人力能使理想的社会实现。我们信神在基督复临以后要建立他的国。我们不提倡人须努力改良社会好使天国实现的臆说。”①福音派基督徒只追求属灵的幸福和对永生的盼望，对现实社会的改良毫无兴趣，神圣与世俗在他们的世界里是不可混淆的，他们批评社会福音派把基督“降为改良社会的工具”，教会成为改良社会的团体，削弱了本应传扬福音的功能。福音派的批评暗含着一个非常重要的问题，即“基督教对社会、国家的贡献究竟应该是什么？”在福音派看来，只有耶稣基督的福音才是特殊的，拯救失丧的灵魂才是基督教对中国有可能的“特殊贡献”，社会福音派虽从未声言放弃对个人拯救和“中华归主”的终极关怀，但它更看重社会与国家的集体拯救。有教会人士问孙中山，“基督教怎样才能对中国尽其最大的贡献？”孙中山回答说：“中国各地的基督徒倘能建设强有力的基督化社会，这便是基督教对中国的最大贡献。”②这个回答颇能代表社会福音派信徒的思想，他们希望能把福音与改造社会的美好理想紧密结合在一起，把神圣价值与世俗价值统一在“基督化社会”的理念之中，比如乡建运动。可以说，在基督教与社会改造的关系方面，教会内部一直持续着紧张的对立关系。

在二三十年代，为了能给乡建运动提供足够的神学支持，教会人士为耶稣塑造了一个新的形象——“农民的耶稣”。他们查考《圣经》，发现耶稣的历史背景完全是农村的，耶稣“在帕勒斯听（巴勒斯坦）的农村中，度过了他部分的生活。即使我们不能确实知道，耶稣是不是生长在农村中间，我们也可以从他说的话语中，考察得出来”③。耶稣常用的比喻，如牧人、羊羔、阳光、雨露、撒种、收割、牧羊、亡羊、芥菜种等，也都为耶稣与乡村生活的联系提供了证据。而且，耶稣不仅具有乡村的背景，他更关怀农民、帮助农民解决饥饿、疾病、教育等问题。著名乡村教会领

① 王明道：《人能建设天国吗？》，第 11 页，转引自吴利明《基督教与中国社会变迁》，第 153 页。

② Stanley Lautenschlager, “Shantung Christian University and Rural Education”, *Educational Review* (Vol. 21, No. 1, January1929), p. 7.

③ 党美瑞编、刘廷芳校订：《基督教与农村生活》，上海广学会 1935 年，第 22 页。

袖毕范宇(Frank W. Price)甚至直接把耶稣看成是一个木匠、一个农民,"我确信,他就像中国的木匠,在农忙季节到田里帮忙"①。曾领导江西黎川实验区的传教士牧恩波(G. W. Shepherd) 认为,如果耶稣基督今日在世,一定会在某个村庄找到他②。吴雷川认为:"耶稣专和平民接近,专做于平民有益的工作……现时要复兴中华民族,尤其是注重乡村建设,或说是复兴农村,所需要的领袖人才,当然不能效法孔孟从容大雅的态度,而要效法耶稣的吃苦耐劳,奋不顾身,这岂不是基督教特殊的贡献么?"③这样一来,基督徒从事的乡村建设工作也就具备了和耶稣同工的合法性。正如教会史家所言,"历代都在那里(《圣经》) 找到自己的思想,这实际上是历代都使耶稣活在人们中间的唯一的方法",而且"人们是依据自己的性格来创造他的"④。每个时代描绘耶稣的方式常常就是理解那个时代特质的一把钥匙,"农民的耶稣"就是教会为乡建运动寻找的"合法性"。

虽然教会乡建工作者在理论上尚能自圆其说,但在实际事工中却往往难以实现世俗与神圣的统一,对此,乡建领袖徐宝谦深有体会。他说:"冶宗教与科学于一炉,在理论上已非易事,今想于农村改造实际的经验中,证明宗教与科学联合之可能性,更属谈何容易?"⑤基督教乡建工作者深信通过对农民和社区的服务,便能基督化乡村社会,但基督教的乡建活动怎么能保证一定会吸引并能皈依农民,或者加深他们的信仰理解呢? 这一点连最早在中国提倡乡村建设的芮思娄在 1947 年远东之行后,也感到是个难题。的确,在基督教乡建过程中,不难发现大部分的乡村建设实验都没有明确的宗教工作计划,或虽有明确的宗教计划,但由于社会需要或政治环境的压力,或缺乏人才,福音事工往往被忽略,类似江西黎川实验区,最后连支持这一实验的人都开始批评它根本不是"基督

---

① Frank W. Price, "The Kingdom of God in a Rural Community", *The Christian Rural Fellowship Bulletin* (Number 33, June 1938), p. 2.

② *The Church and Rural Reconstruction*: *A Symposium on the Tinghsien Rural Institute*1933 (Shanghai, Christian Literature Society, 1933), p. 23.

③ 吴雷川:《基督教对于中华民族复兴能有什么贡献?》,《真理与生命》第 9 卷第 2 期,第 66 页。

④ 帕利坎著、杨德友译:《历代耶稣形象》,上海三联书店 1999 年,第 2 页。

⑤ 徐宝谦:《我怎样决志参加农村工作》,载氏编《农村工作经验谈》,上海青年协会书局 1936 年,第 75 页。

教的事业”,“它不是以教会为中心,而仅仅是社会服务的实验”①。只有个别实验区(如樊家庄、淳化镇)在推进教会建设方面取得明显成就。因此,福音派的批评并非毫无道理。

福音派与社会福音派的争论由来已久,本文无意做孰是孰非的判断。但是,如果考虑到中国近代社会救亡图存的时代处境,一批基督徒力图以耶稣为榜样,为满足社会的迫切需要,从中寻索乡村重建的方案,那么,社会福音派的立场不仅是可以理解的,也是应该肯定的,这总比把信仰和福音局限在口头上,只注重个人灵魂的拯救,而漠视周围处在悲惨境地的农民要更慈善、更人道。但基督教的乡建实践表明,在理想与结果之间存在很大的距离,天国与人间、属灵与世俗等并不能完美地统合在一起,这两者之间持续着很大的张力,特别是乡建中的宗教与教会建设层面,受教内批评最多,加之中国恶劣的社会环境,最终使基督教乡建运动陷入一种非常尴尬而困难的境地。在一定程度上,基督教乡建的困境也代表了社会福音神学在近代中国的困境。

(作者单位:华中师范中国近代史所)

① James C. Thomson Jr., *While China Faced West: American Reformers in Nationalist China*, 1928 - 1937, p. 119.

基督教教育与台湾宗教教育发展的愿景

刘一蓉、吴昶兴

一、前　言

古伦(Thomas Groome,或称顾迈)对当代教育提出评论时曾说:“西方教育最令人类失去人性的一个原因,就是源于它对学生心灵的忽视,而导致各样悲惨的心理与社会后果。”①这段警语对充斥着升学主义与精英主义挂帅的台湾教育,不啻是一记当头棒喝。

台湾过往的教育过于偏重知识、理性的教育,忽略了更重要的德性、伦理、艺术、人文等教育,长期忽略之下,近十多年来台湾社会爆发层出不穷的道德泯灭、青少年自杀或杀人等不尊重生命的事件②,当局不得不正视积极检讨这些乱象的来源,以及改善教育的问题与缺失。

前台湾省“教育厅”在1997年底开始推动生命教育,1998年3月13日第一次在教育厅召开如何推动生命教育,然后“教育部”于2000年宣布设立“生命教育委员会”在各级学校推行生命教育,至今生命教育已逐步发展成全国各级学校教学系统的一部分,也成为社会教育重要的一环。“生命教育”的推动,即是期望改善台湾道德沦落与社会的

① Thomas Groome, Education for Life: A Spiritual Vision for Every Teacher and Parent (Texas: Thomas More, 1998), p. 326.

② 台湾的自杀或自伤死亡率从1995年每10万人有7.2人,至2006年飙升至19.3人,参“内政部”卫生统计丛书2006年度表27“历年自杀及自伤死亡概况”,http://www.doh.gov.tw/statistic/data/卫生统计丛书2/95/上册/表27.xls。

乱象①;但谈论生命教育的同时,不免发现,生命教育的课程经常参考宗教教育的材料与内容,因此,宗教教育在生命教育之后也开始受到人们注目,并渐渐成为台湾教育积极发展的课程之一,因为宗教教育不仅可以提供学生伦理道德的标准,教育学子珍惜自己生命,也尊重他人的生命,也能为他们指引人生的方向。

面对心灵与生命的课题,台湾的学界选择"生命教育"的课程作为教育计划,而不是选择拥有悠久历史的"宗教教育",主要的关键在于,古今中外对宗教教育是否成为学校正式的教育课程一直有许多争论,不同的论点与各国家的文化与社会处境有关。就欧洲国家而言,因为基督教的背景,学校认为实施宗教教育是不可或缺的科目,但英国的"不奉国教运动"(non - conformist movement)逐渐强大之后②,促成宗教自由的必要,它呼吁人们不要畏惧政府并甘心为此付出高昂的代价,"政教分离"(separation of State and Church)在历史的发展下,成为英美等国家执行的重要政策。

然而,政策的发展也超出基督教的预期,基督教虽争取到了宗教自由,但一些欧美国家却在政教分离的政策下,明令禁止学校提供宗教教育,尤其是公立学校。例如,法国在1905年开始实施"政教分离法",该法第二条:"共和国不承认、也不以任何方式资助任何宗教活动。"规定学校只能给予道德教育,而宗教教育仅由教会与家庭提供。该法制定的原因正是为解决教会势力太过强大,严重干预了政府与一般人的社会生活的问题③。

但也有一些基督教国家并未奉行"政教分离"的政策,例如,以路德宗信仰(Lutheran Church)为主的德国,不仅规定中小学都必须提供宗教

---

① "生命教育"(life education)欧美与台湾对此概念的理解有所出入,西方有关生命教育的概念的出现是澳洲悉尼成立的生命教育中心(Life Educational Center),致力于药物滥用、暴力与艾滋病的防治,台湾倡议生命教育的背景则主要是暴力的问题,一是不尊重与伤害他人生命的暴力;一是青少年的自我伤害或自杀,详参孙效智《生命教育的内涵与哲学基础》,载《生命教育与教育革新学术研讨会论文集》,台北辅仁大学教育学程中心2000年。

② 继英王亨利八世之后,英国女王伊丽莎白(Elizabeth I, 1533 - 1603)在1559年颁布《至高无上法》(*Act of Supremacy*),藉由她的国会认命为英国教会的"最高管理者",英王正式成为英国教会的元首。不奉国教派运动是一个反抗和反对国家教会严厉的规定的运动,成员大多是英国教会的神职人员,他们在伊丽莎白女王登基时,从瑞士和加尔文主义的家乡日内瓦回来,具有加尔文派的神学思想。

③ 法国驻华大使馆:《政教分离在法国的一百年》,《今日法国》第60期(2005/10/14),http://www.ambafrance - cn.org/spip.php? article1019&lang = zh。

教育,甚至投入许多研究人力与经费探讨宗教教育相关的议题。最主要的原因,是他们认为宗教有促进团结、提升人类精神的作用,可以解决国家在民主制度、政治、经济等方面互相矛盾与对立的情形①。

我国的情况与欧美又大为不同,在清末民初时,因国势长期积弱不振,故有人提倡“德先生”(democracy)与“赛先生”(science)以提振中国在政治、教育、学术、思想上的黑暗,而最先介绍此“二先生”的即为陈独秀(1879 - 1942),1919 年 1 月 15 日,他在《新青年》发表《本志罪案签辩书》说:“要拥护那德先生,便不得不反对孔教、礼法、贞节、旧伦理、旧政治;要拥护那赛先生,便不得不反对旧艺术、旧宗教;要拥护德先生又要拥护赛先生,便不得不反对国粹和旧文学。”②,陈氏之言论使国人深信此德、赛二先生可拯救国家,将当时的社会对不符合科学精神的传统文化,尤其宗教更是加以排斥。此后,《中华教育界》③的主笔陈启天、余家菊等为首的教育家为文反对教会学校;创立“尚志学会”的教育总长范源濂(1875 - 1927),则力主学校不可强迫教授宗教教育④,影响国人群而反对在教育课程中搀有宗教课程,甚至发动了“收回教育权运动”⑤,宗教教育在国家教育中的存废,也从备受质疑,走到几被禁绝的地步。

至今,为开辟解决教育与社会问题的不同途径,台湾社会重启有关宗教教育之讨论。本文尝试就台湾近来对宗教教育的讨论,整理人们对实施宗教教育的预设目标,进而探讨这些预设目标对宗教教育可能产生之误解或有理解不足之处,最后尝试从全球化观点提出宗教教育不仅是宗教系所(宗教研修学院)的课程,也应成为通识教育课程的建议,并期待台湾的宗教教育或神学教育也能为一般大学宗教教育培育专业师资。

---

① 梁福镇:《宗教教育学内涵探究》,载《教育科学期刊》,第 1 期第 2 卷。

② 陈独秀:《本志罪案签辩书》,载《新青年》第 6 卷第 1 号。

③ “中华新教育社”于 1919 年 1 月 16 日由教育部批准备案,最初由江苏省教育会、北京大学、南京高等师范学校、暨南学校、中华职业教育社各教育机关发起组成,后来于 1922 年改为中华教育改进社,并办有《新教育》杂志,其主张与方法为养成健全的个人、创造进化的社会、宣传教育思潮、讨论教育问题、提倡教育事业、传布教育消息。参舒新城《中国近代教育史料汇编——教育行政机构及教育团体》,北京教育人民出版社 1962 年,第 480 - 484 页、539 - 576 页。

④ Fan Yuan - lien, “Speech Given Before the Chihli - Shansi Christian Educational Association,” *Educational Review XIII* (1921): 131 - 133,1921 年教育部长范源濂在直隶山西基督教教育会上,提出强迫做礼拜和读《圣经》乃违背中国宪法的主张。

⑤ 余家菊:《教会教育问题》,载《国内近十年来之宗教思潮》,燕京华文学校 1927 年,该文原载于《中华教育界》1923 年 10 月;陈启天:《最近卅年中国教育史》,台北文星书店 1962 年,第 359 - 360 页,该书为重印本,原书于上海 1930 年出版,该书特辟一章专论收回教育权。

二、台湾宗教教育的发展

台湾地区对宗教教育成为学校课程的态度趋向保守,其渊源可溯及清末与民国初年。大体而言,当时国人视宗教为落伍的象征,对大学开设宗教教育课程多持反对意见。特别是许多力图振兴国力的知识分子,他们在理性、科学的现代化思潮影响下,将宗教视为迷信、落后、反理性、反科学,对中国只有百害而无一利。这类看法早在 1912 年蔡元培担任教育总长时已显出端倪,他主张在教育宗旨中应废除尊孔的条文。1920 年代尚志学会与北大和各种会社合作聘请欧美一流的学者来中国演讲,造成思想上的旋风,形成中国的新文化运动,当时受邀来中国的英国哲学家罗素(Bertrand Arthur William Russell, 1872 - 1970)在 1920 年至 1921 年间在中国讲学,他提出现代社会不需要宗教,宗教是阻碍社会进步与个人个性发展的论调之后,反宗教的立场使当时许多对宗教有偏见的青年与知识分子有了更稳固的权威基础。此外,以李璜(1895 - 1992)为代表的"少年中国会"在宗教论战过程中,曾去信巴黎大学,询问有关宗教与现代社会是否匹配,及中国是否需要宗教等问题。巴黎大学教授所提供的否定答案,更为"少年中国会"当做反对宗教与教育结合的论据①。

然而反对宗教教育的声浪虽大,但由基督教办理的学校仍旧有增无减地持续在中国各地开设。到底学校在哪些层面可与宗教有关、哪些层面必须完全与宗教断绝关系,并未有明确的规定②。直到反宗教运动进一步与反西方帝国主义合流,造成西方基督教办学的动机与影响受到质疑之后,在 1925 年 11 月 16 日教育部终于颁布第十六号《外人捐资设立学校请求认可办法》才有比较明确的规范。此办法共六条,第一条与第二条主要规定外人所办的学校必须呈请政府核可,学校名称须冠"私立"之名;第三与第四条规定校长必须为中国人、校董会中国人须占半数以

① 吴昶兴:《基督教教育在中国——刘廷芳宗教教育理念在中国之实践》,香港浸信会出版社 2005 年,第 204 - 205 页。另参李璜《法兰西学者的通信》,载《国内近十年来之宗教思潮》,原载于《少年中国》第 3 卷 1 号。

② 吴昶兴:《向反宗教教育挑战》,载《台湾浸信会神学院学术年刊 2003》。

上;第五、六条规定"学校不得以传布宗教为宗旨"及"不得以宗教科目列入必修科"。很明显这几条规定可说是针对洋人所办的教会学校和基督教大学而设①。虽然当时许多人站在不同的立场评论此一条文,或有认为条文五与六违反宗教自由原则并侵犯教育权与宗教权②。但是直至民国政府时期,也未能改变"不得以宗教科目为必修科"、"不得在课内做宗教宣传"的规定。在1929年的"私立学校规程"中,还加上了不得强迫或劝诱学生参加校内宗教仪式及禁止在小学举行宗教仪式的规定③。

在当时的思潮、历史背景与政府政策下,许多华人基督教学校的领袖、学者不断积极地寻找基督教宗教教育的目标。许多人的宗教教育目标顺应着时代的转变而调整,以1920年代的基督教领袖也是教育家的刘廷芳为例,他将基督教宗教教育的目标由训练中国基督教会的领袖人才,转变为使学生在基督教文化熏陶下产生基督化的人格,能以基督爱的精神为核心,产生爱人、爱社会、爱国家的情操。他提出三个具体的宗教教育目标包括:对他人,应有伦理的习惯,就是说诚实、互重、互助、好意与合作;对一切社会的组织,如家庭、国家、教会等能效忠服务;最后,对神有感觉、有感情,能敬神,知道如何崇拜他。对于宗教教育的施行,刘认为不应以强迫参与宗教礼拜活动或强迫教授宗教教育来达成目的,也不应以教条式的教育灌输知识;而应以教员的人格影响,以及校园中所型塑的宗教气氛,在生活中熏陶学生,使学生的人格基督化,并进而能够应用于处理实际面临的各种个人、家庭、社会甚至政治的问题。概括而言,刘认为宗教教育理当以基督教的伦理观、道德观、人生观为中心教育学生,以学习基督、人格基督化为最终目标④。

如果刘廷芳所设立的教育目标可以达成,将不失为两全其美的方法,因其一方面可保留教会大学设立宗教教育的传统,另一方面也考虑到中国教育的主体性,不但能减低国人对基督教及基督教教育的排斥感,也进而使西方的宗教教育成为中国本土教育的一部分。不过刘的努力并未改变反宗教教育的基本政策。1930年教育部的1468号公函,仍不准教会各级学校设立宗教选修科目并宗教仪式,而且也不允许宗教成

---

① 吴昶兴:《基督教教育在中国——刘廷芳宗教教育理念在中国之实践》,第210页。

② 吴哲夫:《基督教教育当前问题》,转引自赵人坤、李全彩:《民国政府收回教育权论述》,载《徐州师范大学学报》第32卷第4期。

③ 吴家莹:《中华民国教育政策发展史》,台北五南图书公司1990年,第257-290页。

④ 吴昶兴:《基督教教育在中国——刘廷芳宗教教育理念在中国之实践》,第174-178页。

为教育之理论①。

1949年之前，台湾第一所基督教中学是由英国长老会设立的（1885年创立），应是台湾宗教教育最早的开始，但此种教育之实施，与基督教入华设立教会学校无异。1894年甲午战争中国战败，台湾割让给日本，台湾在日本皇民化的殖民统治下，长老会所设的中学涌入许多非基督徒学生，成为早期台湾人追求高等教育的跳板，因此长老会的中学也致力于通过中学教育来宣教，亦积极配合日本在台的教育制度，但因在诸方面一直无法符合日本法令的要求，迟迟未能立案。1930年代长老会中学的经营条件已有大幅改善，长老会中学及女学院由日本人出任校长，终在1939年获得认可而正式立案②。但不可讳言，长老会的宗教教育与日本的参拜神社其实有严重的摩擦，宗教教育最后在政治的妥协下，使之蒙上一层阴影。

1949年之后，台湾仍延续前述的教育政策，宗教教育在正规教育中几乎绝迹，但刘廷芳的主张似乎得到传承，有少数基督新教与天主教背景的学校如基督教卫理公会设立的私立卫理女中（1961年创立）、受亚洲联合董事会在台支持成立的私立东海大学（1955年创立）、天主教主办的私立学校，例如晓明女中（1963年创立）与私立辅仁大学（1961在台复校）等校，以潜在性的课程（如晓明女中之生活指导课与伦理课）与活动（如圣诞晚会、济助穷人的活动）营造宗教气氛并培养学生的宗教情操③。

此外，在学校课程中可以提供宗教知识的还有中西方的历史、哲学与文学。只是从这些学科出发，宗教可能被界定为一种过去社会历史的现象，其教义被当做理性的推理和讨论的客体，其现象被利用作为文学创作之题材，其经典则成为可赏析的文学作品。宗教整体的面貌如何，则被这些学科肢解，成了片段的知识。

走过半世纪，宗教教育在台湾的定位似乎仍未明朗，在法令与课程设计未明文规范之前，可说各弹各的调，或各自闭门造车，有的学校积极

---

① Jessie G. Lutz, *China and Christian Colleges* 1850 – 1950, Itaca: Cornell University Press, 1971, pp. 255 – 270；另参《教育杂志》第22卷第8号，第33 – 34页。

② 孙慈雅：《日本统治下的台湾教会学校》，台北政治大学历史研究所硕士论文1984年，第109 – 111页。

③ 吴昶兴：《走过半世纪——台湾卫理女子中学与女子中等教育》，载《不再迷航：基督教史研究笔记》，台北永望文化事业公司2008年。

投入,取得令人赞赏的成绩,有的学校也可以相应不理,其变化幅度之大,恐是各科之冠。

三、近年台湾宗教教育的发展

为解决台湾社会乱象与道德伦理混淆的问题,台湾当局一方面积极检讨教育的问题与缺失,另一方面也学习他国鼓励各级学校推行生命教育、全人教育、道德教育、生死教育等等。学者之中也不乏从宗教汲取材料,探寻解决问题的途径。以下将从所阅读之资料,整理学者们对宗教教育可达成之目标的理解与期待,尝试分述于下。

宗教教育与生命教育

生命教育是近年来许多国家不断提倡,以关怀生命价值与意义而不是科技、专业、知识为焦点的教育。它的目的是使生命不断地提升,不断自我发展,最后不仅建立学生对生命价值与意义的观念,也应学会如何活出生命意义、实践生命价值的具体行为。

至于宗教教育与生命教育的关系是什么,一直积极推动生命教育,并信奉天主教的台大哲学系教授孙效智认为生命教育以启发生命智能、深化价值反省及整合知情意行等方面为目标。而宗教哲学可以鼓励学生探讨人为什么活着?活着有什么意义等问题,因此与生命教育所着重的对生命之价值与意义的探讨是一致的①。

许多学者主张"宗教教育就是生命教育",主要原因就是因为宗教最关怀的正是生命本身,希望通过宗教提升生命的品质、价值与意义。例如辅大校长黎建球教授强调生命教育的目标是:"达到受教者对一己生命的学习,从了解生命、尊重生命、爱护生命到发展生命的意义与价值,使个人成为这个世界上,顶天立地、怀抱理想、能实践爱心的人。"②

然而什么是有意义、有价值、有品质的生命呢?黎建球认为生命包

① 孙效智:《生命教育的内涵与哲学基础》,载《生命教育与教育革新学术研讨会论文集》,台北辅仁大学教育学程中心 2000 年。

② 黎建球:《生命教育的哲学基础》,载《教育资料集刊——生命教育专辑》第 26 辑,教育资料馆 2001 年。

括物质与精神生命两部分。其中最重要的是精神生命，丰富的精神生命就是达到真、善、美、圣之生命目标。而宗教所追求的超凡入圣的生活，正可使人借宗教建立生命的情操，并在宗教所倡导爱的精神指引下，达到爱人爱己的目的，而这正是生命教育对有意义、有价值之生命的最终理想①。

再者，有以宗教教育为生命教育之资源的观点，包括宗教的概念、提问与答案都可以成为生命教育的内容。例如许多学者都曾讨论过终极关怀(ultimate concern)的意义。“终极关怀”的概念最早由基督宗教学者保罗·田立克(Paul Tillich, 1886 - 1965)提出，是指人类所追求、关怀的所有事物中最极致、最重要的。就田立克而言，对宗教的追求与关怀需要最大的勇气去跨越理智的限制，故“终极关怀”就是宗教。之后，“终极关怀”被广泛应用，例如中原大学教授潘正德从终极关怀理论衍生出生命教育的内容可包含人生三大问题即生从何来、死归何处与应作何事等的关切、反省与体认②。另外，台大哲学教授邬昆如认为宗教对生命探讨的结果，提供了对生命的一种看法，可以作为生命教育的内涵③。例如佛教轮回观念，将死亡视为生命开始的中途站；基督宗教的复活观，则以死亡非生命结束，而是另一生命的开始，这些宗教的观点都是对生命提出一种理解的角度，故可以作为生命教育的资源。

以是观之，学者们主张学校应在生命教育的理念与架构下提供宗教教育，是以帮助学生获得反思自我生命价值、意义，并寻找到达成生命意义的方法为主要目标。

宗教教育与全人教育

全人教育(holistic education)有许多不同涵义，共同点是以教育应使一个人的道德、情绪、身体、心理与灵性等方面都获得平衡的训练与成长机会。综合“全人教育”的实质内容，可以再略分为三个互相有关的层面：第一个层面重视教育应使人获得整合的知识与能力，而非马库斯(Herbert Marcuse)所谓“单面向的人”(One - Dimensional Man)。“单面

① 黎建球：《生命教育的哲学基础》。

② 潘正德：《终极关怀》，载林治平、潘正德等著：《生命教育之理论与实践》，台湾实业文化2004年，第123页。

③ 邬昆如：《基督宗教与生命教育》，载《教育资料集刊——生命教育专辑》第26辑，教育资料馆2001年。

向的人"只重视、满足或发展人的某一方面,而忽略其他面向,如只重视物质的创新、物欲的满足与发展生产物质的技能,却忽视精神的、灵性的需求与爱的能力的培养①。第二方面则指人应是与世界宇宙整合,与天地人我成为一体。因为人在宇宙中并非独立存在的个体,教育应使人学习如何从广大的宇宙看自己,并学习如何与外在世界的大自然、他人、他物以及与内在的自己和谐相处。第三层面是从人自身的生命来看,一个人是由身、心、灵组成。全人教育就是使这三部分充分发展、成长,才能使人获得完整的幸福②。

宗教教育是一门贯穿古今与生活结合的课程,它包含了各种领域,也内在于各种领域中,这个特色相当符合全人教育的精神,它表现在三个主要方面。第一,宗教作为一种人类社会所创造的文化,不管从任何理论去看,如涂尔干学派认为它有凝聚、整合社会的功能;马克思学派视宗教为统治阶级用以支配社会的工具;或结构功能学派认为宗教是社会的一个子系统,其存在状态会影响社会的均衡或失衡等等,这些理论都一致性地指出宗教的宇宙观、价值观、人生观、社会互动的模式等都影响着人类社会生活的各个方面。因此,宗教本身既是社会文化的一部分,也是了解一个社会不可或缺的知识。在追求不同知识与各类能力之统整性的全人教育理念下,对宗教的认识当然也是重要的课题。

第二,宗教所包含的价值观与宇宙观往往是提供一个人对于人与自己、他人、他物及整个自然等互动关系的准则与行动方法。故而全人教育需要宗教教育提供如何与世界宇宙、天地人我相处的伦理原则及具体可实践的道德行为。

第三,全人教育关怀身心灵的成长,其中灵性的层面与宗教最相关。纵然近年来新时代运动(New Age Movement)的思潮提出灵性不一定与宗教有关,举凡艺术、大自然等也能够提升灵性的层次。然而宗教可以指引人对灵性世界之探索并具提升灵性层次的作用,仍然是许多文化传承的方法。因此,当全人教育谈到灵性面向的成长时,宗教教育被当做能够提供一种灵性境界的模型以及助人达到灵性的超级境界之途径而被引进全人教育中。

---

① 参马库斯:《单面向的人》,台北南方 1989 年。

② Ron Miller, "Holistic Education: A Brief Introduction," http://www.pathsoflearning.net/articles_Holistic_Ed_Introduction.

宗教教育与道德教育

由于现代科技文明与经济发展，许多人仅以物质需求与个人利益为行动的唯一参考，对于伦理道德问题完全曲解和漠视，而导致社会充满自私自利的黑心商人、见死不救的街坊邻居、残暴乱伦的家庭关系等问题，使许多人忧心忡忡。道德或伦理教育的目的主要是启发学生思考应该如何做人、应过什么生活，并且将什么是做人与什么是应过的生活之理想与原则教导学生。

宗教教育被认为具有道德教育的功能，主要是宗教经典或教义中，不但赋予道德超越的意义，也经常有一些道德劝诫或教规①，甚至是赏善罚恶的教条，如基督教旧约圣经《出埃及记》二十章三至十七节详列了十条诫命，如：当孝敬父母、不可杀人、不可奸淫、不可偷盗、不可作假见证陷害人、不可贪恋人的妻子、仆婢、牛驴，并他一切所有的。佛教也有对出家人与一般信徒的戒规，例如给接受佛教戒律的男性信徒戒规中，除鼓励他们应"为诸众生不惜身财"、"为人受苦心不生悔"、"见他人得利不生妒心"、"恶口恶语及无义语终不为之"，还有一些严格的戒律如"六重法"，即不杀生、不偷盗、不虚说、不邪淫、不说四众过、不酗酒，如果为任何原因破坏了以上戒律都是犯罪②。对于出家人则更严格，如果触犯杀、盗、淫、妄等罪，其后果就是死后必堕地狱③。

此外，普遍流传于民间的《太上感应篇》也是民间伦理道德教育的来源。据研究，《太上感应篇》是源于东晋时道教中人葛洪所著的《抱朴子内篇》，经宋代道教徒再重新编写之后成为一具有社会教化的劝善书。此书列出善行二十四条，恶行一百六十一条；其中三十四条有关个人道德修养，如嫉妒虚荣；另有一百二十条处理从家庭、朋友、职场等社会关系的道德伦理，如为官者不得暗侮君亲、贬正排贤、赏罚不明，做生意者不可短尺狭度、以伪杂真等等道德劝化④。

宗教经典与诫命不仅提供行为的准则，也为人设定人生在世应追求的生活形态。这些规范所依据的是宗教的超越力量，有神圣不可侵犯的

---

① 孙效智：《生命教育的伦理学基础》，《教育资料集刊——生命教育专辑》第 26 辑，第 32 页。
② 《大正新修大藏经》第二十四册 No. 1488《优婆塞戒经》。
③ 《大正新修大藏经》第二十二册 No. 1428《四分律》卷 22。
④ 陈霞：《道教劝善书研究》，巴蜀书社 1999 年，第 23 – 39 页。

优先地位，因而对人们，尤其对宗教信徒而言，具有强制性规范作用。

宗教教育与死亡教育

许多学者认为死亡教育是生死学的一部分，生与死是一体两面，所以不应单独谈死亡。然也有学者将死亡教育独立出来，直接探讨死亡。张淑美综合国内外学者的说法为死亡教育定义为：

探讨死亡的本质以及各种和濒死、丧恸主题与现象，促使吾人深切省思自己与他人、社会、自然，乃至宇宙的关系，从而能够察觉生命终极意义与价值，是面对死亡、克服对死亡的恐惧与焦虑、超越死亡、省思生命，使吾人能体会真爱与珍惜，展现人性光辉，活出生命意义的教育①。

在这个定义中，死亡教育则包括对死亡的信念与态度、对自己与他人之死亡的心理预备、亲友死亡可能带来的失落与悲伤的处理、丧葬仪式的价值与意义、死后世界之存在与意义的探寻。

学者们也发现，谈死亡教育不能不涉及宗教，主要原因之一是宗教不仅提出对死的看法，如轮回观、现世观以及永生观；对死之态度，如接纳、恐惧、拒绝、或视死为一种解脱；宗教也会设计一套为死者举行的丧葬仪式，仪式中不但包括了对死、死后世界之看法，也通过整个仪式，包括所使用的物品、仪式过程之意义等等，传递有关死的情境与经验②。也正是宗教所包含的种种，影响人们对死亡的信念、态度与面对方式。

以基督教对死的看法而言，圣经中虽提到地狱的存在，但更多有关不需要对死亡感到恐惧的劝告。例如《圣经》多处将死亡形容为“睡了”，如：“但基督已经从死里复活，成为睡了之人初熟的果子。”（林前15:20）

《圣经》也常常向信徒保证，死亡不是人最后的终点，以教导信徒坦然面对死亡，无需恐惧。例如：“耶稣对他说：复活在我，生命也在我。信我的人虽然死了，也必复活。”（约翰福音11:25）

在佛教净土宗思想也教育信徒不需对死抱持恐惧，因为虽有三界

---

① 张淑美：《中小学“生死教育”课程之理念与实施》，载《中学生命教育手册——以生死教育为取向》，台北心理出版社2001年。

② 赵可式：《让人生更加完美》，载 http://210.60.194.100/life2000/professer/chaokshih/3DeathEdu.htm。

六趣[1]之轮回，仍有方法可以助人超脱轮回："不问凡圣男女。乃至十恶五逆。临命终时。正念现前。心不乱者。并得往生。"[2]

许多宗教以减少人对死亡之恐惧成为死亡教育引用的目的，另外，宗教也可能为人们建构一个充满令人恐惧的死后世界，通过恐怖场景的呈现以产生吓阻的消极性教育功能。例如因果报应的信仰，可使人因畏惧地狱审判与酷刑而不敢为恶犯罪。当然，如果再深一层来说，为了死后不受酷刑审判，也会影响人们对自己一生应如何活有所反省，无形中也产生正面积极的教育功能。

再者，死亡教育也借着宗教修行的方式达到了悟生死的智能。孙效智将宗教中"观想"的能力运用到观想"生命尽头"的训练。他认为若没有持续地观想生命尽头这件事，不断地觉悟到死亡接近的事实，人无法寻找到生命的意义与终极的安顿，更不可能可以超越生死[3]。

因此，宗教不仅提供死亡教育有关死与死后世界的意义，更提供超生了死或积极面对生命的智能与修行途径。

四、当前台湾宗教教育不足之处

台大哲学系教授释恒清将宗教教育分为四大类型，即传教性宗教教育、专业性宗教教育、学术性宗教教育、通识性宗教教育[4]。前二类早已由所属宗教团体自行施设，为各宗教团体培养了所需人才。目前学术性宗教教育也有进展，例如国内已有数所大学设立宗教学系所，以最早开办宗教研究所的辅仁大学而言，如今已有一百多位硕士生毕业，并有十五位博士生；南华大学宗教系则自 2001 年始设研究所，至今已有二十七位硕士生毕业、现有研究生七十六人；其他还有政治大学、玄奘大学、真理大学与东海大学也都先后设立宗教研究所，目前全台湾约有十一个宗

---

① 三界指众生所居之欲界、色界、无色界；六趣即众生各依其业而趣往之世界：地狱道、饿鬼道、畜生道、修罗道、人间道、天道，前三者称为三恶道，后三者称为三善道。参《佛光电子大辞典》。

② 《大正新修大藏经》第四十七册，No. 1963《净土论》。

③ 孙效智：《生死尊严与生命智能》，载 http://gigabyte. fxsh. tyc. edu. tw/life2000/professer/johannes/articles/6. life %20and%20death. htm。

④ 释恒清：《宗教教育辨义——兼论宗教研修机构体制化的问题》，《宗教论述专辑》第 4 辑，第 261 - 266 页。

教系所,在学术性宗教研究及其人才培养上已有显著进展。2007 年 12 月 18 日三读通过的"私立学校法修正草案三读通过条文",未来将有更多以培育神职人员为主的"宗教研修学院"参与台湾的宗教教育的工作①。唯大学之通识性宗教教育之实施与否仍未有共识,而无法步上正轨。在上述四种通识性的教育(生命教育、全人教育、道德教育与死亡教育)下所讨论的宗教教育,虽属于通识教育的范围,然而这些课程仅依课程的特殊需要,采纳与宗教有关的某些内容,并未呈现宗教的全貌。而这种借用可能会产生一些问题,值得我们注意。

以宗教教育所提供的伦理道德教育而言,过去宗教伦理学曾受到质疑,主要原因是对宗教伦理规范根源的质疑,如基督宗教伦理规范的来源是上帝,那么在科学对上帝之存在产生质疑的前提下,他的诫命如何被普遍性地接受成为伦理规范?另一方面,孙效智教授认为推动伦理教育中很重要的是如何让人知行合一,能将伦理知识内化并外显为实际行为。一般而言,宗教的伦理都强调因信心而发生行为,如基督教以人对上帝生起之信心为遵行伦理规范的基础。如果道德行为必须先有一信仰对象,才能产生行为,那么对于一个不信仰宗教的学生而言,又如何使教育与学生之生活和行动结合呢?

再者,虽然宗教经常给人"宗教都是劝人为善"的观念,但是宗教也不都是符合道德,或说宗教团体及其领导人也可能使宗教成为鼓励恐怖主义、性杂交或乱伦、自杀等问题的始作俑者。因此道德教育想要借宗教内容指引学生做人做事与生活的原则与实践方法,只揭示宗教最佳面貌。仅强调宗教之道德教化部分,有可能导致学生产生宗教都是劝人为善的误解,以致不知如何分辨宗教而易为别有用心之徒假宗教之名所骗。因此宗教教育若只是环绕着宗教所可能产生的道德规训的价值、正功能,而忽略对反功能、隐性的反功能及非预期后果等等进行平衡的论述,可能使学生陷入"宗教都是好的"的迷思,反而失去批判的能力而误

① 有关"宗教研修学院"的条文在《私立学校法修正草案》第一章"总则"的第七条:"私立学校不得强制学生参加任何宗教仪式或修习宗教课程。但宗教研修学院不在此限。"与第八条:"学校法人为培养神职人员及宗教人才,并授予宗教学位,得向'教育部'申请许可设立宗教研修学院;其他经宗教主管机关许可设立之法人,亦同。前项之申请程序、许可条件、宗教学位授予之要件及其他相关事项之办法,由'教育部'会同'中央宗教主管机关'定之。"请参《私立学校法修正草案》,2007 年 12 月 18 日,全部 89 条由"立法院"第 6 届第 6 会期第 15 次会议修正通过。

入陷阱。

此外,多数宗教可能都有克服死亡的特殊方法,但并不是所有的宗教都提供克服的方法,也可能反而使人更加恐惧死亡。以台湾民间丧葬礼仪中的"过王"仪式为例,就可能是一个造成人在不知不觉中对死亡感觉到害怕的宗教仪式。进行"过王"仪式的基础是相信人死后会先到地狱,接受十殿明王的审问;通过审问,决定死者是否永堕地狱。十殿的第一殿为阎罗殿,负责初审鬼魂,遇有功过相抵者,即直接解送第十殿转轮王,发往投生;其余凡在阳世犯有罪恶者,则交由第二殿至第九殿依罪孽轻重,处以不同之刑罚。从第二殿开始,每一殿所施予的刑罚,较上一层重二十倍,且刑罚残酷恶毒、刑期无限。因此,为确保死者早日通过审判,必须为死者诵念经忏,请求各殿明王赦免死者生前所犯的各种过恶,直接到第十殿而不需受地狱刑罚之苦。在丧礼用品中,纸钱是很重要的,在不同的仪式阶段中,它可以发挥不同的作用。初终时烧纸钱是为死者预备贿赂阴间小鬼,才能尽快为死者引路到阴间;在出殡前烧纸钱则是供死者长居死后世界之用①。

这就带来一些实际问题,那些未处理死亡焦虑问题的宗教,是否也该列入课程内容?将死亡当做不祥、对死亡表达出焦虑、甚至造成恐惧的宗教又要不要教呢?或许常见的做法是某宗教有提到死亡的议题,且能正面处理的就用来当教材,没有的就刻意忽略。这样的宗教教育是否适当?再者,宗教学者弗雷泽(James Frazer, 1854 - 1941)在其作品《金枝》(The Golden Bough)中指出,宗教是人类对死亡的恐惧所创生的②。如果是这样,我们应该选择的是克服心理的恐惧感,还是宣扬那些再现人类因恐惧死亡而产生的宗教?就此而论,前者似乎比后者更容易被科学与理性的时代所接受。那么宗教在死亡教育中,是否有可能造成死亡教育的非理性化?

上述问题暂时还没有完整的答案,但是这些问题的产生,笔者认为主要因素之一是宗教教育附属在其他教育中,造成宗教知识的片段化,对宗教缺乏完整的了解。而近年来台湾以宗教教育为主的讨论,主要又集中在宗教研修学院的设立与宗教学术研究的课程,对于通识性的宗教

---

① 吕理政:《传统信仰与现代社会》,台北稻乡出版社 2000 年,第 127 - 129 页。

② James G. Frazer, The Golden Bough (Hertfordshire: Wordsworth Editions Ltd., reprinted 1996), pp. 48 - 60.

教育课程仍旧少有论述。

如前所述,我国宗教教育原由基督教团体引进,在民国初年的基督教大学中普遍实施。但今天,台湾基督教界人士反而认为教会大学多半已不再积极提供宗教教育,特别是通过通识教育课程提供一般大学生宗教教育的关切程度相当严重不足。而多数教会大学在提供宗教教育方面,也倾向于提供单一宗教的内容,如"基督思想与人生"、"圣经与人生"、"基督教概论",少数学校才有提供佛学或道家(或老子)思想与人生等课程。"通识教育"在现代教育受到重视的主要原因,起源于分科造成知识零碎化问题的日渐严重,许多教育家希望通过通识教育,将各种知识互相融渗贯通、促使教育从割裂走向整合。目前台湾大学通识教育也多朝向加强各学科、领域间之沟通交流,打破长期以来过分集中在专业学习的课程规划方向,以多元智能之融合与互相激荡为目标。反观基督教大学所开设之宗教教育,却未跟上脚步,仍多以单一宗教为主,既容易使人有传教之嫌,更重要的是未符合通识教育的宗旨,无法引导学生对宗教的各种现象与宗教的不同智能产生整合性、全面性的了解。

这种保守的做法与世界各国积极发展通识性、容让多数学生增广跨文化的社会人文素养的宗教教育情形来看,的确落后许多。

五、21 世纪台湾宗教教育应有的发展

全球化为世界经济与社会带来许多利益,但也制造了许多危机。德国社会学家贝克(Ulrich Beck)从文化与国际关系的角度,更观察到全球化下世界各国的距离虽突然变得更紧密,但在文化上却保持着陌生的问题①。享廷顿(Samuel P. Huntington)在《文明的冲突与世界秩序的重建》(*The Clash of Civilization and the Remaking of World Order*)一书也宣称,在新世界中,最普遍、重要而危险的冲突,不在社会阶级、贫富或其他经济团体的冲突,而在隶属于不同文化实体的族群间的距离与冲突;其中又以宗教力量为文化差距越拉越大的主要因素②。

---

① 贝克(Ulrich Beck):《全球化危机——全球化的形成、风险与机会》,台湾商务印书馆 1999 年,中文版序第 4 页。

② 享廷顿:《文明的冲突与世界秩序的重建》,台北联经出版社 1998 年,第 7 - 14 页。

当宗教差异可能引爆的冲突越来越受到重视之际,过去流行一时的政教分离主张以及所有公立学校皆被禁止提供宗教教育的做法,也开始动摇,美国就是最佳例证。过去为维护各宗教权益、防止政治介入宗教发展并宗教势力反过来介入公共事务,美国所有的公立学校都不可以有宗教教育①。但是九一一事件发生后,情况有所转变。一则美联社弗吉尼亚州里士满的新闻报道,美国北卡罗来纳大学于该年规定其新近入学的学生必需阅读《认识〈可兰经〉》一书,起初虽受基督教团体控诉,但最后法院却以学校有"宗教教育权"以让学生了解伊斯兰教的信仰与思想驳回原告所请②。

又如法国,虽在20世纪初期已经丢弃宗教教育,到了21世纪,也重新宣布在法国学校教育中教授宗教历史是必要的。因为他们认为:"'宗教事件'已然、且仍然是人生在世的一个重要组成部分,在多元文化的社会中,了解不同宗教能使我们对生存于斯的世界有更宽广的包容和更深刻的了解,也是让学生了解人类社会重要知识的一个重要途径。"③最近法国采用"有关宗教的教育"(teaching about religion)取代"宗教教育"(religious education)一词,目的是强调帮助学生认识各宗教文化与历史的重要性④。可见宗教教育的实质内涵不但应该跳脱为传教而设计的内容,更应该积极地扮演提供学生了解世界各种宗教所蕴含不同真理与人生智能的角色,以及教导学生们如何面对多元化社会中的不同意见,与异宗教、文化信仰及理念者平等地对话并互相宽容,进而有能力在互动中避免或消弭因价值观、人生观与文化习惯不同所可能导致的各种冲突,这样的内容现在已经成为全球性的教育议题。

台湾与全球其他社会都同样面对着全球化带来的政治、军事、经贸、金融财务、跨国企业及产品、生态破坏、人口老化、M型社会等问题⑤。在种族与文化多元化方面,虽比不上英法因大量移民人口带来的差异⑥,但

---

① 瞿海源:《宗教教育国际比较研究》,载《台湾社会学研究》1,1997年,第43-75页。
② 释恒清:《宗教教育辨义——兼论宗教研修机构体制化的问题》,载《宗教论述专辑》,第273页。
③ 法国驻华大使馆:《政教分离在法国的一百年》,《今日法国》第60期。
④ M. Estivalezes, "Teaching about Religion in the French Education System," In M. de Souza, K. Engebretson, G. Durka, R. Jackson & A. McGrady (eds.) International Handbook of the Religious, Moral, Spiritual Dimension of Education (Netherlands, Springer Academic Publishers, 2007), pp. 475-486.
⑤ 蔡丁贵:《人文科技岛、永远好家园》,载《二○一○台湾》,2003年,第3-33页。
⑥ 据英国国家统计局报告,由于工党对移民门户大开政策,截至2004年为止,从世界各地移

台湾现今人口的差异性与多样性却逐渐在扩大。“2006 科学季特展:多样性台湾”特展系列中,阐述台湾族群文化原是一个大拼盘:“除了原住民,汉人在17、18 世纪时大量自福建、广东两省移民而来;虽然泛称汉族,但根据他们使用的语言来看,主要是闽南、粤东讲福佬话和客家话的人群,并具有汉人社会的文化特性。再一次的大移民,则发生在 1949 年。来自中国各省、大江南北的人群,带着差异更大的语言、文化,落脚扎根成为台湾的新住民。21 世纪的今天,台湾更成为印尼、越南、泰国、菲律宾等地外籍配偶或劳工移入的地方,增添台湾人口的多样性。”①随着参与国际社会、寻求国际化的需求加深,原本文化多样性的台湾社会势必接触更复杂的族群与文化,使得这个族群文化的大拼盘更加丰富多彩。在多元文化处境下,能够正向且积极与人互动、处理歧见与冲突,以产生双赢局面,已经是每一个台湾学生应该学习的课题。

帮助学生学习处理文化的冲击与冲突的途径很多,提供通识性宗教教育,是一个可行的做法。特别正值各国都一致认同宗教教育为教育不可或缺之内容,具有提供宗教教育传统之教会大学,更应把握机会,设计符合通识教育目的,帮助学生面对全球化挑战的宗教课程。

香港教育学院宗教教育与心灵教育中心总监吴梓明教授强调,在今日多元化的社会中,应以“专业取向”(professionalism)取代“认信取向”(confessionalism)之学校宗教教育。认信取向的宗教教育目的在宣传、使人皈依某宗教,但专业取向的宗教教育,却主要提供学生机会,通过多元宗教文化的学习,扩展知识与视野、培养尊重他人宗教与信念、并学习与持不同价值与意识形态的人互动②。苏格兰教育家尼尼安·司马特教授(Ninian Smart,或称司马德 1927 - 2001)是一位世界知名的宗教研究学者,也是最早主张应将宗教与基督教神学研究区分开,使宗教研究成为独立的学术领域的学者之一。有关宗教教育方面,他认为宗教是一种世界观,各种不同文化之意义与价值观都是基于世界观而建构起来的,

---

民至英国的人口接近 150 万人,详见 http://www.workpermit.com/news/20061121/uk/2 - year_immigration_statistics.htm。而法国移民人口更为庞大,至 2005 年移入者总数约 500 万人。参李碧涵、黄佳媛:《法国移民人口与移民政策之探讨:1980 年代至今》,台湾人口学会 2008 年学术研讨会《少子女化与高龄化社会的人口挑战——人口政策与人口发展课题》。

① 《2006 科学季特展:“多样性台湾”特展系列(七)——台湾是个族群文化的大拼盘》,http://web1.nsc.gov.tw/ct.aspx? xItem = 7569&ctNode = 39&mp = 1。

② 吴梓明:《从宗教教育到生命教育》,香港基督教文艺出版社 2004 年,第 58 页。

因此认识世界宗教也就是了解世界不同文化的起点①。此外，他认为今天大部分基督教学校都建立在一个多数人都未归信基督教的世俗社会中，也都是受世俗化的政府机构所支持，因此基督教大学也应采取中立主义（neutralism），以公平、理性分析世界各宗教，而非教义宣传的宗教教育，才能响应与适应现代世俗化社会的处境与需要②。

因此，除了“宗教研修学院”以外，台湾的教会大学可选择不以传教为宗教教育的目标，去帮助学生通过学习不同宗教文化过程，认识与理解不同社会的成员所持有的人生观与信仰体系，学会尊重他人信仰及人人都有信仰不同宗教的权利，并鼓励学生对自己所持的世界观、价值观、宗教与其他宗教之文化提出反省与批评，为台湾学生寻找到个人信仰的道路并具备与他人沟通并维持和谐关系所应有的全球化素养尽一份力量。

六、结　论

随着全球互动的加深，许多国家愈来愈重视培养学生面对多元文化所需的知识与互动能力。宗教既在人们的日常生活、价值取向、行为与社会秩序等方面都扮演重要角色，基督教教育机构与基督徒教育工作者有责任为学生设计相关课程，帮助他们对世界与宗教的多元性有所认识，学会正确而客观地了解自己的宗教与文化、认识与尊重他人的宗教，使学生们在多元文化的冲击下，找到生命意义、身份的定位以及与全球村村民互动交往、和谐共处所需的基本能力。

去年年底，因为“私校法”三读通过，许多神学院正积极地申请备案，完成神学教育的人才未来也将被教育体制所承认，“宗教”与“教育”能不能相合的论战，至今有了实际的成果，宗教教育被正式纳入教育体制，这也表示当局面对宗教团体的办学，以正面的态度响应，让私校有法条的依据思考自身定位以建立学校整体的发展机制，发挥其特色。除此之外，笔者希望神学院的神学教育也能够更开放，提供多元宗教比较与对

① 尼尼安·斯马特：《剑桥世界宗教》，台北商周出版社 2004 年，第 2 页。

② Ninian Smart, Secular Education and the Logic of Religion (London: Faber and Faber, 1968), p. 7.

话的空间与训练，使神学院的教育不仅是为教会培育牧会人才，也能仿效当年刘廷芳等基督徒教育家对教会学校的规划与期待，不单能造就教会，也为社会培养更专业的宗教教育师资，以宗教教育帮助更多学生，将宗教的清流注入我们的社会，涤净变化人心，提升国民灵性的品质。

（作者单位：刘一蓉　辅英科技大学人文与管理学院
吴昶兴　台湾浸信会神学院）

当代香港基督教社会福利事业述评

朱　峰

基督教自1841年传入香港,现有基督教徒30多万,约占全港总人口的5.6%。在中国基督教史中,香港教会的历史是独特而丰富的。它在殖民统治下成长起来,又在“一国两制”新实践中确立自己的发展方向。其中,教会在社会福利事业扮演积极主动的角色是其重要特色。它不仅是最大的社会福利兴办主体,2006年香港社会服务联会的370个基本会员中有91个机构可确知其基督教背景,并长期影响着香港社会福利事业的发展,如香港社会工作专家周永新教授指出,“回顾过去百多年社会服务的发展,教会团体应是最重要的推动力量”①。目前,学界对香港基督教社会福利事业完整客观的研究相对较少②。鉴此,本文拟在前人研究的基础上,对香港基督教会参与社会福利服务事业的历史发展、服务模式、主要特点以及发展前景作一述评,希望能抛砖引玉,促进这一问题的深入探讨。

一、历史与现状

基督教会参与香港社会福利事业的过程,是香港基督教发展变化的缩影,是香港社会沧桑巨变的见证,也是香港政府与基督教会之间关系

① 周永新:《社会福利的观念与制度》,香港中华书局1990年,第4页。

② 陈慎庆:《香港基督教社会福利事业的发展》,载《中国神学研究院期刊》(1998年)第25期;黄玉明:《五六十年代香港教会社会事工概念的转化和承担》,载《建道》(2001年)第15期。卢龙光编著:《爱你的邻舍——教会社区工作理论与实践》,台北校园书房2003年。

持续调整的结果。大体上,它可分为三个历史时期:

(一)1841 - 1960 年代末是香港基督教会参与社会福利的奠基时期,慈善救济是香港基督教社会福利的主要工作。这时期有两个基本特点:1. 香港基督教社会福利的资金主要来自欧美差会,包括社会福利在内的一系列教会政策掌握在传教士手中;2. 社会福利事业比较零散,未形成系统化、专门化的组织体系,主要停留在以慈善救济为主的社会救济层次。

这一时期又可分为两个阶段。第一阶段是 1841 年到 1941 年。首先,殖民政府没有承担任何社会福利责任,教会团体和华人民间信仰团体成为香港社会福利的主要拓荒者,自发地开展社会慈善救济服务。基督教会和其他民间志愿团体主导了这一时期社会福利事业。据不完全统计,这时期教会成立的社会福利单位在 20 所以上,有的单位甚至延续到现在。如 1849 年郭士立设立的育婴院,全盛期共收女婴 130 名。而 1897 年建立的心光盲人学校,1918 年教会兴办的观塘广荫老人院,至今仍是全香港著名的社会福利机构。其次,由于西方差会视香港为向中国内地传教的中转站和补给站,对本地教会的发展并不重视,1941 年,日军侵占香港时,基督教徒不足万人,只占人口比例的 0.6%。第二阶段是从 1950 年到 1960 年代末。这一时期有两个主要特点:一是大规模的难民救济活动加速教会社会福利事业的发展。抗日战争和解放战争爆发后,难民不断涌入香港,亟需社会救助。面对社会的急迫需要,教会开始设立各类专门性的社会福利机构,如 1937 年成立的"基督教社会服务总社",从事救济各方逃来香港的难民,介绍工作,协助返乡等,仅 1941 年就救助万余人。二是西方教会大规模参与香港教会社会福利事业。1950 年代后从中国内地撤出的外国差会把原来的人力、财力转移到了香港,参与并主导了香港社会福利。他们拥有充足的海外捐款和庞大的国际网络,可以试验各种性质的社会福利。"募捐来港的物资非常庞大,数量远远超过政府本身的救济服务。就是到了 50 年代末期,这些机构所派发的食物仍然十分惊人,每年差不多有二万吨之多。"①这一时间,香港最大的社会福利机构是世界信义宗服务处。教会社会福利以社会救济、难民服务、房屋安置为主,但随着香港社会的逐步稳定,不同类型的

① 周永新:《社会福利的观念与制度》,第 17 页。

现代社会福利项目如职业训练、寄养服务、特殊学校、幼儿中心、青少年小组工作、社区组织等亦开始经由教会服务机构从西方引入香港。

（二）1971－1996年是香港基督教会福利事业的本土化时期。主要特点有两个：一是西方教会势力的淡出，政府与香港本地教会之间初步建立以伙伴关系为基本特征的合作机制；二是香港教会的社会福利层次从简单的社会救助向促进社会平等以及为所有人实现潜能发展等较高层次的福利目标转化。

首先，香港教会本土化工作的基本完成，为基督教社会福利事业的本土化奠定了组织基础。香港教会的本土化过程基本完成。由于香港逐渐富裕，欧美差会将资源投入到非洲、拉丁美洲、亚洲落后国家。随着主流欧美差会的撤离，香港教会本土化在加速进行。1964年，中华基督教会香港区会开始订立十年的自养计划，1966年，中华基督教会香港区会共有30位外国传教士，区会大部分的经费也是由差会资助。到1976年，外国传教士全部离开区会，区会财政完全独立。1975年，香港循道公会和卫理公会合并，完全摆脱英国循道公会和美国卫理公会，华人牧师黄作被选为首任会长。1981年，圣公会选立邝广杰牧师为港澳教省首位华人主教。1976年，世界信义宗联盟把所有在港庞大的工作和资产移交给香港基督教服务处。与此同时，香港本地华人教徒精英逐渐出现，并从西教士手中接过社会福利的领导和决策工作。

其次，香港政府社会福利政策的转变对基督教社会福利事业的本土化提供物质保障。政府对教会在内的民间社会福利机构作用的认识是一个渐进的过程。1965年，香港政府发表的《香港社会福利政策评析》态度仍然是比较保守的，没有厘清政府与民间社会福利机构的关系，视其"政府手中的工具，其价值在于减少政府的责任，并为政府谋取额外的资源和捐款"①。1966年、1967年香港发生严重的社会动荡，殖民政府开始意识到社会福利在稳定社会管理方面的重要性。1973年，香港政府第二份白皮书《香港福利未来发展计划》中在政策上肯定了民间社会福利机构的工作和贡献，提出政府与民间社会福利机构的分工问题，明确规定了民间社会福利机构的四大功能：一是可与政府所提供的进行比较，发挥激励作用；二是有较多自由试行新的福利服务；三是能够招募大量

① 周永新：《香港社会福利政策评析》，香港天地图书出版有限公司1984年，第50页。

义工；四是符合小政府、大社会的施政理念。如果某种服务可以间接方式提供，就不宜直接向社会提供。1980 年代，香港政府又逐步解决了大部分从事社会福利服务的民间机构基本上解决了经费问题。1980 年 6 月，香港政府提交的一份社会福利白皮书，建议将社会福利服务分为三大类：一类是必需的（essential），如公共援助和感化等；二类是需要的（necessary），如有助消除社会问题的服务，有助维持生命和健康的服务等；三类是理想的（desirable），如提供文娱康乐和社交活动的服务。香港教会大部分服务机构从事第二类服务，而报告书建议政府对第二类服务机构在职员薪金和行政费用上提供全面资助。1981 年，香港政府对认可的民间社会福利机构提供全面资助。政府社会福利政策的改变明确了政府与服务机构之间的具体分工和角色。福利服务基本摆脱了应付最迫切生活需要的阶段，开始转向关注社会变迁带来的社会问题，服务对象和内容日趋多样化。社会福利的范围不再以救济为主，或者是局限于照顾社会里的不幸人士，而是具有更加积极的意义和广泛的范围。社会福利服务开始成为人们的权利和政府的责任，成为现代社会生活的重要组成部分和满足基本生活需要的重要途径。基督教会的社会福利服务被纳入政府建制框架之内。1983 年，社会福利署所资助的 60% 社会福利是由香港教会或教会机构提供。

（三）1997 年以来，香港基督教社会福利事业进入深化调整期。主要特点有两个：一是随着香港回到祖国怀抱，特区政府与基督教会社会福利团体的伙伴关系进一步深化和调整；二是随着香港社会福利制度的改革，香港基督教社会福利事业面临着新的发展机遇，保持了平稳发展的态势。

香港回归以来，“一国两制”从科学的理论变成了成功的实践，为香港基督教会继续从事社会福利服务奠定了制度性保障。服务社会和造福人群的社会使命仍然是教会头等重要的优先领域和参与社会生活的基本途径。但是，随着 20 世纪 90 年代末世界社会福利制度出现“市场化”的明显趋势，影响到香港社会福利的发展理念。更重要的是，由于港英统治末期社会福利开支长期以“两位数字增长”，对公共财政造成严重负担，政府开始酝酿社会福利制度改革。回归后，面对金融风暴对政府财政能力和民生的影响，特区政府落实了各项改革措施，主要是改变对专业服务机构的拨款资助制度。2000 年开始咨询实施新的“整笔拨款”

制度，强化对服务团体工作的质量评估和社会监督。这项改革措施得到了多数基督教服务团体的支持。下表是 1999－2004 年基督教参与社会事业的变化表。

1999－2004 年基督教参与社会事业的变化①

项　　目	1999 年	2004 年
设在学校的教堂	179	231
基督教会兴办学校数	521	514
设在社会福利场所的教堂	158	116
基督教团体开设的社会福利单位	624	618

据统计，2003 年，基督教有社区中心、家庭服务中心、青年中心等共 227 所，日间护理中心 74 所，儿童中心 17 所，安老院 35 所，老人中心 106 所，失聪人士学校 2 所，失明人士学校 1 所，弱智和残疾人士训练学校 47 所，以及营地 15 个，涵盖了特区政府社会福利署规定的家庭与儿童福利、社会保障、安老保障、康复与医务社会服务、违法者服务、社区发展、青少年服务等多项内容。根据兴办主体的不同，香港教会社会服务机构可分为四类：

1. 教堂办理的社会福利服务。据估算，香港约三分之一的教堂与学校为邻。据 2004 年的调查，香港共有 1181 家华语教堂，56.3% 教堂的聚会点有提供社会福利，较 1999 年的 41.5% 增长了 15 个百分点。参与社会关怀活动的堂会达到 75.7%，内容包括探访社区人士，援助有需要人士等。堂会办理社会福利机构的范围包括学前教育/幼儿服务(18.8%)、老人服务，阅览室/自修室(12.8%)，中学(10.7%)及小学(10.1%)等。其中，社区中心、家庭服务、新来港人士服务及阅览室等主要来自堂会自身收入。中学、小学及老人服务则主要依靠政府支助②。

2. 宗派承办的社会福利服务，如圣公会教区福利协会、中国基督教播道会社会服务协调办事处、基督教香港信义会社会服务部服务协调处、循道卫理联合教会社会服务部、浸会爱群社会服务处、救世军、香港

① 吕庆棠：《社会关怀——教会参与社会服务与关怀》，载《香港教会研究——转变中的成长》(2006 年)，第 112－123 页。

② 《2004 年香港基督教教会普查简报》(2005 年)，第 37 页。

路德会等。其中,救世军是最侧重社会福利的宗派之一。救世军于1865年在英国创立,最初称为基督徒会,推动所谓"汤、肥皂、救恩"的全人关怀,向劳工阶层和露宿者提供实质帮助。1878年,改名"救世军"。1916年,该会传入中国北京。1930年开始在香港从事慈善工作。经过努力,现已是香港社会福利界一家最大的社会福利机构之一,服务多元化,分别有驻校辅导服务、综合家居照顾服务等社会福利问题单位62家;中小学、幼儿园等教育单位33家;社区发展项目、儿童助学发展计划、健康护理服务等内地发展项目22个。2004年度,救世军财政收入达到5亿8千7百万多元。其中政府公共财政占总收入的65.8%,其他收入来源分别是服务收费(10.1%)、学费(12.8%)、捐款(2.7%)等。支出方面,主要以社会福利(58.9%)、教育服务(27.8%)为主,另外,中国(内地)发展工作占总支出的1.3%①。

3. 超宗派合作的教会服务机构,如香港华人基督教联会的老人院、香港基督徒服务处,这些机构与教会有正式关系,隶属教会机构。以香港基督徒服务处为例,1952年,总部设于美国纽约的基督教世界服务委员会,及总部设于欧洲日内瓦的世界信义宗社会服务处,同时在香港展开工作,并分别成立香港基督教世界服务委员会和世界信义宗香港社会服务处。同年,香港基督教福利及救济协会成立。1967年,香港基督教世界服务委员会及香港基督教福利及救济协会合并成为香港基督教服务委员会,成为香港基督教协进会的附属机构。1976年,世界信义宗香港社会服务处与香港基督教服务委员会合并成为香港基督教协进会服务社会的机构——香港基督教服务处。1986年成为一家独立的有限公司。2005－2006年度的全年收入为港币336116894元,其中,58.7%的经费来自政府,29.6%的经费来自服务收费,只有0.7%的经费来自本地捐款。该服务处拥有1053名全职工作人员,全年服务人次高达949770人。服务内容包括长者及健康、家庭及小区、成长及社会复康、教育及训练、员工培训、内地社会福利、义工发展等多项社会服务工作,其中教育及训练核心业务占总支出28.7%,家庭及社区核心业务占21.6%,成长及社会复康核心业务占20.5%,长者及健康核心业务占18.7%②。

① 《救世军港澳军区年报》(2004年),第56页。

② 《香港基督教服务处年报》(2005－2006),第82－83页。

4. 独立的服务机构，虽然由基督教人士发起，理念受基督教义的影响，亦参加基督教协进会等教内合作性组织，但在财政、组织、服务各方面与基督教会没有任何实质关系。例如工业福音团契、互爱团契、基督教关怀无家者协会、突破机构、青年会、女青年会。基督教励行会（Christian Action）于1950年初创办，1985年，改称基督教难民服务处，是为越南难民服务的注册慈善机构。越南难民问题解决之后，又从事其他的社会福利事业，1994年易名为基督教励行会。该会的宗旨是"通过教育、职业培训、文娱康乐及社会服务等项目，为有需要的人士谋求福利，不论其种族、性别、信仰及国籍"，共设有10所设在香港的服务中心，1所设在青海西宁的儿童福利中心，另有2所为外籍佣工提供的暂居中心。服务内容大致分为三类：一是培训服务，主要是协助香港困难人士提升工作技能；二是社会服务，主要是帮助新来港家庭、居港少数族裔人士及综援受助者；三是人道支持服务，主要是外籍劳工，难民和寻求庇护人士以及中国青海的儿童福利项目。2005年，该会的总收入达6350万港元，其中政府资助占总收入的75%。

二、主要特点

基督教会社会福利团体和其他志愿机构在动员社会力量和推动义务工作，以及填补服务空白和创办特色方面扮演举足轻重的角色。

（一）与政府的"合作伙伴"关系

长期以来，香港以维护自由市场经济的竞争为根本出发点，以不妨碍自由竞争，促进经济发展为前提，"小政府，大社会"是历届香港政府严格遵守的执政理念，社会保障政策是保守而谨慎的，坚持少干预多服务的原则，在政策制度上不采取主动和超前的策略。这一政策需要在社会福利制度中纳入教会等非政府组织，依靠非政府组织提供各种社会服务产品，由这些组织促进社会福利的社会化，从而为香港教会充分发挥积极性提供了巨大空间。政府负责服务资金的筹集和授权，以教会为代表的非营利组织负责服务的直接配送。双方互补与合作的关系明显，政府方面可以保持较小的政府规模，节省政府成本，教会社会福利机构则获得足够的资源开展福利事业。1973年香港社会福利白皮书正面肯定了以教会为代表的服务机构的角色和价值,明确提出了"合作伙伴"的概念。1981年,政府明确规定,教会可向政府申请土地兴建教堂而免补地价,只要它同时为该区居民提供起码一项社会福利署认可的服务,同时,在不妨碍学校和社区中心的正常运作,教会可使用学校和社区中心推广教会活动①。

基督教会与政府合作开展社会福利事业既是西方社会传统,也是香港教会的现实需要。在近代,基督新教的宗教伦理一方面推动资本主义的开展与扩散;同时也间接促成近代西方社会福利服务的迅速蓬勃发展。1601年的英国《济贫法》明确规定,以基督教教区为单位进行资源筹集、管理和使用,满足教区内贫困人群的基本生活需求,并用基督教信仰抚慰人们的情绪。在香港,教会面对传福音与社会福利关系的探讨时,曾出现四种分歧的看法,1. 只传福音,不作社会福利;2. 社会福利是传福音的手段;3. 社会福利与传福音是各有价值互不相干;4. 社会福利是传福音的伙伴。除了第1类看法外,香港主流教会都充分肯定了社会福利的价值。事实上,通过社会福利,教会既获得一个教会与布道对象的接触点,又能够以少数信徒人口比例,取得远超自身实力的社会影响力,因此,教会愿意接受政府所提供的资助,在社会福利上成为政府的伙伴。

(二)信仰与专业的有机结合

在香港,基督宗教及伦理道德价值观念与社会工作专业服务之间建立了良性互动关系。

首先是价值理念相契合。香港教会人士认为,教会积极以实践行动服务社会,最重要的基础在于其信仰本身的需要。在《圣经》中,创造与救赎具有同样重要的意义。基督教对社会上有需要的人有一套关怀的信念,有一系列清楚的圣经教义和神学思想为基础。他们相信所有人都是神按照其形象而被造,有着神形象的尊贵身份,所以对所有有需要和有缺欠的人,都应该关顾。1974年瑞士洛桑举行的世界基督教会议上指

① 郭乃弘:《我在这里,请差遣我:香港教会与社会的发展》,基督教文艺出版社2005年,第33页。

出,“传福音的结果,包括顺从基督,加入教会和服务世人”。香港教会社会工作者相信,“我们要求服务质素和优质服务不是为了应付监管和建立品牌,而是因为我们所服侍的每一个人都是尊贵的,值得受到最佳的对待。我们讲求成本效益、效率不是因为交代的问题,而是因为作为教会的社福机构,我们是受托去服务的仆人,我们必须要作一个忠心的管家”①。基督教的宗教伦理道德为香港教会社会福利和利他助人的专业行为提供了价值基础。

其次是与实践工作相融合。“社区工作”与“小组工作”、“个案工作”一起被视为社会工作的三大项目。不少以社区为本的教堂,其由传教、讲道、组织教友等项工作,都与社区工作的原则和手法有相同的地方。正如香港大学社会工作及社会行政学系主任梁祖彬指出,“所有教会工作都可说是一种社区工作,而神职人员亦是社区工作者”②。而在教会中的团契、主日学各种培养方式,与小组工作的方法有类似之处。有的基督徒社会工作者甚至认为,“社会工作是借用了教会的方法”③。1977 年,政府为加强社会控制,缓和社区冲突,在香港相对贫困的社区推出所谓 53 个“邻舍层面社区发展计划”,标志着香港社区工作进入标准化阶段。其中,由教会属下或有关机构负责的有 41 个,占总数的 80%,包括天主教明爱(10 个)、基督教女青年会(7 个)、基督教服务处(6 个)、信义宗教会主办机构(5 个)、救世军(4 个)、荃湾社会服务处(4 个)、圣公会主办的机构(3 个)、基督教家庭服务中心(2 个);在负责其余 12 个服务计划的机构中,邻舍辅导会(9 个)及社区组织协会(1 个)皆由教会人士所创立。另外由志愿、非政府社会福利服务机构负责的 13 个社区中心,有 10 个是由基督教会及相关机构负责。

(三)组织与服务模式的创新

首先,教会及其附属机构是提供社会福利的重要组织媒介,构成社会中非政府组织的重要部分,为香港现代社会福利制度的确立提供了组织和人员基础。1936 年开办的教会社会服务中心,到 1947 年发展成为

① 周永新:《教会社福机构的基础》,《基督教服务通讯》2007 年 9 月,第 1 页。
② 卢龙光:《爱你的邻舍:教会社会工作理论与实践》,台湾校园书房出版社 2003 年。
③ 《基督徒社会工作者的经验分享》,《今日华人教会》1979 年 5 月,第 13 页。

香港社会服务联会。后者是香港政府承认的唯一负责联系全港非政府社会福利服务团体的机构,代表上述服务团体与政府商讨香港的社会福利政策。公益金的设立与基督教教会也有十分密切的联系。在60年代末期到70年代,香港政府未决定资助志愿机构的经费,志愿机构于是各自开展筹款活动。由于各自为政,筹募效果很差。1968年,香港社会服务联会与香港基督教世界服务委员会组成联合工作委员会,筹组"公益金"及宪章撰写工作,香港基督教世界服务委员会的总会,美国基督教协进会为公益金提供部分前期工作经费,设立补助基金。

其次,教会作为非政府机构,有较多的自由试行各种新的福利服务,直接促进了香港现代社会福利制度的形成和专业化社会工作发展。许多重要社会福利项目都是基督教社会福利机构发起创办的,如基督教社会服务处在60年代试办"老人宿舍",70年代试办"学校社工计划"、"寄养服务",80年代创办"家长及婴儿训练计划"、"药物滥用者中心"以及90年代的"雇员发展服务"等。这些创新性社会福利计划不仅获得政府的认可和资助,并得到其他社会福利机构的广泛效仿。

三、发展前景

基督教是香港社会一支长期、重要的社会福利供给主体。这一地位是历史形成的。《基本法》第141条明确规定:1997年后,"宗教组织可按原有办法继续兴办宗教院校、其他学校、医院和福利机构以及提供其他社会服务",确保了香港教会社会福利机构的正常运作。在发展的道路上,机会与挑战并存。在可预见的将来,基督教社会福利事业会在以下三方面继续发挥作用。

(一)进一步促进香港教会的自身发展。参与社会福利对教会崇拜人数的增长有正面影响。早在1970年代香港经济起飞之前,许多难民和贫穷市民由于接受教会的救济或援助而对教会产生好感,加入教会,被称为米饭教徒(Rice Christian)。另据统计,1999－2004年间参与服务的教堂崇拜人数,包括设在学校的教堂、设在社会福利场所的教堂、附设社会福利机构的教堂,分别增长了6.3%、5.1%及8.5%。而未以任何形式参与社会福利的教堂崇拜人数只有1.4%的增长①。

（二）不断扩大香港教会的社会影响力。社会福利事业具有软性的社会控制力和影响力。在境外华人社会，行善还具有界定社会地位的功能。福利事业为香港教会提供一个去展示道德权威和发挥组织能力的社会平台，亦藉此来获取政府认同和更高的社会声望。通过社会福利服务，香港教会培养和传播了关心社会、服务人群、无私奉献、博爱宽容和全人发展等价值观念和精神理念，从而在社会上弘扬了基督教的道德标准和伦理规范，促进社会和谐稳定，扩大了香港教会的社会影响。

（三）继续促进香港社会的和谐稳定。基督教会为有需要的人士及社群提供及时、有效的服务，促进香港社会各阶层和群体之间的流动和融合，成为香港社会稳定机制的重要组成部分，是香港繁荣稳定的重要基础。它们与源自中国传统宗教文化的华人慈善组织一起，共同使香港社会发展成为一个东西文化交汇、传统与现代结合的多元化社会。

但是，香港基督教社会福利事业也面对着三项重大的挑战：

（一）"社会行动"对香港基督教社会福利工作的影响

长期以来，一些教会社会工作者倾向于用社会运动的角度阐述社会福利政策。1970年代，由于普世教会协会推动地方教会关怀社会事务，并给予经济资助，部分教会服务机构开始尝试以"社会行动"参与社区工作，为社区居民争取权益，甚至改变政府的社会政策。1968年，圣公会成立邻舍辅导会，香港基督教工业委员会成立，循道卫理会的社会福利机构更设立社区组织，1971－1972年发动了几场社会请愿事件，如罢工、反逼迁、反污染等。1972年，教会人士又推动成立"荃湾合一服务中心"。这些组织强调组织社区居民，训练民众领袖，鼓励居民参与社区事务和争取权益。1980年代，"基督教社会关怀团体"兴起，积极从事社会政策评论和社会运动，并有演变成为社会压力团体的趋向。教会社会关怀运动的动向引起了政府的警惕。1985年，政府社会福利署解散其社区工作部，《跨越90年代社会福利白皮书》剔除了社区发展一项。回归之后，基督教的社区服务工作面临着更为复杂的形势。由于政治环境改变，社区

① 吕庆棠：《社会关怀——教会参与社会服务与关怀》，载《香港教会研究——转变中的成长》（2006年），第112－123页。

组织变为政治化，政团力量开始介入居民组织工作。这对香港教会社会福利事业的影响尚待进一步观察。

(二) 政府、专业与信仰理念之间的角色冲突

从香港基督教的发展而言，教会事业发展与社会福利、政府合作是对立统一的矛盾体。教会事业的发展有赖于社会服务，有必要与政府加强合作；与此同时，教会又不愿意在社会服务专业要求与政府合作之中失去自己的价值观和信仰追求。随着社会福利专业化程度的加深，后一方面的问题将越来越突出。一是教会在社会福利的经费方面对政府的依赖越来越大，香港基督教徒只占香港人口的8%，承担了60%以上的社会福利服务，远超过教会本身的财力。二是参加服务的人员中，专业社工的角色越来越吃重，非专业信徒的参与越来越少。三是教会的社会福利观是建立在公义、怜悯、和平等宗教信念基础上的，含有自我牺牲的精神。但是，由于政府将社会福利和医疗、教育一起视为政府对市民的责任和社会控制的重要手段，依赖政府资助的教会福利服务也逐渐失去怜悯和牺牲的观念，从而危及教会服务机构的"自愿"精神。鉴此，有教会人士认为，教会本身不是社会福利机构，不一定要办理专业性社会福利机构，也不需要受专业和政府所定的框架限制，要在政府和专业之外，寻找新的非建制性服务社会的途径。如何在社会总体发展、服务专业要求与教会理想信念三者之间取得合理的平衡，是教会社会福利专业面临的重大挑战。

(三) 如何规范与内地的社会福利交流

随着内地与香港互通和"更紧密经贸关系"交流的不断深入，面对内地"庞大的社会需求"，近年许多基督教社会福利团体北上介绍社会福利服务的概念和模式，有的甚至直接办理社会福利事务。但如何确定自己恰当的身份和位置，仍是亟待探讨的问题。根据《基本法》第一百四十八条规定："香港特别行政区的教育、科学、技术、文化、艺术、体育、专业、医疗卫生、劳工、社会福利、社会工作等方面的民间团体和宗教组织同内地相应团体和组织的关系，应以互不隶属、互不干涉和互相尊重的原则为基础。"但正如研究者指出的，普遍存在的问题是：一是许多机构开办社会福利的目的主要是为了传教，至于其服务能否切实回应当地居民的需

要是一个疑问。因为“长远而言，上述工作模式只会损害基督教团体在内地社会服务领域的公信力”①。二是香港基督教机构在内地开办社会福利，其角色应该是支配者还是支持者？许多人士指出，基督教机构不应如跨国企业在内地成立子公司，而应支持培训当地人才，然后交由后者推动发展切合内地实际需要的社会福利机构。

四、综　　论

不论是古代中国还是西方社会，宗教和社会福利服务都有着极为密切的关系，世界各大宗教不仅鼓励信徒追求个人的解脱，亦讲求对社会大众的同情和救济。佛教义理的六波罗密和四无量心，道教中有关“积功累德，布善行仁”的思想，都是中国传统慈善思想的核心内容，而基督教更是西方社会早期社会福利事业的主导力量。

包括基督教在内的宗教团体大规模兴办现代社会福利事业，不仅是“一国两制”下香港社会的重要特色，也是当今中国宗教事业发展的独特部分，从一个侧面展示了利用宗教团体资源兴办现代社会福利事业的规律和模式，以及宗教道德价值弘扬与社会服务事业和谐发展的可能性。当前，促进宗教与社会主义社会相适应，发挥宗教在建设中国特色社会主义的积极影响，已成为内地宗教界的首要课题；而如何借鉴西方经验，发展中国特色社会工作专业的价值观、发展模式，亦成为内地社会工作者的重要命题。香港基督教兴办社会福利事业的案例，相信对内地社会工作和宗教团体具有一定的参考价值。

（作者单位：福建师范大学社会历史学院）

① 陈慎庆：《香港基督教社会福利事业的发展》，载《中国神学研究院期刊》1998年7月。

慈幼会在港教育事业的传承与变化

曾家洛

一、前　言

按香港教育城资料(2008－2009年中学概览和小学概览),宗教团体是香港最主要的办学机构,在中学方面,463所学校当中,有276所由宗教团体所办理,占全港59.61%;小学方面,全港553所学校中,则有338所属宗教团体办理,占61.12%①。宗教团体获得公帑支持办理教育事业乃香港教育的一大特点。陆鸿基、贺国强、程介明等学者都曾在讨论香港教育状况时,指出这个独特之处②。

早于1986年,吴梓明教授已经关注这个课题。在1988年出版的《香港教会办学初探》中,他发表了一个关于香港基督新教六个主要办学

① 以宗教团体为分类基础,香港的中、小学状况如下:

办学团体	中	学	小	学
基督教	150	32.40%	188	34.00%
天主教	89	19.22%	115	20.80%
佛　教	23	4.97%	19	3.44%
道　教	6	1.30%	9	1.63%
孔　教	2	0.43%	1	0.18%
伊斯兰教	1	0.22%	2	0.36%
啬色园	5	1.08%	4	0.72%
非宗教团体	187	40.39%	215	38.88%
总　数	463	100.00%	553	100.00%

资料来源:香港教育城,23/11/2008

② 参程介明:《教育的回顾(下篇)》,载王赓武编:《香港史新篇》,三联书店(香港)有限公司1997年,第476页;陆鸿基:《香港办学制度回顾》,载《思》第92期,第5－10页;贺国强:《透视香港教育问题》,香港艺美图书有限公司1989年。

宗派——圣公会、中华基督教会香港区会、崇真会、路德会、循道卫理联合教会和浸信会——的办学宗旨、目标和学校宗教教育情况的量性调查报告。近年,吴教授综合过去研究心得,指出宗教团体办学是香港的独特经验,并且以基督新教为探讨对象,阐述教会初期主要以学校作为传道基地到今日将学校视为传道与服务并重的地方之过程①。而在第四届中华青少年生命教育论坛中,吴教授发表题为《学校教育与生命教育:香港经验》的主题演讲,更明确指出香港宗教团体办学经验有一个从信仰培育走向生命关怀的明显趋势②。吴梓明教授的研究刻划出香港基督新教二十多年的演变与趋向。本研究将尝试以一个天主教修会团体——慈幼会——作为个案研讨,探讨她在香港办学的历史情况和变化,并印证吴教授对教会办学的趋势分析和观点。

二、文献回顾与研究资料

鲍思高慈幼会又可称为圣方济·沙雷氏会(Pia Societa' Dis. Francesco Di Sales/ Salesians of Don Bosco,下简称慈幼会)是一个创立于19世纪以服务青年为宗旨的天主教男性修会团体。这个团体于1927年应当时香港恩理觉代牧邀请,接管了位于西环(West point)的圣类斯工艺院,开始了香港的教育事业。经过八十年的岁月,慈幼会现于香港办理六所中学和七所小学,当中包括了工业和文法两类学校,成为了一个多元化办学的天主教教育机构③。

回顾现时学者对慈幼会在港历史和办学经验的研究,现时的成果并不多。慈幼会士苏国怡(Fr. Carlo Socol)曾经来华对慈幼会进行研究,他共发表了三篇专文,包括:"The first twenty years of the Orfanato of Macao between ideal and reality (1906 - 1926)"、"Una istituzione che si occupa

① 吴梓明:《宗教团体办学——香港的经验》,载《从宗教教育到生命教育》,香港基督教文艺出版社。

② 吴梓明:《学校教育与生命教育:香港经验》,发表于第四届中华青少年生命教育论坛,2008年11月27日。

③ 慈幼会于香港现时办理的六所中学为圣类斯中学、香港仔工业学校、慈幼英文学校、邓镜波学校、香港邓镜波书院和天主教慈幼会伍少梅中学,七所小学为圣类斯学校(小学部)、中西区圣安多尼学校、圣安多尼学校、慈幼英文学校(小学部)、慈幼学校、慈幼叶汉小学和慈幼叶汉千禧小学。

della classe operaia：la escola de artes e oficios di Macao nel suo primo ventennio（1906－1926）"和"The Salesians of Don Bosco in Hong Kong（1927－2006）"（发表于2007年12月香港中文大学天主教研究中心举办之香港天主教修会及传教会历史研究会议）①。首两份专文主要从无原罪工艺院的发展情况研究慈幼会在1906－1926年期间于澳门的工作，整理慈幼会在华的早期历史。最后一篇，是现时除笔者于2004年完成的硕士论文《鲍思高慈幼会在香港的教育事业研究》外，少数系统地处理慈幼会在港历史之研究。苏国怡从教会史角度通过不同会士、事件和学校的个案去剖析慈幼会在港八十年的历史发展和变化。与苏国怡的研究取向有所不同，本研究从教育学的角度去讨论慈幼会学校在历史中的变化，剖析当中社会及宗教因素对慈幼会学校发展的具体影响。

由于本研究主要以历史脉络作为进路分析，因此史料来源占有重要位置。在本研究中，使用的史料主要可分为两类，第一为档案资料，第二为刊物。

档案资料方面，主要来自天主教香港教区档案处（下简称档案处）和鲍思高慈幼会（中华会省）档案室（下简称中华会省档案）。慈幼会在档案处的资料主要收于第五部分传教人员（Section V Mission Personnel）编号5－23至5－26的盒内（Box 5－23 to Box 5－26），另外，于第六部分社会服务（Section VI Social Committments）编号6－03的盒内也存放了关于香港仔工业学校和圣类斯中学的早期资料。中华会省档案方面，现可供借阅由慈幼会来华至1956年的档案，由于慈幼会至1958年才转为以英语作官方语言，因此其大部分早期文件为意大利文，在有关文件处理方面，笔者主要翻查意译中字典，然后，选取适用部分，由鲍思高慈幼会（中华会省）档案室主任苏国怡解释予笔者。这些档案主要内容为中国办学的经验和看法为主，因此，在本研究引用之处不多，只好留待未来相关课题开发之用。

刊物资料方面，本研究主要使用《鲍思高家庭通讯》（1958－2003）、《公教报》（1927－2003）、慈幼会各学校的校刊和慈幼会来华百周年纪念

---

① 参 Carlo Socol，"The first twenty years of the Orfanato of Macao between ideal and reality，" in *Insediamenti e iniziative salesiane dopo Don Bosco*，edited by Francesco Motto（Roma：Istituto Storico Salesiano，1995），pp. 273－325. Carlo Socol，"Una istituzione che si occupa della classe operaia：la escola de artes e oficios di Macao nel suo primo ventennio（1906－1926），" in *L'Opera Salesiana dal* 1880 *al* 1922 edited by Francesco Motto（Roma：Istituto Storico Salesiano，2000），pp. 413－438。

特刊(Centenary of The Salesians of Don Bosco in China)作分析材料,从而辅助档案资料的处理。

慈幼会的办学文化:从蕴养到形成

慈幼会会祖若望·鲍思高(Don Bosco, 1815 - 1888)出生于意大利,二十岁时进修道院,并在 1841 年时,正式晋升成为司铎。他在回忆录(Memorie)中指出教育工作的开始是在 1841 年 12 月 8 日,那时,他已经到达了杜林(Turin)的司铎培养院(the ecclesiastical College),他见到了那地方被遗弃的街童,于是展开他的工作。

当时欧洲正受工业革命影响,社会结构产生了两项重要变化:第一,工业发展造成了人口迁移和工人群众的出现[①],由于工业兴起,导致农乡人口转向城市迁移,造成城市化现象的出现,1890 - 1914 年,英国与德国人口各增加了 20%,全为城市所吸收[②]。另外,由于应付工业发展所需的劳动人口增加,产生了大量工人群众,他们依靠工资生活,但当时的工作环境和条件也很差,产生很多社会问题。第二,在社会变迁下,伴随产生了新的思潮用以分析、辩护和批判有关社会情况,其中包括经济自由主义(Economic Liberalism)、社会主义(Socialism)和工团主义等[③]。这两个变化对于当时的天主教教会来说,有弊有利。弊方面,天主教信仰在意识上面对更多新掘起的对手,促使教廷在文化上更为封闭。面对新的社会问题,天主教教会产生一种新的社会参与方式,以民间团体的形式去发展事业,并藉此保护教会。慈幼会乃当时其中一个响应社会问题的修会团体,以教育青年的方式去服务街童。学者汉思·昆(Hans Kung)对 19 世纪的天主教史这样评论:

> 天主教、基督新教与安立甘宗教会的传统被民主化与工业化带来的震撼所打破,但教会以一系列新形式的行动响应了工人需要,在这个挑战下,得以赢回所失去的。在 19 世纪,教士与俗人在宗教上的醒觉,超越了之前对于宗教的不信任,特别在宗教秩序的普及虔诚里,包括使徒行动、福利工作与教育工作中[④]。

①②③ 王曾才:《西洋近世史》,国立编译馆 2001 年,第 412 - 420 页。

④ Hans Kung, *The Catholic Church: a short history* (New York: Modern Library, 2001), pp. 156 - 158.

事实上，文盲是当时意大利一个非常严重的问题，在南部的文盲率高达90%，北方也在30%以上①。在1877年，意大利政府通过了法规要求自六岁至九岁的儿童须受义务教育，可是相关法例执行得并不彻底，在1904年，通过新的教育法，广设公立学校，然而，到了1914年，四人中仍有一人是文盲，可见，当时意大利对教育的急切需要②。

起初，鲍思高的教育事业尚未关注到社会层面的需要，主要关心儿童和青年在这社会变迁里心灵上和宗教上的需要。在空余时间，鲍思高为街童们成立了一个名为“庆礼院”（Oratoria）的团体，聚集儿童和青年，给予他们一些正确的娱乐，与他们一起游戏并教导他们信仰天主教。这个团体可算是慈幼会教育文化的雏型，通过与青年一起游戏，并教授信仰，建立起他们的价值观。对于若望·鲍思高来说，这些儿童和青年在他们的处境中是危险的，特别是道德和宗教上，聚集他们一起是避免在余闲时，给予他们误交损友和受其他当时被天主教会视为不良意识影响之机会，避免他们道德和宗教上陷于败坏。很明显，鲍思高是基于天主教信仰对他们产生最初的关注，期望保护他们使他们获得宗教上的救赎。这种观念影响了慈幼会的发展，也是普通天主教学校一种非常重要的性质，就是不单关心知识的传授，而更重要地，关怀儿童和青年在精神上的需要。

鲍思高在早期庆礼院的经验中，获得初步成功，并积累了重要体会。他认为游戏在教育过程中是重要的，因为有助于与儿童或青年接触，并获得信任。这是一种易于改善他们不良习惯的方法。鲍思高把握到被遗弃儿童在心灵上的渴求，通过娱乐，给予他们关怀，使他们愿意投入他所兴办的团体中。鲍思高归纳他的早期经验说：“从我的经验中发现，当年轻人能够发现某人给予他们帮助的手与关怀他们，就能使他们从束缚中解放出来。在帮他们寻找一份工作和一个好的雇主后，现在，我在本星期再一次探访他们时，发现那些年轻人已开始活于诚实的生活里，忘记过去，成为一个良好的基督徒与诚实的公民。”③从这体会中，显示鲍思高已经不止关注到心灵和宗教上的需要，而且开始关注到生活环境与

---

①② 王曾才：《西洋近世史》，第571－575页。

③ Luciano Pazzaglia, “Don Bosco’s option for youth and his Educational approach,” in *Don Bosco’s Place in History: Acts of the First International congress of Don bosco Studies*, edited by Patrick Egan and Mario Midali. (Roma: Libreria Ateneo Salesiano, 1993), p. 273.

工作对儿童和青年的影响。因为他开始发觉如果儿童和青年得不到安稳的生活条件，就难以持守道德和宗教精神，成为他理想中的“好人”。因此，往后他展开了工艺教育，让儿童和青年能够有一门技术，可以在当时的工业转型社会中，找到合适的工作。

在1846年，由于鲍思高召集的那群年轻人造成噪音问题和受邻近居民的阶级歧视，鲍思高的“庆礼院”需要几经更换地点，终于，最后在华道角（Valdocco）经营下去，这就是后来慈幼会的母院——华道角青年中心。鲍思高在那时亦开始兴办读写与阅读的晚间课堂（evening classes），以后更增设算术与绘图，教育儿童和青年。鲍思高认为这是绝对有助于重新塑造那些边缘的年轻人之宗教与社会习惯的。

在1847年，华道角建成了新屋，鲍思高将其提供给儿童和青年居住。让他们可以在附近工作，并在晚间又再回到“庆礼院”当中。其实，可以说，当时鲍思高正进行一个教育实验，试图建立一个家庭气氛的场所让那些无依的儿童和年轻人居住，从而帮助他们成长与感受天主的爱，达到救援这目的。这个试验是成功的，因为他服务的对象中，大多都是街童，给予他们一个住所，一方面可照顾他们心灵上对关怀的渴求，另一方面，这种形式有助于将他们从不良的分子和社会意识中分隔开来。在这情况下，形成了慈幼会早期学校的寄宿模式，通过仿效会祖，会士们尝试从寄宿中建立起世界各地的庆礼院，将儿童和青年聚集一起。

在政治发展方面，当时欧洲受到国家主义、民族主义和法国大革命“自由、平等、博爱”等价值的影响，四处都充满革命的声音，意大利也是一样。当时的意大利是被分割成数个国家的，而教皇国则是其中之一。意大利独立战争的爆发，令分裂的各个地域政府与教廷的关系日渐恶化，而反天主教的意识也渐趋强烈。Luciano Pazzaglia 认为当时鲍思高感到国家正处于反天主教的影响当中，使得他在后期转变至处于保护教会的意识当中①。事实上，鲍思高在1845年完成了《教会史纲》，以问答方式编写，强调教会与教宗在世上的光荣。在1847年，出版了《圣经史略》，反驳基督新教和其他思想，并通过圣经引证天主教的信理②。在这

① Luciano Pazzaglia, "Don Bosco's option for youth and his Educational approach," in *Don Bosco's Place in History: Acts of the First International congress of Don bosco Studies*, edited by Patrick Egan and Mario Midali. (Roma: Libreria Ateneo Salesiano, 1993), p.278.

② 姚惠民编译：《圣鲍思高传》，第343-344页。

个时期,鲍思高通过寄宿和所提供的教育活动,以抵抗年轻人可能受到那些被天主教视为有害的思想所影响。张冠荣认为鲍思高在 1848 - 1859 年间,趋向于将教育视为一种防御程序,用来抵抗在道德上及宗教上具有危害的社会。由于这种外在处境,笔者认为鲍思高当时的办学倾向是使学校作为天主教会的文化堡垒,用以抵御反天主教的力量。

在 1853 年,鲍思高开办了两所工场,包括制鞋和成衣工场,之后十年,更增加至四所,包括书籍装订、细木工、印刷和铁器工作①。在 1855 年,鲍思高增加了五个中等学校的课堂,标志着他的工作转向,成为了工艺院,形成了慈幼会的典型工作方式。鲍思高藉此将宗教的精神价值传授予孩子,让他们避免反天主教的危害。至此,鲍思高以及慈幼会初期的工作,已逐渐发展出来,Luciano Pazzaglia 这样说:"鲍思高用了两个不同的系统:庆礼院从早期仅限于星期日到扩大至连续每日的聚会,并且学校形式清楚地开始于 1853 年的两个工场,这是一个准确的角色,直至五年中学课程的完结为止。"②这两个系统虽然以后有所变化,但大抵是具有一致性的模式,即寄宿、工艺教育与宗教生活关怀,至此,慈幼会的早期办学模式由酝酿到迈向形成。

慈幼会在港早期的办学情况

慈幼会于 1927 年正式来港,圣类斯工艺院和香港仔儿童工艺院是他们早期的教育事业。在 20 世纪初开始,香港社会对工业教育已有殷切需求③。当时,天主教香港牧区代牧恩理觉感到香港工业教育的需要,适逢管理圣类斯工艺院的玛利诺会资源不足,于是邀请意大利的慈幼会前来管理。当时,在与玛利诺会交流的信中,他这样说:

> 我个人对于此工作,因为缺乏人员与资金,而不能够给予应有的推动,建议交给鲍思高慈幼会,你知道的,这是全球著名拥有众多成功工业学校的修会。
>
> 这样做,不单只是提供一个可能的未来给圣类斯工艺院,而且

---

①② Luciano Pazzaglia, "Don Bosco's option for youth and his Educational approach," in *Don Bosco's Place in History*: *Acts of the First International congress of Don bosco Studies*, edited by Patrick Egan and Mario Midali (Roma: Libreria Ateneo Salesiano, 1993), p. 281.

③ 陆鸿基:《从榕树下到计算机前:香港教育的故事》,第 103 - 104 页。

是为慈幼会来港给予一条道路。[1]

这个邀请对于当时的慈幼会来说,也确是一个很好的时机,在信中,恩代牧表示慈幼会于上海的发展计划,因为规模减小了,因此有较多人手可以应付这项工作[2]。于是,慈幼会在1927年接管了这所工艺院。

在慈幼会尚未接管圣类斯工艺院前,早已有香港华人殷商接触他们,希望他们可以管理一所即将兴建的工艺学校。这就是香港现存最早期的工业学校——香港仔工业学校,亦是慈幼会早期在港的主要教育事业[3]。在1921年,当时的立法局议员刘铸伯先生、周寿臣爵士及数位华人殷商,见香港工业发展情况和学额不足问题,产生了开办一所工艺学校的念头[4]。他们希望通过这所学校培育香港家道贫寒、无术自存的儿童及青年,让他们可以习一技之长,得以谋生[5]。当时,慈幼会在澳门办理的无原罪工艺学校已经上了轨道,成为了一所不错的工业学校,这班殷商前往考察,结果,决定邀请慈幼会前来管理[6]。可惜,由于碰上省港大罢工,建校计划到1935年才告完成。以下为当时捐建香港仔儿童工艺院的部分名单[7]。

金　额	名　单
$100000	冯平山、何东爵士
$50000	傅翼鹏
$10000	周少岐、李右泉
$6701.82	东华医院万善会
$6393.46	希士伦则师
$5000	余东旋、李雨农、陈廉伯
$4500	李孔氏
$2000	先施公司、李香谷、简光远、简达才、永安公司、胡德堂公、杜四端、南洋兄弟烟草公司
$1500	天祥洋行
$1000	周仲南、乾泰隆、韦少伯、何华生、莫干生、东亚银行、招锦滔先生夫人、周雨亭、和发成、潘晓初、黄耀东、陈少卿、李星衢、杨福荫、郭少鎏、岑伯铭、伍华、邓肇坚、陈树铭、高可宁、邓志昂

资料来源:《香港仔儿童工艺院史略》

①②③　天主教香港教区档案处,Box 5-24。

④⑤⑥⑦《香港仔儿童工艺院史略》,天主教香港教区档案处,Box 5-24。

以下将就圣类斯工艺院和香港仔儿童工艺院的情况作综合讨论，剖析当时慈幼会士如何延续在意大利形成的办学模式。

1. 幼会服务对象：贫苦无依的儿童与青年

鲍思高说："当方便舒适开始侵入我们之中，我们的修会也就接近穷途末路了。直至我们关心文化低落的人，社会中最不幸的穷苦儿童，世界常会欢迎我们。"圣类斯工艺院和香港仔儿童工艺院两所学校本身就是为了香港贫穷儿童和青年服务而开设的，慈幼会当时虽然放眼于中国，然而欣然愿意接手这两所学校的管理，一方面是因为可将香港视作向中国发展的后援基地，另一方面，也是因为他们的宗旨就是服务贫苦、无依的儿童与青年，这两项工作与他们目标一致。在《香港仔儿童工艺院选收学生章程》中，就提到工艺院除招收学生外，各司理可派遣学生共100名于该院中，并且接受由警务处送来的顽童50名，让他们接受教育①。这些学生大多家境贫穷，需要帮助。在战前就约130名由警务处送来的学生，由慈幼会会士负责教育，协助他们品格成长及习一技之长②。因此，在学校服务对象上，慈幼会当时承继了鲍思高服务社会的精神。

在学校开办初期，香港仔儿童工艺院收费为每年150元，包括了学费、食宿及制服③。这对于当时的贫穷家庭来说，也是十分高昂，然而，校方会按经济能力调整个别收费，使贫穷学生能获赞助完成学业。在1949年，该校学生共349人，而学费方面，已上升至每月$48.8④。当时会议资料显示，在这些学生中，只有139人，需要缴交以10个月为基础的全部费用，其余则能够获得不同的赞助⑤。当时，政府行政委员会资助102名学生每月费用30元，另外，还有44位学生获每月36元的资助额⑥。学校方面，因家庭经济问题，共免了32人的学费，另有，32人只须缴交每月12元费用⑦。由此可见，当时，慈幼会学校主要是以服务贫苦、无依的儿童与青年为主，并得到政府和社会士人支持，提供学费赞助。

2. 学制与学科——工艺教育

在教育编制方面，香港仔儿童工艺院初期共分两部，即学科部和术

---

①② 《香港仔工业学校五十周年纪念特刊》，香港仔工业学校1985年，第155页。

③ 《香港仔儿童工艺院选收学生章程》(1935)，天主教香港教区档案处，Box 5－24。

④⑤⑥⑦ Minutes of "The Honourable Secretary for Chinese Affairs, Chairman of the Executive Committee of the Aberdeen, Industrial School"，天主教香港教区档案处，Box 6－03。

科部①。学科部主要按港英政府制订之华文学校课程教学，约为小学一至四年级，到四年级后，可升入术科部。术科部办理的为工艺教育，并且学生须习相等如高小程度之学科②。术科部当时主要设有革履、裁缝、木工和机器等科，共分十级，每半年可进升一级，五年毕业③。在教区档案处保留有一批1936年时该校的术科部学生成绩表，在有关成绩表中，工艺术科评分分为理论与实习两部分，另外，学生还须修读宗教、绘图、英语等不同的其他学科，以助未来进入社会谋生工作及得到较全面的知识发展④。

圣类斯工艺院方面，同样，划分为学科和术科两部分，从档案处保存的成绩表可见，在1936年时，该校的学科部设有颇为全面的科目，在有关成绩表中，列出了这些学科：圣经、国文、英文、算术、历史、地理、公民、自然、常识、卫生、国语、体操、唱歌、工用艺术和形象艺术⑤。由此可见，当时慈幼会办理的学校提供了十分全面的科目，提供予学生，照顾他们各方面成长之需要。在术科方面，学制与香港仔儿童工艺院，同样，将工艺科目分为理术和术技，让工艺生得到全面的工艺培育，成为技工⑥。

3. 寄宿生活

慈幼会早期的学校，即圣类斯工艺院和香港仔工儿童工艺院，均要求就读学生必须寄宿。在《香港仔儿童工艺院选收学生章程》中，提到：

> 耶稣圣诞、阴历新年、耶稣复活等节，各学生均不得回家；
> 阳历七月八日放假，各学生可回其父母处，或往其亲友处度其假期；
> 平时，学生之父母或亲友，可于每星期四到该院探视学生。⑦

这种寄宿形式明显是参考鲍思高的经验而设的，当时，慈幼会会士通过寄宿一方面帮助学生与社会隔离，塑造他们的纪律和道德行为，另一方面，也具有很重的传教作用，通过宿舍营造的宗教和仁爱气氛，培育他们的信仰。

4. 宗教角色——传教工作与道德意识的抵制

对于慈幼会会士来说，当时，学校一个很重要的角色就是作为传教

---

①②③ 《香港仔儿童工艺院选收学生章程》(1935)，天主教香港教区档案处，Box 5－24。
④⑤⑥ 天主教香港教区档案处，Box 6－03。
⑦ 《香港仔儿童工艺院选收学生章程》(1935)，天主教香港教区档案处，Box 5－24。

工具,并且他们希望通过宗教活动作为对社会不良道德行为的一种抵制。

宗教科是当时慈幼会学校学生必修的科目,而内容则主要为天主教教理讲授,另外,天主教礼仪是寄宿生活中的一个重要元素,形成整个工艺院内的宗教氛围。学生在圣诞、新年与复活节都不得回家,需要参与学校的宗教活动。

值得一提的是,慈幼会会士对于这些宗教的指导活动继承了会祖"预防教育法"的精神,即并非以强迫手法要求学生参与,而是给予学生选择权利,表示不愿意参加的学生必须办理有关手续。在教区档案处中保留了一封信件,提到有关问题,慈幼会在信中这样表示:

> 所有非天主教男孩在尚未缴交书面要求表示不参与礼仪前,我们是不能准许的。所有没有兴趣参与天主教礼仪活动的,是可以自由地留于学习室里。
>
> 事实上,超过一百名男孩是没有于学校中参与有关活动。他们是绝对拥有自由的。①

另外,除宗教科与礼仪活动外,当时的慈幼会学校仍保留了庆礼院特色,为学生和青年提供有益娱乐,并引导他们学习教理。在档案处中,就保留有一份"慈幼会游乐院"的小册子,提及有关规则,引述如下:

> 一、每日有一定的时间。各人可以入游乐院;
> 二、你们都可以玩耍跳跃喧哗。但是不可说非礼的话赌博争斗和取他人的对象等等。并且你们应当彼此相亲相爱;
> 三、须以礼貌对待别人。特别对于父母要听从他们的正命;
> 四、时限一到实时回去;
> 五、每逢主日诚心去听道理。②

由此可见,慈幼会对于青年的教育手法是通过游戏与他们一起,从

① 《香港仔儿童工艺院选收学生章程》(1935),天主教香港教区档案处,Box 5 - 24。
② 《慈幼会游乐院手册》,天主教香港教区档案处,Box 6 - 03。

而引导他们信奉天主教。

值得一提的是,宗教在这个时期的工作,除传教外,同时也作为对社会不良道德的一种抵制。在小册子中,提及鲍思高对青年的一些训辞,而这些训辞的内容,正好表达了当时慈幼会会士对抵制不良道德意识的立场,其中包括:一、躲避坏表之友一如躲避患疯癫者焉;二、凡自幼染得恶习者成人后将受累不浅;三、空闲为万罪之根源①。在圣类斯工艺院,组织了"庆礼院"团体,每个星期日都聚在一起,慈幼会会士会给予孩童一些道德和宗教指导,从这个团体命名为"再造孩子俱乐部"(Boy's Recreation Club),可见会士们对这些工作,在道德和宗教上的使命,他们要塑造出"良好公民与热心教友"②。

50 年代后慈幼会在港办学的转变

进入 50 年代后,慈幼会在港教育事业进入了一个迅速发展时期,分别兴办了慈幼学校、邓镜波学校、香港邓镜波书院、伍少梅工业学校和多所小学。而这段时间由于香港社会环境的变化和教育政策的调整,加上天主教内部梵蒂冈第二次大公会议的精神革新,导致慈幼会在港教育事业迈向另一型态。以下分点详述这个转型过程里的变化:

1. 从工艺院迈向文法与工业学校双轨办学模式

在这个历史发展过程中,慈幼会学校基于社会环境的变化和需要,办学模式转型。工艺教育是慈幼会学校的一个重要元素,但随着香港经济发展和社会需求,慈幼会提供的工艺教育也随之改变,迈向工业学校和文法学校两种模式,成为一个多元的办学团体。

当时,慈幼会共有三所工业学校,分别为香港仔工业学校、邓镜波学校和天主教慈幼会伍少梅中学,它们继承了慈幼会工艺院教育技术的方针,通过传授工业知识帮助学生投入未来的工作。他们在香港工业教育的发展史上扮演了重要角色,在 1951 年的政府年报中,提到了政府向慈幼会的工业学校提供了$600000 的免息贷款,让他们发展工业教育,以应付社会需要。早于《菲沙报告书》中,菲沙已经提出按着香港经济发展的需要,香港有必要扩充工业学校,到了 1973 年,教育司简宁(J. Canning)

---

① 《慈幼会游乐院手册》,天主教香港教区档案处,Box 6-03。

② 《香港仔儿童工艺院选收学生章程》(1935),天主教香港教区档案处,Box 5-24。

说明当时政府未来教育计划是以发展中学和工业教育为主，慈幼会早于50年代已向工专和中学程度发展，配合了整体社会发展的进程，见证了香港工业教育的成长。

在这些学校中，香港仔工业学校是最具代表性的，也是香港现存最早期的工业学校之一。该校于1952年正式由香港仔儿童工艺院易名为香港仔工业学校，提供正规工业教育，并从小学程度迈向中学，由工艺转向工专。在1956年，英国殖民部工业教育顾问哈尔洛博士到访该校，建议将学校改为工业中学，以扩大毕业生升学及就业机会，同年，香港仔工业学校之机械部学生获英国运输处及民航处承认其资格①。在1957年，该校英文名称由 Aberdeen Trade School 改为 Aberdeen Technical School，中文名称则不变，表示了向工专发展的目标②。在1962年，是该校首届学生参加中学会考，于1978年，开设了预科课程，见证了香港工业教育的成长③。

邓镜波学校在1952年获香港华人富商邓镜波先生捐款一百万元兴建。该校的职业部1959年共有学生80名，多为清贫子弟，学费为每月10元，学校于每日放学前派发每人牛奶一杯，面包一个，以作救济④。职业生当时学习的是缝纫及印刷，此外早晚尚须攻读中学课程⑤。该校的缝纫部是从香港仔工艺院迁徙过来的，共有学生23人。另外，印刷部则有学生57人，分排字、印字、装订三小部。该校设有巨大的工场，让学生实习，面积约占当时全校1/6⑥。

除职业训练外，邓镜波学校在1957年增设工专部，应付社会日益对较高技术工人之需求，训练合适技师。1958-1959年度，计有预备班学生90名，工专一年级学生90名，二年级则有45名学生，有关学科，除国文一科外，其他均以英文课本讲授，特别注重于数学及机械绘图两科⑦。

除了继续办理工业学校外，由于社会需求和学校本身的经济问题，慈幼会也逐步将学校发展模式转向文法中学。苏国怡讨论有关转变时，指出：

> 事实上，早于战前已开始这些改变了，原因是基于文法教育的

---

①② 《香港仔工业学校五十周年纪念特刊》，第161页。

③ 同上书，第60页。

④⑤⑥⑦ 《鲍思高慈幼会会刊》第2卷4期(1959年10月)，第19-23页。

要求增加，圣类斯工业学校于1938年开始接收文法学生，669名学生中只有40名工业部学生……除了响应对于文法学校的要求外，也同时增加了收入。①

在慈幼会现时三所文法中学里，香港慈幼学校是最早建立的一所。圣类斯工艺院1949年由工艺院转为中小学，并于后期逐步转型，取消了工业部和职业部。1953年，慈幼会开办邓镜波学校时，圣类斯的印刷部就迁往该校，将工业教育的部分转由其他慈幼会学校承担，最后蜕变为文法中学和小学两部分②。1965年，慈幼会再开设香港邓镜波书院，提供文法教育，满足香港社会对文法教育要求的增加。至此，慈幼会从传统工艺院的办学形象，转为文法与工业学校双轨办学模式，变成一个多元化办学团体，表现了这个团体通过对现实处境的响应，改变过往办学模式，与时俱进。

2. 寄宿生活的没落

从上一部分的讨论，慈幼会早期学校，即圣类斯工艺院和香港仔工儿童工艺院，均是参照过往意大利的经验办理，就读学生均需寄宿，而邓镜波学校、慈幼学校等在初期开办时，都设有寄宿部，然而，随着香港社会的发展，这种寄宿模式也日渐改变，走向没落，以至消失。

早于五六十年代，圣类斯中小学已不须全部学生寄宿，主要是因为当时学生增多，校舍并无足够空间让全部学生居住。按1950年《香港圣类斯中学暨小学部/英文部招生简章》，当时圣类斯已由工艺院日渐迈向为一所颇具规模的学校，共设四部，分别为工艺部、小学部、英文部和初中部，并且该校已不须每位学生寄宿，十三岁以上的学生无须住在校内，章程记载：

学生年龄在十三岁以下者，得在本校寄宿，宿费每学期二十元，膳费每月五十元。③

在香港仔儿童工艺院方面，寄宿部亦有改变，由创校至1970年，全

① 梁定国编：《慈幼会来华百周年纪念特刊：梦境延伸》，第59页。
② 《圣类斯中学六十周年纪念特刊》，香港圣类斯中学1987年，第59页。
③ 《香港圣类斯中学暨小学部/英文部招生简章》（1950），天主教香港教区档案处，Box 6－03。

校学生均须寄宿，直至70年代，学生开始无须寄宿，宿生数目也开始下降。最后，寄宿部也最终停办。

慈幼会士黄建国在《香港仔工业学校五十周年校刊》中，以自己亲身观察回顾学校发展，就叹息寄宿生活的没落，他表示：

> 因时代及社会转变，科技的进步，人的享受普遍提高，寄宿教育产生了困难。组织的各项活动及娱乐很难满足寄宿生的需求。又感到低年级学生较高年级更适宜于寄宿教育。同时寄宿位的不足和慈幼会会士人手缺乏，故决定低年级学生必须寄宿，高年级学生可自由选择。选项决定颇受学生欢迎，因学生基于爱自由自在的生活，但家长的看法却不同。后来又因高年级学生极力要寄宿，长上便把杰德大厦改为高年级宿舍，只可容纳廿名宿生，并用较自由的方法管理……一九七六年秋我迁居筲箕湾项读神学。一九七八年秋我又搬回香港仔工业学校继最后两年神学课程。既然在校内居住，除了读书外也帮助管理宿生。不过正式负责寄宿生的修士已后继无人，而需要非慈幼会人士。此时因新校舍的兴建与落，接踵而来的便是班数及教师的增加。香港仔工业学校由一间完全寄宿转变为一间以走读生为主的学校。①

这段文字反映了宿舍生活的没落是由其内外原因所致，包括慈幼会会士数目的下降与学生日常娱乐、生活的转变等因素。在工艺教育的转型和寄宿生活的没落下，慈幼会学校已脱去过往的特征，走往成为现代的学校。

3. 宗教教育的人文趋向

在宗教教育方面，现时香港的慈幼会学校主要以形式教育，即宗教及伦理科和非形式教育两种方式进行。比较初期宗教教育的目的和内容，今日的情况显示出一种由信仰衍生出来的人文关怀幅度。韩大辉对现时慈幼会办学的精神说得透切，他这样写道：

> “爱青年”是慈幼会圣召的特恩；而“全面发展”的培育观是受

① 《香港仔工业学校五十周年纪念特刊》，第5页。

到圣方济沙雷氏的人文精神所熏陶的；换言之，是从人各方面的特性去整合基督徒的理想。这并不降低理想的超然和高尚，而是使一个超然和高尚的理想变得更平民化、大众化和成为每一日的生活经验。沙雷氏深信："人的心会由衷自如地萌出对天主的爱慕"（论天主的爱 I,7），秘诀是在激活人心内这份丰厚的潜能。在今日知识膨胀的时代里，人对这份潜能有更深、更阔的体会。若要使人成为人，就要多发挥这份潜能。另一方面基督徒的理想是来自圣经的启示；是指耶稣基督虽是贵为天主子，但却甘愿成为人，通过人的生活经验变成了最完美的人；为此，"使人更成为人"就是"使人相似基督"。

无怪乎教宗若望保禄二世亦称许慈幼会在培育青少年时能糅合了"培植人性"和"基督的福音"，二者相辅相成，而相得益彰。①

韩大辉这段话对慈幼会会宪内一句："我们办教育、传福音，为的是促进人的全面发展，其最高目标使人相似号称为完人的基督"（会宪 31）下了重要脚注，显示慈幼会在办学精神上，将传教与道德两个幅度，置于人性的概念下，重新理解会祖鲍思高的教育精神。

韩大辉以至整个慈幼会对于这种"人性"的看法，一方面是在会祖和圣方济沙雷氏的精神下发掘出来，另一方面，其实是受梵蒂冈第二次大公会议精神所影响。由于受到宗教自由、文化多元意识和对现代世界开放态度的影响，天主教会通过"人性发挥"这个概念，诠释信仰内有关"救恩"的看法。天主教会认为每个人本身都存在着基督性作为基础，而人性的完全发挥就是表示人内在基督性的彰显，而人的得救除领受洗礼外，更主要的是使人性得以发挥。在这救赎观的更新下，天主教会十分重视对个体人性的发挥和促进工作。在题为《天主教学校》的文件里，教廷教育部表示：

天主教学校为了完成其服务一切人类的特殊使命，有责任根据人的合法权益培养人性的价值观念，而此种责任是来自于基督。基督提升人性，使人类生命获得意义，祂是天主教学校推荐给学生的

① 韩大辉：《慈幼》，载《神思》1989 年第 1 期，第 32 页。

楷模。

……本着福音的原则作为其固有的准则，天主教学校与建设新世界者携手合作，来建设一个不受享乐主义思想及现代消费社会弊病所影响的社会。①

1971 年，慈幼会召开了第二十届全会代表非常大会。在大会上，慈幼会讨论怎样通过梵蒂冈第二次大公会议的精神更新慈幼会，而现行慈幼会会宪是经过当时的讨论而修订的版本。慈幼会在香港的学校亦受到这种精神的影响，调整宗教教育的内涵，以下从形式和非形式教育简述当中的人文幅度：

(1) 形式教育

慈幼会现时学校初中至会考都设有必修的宗教科目，而预科则设伦理科。以下为相关课程的安排：

级别	教学内容	教授读物
中一至中二	1. 认识鲍思高神父生平行实及其精神。 2. 通过分享天主教文化增加学生对宗教情操的认识与兴趣。	主要教授《圣经》、《恩荣之道》(第一、二册)和关于鲍思高生平及精神的自制笔记。
中三至中五	1. 培养学生品德修养。 2. 认识耶稣的生平、思想与教训。 3. 分享天主教对伦理问题的见解。 4. 中五会考生需要参加会考科宗教科之甲、乙部课程，并由中三开始训练有关应试技巧与课程要理。	1. 主要以《圣经》、《基督伴我行》和学校自制之耶稣生平与教训补充资料、个人及社会问题、伦理科资料手册等为主。 2. 会考题目。
中六至中七	1. 认识基本伦理原则。 2. 确立学生正确之人生价值观。 3. 培养学生对生命、婚姻及社会伦理课题的批判能力。	以《实践伦理学》一书为主。

对于宗教及伦理科之目的，在《邓镜波学校四十五周年》校刊中，陈

① 参 The Sacred Congregation for Catholic Education, *The Catholic School*, http://www.vatican.va/roman_curia/congregations/ccatheduc/documents/rc_con_ccatheduc_doc_19770319_catholic-school_en.html , pt. 35 and 91。

鸿基神父就表示：

> 宗教伦理科是本校重要的科目。它不是凌驾任何重要科目，也不是所有科目的总汇。因为它是教人学做人，与兴孔孟思想不谋而合，使天人合一理想可以实现。这是天主教办学的宗旨和精神，亦是慈幼会秉承鲍思高神父的预防教育法的枢纽。所以这科目予人在思维和修德上有正确的观念和标准，与其他科目融会贯通……整个宗教教育体系都是从兴趣出发，诱发同学在想象、构思、思断和创意中学习，潜移默化，积极和正确地选择自己的生活。

由此可见，慈幼会学校对开设宗教及伦理科，已逐步由传授教理上升到人性发展的层次，并建立其教育性。根据陈神父，宗教及伦理科最首要的关怀是培养学生对宗教的认识和兴趣，并藉此引导学生通过自我反思，达到个体生命的成长，这也就是梵蒂冈第二次大公会议的人性精神。

（2）非形式教育

慈幼会学校继承了鲍思高重视“游戏”的精神，一直以来都认同非形式教育是一种重要的教育方法，善会和庆礼院团体也就是其中之一。于过去的历史中，这种方式是引导学生前往听取教理的方法，现在提供这些非形式教育项目，则是一种生命的对话。现时慈幼会学校主要的非形式教育项目为：早祷、瞻礼庆节、宗教周和慈幼青年协会组织（善会）等。

礼仪是天主教文化中一个非常重要的项目，在过去的历史中，天主教学校一直延续着诵念经文和弥撒礼仪等教育项目。慈幼会学校在过去亦具有这些项目，虽然不强迫学生参与，但不尽从现代眼光出发，也是不够教育性的。不过，藉梵二礼仪本地化的思想影响和天主教教育精神的更新，这些礼仪项目也尝试作出转变，当中最明显是将生活经验融入礼仪中，使它成为一个生命教育的项目。在《香港仔工业学校五十五周年校刊》里，该校的宗教委员会就这样形容学校的早祷：

> 不再单纯刻板、机械性的重复诵念几篇经文：近年尝试邀请神长、老师，同以不同面貌，通过各种形式，以歌曲、圣经要义、伟人思

想分享、现实生活动态分析，当然仍包括诵念经，来表达出我们对上主的呼声。一些学生已学习到真正的祈祷，能以自己的言语向天父述说自己的心声，尤其是在一些宗教节日上，学生能主动地领导全堂参与者以自编祷词主作祷告和颂谢。

另外，邓镜波学校在瞻礼项目的安排上，会将学生分为教友与非教友两类进行。教友一组会通过宗教礼仪形式庆祝，而非教友方面，则安排嘉宾与他分享生命的经验，从而促进他们个人反思和培育正确人生观。

最后，继承了庆礼院角色的慈幼青年协会，现时的活动也趋向于与学生及青年分享信仰的生命价值和社会伦理。这个组织是包括了十所慈幼会、母佑会和献主会学校的天主教同学会和善会成员的，每年会举办一次大型活动，名为"慈青日"，过往参与人数约为300人左右，以下为2002－2006年的大会主题①：

活动年份	活动主题
2002年慈青日	Break the ice ... Let us Shine
2003年慈青日	光盐同实践 · 目标齐共创
2004年慈青日	零四不犯罪
2005年慈青日	彼此接纳 · 互相扶持
2006年慈青日	百年承先 · 零六启后

这些主题讯息已不单是教义观点，而是普遍人性与社会伦理的价值，在活动里，通过游戏让参加者了解基督及鲍思高的经验，并藉此探索个人人生与社群的关系。在活动里，慈幼会通过引领青年进入宗教象征组成的"游戏世界"，批判及反思自己的人生经验，使他们生命得到成长。这些活动十分重视参加者的亲身经验，在2002年和2005年的慈青日，为配合活动主题，更安排活动里让参加者参与义工服务，体会服务人群的精神。

① 参慈幼青年协会：http://www.sdb.org.hk/sym/。

结　　语

通过慈幼会这个天主教会个案,印证了吴梓明对香港教会办学的观点和趋势分析不只适用于基督新教,天主教会也具有类近趋向:从信仰培育到生命关怀。然而,比照吴梓明的研究,天主教与基督新教亦有相异之处。在基督新教方面,由“差会学校”(Mission School)转向正式的“教会学校”(Church School),乃因基督教会内部由差会主导渐渐走向由华人教会承担各种事工所致。恰恰相反,慈幼会的转变除客观社会因素外,大公主义扮演了一个重要角色。由于梵蒂冈第二次大公会议的革新精神,促进了整个慈幼会的转变,而香港的慈幼会学校在宗教教育方面,也作出了相应变化,具有一种由信仰衍生的人性关怀。总括而言,无论基督新教或者天主教,在香港教育的经验里都走向同一条道路,就是将信仰转化成教育的元素,从而关注学生的生命成长,而学校在这发展过程中,也不再仅是教会传教的工具,亦是服务社会的重要事业。

(作者单位:香港教育学院宗教教育与心灵教育中心)

留美青年陶行知

何荣汉

引　子

老师吴梓明教授从香港中文大学宗教系（现称文化与宗教研究学系）荣休，他的博士学生结集论文，以资祝贺，我也十分荣幸，可以在这里与大家分享本篇介绍陶行知留学生活的论文。

1994 年 10 月，我参加了母校香港中文大学崇基学院校庆千人宴，老师李炽昌教授说宗教系开设了博士学位，鼓励我回母系进修（我刚于 1994 年完成香港中文大学政治与行政学部的哲学硕士课程）。经过一些考虑，决定报读，并于 1995 年暑假离开沙田崇真中学主要负责宗教教育的教席，于 9 月入学。

本来打算以本身所属教会（循道卫理联合教会）最早到中国展开宣传工作的福州卫理公会历史作为博士论文的研究范围，计划多次到访与之有关的地方作实地考察及档案文献研究。但 1996 年年中得悉自己患有遗传疾病，需要进行一系列手术，手术后身体需要时间复原和适应，感到难以经常出外远行，以作研究，在康复期间，就尝试寻求另一个研究课题，学业也因身体健康状况而有所延迟。

1998 年暑假，三年全日进修博士课程的阶段很快就过去，在宗教系当兼任助教的任期亦届满，在新学年需要寻找一份全职工作，博士课程也就转为兼读。当时吴梓明教授一项支持中小学宗教教育的计划："学校宗教教育、德育与公民教育发展计划"，成功取得大学教育资助委员会的资助，我获聘任留在母系，当这个计划的全职研究助理。

推行这个计划的同时，我们也尝试撰写计划书，申请当时香港特区政府刚设立不久的“优质教育基金”，以进一步深化对中小学宗教教育、德育与公民教育的支持。在思考计划标题的时候，除了觉得“宗教教育、德育与公民教育”似乎是比较冗长的名字之外，更有感于这些教育就是要培育学生生命，而“优质教育基金”所指的“优质教育”，也就应该是培育学生优质的生命，因此就决定在“优质教育”中间加上“生命”，计划标题：“宗教与人生——优质生命教育的追寻”，后来也成功获得资助，展开为期两年的计划。

当时对“生命教育”所知不多，真的是要展开“追寻”，也就是对“生命教育”的“追寻”，让我认识了陶行知先生。

起初在网上用中文寻找“生命教育”的资料，认识了台湾的生命教育，因为十分巧合，台湾刚于 1997 - 1998 学年提出要推行生命教育，并于 1998 年 9 月由中学展开相关课程，所以当时就在网上认识了晓明女子中学钱永镇老师，钱老师负责发展全台湾中学采用的生命教育教材，也认识了其他生命教育的先行者，并经常通过电邮向他们请教。

后来也用英文 Life Education 来搜寻网上资料，除了知道于 1970 年代在澳洲成立的 Life Education Centre（生命教育中心）之外，最特别的就是发现原来陶行知先生可能是最早用英文 Life Education 一词的中国教育家，只是因为他当时把 Life Education 译作“生活教育”，所以在中文“生命教育”的搜寻中反而没有找到陶行知先生。

起初接触到陶行知的资料，发现原来他是当时内地最受重视的近现代中国教育家，而且又是最早提出 Life Education 的，相信对生命教育计划有一定的裨益，但可惜香港教育界同行认识陶行知先生的不多，所以虽然陶行知是在内地深受重视的教育家，但对于在香港推行生命教育的帮助不大，因此我在这数年间应邀主讲生命教育研讨会的时候，总是会向听众介绍陶行知先生和他的生活教育（Life Education），希望更多教育同行认识陶行知和他的生活教育。

陶行知 1921 年在母校金陵大学的暑期班上，向学弟发表演讲：“活的教育”，用英文提出生活教育的核心理念：“Education of Life”，“Education by Life” and “Education for Life”①（演讲是中文，这三个理念是用英文提出），经过二十多年的实践，他在 1946 年整理自己生活教育的理念，

① 陶行知：《活的教育》（1921 年南京金陵大学暑期学校演讲，1922 年 1 月 18 - 19 日刊于《时事新报》副刊“学灯”），载《陶行知全集》卷 1。关于《陶行知全集》：内地出版了两套《陶行

在记忆中把提出生活教育的年份，推前三年到他刚从美国留学回国不久的1918年："生活教育的第一次发现，是民国七年（1918年）在南京高等师范演讲。中国的教育太重书本，和生活没有联系。教育不通过生活是没有用的，而要生活的教育，用生活来教育，为生活而教育。"①

在关于陶行知的资料当中，另一个引起我兴趣的就是关于他是不是基督徒的讨论，起初这点只是个人信仰的兴趣，没有想到会发展成为学术研究的课题。

因为曾经参与吴梓明教授的中国教会大学历史研究计划，所以对陶行知的母校南京金陵大学也有一些认识，就看看手上一些关于教会大学历史的著作，当时书架上有章开沅、林尉编的《中西文化与教会大学——首届中国教会大学史学术研讨会论文集》（湖北教育出版社1991年），留意到周洪宇教授的论文《近代知识分子与教会教育——一项以陶行知为观照基点的历史透视》，原来内地学术界正在讨论陶行知是不是基督徒的问题，也进一步引起我的思考，因为当时我在学业上最重要的关口，就是要重新规划博士论文的研究题目及范围。

到图书馆看看，原来已经出版了近万页的《陶行知全集》，而在初步接触到的陶研论文，基本上所有引用的陶文，都已收录于《陶行知全集》，当中涉及陶行知基督教信仰最主要的资料，就是陶行知在1916年以英文撰写的"我的学历及终身志愿"②，当中有这样的一句自述："1913年我成了基督教徒"，既然传主已明确表述，为什么在陶研学圈仍有这个讨论？当时我最主要的疑难，就是有没有仍未收入两套《陶行知全集》，而又与他的基督教信仰有关的第一手资料等待研究者的再发现，特别是未被发现的陶行知文存作为实证基础，当时我想：如果没有重新发现的原始资料，相信很难满足博士论文对学术创见的严格要求。

知全集》，分别为：四川教育出版社1991年版，《全集》共10册，连1998年出版的《补遗一卷》合共11册；湖南教育出版社1985年版，《全集》共7册，连1991年出版的《增补》共8册。本文所引用的《陶行知全集》如无特别说明均是依据四川教育出版社1991年版。后来知道四川教育出版社重新整理《陶行知全集》，会收录近年发现的多篇文存，我也在2004年底，把全部我所发现而未收入全集的陶文印本寄给他们，这些文存已收录于2005年5月出版的《陶行知教育文集》以及同年6月出版的《陶行知全集》第12册。

① 陶行知：《生活教育的创立与成长》（1946年5月初在生活教育社上海分社筹备会上的讲话），载《陶行知全集》卷4。

② 陶行知：《我的学历及终身志愿》，载《陶行知全集》卷6，第613－615页；原英文文稿见《陶行知全集》卷6，第449－453页。

因为当时手头上的资料十分有限，最重要的自然就是陶行知在1916年以英文撰写的“我的学历及终身志愿”，只好摸着石头过河，从这篇自述所提及的留学生活找出线索，所以就以电邮向伊利诺伊大学和哥伦比亚大学师范学院查询，希望他们代为找找与陶行知留美时期同期的资料，除了直接与陶行知有关的，也请他们看看中国留学生，特别是基督徒留学生的材料，另外，因为知道耶鲁大学神学院图书馆档案室（Archives at Special Collections, Yale Divinity School Library）是研究近现代中国教会史的宝藏，所以也向他们求助。

经过一些日子，他们的回复令我十分鼓舞。

首先是哥伦比亚大学师范学院，因为已经有中国的陶研前辈，从他们那里取得陶行知的资料，后来也收入全集当中，所以就没有什么惊喜。

伊利诺伊大学的资料，主要是该校青年会活动的资料以及中国留学生宗教活动资料，打开了这扇门，让我可以近距离了解陶行知在留学该校时期，如何受到青年会的深刻影响。

耶鲁大学神学院图书馆档案室给我一份资料目录，包括陶行知留学美国时期一些基督徒学生的刊物和期刊名称，看起来没有什么收获，只好抱着姑且一试的心态，看看有没有可以进一步追寻的线索，当时看见Liu Mei Tsing Nien 这份资料，因为只有这个当年的拼音书名，其实不知道是什么东西，从出版年份资料看来，似乎是一份期刊，就硬着头皮，请档案室把陶行知在美国的年份（1914－1917）的封面和目录影印寄给我看看①，就是这几年的封面和目录，打开了我踏上陶研之路的门。

首先令我感到鼓舞的是Liu Mei Tsing Nien 这份期刊，中文名称原来是《留美青年》，而且是中国留学北美的基督徒学生的期刊，书名用”青年”一词，似乎暗示受到青年会的影响。

在这份资料上，我发现两项非常重要的资料，是在当时的全集和自己看过的陶研资料中未被提及过的，一是陶行知曾经当过这份基督徒留学生期刊的编辑委员，更重要的就是发现他在1916年－1917年有两期连载的文章“Moral and Religious Instruction in China”②，就立即请他们

---

① 当时我之所以要明确列出年份，主要考虑是经济原因：为了节省印制和邮寄资料的费用。

② Tao, W. T. “Moral and Religious Instruction in China.” *Liu Mei Tsing Nien* 3, no. 1 (November 1916): 23－32 and 3, no. 2 (January 1917): 66－73. Box 3 Folder 44, Archives of the Chinese Students' Christian Association in North America, Record Group No. 13, Archives at Special Collections, Yale Divinity School Library.

印出来寄给我，收到的时候，我就立下决定，以重新发现陶行知的基督徒身份作为博士论文的主题，也得到吴梓明教授的肯定和鼓励。

因此，在这本向吴梓明教授致敬的文集当中，我特别选了陶行知留学美国时期与基督教关系的部分，与大家分享，因为这是我决定以陶行知与基督教关系作为博士论文的可行性研究（feasiability study）。

一、留美青年陶行知[①]

陶行知1914年夏毕业于金陵大学，几经努力筹措旅费和生活费，终于如愿以偿，告别父母和新婚妻子汪纯宜之后，于1914年8月启程前往美国，到伊利诺伊大学留学。

正如陶行知在1913年《金陵光》一篇文章提及青年会对往美国留学生的关顾[②]，陶行知亲身体验了青年会对留学生的服务。曾留学美国的基督徒学生领袖王正廷在1914年《中华基督教会年鉴》亦曾介绍美国大学青年会工作，提及当时有中华基督教青年会组织及发行的英文青年报，也有干事轮流到各校组织圣经研究班及社会服务[③]，可见青年会在留美学生方面的工作相当活跃。

关于陶行知在伊利诺伊大学的学习和经历，大多数陶行知研究者，都只是着眼于两方面，一是陶行知受业于当时在伊利诺伊大学唯一任教教育学科的老师，来自哥伦比亚大学考夫曼的影响，二是他在1915年夏天参加了日内瓦湖畔青年会的夏令会[④]，没有研究者尝试了解陶行知在伊利诺伊大学的基督徒生活面貌。

青年会在伊利诺伊大学是相当活跃，该大学青年会更于1997年出版了一本讲述伊利诺伊大学青年会一百周年历史著作：《青年会的承诺：伊利诺伊大学青年会的使命和工作（1873－1997）》[⑤]，一个大学生组织

---

① 《留美青年》是当时留学北美基督徒学生会出版的学报。

② 陶行知：《导引新生之倡议》，载《陶行知全集》卷1，第182页。

③ 王儒堂（王正廷）：《国外之留学生》，《中华基督教会年鉴》卷1（1914年），第96页。

④ 余子侠：《山乡社会走出的人民教育家：陶行知》，湖北教育出版社1999年，第68－69页。

⑤ Scott J Peters, *The Promise of Association: a History of the Mission and Work of the YMCA at the University of Illinois*, 1873－1997, Champaign: the University YMCA, University of Illinois, 1997. 笔者曾尝试伊利诺伊大学在1910年代基督教活动的情况，向该大学学校档案处查询，结果令笔者感到相当鼓舞，发现该大学青年会相当活跃。

能够出版百周年史，亦印证了该大学青年会在历史上亦占有一定位置。

1869 年美国青年会通过了“布兰特基础”（the Portland Basis），限制只有良好声誉的正统基督教教会信徒，才可加入青年会，具有全面会员权利，这被称为“福音测试”（Evangelical Test），非信徒而具有良好品格的人，只可加入为附属会员。但在 1907 年，青年会国际议会（The International Convention of YMCA）通过了较为宽松的修订，容许只要认信耶稣为救主的人（即不一定要加入良好声誉的正统基督教教会），就可以成为具有全面资格的会员。不过当时伊利诺伊大学青年会却没有确认这项修订，仍然维持原本较为严谨的会员资格条件，反映出伊利诺伊大学青年会是站在青年会运动中较为保守的立场①。

很可惜我们没有资料，显示陶行知当年是否大学青年会的正式成员，否则便可推论陶行知是某一个具有良好声誉的基督教教会的信徒，事实上，虽然陶行知在自述中承认是基督徒，但关于他是否受洗和加入某个基督教教会，就一直没有资料。

虽然伊利诺伊大学在会员条件方面，是站在较为保守的一面，但在创会目标方面，就较为接近青年会的整体方向。在 1907 年，他们修订了创会目标，把专注于信仰和福音工作的目标，扩展到一些较为世俗化的事务上，“促进基督徒团契的工作，并以学生为主力，为同学提供进取的基督徒事工（aggressive Christian work especially by and for students）、培养学生以基督徒服务为个人终身志业，但并非局限于呼召学生委身于教会事工，亦强调其他世俗的职业”②青年会这种鼓励信徒在信仰上以世俗事业和服务为终身志业的目标，可能亦反映在陶行知和他老师包文的身上。前文提及在 1897 年，包文在青年会日内瓦湖畔夏令会，决定以教育传教士为终身志业，以传教士的身份，在教会教育机构中实践自己的使命，而接近二十年之后，陶行知在 1915 年，亦同样是在青年会的夏令会，立志要以教育为终身事业，而他回国之后，一直是在非教会教育机构任职，只是在业余参与教会教育机构的工作。

伊利诺伊大学青年会历史的作者，特别提及 1914 - 1915 年，伊利诺伊大学青年会情况的一些细节，亦使得笔者有一种“事情是否真的这么

---

① 同上引书，第 31 页。
② 同上注。

巧合”的感觉。

1914－1915年的大学青年会，除了持续发展以往的工作外，当年的研经小组发展尤为显著，而且更是采用了当时流行起来的“进步主义教育”的理念，即杜威和其他教育学者提出的小组研习和批判思考的方法，以取代他们以往着重背诵式的学习方法，并且强调基督教信仰在个人职业和日常具体生活中的应用和实践①。作者并没有解释当年伊利诺伊大学青年会，是通过什么人或过程，在研习小组中采取了杜威进步主义教育的理念来应用于信徒培育之上，但很明显，陶行知在美国最初接触杜威教育理念和实践，除了是师从来自哥伦比亚大学，受业于杜威的考夫曼，更可能就是在青年会的小组研习，他是在青年会这样的基督教诠释及应用的处境中，体验杜威学说所重视的小组形式及批判性思考在教育上的作用，并强调信仰要具体表达于日常生活之中，以及对所谓“世俗”志业所给予的信仰肯定，这些都可以反映在日后陶行知的生活和事业当中。

更令笔者感到不明白的巧合，就是伊大青年会历史的作者，特别提及那个时期，青年会研习小组中最广为使用的研习本，正是詹克所著的《耶稣生平与教导的社会与政治含意》②，陶行知1912年在金陵大学研读过詹克这本书之后，在伊利诺伊大学青年会小组中再研读这本书，不单温故知新，相信更加深了对他的影响。

大学青年会还有一个十分重要的地方，就是青年会体现了基督教的民主化（the democratization of Christianity）：青年会不是由专业教会人员（神职人员）领导，而是由平信徒参与③，这种平信徒负责的信徒培训工作，不知道对陶行知有什么影响，三十年后，在纪念逝世不久的陶行知的时候，陶行知在金陵大学的老师司徒雷登说他“后主张小先生制，均为基督教精神之最大发挥”④。从司徒雷登这个观察可见，小先生制这种对由学生参与教学的模式，正是青年会这种着重平信徒参与的模式的“世俗”表达。

---

① 同上引书，第32页。

② Jeremiah Whipple Jenks, *The Political and Social Significance of the Life and Teachings of Jesus*, New York: the International Committee of YMCA, 1906.

③ Scott J Peters, *The Promise of Association: a History of the Mission and Work of the YMCA at the University of Illinois*, 1873－1997, Champaign: the University YMCA, University of Illinois, 1997: 36.

④ 《联合报记者访问司徒雷登:“美大使痛悼陶行知逝世”》，载《陶行知先生纪念集》，第5页。

谈到青年会对留美中国学生的工作,由北美中国基督徒学生会(the Chinese Students' Christian Association in North America)在1914年1月与青年会合办的大型会议《中国学生与中国宗教觉醒》(Chinese Students and China's Religious Awakening)①,并结集成书。当陶行知在该学年到伊利诺伊大学的时候,很可能认识同校的而有参与当年一月举行会议的中国基督徒留学生,他们亦会与陶行知分享这次会议的重点。

在这次会议的开始部分,有三位中国留学生分别以基督教在政治、社会和个人的层面②,阐述中国基督徒的责任和使命,在政治生活方面,王氏(Wang, Cheng-fu)强调:"基督教的原动力是爱……基督的爱是以行动来表达,耶稣召唤着纯洁自我奉献的心灵,而祂自己就是第一个活生生的例子,基督教就是这样的一个宗教,叫人为了他人的生活的安全和福祉而放弃自己的生命,耶稣要求的不是死的祭物,而是活的献祭,以作整全的服务。"③在社会生活方面,薛氏(Si, I. Hsuan)强调"基督教并非全部在教会、神学、仪式、圣礼,甚至圣经当中,中国所需要的基督教是在社会生活当中的基督教",他认为中国社会生活中所需要的基督教,是以耶稣基督为典范,以及基督的教导——爱你的邻舍如爱自己,你愿意别人怎样待你,你就怎样待人——作为中国社会的基础,他更提出两个方案,促进中国社会发展,一是创造新的公共意见以及促进公共教育④,在个人生活方面,梅氏(Mei, Y.C.)呼吁基督徒要以身作则,使

---

① *Chinese Students and China's Religious Awakening: Report of the Conference of the Chinese Students' Christian Association in North America, Kansas City, Missouri, January* 1–3, 1914, New York City: Chinese Students' Christian Association in North America, 1914. 笔者在 Ms Dagmar Getz, Kautz Family YMCA Archives, 318 Andersen Library, University of Minnesota. 的协助下取得。

② Cheng-fu Wang, "China's Need of Christianity in Political Life," I. Hsuan Si, "China's Need of Christianity in Social Life," and Y.C. Mei, "The Need of Christianity in Personal Life," in *Chinese Students and China's Religious Awakening: Report of the Conference of the Chinese Students' Christian Association in North America, Kansas City, Missouri, January* 1–3, 1914, New York City: Chinese Students' Christian Association in North America, 1914.

③ Cheng-fu Wang, "China's Need of Christianity in Political Life," in *Chinese Students and China's Religious Awakening: Report of the Conference of the Chinese Students' Christian Association in North America, Kansas City, Missouri, January* 1–3, 1914, New York City: Chinese Students' Christian Association in North America, 1914: p.10.

④ I. Hsuan Si, "China's Need of Christianity in Social Life," in *Chinese Students and China's Religious Awakening: Report of the Conference of the Chinese Students' Christian Association in North America, Kansas City, Missouri, January* 1–3, 1914, New York City: Chinese Students' Christian Association in North America, 1914: pp. 11–12.

信仰自己的生命成为充满活力的生命，使我们的家庭成为充满爱的家庭，并要在个人生活上为主作见证，基督教的意义和本质在于具体地活现出学像基督的生命，而不是把基督教挂在口边[1]。这几位留美中国基督徒学生所表达的信仰，强调信徒要入世，在具体社会生活中表达信仰，要为社会为国家牺牲，这些观点与陶行知对信仰的取向十分接近。

这次会议最初吸引到陶行知注意力的文章，也许就是为大会作总结演说的艾迪，他的讲章题为“为福音传遍中国，我们当做什么?”（“How Can We Do Most for China's Evangelization”）[2]，艾迪在演讲中提出了几个重点，包括建立一个良好而强大的中央政府、促进社会经济发展、发挥基督徒道德的影响力，提升人们的道德水平、要为建设新中国而愿意牺牲，他在演说结束时，对在场与会的中国留学生作出了三个不同层次的呼召：首先是在“俗世”事业上为上帝而活、为中国而献出自己，第二方面，是作全职教会工作的呼召，第三是向未信基督教的与会学生，邀请他们信仰基督教[3]。

从这次会议可见，在这些留学生信徒的信仰当中，反映了深刻的社会福音的影响，基督教信仰的核心不在于教会、礼仪、甚至圣经，而在于政治、社会和个人生活当中，活出耶稣基督的样式和教导，为国家社会服务和牺牲，强调世俗的参与也是信仰的表达。我们没有资料知道陶行知是否阅读这本文集——从环境因素来看，他曾经阅读这本文集的可能性很高，但我们更没有这样的资料作基础，也不知道陶行知有没有受这次会议的影响；然而，我们看见陶行知的信仰表达模式，响应了这三位留学生基督徒在那次重要会议的信仰呼吁——不过有一点很重要，就是这次会议反映了当时北美中国基督徒学生会所代表的留美中国基督徒学生对基督教信仰理解和实践的社会福音派的主流思想，陶行知明显是深受这类型的基督教的影响。陶行知亦参与北美基督徒学生会，在 1915 年 3

---

① Y. C. Mei, “The Need of Christianity in Personal Life,” in *Chinese Students and China's Religious Awakening*: *Report of the Conference of the Chinese Students' Christian Association in North America*, *Kansas City*, *Missouri*, *January* 1 – 3, 1914, New York City: Chinese Students' Christian Association in North America, 1914: pp. 12 – 13.

② Sherwood Eddy, “How Can We Do Most for China's Evangelization?” in *Chinese Students and China's Religious Awakening*: *Report of the Conference of the Chinese Students' Christian Association in North America*, *Kansas City*, *Missouri*, *January* 1 – 3, 1914, New York City: Chinese Students' Christian Association in North America, 1914: pp. 61 – 66.

③ 同上引文，第 65 页。

月的会员名单上，找到他的名字①。

在伊利诺伊大学过了两个学期，陶行知参加了青年会在 1915 年 7 月日内瓦湖畔举行的夏令会。据陶行知自述所称，他在夏令会中清楚地立下以教育为终身志业，而且更决定要到哥伦比亚大学师范学院升学②。

笔者在前文介绍他的老师包文的时候，已经提及包文也曾比陶行知早二十年左右参加过青年会在日内瓦湖畔的夏令会，对于陶行知来说，相信并不陌生。在 1912 年 10 月，当陶行知还在金陵大学的时候，《教务杂志》一篇关于中国基督徒留学生生活的文章，也高度评价了这个夏令会对中国基督徒留学生的影响，而令人最深刻的就是"黄昏时刻"（The Twilight Hour）的聚会环节③，当中的高潮是向与会者提出投身于不同的终身事业的呼召，不是全部人都被呼召作教会职事的，很多与会者是抱着同样的信仰，决定踏上各自认为合适不同的世俗专业，大多数曾经参与过这个夏令会的学生，都不约而同地承认，这夏令会是他们所参与单一最有成效和影响的活动，对于为数不少的中国学生而言，这些夏令会从未有过一次不是给他们一个场合，让他们决定自己终身如何表达基督徒的生命，或是立志以服务教会为终身志业④。这样的描述，充分介绍了这个夏令会对于参加者的感染力，据陶行知的自述，他参加了 1915 年那次夏令会，这也是我们所得资料中他所参加的一次，至于 1916 和 1917 年这两年，他有没有参加，就没有任何资料可援了。

1915 年夏令会的手册，在前言中有这样的一句话："今天，你会发现来自全世界有数以百计在这里聚集的青年人，将会见证他们在这个令会中经历到他们生命中最重要的转折点。"⑤陶行知 1916 年自述，正好印证了这说话。

夏令会的程序包括主题演讲，而曾先后多次到金陵大学演说布道的艾迪和穆德，亦担任这年夏令会的主题演讲者⑥，对陶行知来说，相信不

---

① "Directory of the Chinese Students' Christian Association in North America, compiled up to March 1, 1915". Archives of the Chinese Students' Christian Association in North America.

② 陶行知：《我的学历及终身志愿》，载《陶行知全集》卷 6，第 613 – 615 页。

③ W. W. Lockwood, "Chinese Students in Council," *Chinese Recorder* 43, no. 10 (Oct 1912): pp. 557 – 558.

④ Arthur Rugh, "Chinese Students Abroad," *Chinese Recorder* 48, no. 3 (March 1913): p. 157.

⑤ *Young Men's Christian Association, Lake Geneva Student Conference, Lake Geneva, Wisconsin June 18 – 27, 1915*, p. 3.

⑥ 同上引书，第 4、6 页。

单增加了一份熟识感,也是再一次在这个深具信仰感染力的场合,受到他们的社会福音的影响,以及他们对中国前途关怀的影响。另一重要环节,就是在黄昏的分组聚会,相信这是“黄昏时刻”(Twilight Hour),让参与者讨论和决定各自的终身志业①,另外,每一天日间都会有研习班,以“基督教传播”(The Spread of Christianity)为主题,内容包括“对外宣教”及“北美问题”两大分题。在“对外宣教”当中讨论的课题计有:“现今世界状况”、“基督徒的生活准则”、“对外宣教的社会”、“教育传教事工”以及“宣教区的各种宗教”②。

虽然陶行知在1914年9月到达该校的时候,就报读了伊利诺伊大学1915年秋季入学的哲学博士学位,但据他的自述,他是在这次夏令会,确定自己以投身教育为终身事业,并决定转到哥伦比亚大学的师范学院进修。很多论者都如余子侠的分析,指出与进入伊利诺伊大学一样,进入哥伦比亚大学的陶行知,面临着的最大困难也可说是唯一的困难,仍然是经费问题。其时他的父亲已于当年春天去世,是年4月初,他的长子陶宏出生。家庭中这一悲一喜两件大事,使经济上本就不甚宽裕的陶家,生活更为困顿。陶行知要解决的问题,不单是私立的哥伦比亚大学较高的学费和各种费用,亦要面对生活水平亦较高的纽约市。

庚款奖学金是一个有力的支持,根据国内有关留学规定,其时对于赴美留学的自费生,由驻美中国使官或部派驻美留学监督“查照”,对于那些“确系在大学正班肆业实习,已入第二年班以上,功课实有成绩,景况实在困苦者”,可以经过申请获得部分“庚款奖学金”③。

存于亚洲基督教大学联合董事会的金陵大学档案中的“陶行知档案”,包括了几篇他与金陵大学位于纽约代表办公室联络的信件,我们知道陶行知在1915年3、4月间,曾经希望获得补发金陵大学的毕业证书,以便他可以申请庚子赔款奖学金④,如果当时他还未下定往哥伦比亚大

---

① *Young Men's Christian Association, Lake Geneva Student Conference, Lake Geneva, Wisconsin June* 18 – 27, 1915, p.4。

② 同上引书,第7页。

③ 余子侠:《源头活水:陶行知教育思想的知识底色》,载《陶行知与中外文化教育》,人民教育出版社1999年,第136 – 137页,余子侠引述舒新城:《近代中国留学史》,中华书局1933年,第77 – 78页。

④ 亚洲基督教大学联合董事会所存的金陵大学档案缩微胶卷Reel 87序号226 – 3430,陶行知于1915年4月5日致金陵大学校董会纽约办事处 Mr Diffendorfer 的信件。

学升学的决心，也许他因为自己已经具备申请的条件，便积极申请，无论是留在伊大升读博士学位，或是往别处升学，他确实需要更多的经费，况且他亦要照顾乡间的母亲、妻子和儿子。

陈维屏在一篇写于1917年、介绍留美中国学生生活的文章中指出，对于留学生而言，生活费是很重要的因素，一般官费留学生每年大约需要960美元，而自费留学生，如果不是家境富裕，竟得节俭，每年约需400－500美元①。以一个家境不太好，儿子刚在家乡出生的留学生来说，陶行知在这样的情况下仍然决定要离开免学费、而生活开支水平较低的伊利诺伊大学，跑到生活费较高的纽约，又要交足全费的哥伦比亚大学，可见是在个人决心的坚定，对于一位青年基督徒来说，这肯定也是对基督教信仰和个人信心的一次考验，亦足以见得当年夏令会给陶行知的影响是相当深刻的。

与陶行知同时期留学美国的中国工业家缪云台，在自己的回忆录中忆述了“留学生活”，并特别提及：“在美国学习期间，我认识了陶行知先生。我那时已入明尼苏达大学，他在伊利诺伊州。我们是在中国学生暑期集会（夏令会）时认识的，一见如故，以后经常通信。他是自费留学的，经济比较困难，所以我每月从我的80元生活费中寄给他10元，大约有一二年之久。”②每年经费960元（即每月80元）的官费留学生，而陶行知在日内瓦湖畔夏令会遇上他，因而获得这位朋友每年120元的慷慨支持，这款额接近一般自费学生全年生活费的四分之一（据上文引述陈维屏的资料），受人恩惠千年记，但可惜在陶行知的回忆和写作中，我们找不到他对于缪云台义助的看法，不过我们可以想象，他在夏令会中立志转往哥伦比亚大学升学的时候，这份及时的支持，对于还未有确定获得庚款教育经费或其他奖助学金支持的陶行知来说，可能是当时唯一肯定的经费来源，为他打下强心针。

进入师范教育殿堂：哥伦比亚大学师范学院

陶行知忆述他考虑转到哥伦比亚大学升学时，生活经费给他沉重的压力：“然而，选择大学和具有进入该大学的充分资金是两回事，由于

---

① 陈维屏：《留美中国学生》，载《中华基督教会年鉴》卷4（1917年），第136页。
② 缪云台：《缪云台回忆录》，中国文史出版社1991年，第12页；该文亦见《陶行知全集》卷11，第825页。

1915 年 1 月父亲去世，整个家庭的经济负担全落在我的肩上。我的经济状况几乎到了致命程度。然而，幸运的是，在我决定来师范学院后不久，我国政府授予了我部分奖学金。奖金和其他各种援助至少给了我开始学习的勇气。”①对照自费留学生申请庚子教育款的留学奖励条件，在美留学了一个学年且已获得硕士文凭的陶行知，无疑完全符合，是故在他“决定进入哥大师范学院不久”，中国方面便授予他“部分奖学金”，再加上其他资助，使他有了“足够的勇气起步”，虽然对于陶行知来说，相信自己是会得到庚款奖学金，但这个重要的经费来源，是在他“决定进入哥大师范学院不久”之后才确实知道的，可见当陶行知在夏令会决定要踏上这条路，从经济角度来看，是一个很严峻的信心考验。

然而与伊大不同，位于纽约的哥大的生活费用要昂贵得多，于是在哥大学习半年后，陶行知就深感阮囊羞涩。幸得孟禄博士的介绍，使他得以申请“利文斯顿奖学金”，并获批准。这就使他为完成自己知识体系的最后建构获得了经济上的基本保障。②

为了答谢利文斯顿奖学金的捐款人，1916 年 2 月 16 日，陶行知写了一封信给师范学院院长罗素③：

> 敬爱的迪安·罗素院长：
>
> 我非常高兴收到您 2 月 11 日的来信，在函件中，您着我就如何准备和计划自己终身事业，作一简单介绍，以应利文斯通奖学金捐赠人的要求，我当然乐于从命。
>
> 我现在 22 岁。生于徽州——一个几乎与外界隔绝的地方。我的早期中国国文教育是从我父亲和别的先生那里得到的，一直到 14 岁。以后我进入中国内地教会学校，在唐进贤先生（Mr. Gibbs）的指导下学习，在当时他是唯一教授西洋课程的人。两年后，由于唐进贤先生回英国，学校关闭了。我决定转到杭州学习医学。然而，由于这所学校对非基督教徒和基督教徒在课程方面存在着严重差别，所以仅三天时间我便撤回注册。我失望地返回徽州，专心自修

① 陶行知：《我的学历及终身志愿》，载《陶行知全集》卷 6，第 613－615 页；英文稿《陶行知全集》卷 6，第 449－453 页。

② 余子侠：《源头活水：陶行知教育思想的知识底色》，载《陶行知与中外文化教育》，第 136－137 页。

③ 陶行知：《我的学历及终身志愿》。

了一年英语。尔后进入南京金陵大学学习。在那里非基督教徒和教徒都受欢迎。进入金陵大学三年后辛亥革命爆发,我重返徽州,被选为州议会秘书,在那里服务了半年。以后又继续到南京学习。由于其他学生的支持和大学当局的信赖,我开始编辑出版大学学报的中文版。在包文博士(Dr. Bowen)和亨克博士(Dr. Henke)的指导下,又受到詹克教授(Prof. Jenks)的《耶稣的社会原则》的影响,1913年我成了基督教徒。在金陵大学第五学年末,即1914年6月,我取得了初级学位。在双亲和朋友们的援助下,我动身去伊利诺伊大学。在那里度过了一年,不仅受到了重要的教育,而且还获得了劳动的副产品,即政治硕士学位。在伊利诺伊的后半年,我担任了学生会的秘书。

作为在美国学习的最终目标,我三年前就选择了哥伦比亚大学,然而,由于资金不足,到这里来学习被推迟了。我生活的唯一目的,不是通过军事革命,而是依靠教育来进行民主主义建设。当看到共和国突然诞生所引起的各种弊端之后,我深信如果没有真正的公共教育,真正的共和制就不能存在。作为我终生的事业——从事教育行政的想法是去年夏天在日内瓦湖举行的青年会的夏季大会上才明朗起来的。当我遍访所有的大学之后,我发现对我来说,只有师范学院才是最好的大学。然而,选择大学和具有进入该大学的充分资金是两回事,由于1915年1月父亲去世,整个家庭的经济负担全落在我的肩上。我的经济状况几乎到了致命程度。然而,幸运的是,在我决定来师范学院后不久,我国政府授予了我部分奖学金。奖金和其他各种援助至少给了我开始学习的勇气。然而,纽约的生活费远比我想象的高,半年后我发现如果没有充足的资金想要完成学业是非常困难的。因此,经孟禄博士介绍,我开始申请利温斯顿奖学金,您就慷慨地授予了我。除了衷心地感谢外,我想向您和利温斯顿奖学金寄赠者说明,在斯垂伊尔教授和其他先生的指导下,再经过两年多的准备之后,我将回国同其他教育者合作建立我国有效的国民公共教育制度,以便仿效美国人的足迹,也能保持和发展真正的唯一能实现正义与自由理想境界的民主。

如果你能告诉我住在该市附近的捐赠者的名字的话,我有机会将去拜见他们。请给予关照。谨致问候。

非常尊敬您的

陶文浚

（原签署为 W.T. Tao）①

这篇陶行知的自述的重要性，不单在于他简述了自己的履历，又提及自己于1913年成为基督徒，更重要的是陶行知介绍了他的志向，就是以投身教育为志业，而且是要通过发展自己国家的教育，为国家的社会政治发展而尽力，促进中国的政治和民主的发展，陶行知在这篇自述所表达的信仰和自己的终生志业，反映他深受社会福音影响的信仰模式。

据哥伦比亚大学师范学院1915年的资料，利文斯顿奖学金是"一个由贺尔（Richard M. Hoe）先生夫人捐出金额每年一千美元的奖学金，而且指明由师范学院院长颁予一位外国留学生，并以从事传教工作的学生为优先"②，陶行知在谢函中提及自己是基督徒，又强调自己投身中国教育的志向，一方面是他自己真实的写照，同时也是向奖学金的捐助人陈述自己的信仰和志向，以表明自己是配得这份奖学金的，他虽然不是立志投身教会，以宣教工作为终生志业，但他却立志投身中国的教育和社会政治发展，把"传教的精神"③转化在他所选择的世俗事业当中。

一千美元对于一般自费留学生来说，是两年生活经费，但对于还要照顾乡间的母亲和妻儿的陶行知来说，他还得利用余暇"打工"以及撰文、讲演等，以此类收入对生活进行"大贴小补"，尽管没有那些阔少们的阔气花销，但陶行知却于经济上创下了一个"奇迹"，这就是出国时衣袋里只有美钞五十元，归国时"袋里仍有五十元美钞"④。

陶行知终于达成愿望，在1915年9月进入哥伦比亚大学师范学院攻读博士学位。

---

① 此段为笔者所译。另见于同上引文，第450页。

② 这是 David M. Ment, Head, Special Collections, Milbank Memorial Library, Teachers College, Columbia University，给笔者的电邮，引述了 *The Announcement of Teachers College, Columbia University*，(1915－1916)：90——"The Livingston Scholarships, from a fund of the annual value of one thousand dollars, given by Mr. and Mrs. Richard M. Hoe, awarded by the Dean to foreign students, preferably missionary workers."。

③ 蒋梦麟语，见陶行知：《活罗汉》，载《陶行知全集》卷8，第46页。

④ 余子侠：《山乡社会走出的人民教育家：陶行知》，湖北教育出版社1999年，第71页。关于归国时衣袋有五十元的回忆，是引述自方与严：《金陵光：人民教育家与人民诗人》。

关于陶行知在哥伦比亚大学的日子,大部分论者都集中于杜威给他的影响①,但笔者着眼于陶行知与基督教的关系,认为另外两位与陶行知有特别重要关系的老师,也特别值得留意。

首先是提名陶行知取得利文斯顿奖学金的老师孟禄。孟禄对中国基督教教育界来说,不是陌生的教育家,孟禄曾于 1913 年应江苏教育会(Kiangsu Educational Association)邀请来华访问,演讲原先刊登于在美国出版的 1913 年 12 月号的《留美中国学生月报》(The Chinese Students' Monthly),然后在中国国内发行的《教育季刊》转载全文②,可见当时孟禄这篇演讲,是受到中国教育界人士——包括基督教教育界人士——所重视,当基督教教育会筹备基督教教育调查团的时候,孟禄是第一位获提名为这个调查团的委员,只是他当年因事没有答应③,后来却应他学生陶行知的邀请,于基督教教育调查团访华的同时,来中国进行教育调查。

孟禄这位基督徒教育家提名陶行知取得利文斯顿奖学金,一个颁予有志从事宣教工作的外国留学生的奖学金,可见在他老师孟禄心目中,陶行知是符合这个条件的。1923 年底,当蒋梦麟看见陶行知积极推动平民教育运动中的"平民读书处"的时候,"摸摸胡子说:'你很有传教的精神。'"④读者可能会问,为什么不是基督徒的蒋梦麟,会以这种基督徒的口吻,取笑陶行知。蒋梦麟与陶行知是同时在哥伦比亚大学师范学院就读的同学⑤,当时陶行知取得这个专颁予有志传教工作的留学生的奖学金,作为少数的中国同学,蒋梦麟有相当深刻的印象,也是很正常的事,但看见后来的陶行知没有从事教会工作或传教工作,可能觉得有点奇怪,但当他看见陶行知推动平民教育的时候,在"世俗"教育工作上全力以赴,充

---

① 参见两篇美国近期的博士论文:Yuh - shin Li, "John Dewey and modern Chinese Education: Prospects for a New Philosophy," as a Partial Fulfillment of the Requirements for the Degree Doctor of Philosophy in the Graduate School of the Ohio State University, 2000, and Yusheng Yao, "National Salvation through Education: Tao Xingzhi's Educational Radicalism," as a Partial of the Requirements for the Degree of Doctor of Philosophy, the Graduate School of the University of Minnesota, 1999.

② Paul Monroe, "Address to Kiangsu Educational Association", *Educational Review* 6, no. 2 (March 1914): pp. 8 - 12.

③ "Editorial Notes", *Educational Review* 14, no. 2 (April 1922): p. 117.

④ 陶行知:《活罗汉》,载《陶行知全集》卷 8,第 46 页。

⑤ 阿部洋:《哥伦比亚大学留学时代的陶行知》,载《陶行知与中外文化教育》,人民教育出版社 1999 年,第 261 页,第一表"哥伦比亚大学师范学院有代表性的中国留学生的修学状态(部分)",在表列中的五位留学生分别为张伯苓、陈鹤琴、蒋梦麟、郭秉文和陶行知,当中只有蒋梦麟是同时与陶行知在学:蒋梦麟 1912 - 1917 年,陶行知则是 1915 - 1917 年。

分表现传教士的精神，便赞赏他真的有传教精神，当然这份精神质素，是陶行知自己培养出来，但笔者亦希望强调孟禄以及社会福音对他的影响。

陶行知另一位老师克伯屈（William Heard Kilpatrick）对他的影响也值得留意。唐文权引述与陶行知同时期在哥伦比亚大学就读的陈鹤琴的忆述，对克伯屈有这样的介绍："他是杜威最得意的学生，也是哥大最受学生欢迎的教授。他那'独出心裁而能刺激思想的方法'，常常引得数百名学生竞相选修他的课程，使教室变得拥挤不堪，无怪乎听过他课的人要交口赞叹'他的思想有魔力，他的教法有魔力'了。"陶行知对这位名师也十分钦敬，结下了克伯屈后来参观并高度评价晓庄试验的前缘①。伯克屈在1929年10月访问陶行知所办的试验学校晓庄学校，并且在该校的演讲上，这样表达他对晓庄的印象："我现在无论到什么地方，都要宣传在中国的晓庄有一个试验学校，把这里的理想和设施宣传出去，使全世界人知道。"②

当陶行知于1946年逝世后，美国教育界成立了"陶行知中国民主教育纪念委员会"（Tao Memorial Committee for Democratic Education in China），该会为当年11月在纽约举行的陶行知悼念会向陶行知生前友好发出邀请，伊利诺伊大学作为陶行知的母校，也收到邀请③，伯克屈出任该委员会的秘书，邀请信件亦以他的名义签发。可见陶行知与伯克屈之间，一直维系着亦师亦友的关系。

伯克屈本身与基督教也有些渊源。伯克屈父亲是一位美国佐治亚州浸信会极具影响力的牧师和领袖，他自小是在宗教气氛浓厚的浸信会传统家庭中长大的基督徒④，在升读约翰霍普金斯大学（University of John Hopkins）时，他开始接触到现代派和自由派神学的高等圣经批判研究和思想，渐渐对传统基督教信仰产生疏离⑤，在1911年的一篇日记中，

---

① 章开沅、唐文权：《平凡的神圣——陶行知》，湖北教育出版社1992年，第99页，引号内引文录自陈鹤琴：《我的半生》，第153页。关于伯克屈访问晓庄，参见朱泽甫：《陶行知年谱》，安徽教育出版社1985年，1930年3月的记事，第174页。

② 《克伯屈先生演讲词》，《陶行知全集》卷2，第470页。原文是克伯屈于1929年10月15日访问晓庄学校的演讲，由陶行知翻译，原刊于《乡教丛讯》第3卷20期（1929年11月30日）。

③ "Invitation letter to the Meeting to Honor Dr Heng Chih Tao Issued by the Tao Memorial Committee for Democratic Education in China, November 25, 1946." From University Archive, University Library, University of Illinois at Urbana - Champaign.

④ John A. Beienke, *And There Were Giants in the Land*: *the Life of William Heard Kilpatrick*, New York: Peter Lang, 1998: p. 7.

⑤ 同上引书，第19页。

伯克屈说:"我已经彻底放弃了任何启示或神学意义上的宗教信仰,至于圣经,作为一本文学作品,多认识圣经仍是一件好事。"①不过,虽然伯克屈在思想和信仰上放弃了传统的基督教信仰,但似乎他表达了深刻的宗教情操,而且对学生产生一定的感染力,据一位伯克屈的学生记忆,伯克屈给他的"宗教信仰比起教会所赋予的更多"(You gave us more religion than we get at church)②。

关于伯克屈这种对宗教的态度和情操有没有对陶行知产生影响,笔者无意作过分的推论,但伯克屈的学生说他很有"宗教"的感染力,陶行知也很可能受到一定的影响,而且无独有偶,伯克屈对基督教的信仰,与陶行知在金陵大学的传教士老师包文和亨克相似,也是深受现代派神学所影响。

关于陶行知在哥伦比亚大学师范学院的基督徒活动的参与,笔者经与该校档案室联络,并没有找到任何资料,也没有找到哥大有没有青年会活动的资料③。

二、发现陶文《中国道德与宗教教育》

由于笔者以研究陶行知的基督徒身份为重点,所以特别留意到华中师范大学章开沅所编辑的《社会转型与教会大学》一书当中的"中国基督徒名录"④,贝德士这样描述陶行知的基督徒身份:"一生著作很广,在哥伦比亚的所著所编最能体现出他是一名基督徒。"⑤由于贝德士编写这份名录时,并没有注明资料的出处,所以笔者无法得知贝德士所讲陶行

① John A. Beienke, *And There Were Giants in the Land: the Life of William Heard Kilpatrick*, New York: Peter Lang, 1998: p. 318.

② 同上引书,第 383 页。

③ 笔者通过电邮与 David M. Ment, Head, Special Collections, Milbank Memorial Library, Teachers College, Columbia University 联络。

④ 贝德士:《中国基督徒名录》,载章开沅、马敏编 :《社会转型与教会大学》,湖北教育出版社 1998 年。关于陶行知的部分,在 A 类 序号 130,第 395 - 396 页。笔者亦从耶鲁大学神学院图书馆特藏协助下,取得有关陶行知部分原稿的复印本:"List A: Chinese Christians of the mainland, of some prominence 1900 - 1950," in *Miner Searle Bates Papers*, Series IV: Documentation of Prominent Chinese Christians Box 71 Folder 611 Stage 2; List A Drafts, Record Group No. 10, Special Collections, Yale Divinity School Library。

⑤ 同上引文,第 396 页。

知在哥伦比亚大学时期所著所编的是什么，但据哥伦比亚大学师范学院图书馆的孟德（Ment）回复，该校图书馆及档案室亦没有任何陶行知在学时的论文及著作等资料，所以笔者只有从别的途径尝试找寻“陶行知在哥伦比亚大学时期所著所编的”的资料。

除此之外，余子侠亦指出，“中国进入美国物产大宗之研究”是他撰写该书时所见陶行知留美期间撰作的唯一一篇文字①，似乎未有找到贝德士声称最能体现出陶行知是一名基督徒的资料。

北美基督徒学生会曾出版学报《留美青年》（Liu Mei Tsing Nien，“Journal of Chinese Students' Christian Association”）②，而陶行知的名字在1916及1917年学年共四期的目录页刊印的编辑委员会名单上③，虽然笔者不知贝德士所指的“陶行知在哥伦比亚大学时期所著所编的”是哪些著作，但笔者终于能找到一些历史文献，证实陶行知在师范学院最后一学年担任北美基督徒学生会曾出版学报《留美青年》编辑委员工作，而且在这年间发表了两篇文章。

在这份刊物当中，笔者发现陶行知的文章，一篇是连载于第3卷第1期及第2期的“中国道德与宗教教育”（“Moral and Religious Instruction in China”）④，以及刊于第3卷第3期（1917年3月）的文章“中国在转变”（“China in Transition”）⑤。

“中国在转变”一文没有特别涉及基督教的信仰或内容，所以笔者亦不会在这里详细讨论，而另一篇文章“中国道德与宗教教育”（“Moral and Religious Instruction in China”）就有相当重要的研究价值，这篇文章不单是未有被其他研究陶行知的学者——包括两套《陶行知全集》的编辑——所发现，而且是笔者所找到作为基督徒教育家的陶行知唯一一篇直接讨论到基督教宗教教育的文章，可能贝德士所讲陶行知“在哥伦比亚的所著所编最能体现出他是一名基督徒”是别有所指，但相信也应包括陶行知参与《留美青年》的出版工作，以及这篇他在该刊所发表论述宗

---

① 余子侠：《山乡社会走出的人民教育家：陶行知》，第71页。

② 为了解留美中国基督徒学生的出版物，笔者向耶鲁大学神学院图书馆特藏查询，得知该会的出版刊物。

③ The Content Pages of *Liu Mei Tsing Nien* 3, no. 1 (Nov. 1916); 3, no. 2 (Jan. 1917); 3, no. 3 (March 1917); 3, no. 4 (May 1917).

④ W. T. Tao, “Moral and Religious Instruction in China,” *Liu Mei Tsing Nien* 3, no. 1 (November 1916): pp. 23 – 32 and 3, no. 2 (January 1917): pp. 66 – 73, 英文文稿见于本文【附录三】。

⑤ W. T. Tao, “China in Transition,” *Liu Mei Tsing Nien* 3, no. 3 (March 1917): pp. 137 – 140.

教教育的文章。

笔者发现“中国道德与宗教教育”这篇文章，反映了很多陶行知日后推动中国教育发展背后的一些理念。

“中国道德与宗教教育”分为两个主要章节，第一部分是伦理及宗教教育的比较研究，陶行知一方面比较了中国、美国、法国和德国的伦理及宗教教育情况，继而把当时中国两大教育系统——公立学校与教会学校的伦理及宗教教育作一比较。

在比较四国的伦理及宗教教育之后，陶行知似乎没有从这个比较研究中提出一个结论，指出中国的伦理与宗教教育的发展方向，但有一个观点是显著的，就是陶认为中国公立教育系统的道德教育，以及教会学校的伦理和宗教教育，都存着主要的问题，就是过于强调背诵经典，包括儒家典籍和圣经，伦理和宗教教育主要是灌输式，是要学生单方面的接收伦理和宗教知识①。似乎这个比较研究的作用，主要在于说明他在第二部分所介绍的伦理和宗教教育的新方向，是更为符合现代的伦理和宗教教育的理论，强调以培养学生自主的伦理判断和宗教情操为目标。

在文章的第二部分，陶行知从三方面讨论伦理和宗教教育的理论，分别是心理基础（Psychological basis）、社会基础（Sociological basis）和实用主义的基础（Pragmatic basis）。

陶行知认为个人的道德和品格是建基于心理基础，是通过连串类似经验中培养出来的习性，对事物好恶的价值观，体现于这种价值倾向在具体处境中的作用，道德伦理和宗教意义取决于这种价值倾向在如何实践于具体的社会环境。

这种以心理习性作为道德伦理基础的理论，从某一方面来说，是排除了以一套既定且被视为真理作为道德伦理基础，从而认为教育的责任并非这样一套道德伦理基础的单向灌输。笔者认为陶行知的重点不是在于尝试排除传统的伦理价值和宗教信仰，而是强调这种心理学所重视的以学生为中心的教育取向，一方面强调学生的可塑性，另一方面强调教育要以学生心理的自主发展为目标，而不是说教或背诵一套既定的真理和道德。

---

① W. T. Tao, “Moral and Religious Instruction in China,” *Liu Mei Tsing Nien* 3, no. 1 (November 1916): p. 31.

学校对于培育学生品德的任务,在于改造、导引、不鼓励、强化、丰富和发展学生本身的伦理和宗教取向,从而使到学生适应社会环境,培养和谐及进步的品格。学校,而且是学校的整个环境,要建构成一个小型的社会,而伦理和宗教理想的价值都必须出现在这个小社会中,让孩子可以在这样的环境中经历品德发展的不同阶段①。

社会层面方面,陶行知强调促进孩子品格发展的过程中,学校与社会环境同样重要,学校要成为模塑孩子品德的小社会,而社会亦要作为孩子学习和成长的一所大学校,让孩子在社会生活中潜移默化,培养出高尚的品德。可见陶行知在留学美国的时候,开始产生把学校和社会建构成一个一体化的学习环境的教育思想。陶行知更进一步指出,"必须通过积极投入社会生活中,才能培养孩子的品格"②,这更是表达了陶行知一生都重视具体实践,身体力行,知行合一的教育原则。

在实用主义的基础上,陶行知再三强调知识与德行的统一,学习与劳动的统一,他强调任何学科,以至于整个学校的教与学、所有课程与教室、学校行政等,都必须以培养学生的品德为目标,因为所有知识都是与品德有关的③。在以上的讨论中,我们看见陶行知在留学师范学院的时候,一方面他从杜威那里体会到的"学校即社会"——把学校建构成一个小社会,社会的缩影,让学生在学校行政、生活、教与学各方面,经历社会的处境,从而培养在社会生活中所应有的品德和价值观;已经发展出"社会即学校"理念的雏型——视整个大社会为学习的场所,而不是局限于学校的范围之内,认为社会要成为孩子学习和成长的一所大学校,培养出高尚的品德,教与学的场所和经验,不再限于校园内,社会也是提供教与学素材和经验的场所和资源。

从讨论品德教育的方法,陶行知讲到他理想中的品德教育,陶行知认同一些阶段性的品德发展理论,他更认为耶稣正好能代表最高阶段的品德情操。陶行知引用了耶稣在约翰福音第十章自述为"好牧人"的圣经章节来说明这一点:"我是好牧人……并且我为羊舍命……我父爱我、因我将命舍去、好再取回来。"④

---

① W. T. Tao, "Moral and Religious Instruction in China," *Liu Mei Tsing Nien* 3, no. 2 (January 1917): pp. 67 – 68.

② 同上引文,第 69 页。

③ 同上引文,第 72 页。

④ 同上引文,第 72 页,陶行知节引新约圣经约翰福音 10 章 18 节。

陶行知认为以上经文所流露出的道德，虽然因为强调牺牲而值得景仰，但未见得有特别超凡入圣的地方，陶行知认为最重要的是下一句说话："没有人夺我的命去、是我自己舍的。我有权柄舍了、也有权柄取回来……"（约翰福音 10 章 18 节节引）

陶行知体会到耶稣所流露的一种品德，不是基于本能，也不是因为预期的奖励与惩罚，更不是因为社会赞赏或批评①，耶稣所表达的，是一种主体自主的品德，他认为这才是品德发展的最高阶段。可见在陶行知心目中，耶稣正是活现了这样一种高层次的品德情操。对于陶行知来说，耶稣这段自我剖白，说明了他不是从单方面接受了一套既定的真理和价值观，他不是因为听命于人而作出这样决定，而是作为一个道德主体，自主地决定要为人作出牺牲，"没有人夺我的命去、是我自己舍的。我有权柄舍了、也有权柄取回来"。陶行知相信耶稣表现了人作为一个自主道德主体的范式，是自主地决定为人牺牲，所以更值得人们敬仰和学效。

由此可见，陶行知是十分重视把人培养成为有高尚情操和品德的自主的道德主体，而耶稣就成为他的一个典范。

虽然陶行知这样重视耶稣作为一个品德教育典范，但从教育角度来看，陶行知似乎是采取实用主义取向②，例如他以研习历史为例，认为只要是可以使人们鉴古知今，可以帮助人们改善现在的行为，也导引将来的行为，都是有着品德教育的作用，而如果这种历史涉及心灵（spiritual）层面的探究和适应，便具有宗教性质③，便成为宗教教育的素材和资源。似乎陶行知并不认为宗教与世俗教学有先验上的分别，只是所用素材类型上不同，而且同样可以具有品德教育的意义。由此可见，耶稣的重要地位，不是先验地建立于他作为基督教信仰对象的宗教权威，而是在于人们对他个人历史的认知，是基于对他所活现出来的品德，给人典范的作用。

身为基督徒的陶行知，在一份中国留美基督徒学生刊物中发表这种观点，可能他也留意到读者会好像笔者一样理解他的观点，认为陶行知在品德教育上减退了耶稣在基督教信仰中的独一性，只是把耶稣视为众多品德教育素材中的一种，而不是基督徒信仰和道德的基础所在。

---

① W. T. Tao, "Moral and Religious Instruction in China," *Liu Mei Tsing Nien* 3, no. 2 (January 1917): pp. 71 – 72，陶行知把品德发展分为四个阶段，这三项是未达最高层次的三个发展阶段。

② 同上引文，第 73 页。

③ 同上引文，第 72 页。

陶行知这种对伦理和宗教教育的理念，充分地表达于他这篇文章最后一段文字当中：

> 关于教会学校，我绝对无意给予读者一个印象，以为《圣经》研读是可有可无的，根据上文所论述的观点，《圣经》应被视为人类信仰成长和发展的历史来研读，我们可以从人格的整体来研读耶稣基督的生平，并通过他我们可以看见上帝本身，但在任何情况下，我们都必须尊重孩子的心理本质，并且必须同时建构社会处境，给予孩子具体地参与和实践的机会。我们要让孩子根据本身的心智发展的阶段，给予他们接触各式各样的社会需要——包括贫穷、疾病、苦难，并必须引导他们去体会耶稣基督如何感受世人的需要，以及他为世人所作的一切。一言以蔽之，孩子必须被置于一个充满着爱、服务和牺牲的社会温床当中，并且受到教育，让他们可以自主自发地去爱、去服务，以至于为人牺牲。①

笔者认为陶行知特别在文章最后一段讨论到教会学校的品德教育，他强调不希望给读者一个印象，以为《圣经》教导是可有可无的，他认为《圣经》是一部记载在人类信仰发展的历史，而耶稣的生平和教导，就是表现了理想品格，让人们从他的生平和教训当中看见上帝本身，正是尝试澄清他对基督教伦理和宗教教育的取向，一方面可能是他个人的一种信仰表白，但亦可能是避免基督徒读者认为他过分认同人文取向的心理学、社会学和实用主义教育思想，并且对传统宗教教育带来一定冲击。从另一个角度来看，陶行知认为教育与宗教信仰是不同的领域：在教育的领域上，陶行知采取了实用主义的进路，认为《圣经》作为人的信仰历

---

① W. T. Tao, "Moral and Religious Instruction in China," *Liu Mei Tsing Nien* 3, no. 2 (January 1917): p. 73。现全段引录如下："In case of missionary schools I must not leave the impression that the world can spare the Bible. According to the point of view just stated, it can be studies as a history of the growth of human faith, and the life of Christ can be studied as a culmination of personality in the terms of which we are able to take a glance at God Himself. But in all cases, the psychological nature of the child must be recognized; social significance must be attached and opportunity for actual participation must be provided. The child, according to its stage of development, must be led to get into contact with all sorts of social needs – the poor, the sick, and the suffering. He must be led to feel what Christ has felt and to do what Christ has done for mankind. In a word, he must be put in the social hot – bed of love, service, and sacrifice, and educated to love, to serve, and to sacrifice on his own initiative."

史，包括耶稣的生平与教训，在“实用”的层面来看，是与其他可以用来作为品德教育资源的历史素材一样的看待，有着同样的位置；在信仰上，作为一位基督徒，他以信仰的表述，指出耶稣作为品德教育的素材，是有其独特性的，而这种独特性，就是因为耶稣所表现出来那种爱、服务和牺牲，而陶行知所重视的耶稣，不是那位道成为肉身，由神而为人的耶稣，而是那位完全基于他自己的自主道德意识，愿意为人作出彻底牺牲，表达了对神对人的那份爱心，因而让人可以通过耶稣，看见上帝本身，这可以说是陶行知的基督论，是一种由下而上，由人成为神的基督论。

但从陶行知的角度来看，这种基督论，比起传统神成为人的基督论，更有教育意义：在传统由上而下的基督论，伦理和宗教教育就是要人接受一套现成的真理和信仰，但陶行知所认同的基督论，是由下而上，同时，伦理和宗教教育就是要学生在自由的学习环境中，自己去体会到从耶稣身上流露出来的一份崇高而使人向往，愿意为人牺牲的情操，并且通过耶稣所流露的品德，发现上帝本身，教育是要建构社会生活和成长经验，让学生自己培养出这份充满着爱，服务他人，甚至为人牺牲的品德。

陶行知对基督教的这种看法，与他在金陵大学所信仰的基督教，可说是一脉相承。

笔者在前文论述陶行知在 1912 年 12 月为金陵大学而写的信仰自述及 1916 年写给哥伦比亚大学师范学院院长的个人自述中，提及自己在金陵大学时，主要受了两位老师包文和亨克和一本青年会出版的圣经研习本，由詹克所写的《耶稣生平与教导的社会政治含义》所影响而信仰基督教。

笔者认为比较显著的例子包括亨克和詹克两位的神学思想，与陶行知这种基督教思想，有很多相通的地方。在前文讨论亨克于 1910 年在芝加哥大学取得哲学博士学位的论文《礼仪的心理学研究》（A Study in the Psychology of Ritualism），指出亨克是从心理习性和社群在危机中的经历来解释旧约宗教的起源和发展①，在前文讨论詹克从解释耶稣与神合一的进路来看，亦指出詹克的基督论，是一种“从人到神”的以人为本的神学，耶稣是因为具有这些质素，所以与上帝合而为一，而不是传统福

① 见本文第三章，第 86－88 页。

音派“从神到人”的解释,因为耶稣本身就是上帝的一个位格,所以具有这些质素①。

三、总结:留美青年,信仰深造

陶行知曾就读于崇一学堂,接受比较传统的福音派的宗教熏陶,他自己没有在崇一学堂那两年信基督教,是反映他对教会学校利用了学生思想尚未成熟的机会作信仰灌输的一种抗拒②,他对于基督教并非全盘不予接受,在升读广济医学堂之后,他却因抗议医学堂对非基督徒学生的歧视,认为是一种不平等待遇,是对教外学生的歧视,与耶稣的博爱仁慈的精神相违背的。他宁可失去这种权利,也不愿屈服入教,他是因为坚持这份对耶稣的认识,执著于对耶稣博爱仁慈的精神而放弃医学堂的学位③。由此可见,对于当时的陶行知来说,耶稣的福音,重要的不是一套现成要人接受的“福音”,一套由上而下,由传教士老师传授给学生的一套信条和礼仪,而是一位活生生的耶稣,以及他所表达的博爱仁慈的精神,当时的陶行知没有接受传统的一套“福音”,没有成为“基督徒”,但却接纳这位耶稣,更为了坚持对他的信念而离开广济医学堂。

离开医学堂虽然好像有所失去,使他过了一年多茫茫不知前路的日子,但一次偶遇崇一学堂老师唐进贤牧师,介绍他考进汇文书院,却不单在学术生涯上展开了新的一页,更使他接触到另一种基督教。

在汇文书院和金陵大学,陶行知接触了倾向于自由主义和现代派的传教士老师,特别是包文、亨克和司徒雷登,以及大学青年会,还有的是青年会的国际干事艾迪和穆德,以及詹克的研经著作。这些老师和人物都有一个重要的共通点,就是他们所介绍的耶稣,正是这样的一位本着爱、服务,以至为人牺牲而成为基督的耶稣,而他们所传的福音,正是要在具体的社会政治生活中,活出耶稣基督本着爱、服务,以至为人牺牲的样式,他们所重视的不是要人接受一套既定的基督教信仰和礼仪,而是

① 见本文第三章,第 60 页。
② 见本文第三章,第 35 - 38 页。
③ 童富勇、胡国枢:《陶行知传:纪念伟大人民的教育家:陶行知诞辰一百周年》,教育科学出版社 1991 年,第 15 页,作者引述了陈家康:《陶行知思想路线》,载《陶行知先生纪念集》,陶行知先生纪念委员会 1946 年,第 32 页。

要人从耶稣身上看见那份本着爱、服务,以至为人牺牲的伟大精神,并且通过耶稣身上,看见上帝本身,从而认信他是救主,这种基督教所重视的信仰实践,重点不在于参与崇拜礼仪或者是向别人灌输一套既定的信条,而是在于在现世生活中实践耶稣的爱、服务,以至为人牺牲的生活方式,见证耶稣的福音。

很明显这种类型的基督教,正是陶行知本身所追寻的信仰,在认识这种基督教之前,陶行知已经在崇一学堂认识了这位博爱仁慈的耶稣,只是没有认信内地会所传的一套基督教,到了金陵大学,陶行知再次遇见这位耶稣,并且在1912年11月决定成为一位基督徒。

陶行知到美国伊利诺伊大学和哥伦比亚大学留学,继续受到这种基督教的熏陶,不单是在学术上,特别是教育方面获得深造,他在信仰也有很多深刻的经历,从他撰写的这篇论述宗教教育的文章可见,他在信仰思想上也有进一步的学习和思考,这篇文章所表达的信仰和教育的思想,反映在他日后的信仰和教育的实践上,可以说,他留学美国,同时信仰也有了深造的机会。

陶行知在那篇写于1916年的文章“中国道德与宗教教育”,十分概括地总结了他对这类基督教的认信和在教育上实践的信念,我们更可以在他日后的生活中,看见他是不断在实践这种基督教,活出这样的基督徒的见证。

(作者单位:香港教育学院宗教教育与心灵教育中心)

韦卓民之“对等文化”

伍德荣

一、近代对韦卓民之研究

对于近代中国教会之发展，史学者对于近代的神学学者如赵紫宸、吴耀宗、王明道、徐宝谦，甚或吴雷川等皆为热切的研究对象，而韦卓民则多为史学者所忽略，但他为近代中国学者中较具有深厚的中国古代哲学基础，对孔、孟、老、墨乃至佛家、道家的哲学思想皆有深入的研究。而且他于美、英、德、法的著名哲学家的教授下，对于亚里士多德、培根、黑格尔、康德的哲学均有研究。故此他对于融贯东西方哲学思想，皆有其独特的见解，所以 1930 至 1940 年代他多次应邀到欧美讲学。韦卓民教授于 1934 年担任耶鲁大学 Word Ward 讲座、哥伦比亚大学 Schermer Horn 讲座以及 Oberlin 神学研究院 Haskell 讲座的主讲①。韦氏更为第一位中国人获邀于北美的 Hewett Lectures 神学讲座中担任讲员②，其文章更见于国际期刊③，及于期刊中报道韦氏讲学之记载④，故韦氏是一位当时十分重要的神学家、哲学家和教育家；吴梓明教授更指出 1940 年代

① 吴梓明、梁元生编：《中国教会大学文献目录（三）》，香港中文大学崇基学院宗教与中国社会研究中心 1997 年，第 165－175 页。

② 参阅吴梓明：《韦卓民博士眼中的基督教及其与中国文化之关系》，载《跨越中西文化的巨人——韦卓民学术思想国际研讨会论文集》，华中师范大学出版社 1995 年。

③ *Chinese Recorder* 和 *International Review of Missions*。

④ 1946 年 4 月号之时代周刊（*Times*）对韦氏有很详细的描述“本周有一位儒雅的中国基督徒，他为他的巨大而具有涵摄力国民的皈依，订出同样的原则。韦卓民博士深知他应该说些甚么。在中国，他是一位基督教办的武昌华中大学的校长。在美国，他是本年世界基督徒联合神学研讨会亨利鲁斯（Henry W. Luce）客座教授。在中美两国，他是在讲中国皈依方面的权威。他自述：‘我毕生研究，都是导致去发现怎样使中国文化基督教化。’本周这位具有学者风度而温雅的韦博士，作他六次海威特（Hewert）讲座演讲的最后一次，该讲座在 1923 年设立，演

中国圣公会中有“北赵南韦”——即中华圣公宗神学家北有赵紫宸南有韦卓民的美誉①。他也指出这句话可能只是在中华圣公宗教会内流行，以致韦氏的影响未必能为中国教会史学者所认同。

二、研究韦氏的对等文化简介

对于韦卓民的研究，特别是于文化与神学关系中的对等文化。笔者特别研究当时他的对等文化及其对等文化如何应用在他的神学上。有些学者把当时中国其他的神学家在神学上的运用笼统而论是一种中体西用。韦卓民与赵紫宸同为当时圣公会的卓越神学家，其时人们尊称他们为北赵南韦。然而，韦氏处理神学而有关于文化上的独特之处是与其他学者不同的。例如赵紫宸所表达的神学上的运用，强调基督教的本色化，而韦氏竟少谈本色而逆乎极度抬头的民族主义及由此而生的文化残废论，当时中国人民一面抱着对传统中国文化的厌弃，期望西方的知识及科技带来民族的突破，但又因帝国主义的侵略而掀起五四运动、新文化运动、反基督教运动等不同的社会运动。

当时的社会情况于1922年随着全国基督教大会的序幕，掀起一片教会本色化的热潮，而值得我们注意的是在热潮中讨论中国文化的学者如吴雷川、赵紫宸等②皆以本色化作讨论核心，但韦卓民所表达的却是

讲人以‘基督教之真理’(The Truth of Christianity)为专题；向安德沃—牛顿(Andover - Newton)联会以及圣公会神学研讨会上主讲。韦氏在扼述中国文化背景以后，他用他的顿挫有致、抑扬有节的英语，使他的学生们深感到把有组织的基督教适应于中国习俗里的重要性。”原文为英文，译文引述自马敏：《韦卓民基督教文学》，香港汉语基督教文化研究所2000年，第13－14页。

① 吴梓明：《再解读韦卓民博士之〈让基督教会在中国土地上生根〉》，原文发表于2004年武汉会议上；载吴梓明：《全球地域化视角下的中国基督教大学》，宇宙光出版社2006年，第165－184页。

② 诚静怡：《本色教会之商榷》，《文社月刊》第1卷第1册，1925年10月，第4－13页。刘廷芳：《本色教会研究中华民族宗教经验的一个草案》，《真理与生命》第1卷第7册，1926年8月，第185－193页。周风：《本色教会的讨论》，《青年进步》第87册，1925年11月，第41－58页。谢扶雅：《本色教会问题与基督教在中国的前途》，《文社月刊》第1卷第4册，1926年1月，第27－31页。王治心：《中国本色教会的讨论》，《青年进步》第79册，1925年1月，第11－16页；《本色教会与本色著作》，《文社月刊》第1卷第6册，1926年5月，第1－9页。张亦镜：《与唯情先生论本色教会》，《真光》第25卷第7－8号，1926年7－8月，第53－58页。悟生：《本色教会之我见》，《真光》第24卷第8－10号，1925年8－10月，第89－97页。招观海：《中国本色基督教会与教会自立》，《真光》第25卷第2号，1926年3月，第29－32页。赵紫宸：

以中国作为一种对基督教(或西方文化下的基督教)相接触而作讨论,带出在对等文化中对普世基督教的贡献。为何他不以当时的本色化作核心而以对等文化作研讨方向呢?正如吴梓明教授所说,韦卓民所表达的是对等文化①。关于韦氏的对等文化,一般学者都对他所写的中国文化及其在基督教丛书《韦卓民基督教文集》②中有关文化的阐释相当熟识;许多学者引述韦卓民之博士论文名称为《孔门伦理》,但此名称并不一定正确,论文之名称实为“A Study of the Chinese Moral Tradition and Its Social Values”③。这篇论文在内容上阐述了中国不但被孔门影响,更是整个国家的道德学说怎样由不同传统建构而成的文化体系。笔者的博士论文为《从“A Study of the Chinese Moral Tradition and Its Social Value”看韦卓民之对等文化》,在论文中笔者提出韦氏主张中国文化与基督教对碰时,应是以“对等文化”的方式相遇,以致中国文化也能丰富普世的基督教。

为何学者忽视了“A Study of the Chinese Moral Tradition and Its Social Values”这篇重要的论文呢?事实上研究的学者一般较难寻找此资料,各所大学的资料室及韦氏之后人也没有存盘,甚至当笔者通过华中师范大学之学者找寻,他们也没有这篇文章的内容。现时,此论文的一版本就是储存在英国伦敦大学。笔者通过伦敦大学 Professor Margaret L. Brown 之协助下,在该大学之 Senate House Library 再由内部数据库中提取此版本作亲身研究。由于此文章原本并非存盘在此图书馆里,而是储存在它的一些内部档案资料内,此篇文章并不能够有影印版本,除非得到韦氏之合法正式后人的应允才能复印,所以这亦是研究上的一个困难,而华中师范大学及美国耶鲁大学之资料室亦没有此论文内容。由于年份的问题,当笔者看到这个以打字机打印之版本时,可见这实在已是年代久远之论文,而伦敦大学的资料室工作人员亦需要很长时间去找

《基督教与中国文化》,《真理与生命》第2卷第9-10期,1927年,第247-260页。吴雷川:《国家主义与基督教是否冲突》,《生命月刊》第5卷第4期,1925年1月,第4-5页;《基督教祈祷的意义与中国先哲修养的方法》,《真理与生命》第2卷第6期,1927年,第145-150页。

① 吴梓明教授于1993年10月举行之“韦卓民学术思想国际研讨会”中,发表了《韦卓民博士眼中的基督教及其与中国文化之关系》,是最早指出了韦氏眼中的基督教与中国文化乃是互相对等的。载马敏编:《跨越中西文化的巨人——韦卓民学术思想国际研讨会论文集》。

② 马敏编:《韦卓民基督教文集》,香港汉语基督教文化研究所2000年。

③ 亦可参吴梓明的报道,载《全球地域化视角下的中国基督教大学》,第169页。

寻。笔者在伦敦大学资料室当中将此论文内容现在以文字详细地阐述出来。韦卓民于伦敦留学期间在著名哲学家霍布豪斯(L. T. Hobhouse)之指导下作研究,霍布豪斯是一位英国政治哲学家、心理社会学家,也是一位自由主义主要的理论家。至于韦氏在英国另一位指导教授为斯特理特(B. H. Streeter),斯特理特在 1922 至 1937 年担任了英国圣公会中的大主教的教义委员会成员共有十五年时间,他在宗教哲学、比较宗教和新约研究领域有许多著作或贡献。此两位老师——霍布豪斯及斯特理特均强调西方文化之博大乃一演进。斯特理特所说的演进是福音书的演进及初期教会的演进,尤其在其两本著作 The Four Gospels: A Study of Origins① 及 The Primitive Church: Studied with Special Reference to the Origins of the Christian Ministry② 可见。至于霍布豪斯亦有在其著作中论及演进,如 Development and Purpose: An Essay towards A Philosophy of Evolution③一书是关于哲学上的演进、Property: Its Duties and Rights: Historically, Philosophically and Religiously Regarded④ 提及责任和权利在历史上之演进、The Labour Movement⑤ 一书则涉及经济改革中一个社会公平的演进。韦卓民能把西方的理论更深入的来发展他所表达的中国文化,也就是他的独特之处,第一点是韦氏眼中对等之文化的内涵是什么?韦氏的著述正道出中国文化乃一种与西方文化之演进有异曲同工并有过之而无不及的一种"对等"文化,这于当时的神学家而言,并没有此独特之言论的。但此种方向实乃韦氏以西方自由神学的立场看文化之演进来与西方自由神学学者作对话,在现今的神学研究自由神学之"神话"以告破灭。第二点是如何以"对等文化"展现韦氏对文化神学所具之前瞻性?

① Burnett Hillman Streeter, *The Four Gospels: A Study of Origins* (London: Macmillan & Co., 1964).

② Burnett Hillman Streeter, *The Primitive Church: Studied with Special Reference to the Origins of the Christian Ministry* (London: Macmillan & Co., 1929).

③ Leonard Trelawny Hobhouse, *Development and Purpose: An Essay towards A Philosophy of Evolution* (London: Macmillan & Co., 1927).

④ Leonard Trelawny Hobhouse, *Property: Its Duties and Rights: Philosophically and Religiously Regarded* (London: Macmillan & Co., 1913).

⑤ Leonard Trelawny Hobhouse, *The Labour Movement* (London: T. Fisher Unwin, 1893).

三、什么是“对等文化”?

当我们以“对等文化”角度研究韦卓民的文化神学时,我们需了解什么是“对等文化”。为何不以“本色化”来讨论而以“对等文化”来作为开始呢?笔者尝试以近代研究“文化”与“基督教”的学者之研究作介绍:

1. 文化适应、本色化及本土化

西方学者目前尚未对有关基督教文化与非基督教文化之关系的术语有一致的看法,较早出现的是文化适应一词;文化适应的定义最早是由雷德菲尔德(Robert Redifield)为人类学所界定的,他定义文化适应为:“文化适应用于理解这样一类现象,具有不同文化的群体通过不断的接触,使双方或两个群体最初的文化类型发生变化。”①

孔汉思(Hans Küng)认为文化适应就是基督教的对外调和,本土化只是文化适应整个过程中的一个阶段②。有些学者认为“本色化”一词于何时出现已不可考③,而不少西方神学家也曾探讨本色化概念④。一般本色化所指涉的内容包括下列两层涵义:一、组织上,如何达到自治、自养、自传的原则(self - supporting, self - governing, self - propagating);二、文化及思想上,如何处理基督教与非基督教文化的关系,从而使基督信仰得以植根于本土文化之中⑤。若把基督教传播的实质看做为文化适应,文化适应便是一个上位概念,而本土化或本色化则是

---

① Robert Redifield, Ralph Linton, and Melville J. Herskovits, “Outline for the Study of Acculturation”, *American Anthropologist* 38, 1936, p. 149.

② 王晓朝:《基督教融入本土文化之理论基础——“本土化”概念之语境与范式地位》,刘小枫、谢品然、曾庆豹编:《现代性、传统变迁与神学反思:第一、二届汉语神学圆桌会议论文集》,香港道风山基督教丛林 1999 年,第 97 页。

③ 邢福增:《本色化与民国基督教教会史研究》,(载《冲突与融合:近代中国基督教史研究论集》,宇宙光出版社 2006 年)及 Hans Kasdorf, “Indigenous Church Principles: A Survey of Origin & Development,” in *Readings in Dynamic Indigeneity*, edited by Charles H. Kraft and Tom N. Wisley, (Pasadena, CA: William Carey Library, 1979), p. 72.

④ Charles H. Kraft & Tom N. Wislet, eds., *Readings in Dynamic Indigeneity*, (Pasadena, CA.: William Carey Library, 1979).

⑤ 邢福增:《本色化与民国基督教教会史研究》,载《冲突与融合:近代中国基督教史研究论集》,第 264 页。

一个下位概念①。这种理论的缺陷在于适应一词所表示的消极性和被动性，从而否认了基督教的文化创造力②。

比利时学者钟鸣旦(Nicolas Standaert)提出本土化的定义，对基督教的文化创造力有更积极的表达。他说："本土化(Inculturation)又称本地化、本位化或本色化。广义而言，指某一种文化将另一文化的某些元素，吸收为已有。神学上的意思则是：福音生活和它的信息，在某一特定文化中的具体呈现，而该文化的成员，不仅只以该文化表达基督经验(如此做只是单纯的适应)，且能使之变成灵感、方向和统一的源头，以转变、再造该文化，带来一新的创造，不仅足以充实此特定文化，同时也充实普世教会。"③

这种理解消除了前一种的消极性和被动性，设定了本土化指涉的问题是福音与文化的关系，但其重点仍放在传教策略与方式的层面上。而事实上，基督教本土化的完整论域是基督教文化与非基督教文化的关系。自基督教文化诞生以来，历代基督徒对非基督教文化的见解及态度被学者们概括为五类：基督反对文化、基督赞同文化、基督超越文化、基督与文化抗衡、基督为文化改造者④。这些态度乃是基督徒与非基督教文化相遇、碰撞、冲突时所作出的不同反应。钟鸣旦在"Inculturation and Chinese - Christian Contacts in the Late Ming and Early Qing"⑤文中提出一个研究角度的转变，即由1960年至1970年代的传教的研究角度多由传教式研究(missiology)的"表现"("presentation")转为重视地区传统的"接受"("reception")。这个新的研究视野乃阐述他的reception理论的意义，所谓Inculturation约出现于1970年代初期，是一个关于文化接触的新词汇，Inculturation是进一步修正并精炼早期调适或调和的概念，研究的方向由初期传教士如何调适自己适应新的文化氛围而采用中国士人传统服式，来塑造其传教策略和形象而逐步转向"在本土化"(indigenization)或"脉络化"(contextualization)。他指出Inculturation的观念

---

① 孔汉思指出本土化与本色化是一同义词。秦家懿、孔汉思：《中国宗教与西方神学》，台北联经出版公司1997年。

② 王晓朝：《基督教融入本土文化之理论基础——"本土化"概念之语境与范式地位》。

③ 钟鸣旦：《本地化：谈福音与文化》，光启出版社1993年，第90 - 91页。

④ H. R. Niebuhr, *Christ and Culture*, (New York: Harper & Row, 1951).

⑤ Nicolas Standaert, "Inculturation and Chinese - Christian Contacts in the Late Ming and Early Qing", *Ching Feng* 34:4 (December 1991, Hong Kong), pp. 209 - 224.

就是受到文化人类学启发影响,而 acculturation 的概念一般是指在两方文化接触下输出方的文化较强势因此对本土文化有所影响,这词汇也大部分被应用于被殖民的或传统式的文化,向殖民地文化或西方文化转变的过程。钟氏指出 Inculturation 所传递的方向刚好与 acculturation 相反,前者强调当地文化的强势所导致新元素和表达的出现,而此新元素乃来自当地文化的贡献。Inculturation 乃钟氏运用 reception 理论进行研究后的一种方法论反省,他运用 Inculturation 的观念于基督教在中国的脉络中,这表示钟氏对西方文化和强势的中国文化接触时的正面响应的一种走向。

2. 近代文化相碰此概念之再发展

台湾学者陈慧宏在她的论文①中,系统地介绍了钟鸣旦的文化相遇的研究,对于此研究有利于我们对钟氏文化相遇理论之了解。

(1) 一种以文化同等/对等重要的研究方向

钟鸣旦于 1997 年发表于 The Catholic Historical Review 的论文——"New Trends in the Historiography of Christianity in China"中,我们可见钟氏以更广阔的视野探讨基督教在中国历史研究之演变及未来研究趋势之分析。他在文章之开始已指出本土化实为一种典范转移,由传教式或以欧洲为中心的角度转移到以中国或以汉学为中心的取向。但当我们转向以中国或汉学为中心的研究取向时,是可以解决之前传教式的或欧洲为中心的缺陷,但可能会过度的强化反应或响应,而形成另一种地区主义(parochialism)的危险。钟氏提出应走出传教式和汉学研究两种极端,并把关注点放在如何建立一种基督教在中国的跨文化史的研究(intercultural history of actions and reactions)②。这在强调跨文化的特性上,欧洲和中国双方应该同等重要,他指出就研究的目的性来说,不只中欧接触中的欧洲纪录文献可以贡献于中国的研究;中国各种对基督教的响应,也展现出中国对欧洲的诠释,当异文化刺激我们可能用不同于本地的方法去界定自己的认同时,中国对基督教的响应或是中国对欧洲的诠

---

① 陈慧宏:《〈文化相遇的方法论〉——评析中欧文化交流研究的新视野》,《台大历史学报》第 40 期,2007 年 12 月,第 239 - 278 页。

② Nicolas Standaert, "New Trends in the Historiography of Christianity in China", *The Catholic Historical Review* 83:4 (October 1997, Washington, D. C.), pp. 573 - 613.

释,自然也有助于了解欧洲。

在此文中,他提出四种类型的解释架构(interpretative schemes):

(一)基督教作为一种文化接触的形态(Christianity as a type of cultural contact)

(二)基督教作为中国现代化的一个因素(Christianity as a factor in the modernization of China)

(三)基督教作为中国社会的一个边缘宗教(Christianity as a marginal religion)

(四)基督教作为一种文明体(Christianity as a civilizing project)

17 世纪的问题可以由第一及第三种架构切入,而当牵涉到 19 世纪的基督教时则以第二及第四类架构作切入。这架构的建造主要是解决过分简化的二元概念(影响及响应 impact - response)的取向,而以一种互动的可能来处理两方相遇的问题。在此论文的结论,钟氏指出希望更进一步地提出"他者和自我的范式"("paradigm" of the other/self)作为建构基督教在中国的解释架构之基础。这类文化范式的观察是他引进法国哲学对他者(l'altérité)概念的演绎。此一理论的目的是为破除限于西方与中国的二元概念。钟鸣旦于 2001 年在北京发表的另一篇论文"The Construction of a Christian History in China"以初步讨论此他者性的理论,而此他者性的理论更深入地运用于 2002 年发表的论文"Methodology in View of Contact between Cultures: The China Case in the Seventeenth Century"。

(2)钟鸣旦之文化相遇方法论

在"Methodology in View of Contact between Cultures: The China Case in the Seventeenth Century"之文中,钟氏以他者范式说明跨文化接触实际形式的最佳框架乃互动沟通类框架,此正成全了钟氏较早曾建议的交往互动(interaction)模式的思维方向。交往互动(interaction)正解决了过分简化之二元论的思维模式,而此互动的概念在欧洲与非欧洲接触的研究和人类学的领域中已经获得了阐释。钟鸣旦首次把那部分概念阐释的成绩,应用到基督教在中国的议题上。此文中的词汇运用如"contact"("接触")、"encounter"("相遇")和"exchange based on 'negotiation'"

(“沟通妥协”)①及其所代表的观念,乃由“他者性理论”(theory of alterity)作清楚的诠释。钟氏首先讨论马丁布伯(Martin Buber)及其哲学人类学(philosophical anthropology)的对话性理论(dialogical principle),亦包括文学理论家巴赫金(Mikhail Bakhtin)提出的“他者对人类存在性占绝对地位”的理论②。他者与自我的关系性被阐释及解读,因而形成一种人际关系的理论。这种人际关系理论指出了人类接触的复杂度,如沟通、对话及妥协等观念。故此在文化交往互动下,当他者性理论的视野被采用时,令我们注意到沟通妥协的可能性,而对此沟通妥协结果不同程度的观察,如“adoption”、“integration”、“hybridity”、“mixture”、“syncretism”和“fusion”等,这些概念在人类学和宗教研究学界早已被广泛讨论③。

(3) 强势的他者与钟鸣旦的交往互动概念

钟氏在美国波士顿发表的另一篇论文,题目为“Jesuit Corporate Culture as Shaped by the Chinese”。在文中,他以中国作为耶稣会士的“他者”④。他者的力量影响了耶稣会在中国的策略,故此成了耶稣会的共同文化特性(corporate culture),这亦是中欧文化接触是主体对中国文化强势性的认同。钟鸣旦提出,基督教与中国接触的研究中,提出中国强盛文化因素理论的第一位研究学者为汉学家许理和教授(Erik Zürcher),于1992年首次提出中国文化的强制性(cultural imperative),他提出:中国从没有一个外来而边缘的宗教,能在不调适为本地模式并力求属于正统性的概念下,能生根立足⑤。钟鸣旦以许理和的论点,支持中国为一个

---

① Nicolas Standaert, “Methodology in View of Contact between Cultures: The China Case in the Seventeenth Century,”香港中文大学崇基学院:《宗教与中国社会研究中心专文报告系列》,第11期,(CSRCS Occasional Paper No. 11, 2002),第24、44、54页。作者在此文的标题是用“contact”一词。

② Nicolas Standaert, “Jesuit Corporate Culture as Shaped by the Chinese”, in *The Jesuits: Cultures, Sciences, and the Arts* 1540 – 1773, ed. John W. O'Malley, S. J. et al., (Toronto: University of Toronto Press, 1999), pp. 352 – 363.

③ Nicolas Standaert, “Methodology in View of Contact between Cultures: The China Case in the Seventeenth Century,”香港中文大学崇基学院,《宗教与中国社会研究中心专文报告系列》,第11期,(CSRCS Occasional Paper No. 11, 2002),第45页。

④ Nicolas Standaert, “Jesuit Corporate Culture as Shaped by the Chinese”, in *The Jesuits: Cultures, Sciences, and the Arts* 1540 – 1773, ed. John W. O'Malley, S. J. et al., (Toronto: University of Toronto Press, 1999), pp. 352 – 363.

⑤ Erik Zürcher, “Jesuit Accommodation and the Chinese Cultural Imperative”, in *The Chinese Rites Controversy: Its History and Meaning*, ed. David E. Mungello, (Nettetal: Steyler Verlag, 1994), pp. 31 – 64. 在第41页中,特别提及“cultural imperative”之定义。

强势他者，并对照欧洲海外扩张史，当中包括欧洲的殖民者、传教士和当地人等，皆因藉欧洲与中国的接触，带给欧洲史研究者不同挑战性的问题。而在此双方接触的历史里，中国这个对耶稣会或欧洲而言的他者，实为一个不容忽视的力量。钟氏提出中国实为欧洲脉络的强势他者，他采用交往互动的概念，其实能把强势他者的地位平衡，使他们有一对等之地位，才能强化其与自我互动摩擦的特性。"Methodology in View of Contact between Cultures: The China Case in the Seventeenth Century"一文中所阐释的四种分析框架（four frameworks of analysis），而发展自第四种分析框架正是以此对等的概念，使他者（the other）和自我（the self）来互相修正彼此的自我界定。钟氏所提出的四个分析框架，有别于"New Trends in the Historiography of Christianity in China"的四种解释架构①。

第一种框架名为"传播框架"（transmission framework），以传播者为主的取向，也是在1960年代以前的研究主流，在当今的研究中也经常还隐含着存在。这个取向的主要问题是传教士如何在中国传递基督教或西方科学，传播者的影响度（influence or impact）成为此取向的关注焦点，而成功或失败亦即成为它的效果如何。所以当我们在前文讨论西方基督教在中国成功与否，大部分的学者都是以此最雏型的思想主流作研究方向。以钟鸣旦的论述而言，这个框架的最大问题就是在两方的沟通概念中是在传递一种被传播的信息是不会有质变的"纯粹沟通"（pure communication），而接收信息者究竟有没有获得被传递的信息作为成功与失败的主因②。钟氏的这个框架实与前述"Inculturation and Chinese - Christian Contacts in the Late Ming and Early Qing"③一文中的presentation表现的角度等同。

第二种框架称为"接受类框架"（reception framework），为1960至1970年代的研究主流方法，主要提出的问题是"中国人如何响应（react）基督教和西方文化的传入"，中国人作为接受者而变成研究的核心，而此

---

① "分析框架"一词，出现于钟鸣旦2006年在台湾辅仁大学演讲时所作的中译修订本（2003年香港出版的中译本则译为"分析范式"）。以下四个分析框架的中文名，采用自该修订本所示。

② Nicolas Standaert, "Methodology in View of Contact between Cultures: The China Case in the Seventeenth Century,"香港中文大学崇基学院：《宗教与中国社会研究中心专文报告系列》，第11期，（CSRCS Occasional Paper No. 11, 2002），第6-12页。

③ Nicolas Standaert, "Inculturation and Chinese - Christian Contacts in the Late Ming and Early Qing", *Ching Feng* 34:4 (December 1991, Hong Kong), pp. 209-224.

转向即前文所述转而至以中国为中心的本地文化的接受(reception)。由于第二种框架的研究对象由第一种框架的传播者变为现今的接受者,所以也转向关心传播者所带来的信息(message)及接受者如何排拒或误解由传播者所带来的信息。所以第一种框架中,被认为失败的元素在此却变成一个有价值的议题。不过就如第一种传播框架,这个框架是假定了知识或信息的纯粹沟通或传递。虽然此知识或信息有可能是改变的,但接受者被假定为不变。接受类框架的较极端的解释,即为接受者由于语言或文化等隔阂,无法接受信息,因此引导向本体论主义(essentialism),确认为中国与西方有许多本质上无法改变的差异。钟鸣旦引法国汉学家谢和耐(Jacques Gernet)教授的研究作为例子。传播框架寻求两者的相配合(correspondence),接受类框架寻求两者的差异(difference)。这两类框架也假定了接受或接收基本上是一种被动的概念。因此它的分析取向还是非常类似行动和反应(action and reaction)的二元形态。而基督教是唯一真正的主动者①。

第三类框架为"创新类框架"(invention framework),这是起于后殖民时代文化研究的新思维。基本上认为真正的实境(reality)是不存在的,实境是被创造及建构的。传教士在接近接受者时,建构了一个对彼此文化理解的象征实境(symbolic reality),也即是传播者对自身及他者的视野(vision)。运用这个方法的研究者所关心的乃是传教士的主体(subject)和此主体创新及诠释的力量,而非传播的内容。因为所传播的文本或对象本身(object),和其所象征的意义(what it signifies)是有一定的隔阂,所以没有一个所传播的文本能完美地传递其意义②。史家的工作是"解构"(deconstruct)文本或对象,藉此工作使我们可以理解他的论述系统(discourses)和意义是如何被建造,因此能体认到传教士或传播者的"建构"力量及贡献,以及语言诠释及权力结构的关系。钟氏认为这个框架的最大问题是太强调主体的主动力,而忽视接受者在沟通脉络下的地

---

① Nicolas Standaert, "Methodology in View of Contact between Cultures: The China Case in the Seventeenth Century,"香港中文大学崇基学院:《宗教与中国社会研究中心专文报告系列》,第 11 期,(CSRCS Occasional Paper No. 11, 2002),第 12 - 18 页。

② Nicolas Standaert, "Methodology in View of Contact between Cultures: The China Case in the Seventeenth Century,"香港中文大学崇基学院:《宗教与中国社会研究中心专文报告系列》,第 11 期,(CSRCS Occasional Paper No. 11, 2002),第 18 - 21 页。引言"what it signifies"出现在第 20 页。

位。何况欧洲对他者的建构，也有可能被他者的文化所塑造（shaped by those others）①。但钟氏指出，历史学家对实际的客观实境不能够有正确的知识来建造及诠释。所以创新类框架虽然解构了很多传播框架和接受类框架的主观假定，但也产生了新的问题②。

钟鸣旦提出第四个互动沟通类框架，为的是从最新颖的视野而处理前三个框架所面对的明确挑战，这个框架的思维主要植根于前述之他者性理论及深究与他者的关系性（relationship to the other），而此关系性也是整个研究的最主要议题③。第四类框架如第一种传播框架也重视传播，但传播有互动的特性，而非仅为传播者单向之事。传播者及接受者的互动，使得两者的角色有可能互换，亦即在某情况下，传播者会变成接受者。当然钟氏提出这框架也重视接受，与第二种接受类框架的不同之处，在于接受者可能是中国人，也有可能是西方人，传播者与接受者角色互换，在跨文化情境中是相当可预期的。并且这个框架也认可传播者的创新建构与权力关系的互相作用，但它也将这种运作关系扩及接受者一方，正如前所述之强势他者，虽以这交换互动的概念才能把强势他者与自我的地位平衡，以强化其与自我互动摩擦的特性。而在此交往互动的"过程"（process）及沟通中，多元观点的交错或共现（multiplicity），是研究者应该注意的视角，而非只专注单一的主体（subject），如传教士或中国人；或客体（object）如基督教或西方文化④。此"Methodology in View of

---

① Nicolas Standaert, "Methodology in View of Contact between Cultures: The China Case in the Seventeenth Century,"香港中文大学崇基学院:《宗教与中国社会研究中心专文报告系列》，第 11 期，（CSRCS Occasional Paper No. 11, 2002），第 21 页。关于欧洲对他者的建构受到他者文化的影响，以耶稣会在中国的例子，钟鸣旦对此之专论于其文章"Jesuit Corporate Culture as Shaped by the Chinese", in *The Jesuits: Cultures, Sciences, and the Arts* 1540 - 1773, ed. John W. O'Malley, S. J. et al., (Toronto: University of Toronto Press, 1999), pp. 352 - 363，表一第三项。

② Nicolas Standaert, "Methodology in View of Contact between Cultures: The China Case in the Seventeenth Century,"香港中文大学崇基学院:《宗教与中国社会研究中心专文报告系列》，第 11 期，（CSRCS Occasional Paper No. 11, 2002），第 18 - 23 页。

③ "他者性理论"一词的翻译，来自 2006 年台湾辅仁大学中译修订本，2003 年中译本译作"变动性理论"。"Relationship to the other"一词，出现在 Nicolas Standaert, "Methodology in View of Contact between Cultures: The China Case in the Seventeenth Century,"香港中文大学崇基学院:《宗教与中国社会研究中心专文报告系列》，第 11 期，（CSRCS Occasional Paper No. 11, 2002），第 24 页。

④ Nicolas Standaert, "Methodology in View of Contact between Cultures: The China Case in the Seventeenth Century,"香港中文大学崇基学院:《宗教与中国社会研究中心专文报告系列》，第 11 期，（CSRCS Occasional Paper No. 11, 2002），第 23 - 27、39 - 47 页。

Contact between Cultures: The China Case in the Seventeenth Century"的文章现为西方学术界在中欧文化交流研究的领域中,最新的文化交流研究之理论分析及反思。

(4) 哈贝马斯对于不同文化传统的沟通的对等权利

当我们研讨近代对于基督教与中国文化相碰时,我们不得不在研究的历史中经历这四个框架,由第一个框架传教士的传播方式,以至作为中国人的文化适应,并发展成为本土化的概念时,现代的学者如钟鸣旦发展至一种对等性文化的交往互动概念。事实上这种对等性,笔者强调不单只是钟鸣旦所提出如何处理自我与强势他者的交往,以对等之地位来平衡,而学者哈贝马斯(Jürgen Habermas)于 1997 年的德文版"The Conflict of Beliefs"①中,以雅斯贝尔斯(Karl Jaspers)的不同文化相碰亦延伸出如何对不同文化传统或信仰所需要强调的对等权利。

他指出在西方启蒙时期以后,强烈的思想反思的系统——这也是启蒙后的一个强势的传统,此传统会让他们放弃对真理教条的宣称②,转移以一个洞悉的能力来更新自己,成为一个哲学信仰的版本。这个以哲学信仰的情况在现今是被一般人所接受的,但这种诠释亦相等于宣布宗教的死亡。启蒙的哲学家在形而上或宗教的教条的理解中,反映出不同的诠释群体也引致不同的诠释,但他们的指向皆朝着一个创见美善生活的概念为原则。但对于以宗教作出发点的人而言,他们指出此一种伦理哲学的概念是错失了最重要的救赎意义(redemptive significance)与对真理的先知性启示③。所以,哈贝马斯指出,当我们以这个方式理解雅斯贝尔斯时,便碰到我们问题的核心。甚至哲学的派系与另一派系也有其不同的争议。只有通过在不同形态的信仰(forms of belief)或文化间之互相沟通,才能使这不完整的知识得到滋养。这将使我们开启一个新的途径,就是在一个多元的世界观中,在各自的内心体验与反思的经验进步,而

---

① Jürgen Habermas, "Vom Kampf der Glaubenmächte. Karl Jaspers zum Konflikt der Kulturen" in *Vom sinnlichen Eindruck zum symbolischen Ausdruck: Philosophische Essays*, (Frankfurt am Main: Suhrkamp, 1997), pp. 41 – 58. 此文之英文译本为"The Conflict of Beliefs" in *The Liberating Power of Symbols: Philosophical Essays*, translated by Peter Dews, (Cambridge, Mass: MIT Press, 2001), pp. 30 – 45.

② Jürgen Habermas, "The Conflict of Beliefs" in *The Liberating Power of Symbols: Philosophical Essays*, translated by Peter Dews, (Cambridge, Mass: MIT Press, 2001), p. 41.

③ Jürgen Habermas, "The Conflict of Beliefs" in *The Liberating Power of Symbols: Philosophical Essays*, translated by Peter Dews, (Cambridge, Mass: MIT Press, 2001), p. 42.

使宗教的世界或形而上的世界,使他们越来越察觉在他们之间共同占有的有效宣称的相同领域被尽快互相采纳。但这并没有导致放弃本质主义的真理宣称,也没有导致重新诠释真理的宣称。第一人称单数或众数的观点被记录,预期继续分歧是合理的,但哈贝马斯指出,雅斯贝尔斯所预期的成功是存在大家一致同意的沟通,此一沟通是需要彼此提供互相尊重。这对跨文化的了解是一个尝试,到达一个程度是他的目的,是培养不同文化和生活方式的互相尊重,尽管在基本的价值取向相互有差别。然而,这种形式的沟通甚至不能开始,除非他们对有关的沟通的先决条件有一致的意见,就是互相不能以强权影响对方,使他们能以以下原则沟通:“他们必须彼此承认互为伙伴有对等的权利,对于文化传统和生活方式能互相作评估。”①

所以哈贝马斯指出,在一个多元的世界观中,沟通的方向不是使我们放弃真理的本质,也不是对真理的重新诠释,尽管在沟通的过程或结果是分歧,但一个跨文化的尝试是需要培养对不同文化的生活方式(forms)的互相尊重。而此沟通只能以对等的权利与互相渴求的沟通作开始。他的论点实在文化相碰的理论中与钟鸣旦所提出的意见相类似,乃强调在不同文化中的对等权利。

四、总结:吴梓明提出韦卓民之“对等文化”

钟鸣旦于1999年的论文是第一个学者以两种不同的文化以交换互动方式把文化中的强势他者与自我地位平衡的概念引用于基督教与中国文化,此种文化交换互动的方式是超越了本色化为本的传播框架及接受类框架,而由创新类框架发展而成的“第四类”框架。哈贝马斯于1997年的论文中亦强调两种文化间的“对等权利”。韦卓民的文化神学不以“本色”为中心而以“对等文化”为中心实具其意义。而吴梓明早于1993年已把此“对等文化”之概念运用于研究韦卓民于基督教及中国文化之关系上,他于1993年10月举行之“韦卓民学术思想国际研讨会”

---

① Jürgen Habermas, “The Conflict of Beliefs” in *The Liberating Power of Symbols: Philosophical Essays*, translated by Peter Dews, (Cambridge, Mass: MIT Press, 2001), p. 43.

中，发表了《韦卓民博士眼中的基督教及其与中国文化之关系》，指出韦氏眼中的基督教与中国文化乃互相平等（当然，吴教授指出的基督教乃是当时西方文化传递下之基督教，故此他表达的正是一个西方文化与中国文化如何对等来诠释基督教），故他提出“中国必须基督教化”和“基督教必须中国化”，两者是放在一个对等的地位上，也是可以互为补足的；吴教授指出了韦卓民是第一位中国学者提出这样的理论。吴教授在引述韦卓民之看法时，又指出务实是中国人的特性，他们较偏重政治性及伦理性的关怀，与西方国家偏重形而上及追求纯知识性的学问有所分别。中国人基于务实的精神，故此较容易接受宗教的多元化，并且易于接纳基督教内在存有众多不同的宗派（denominations），正如佛教或道教在中国同样存有宗派分歧一样。然而，基督教的“宗派主义”（denominationalism）往往使得中国人却步，因为基督教宗派间缺乏彼此尊重，使基督教在中国的发展受到限制。因此，韦卓民提出若要发展中国的本土神学，中国基督教教会需要学习互相包容、尊重和欣赏不同的宗派。宗派之间要互相尊重而非互相排斥，这样才切合中国文化的精神。另一方面，吴教授也阐释了韦卓民对西方传教士来华传道的看法，并指出以往西方传教士强调中国人需要基督福音，因而发动起宣教运动，从西方远道而来到中国传扬基督教的道理，韦氏认为此种观点并不够全面，同时亦难以为中国人所接受。吴教授更进一步指出韦氏当时建议基督教会应将西方对“宣教”一词的涵义注入新的诠释，从而作为宣教事工的新动力。基督教信仰要传遍至世界每一个地方，使各地方的每一个民族都可以通过其独有之文化表达出基督教的信仰，如此才能显明基督教信仰的普世性。换言之，除了中国需要基督教外，基督教的信仰也同样需要中国及世界各地之民族以将其信仰的普世性展现出来。唯有是从这个观点去阐释及理解基督教的传教运动，基督教的普世运动如此才能得到支持而得以顺利推行及发展。再者，中国人只有认识传教士这种胸襟与精神，他们才不致视传教士的工作为傲慢和僭妄的表现。同时，此理解亦可有助信徒明白，他们的宣教使命并不是要去行使任何特权去叫人接受福音，而是要为基督教信仰寻求更广泛的接纳及表达方法①，韦氏认为基

---

① 详细可参阅吴梓明：《韦卓民博士眼中的基督教及其与中国文化之关系》，载《跨越中西文化的巨人——韦卓民学术思想国际研讨会论文集》，第 91 - 92 页。

督教存有不同的宗派，此局面需要通过中国的文化使之从互相排斥转化为互相补足，而这种"互相补足"的理论才能较正确地阐释韦氏之独特见解。至于吴氏所指出各地方的每一个民族都可以通过其独有之文化表达出基督信仰，如此才能显明基督教信仰的普世性。此也充分表现出韦氏所指可以藉中国文化彰显潜藏的基督教！①

（作者单位：国际得胜生命差传总会）

① 跟进讨论可参阅吴梓明：《再解读韦卓民博士之〈让基督教会在中国土地上生根〉》，原文发表于2004年武汉会议上；见载于吴梓明：《全球地域化视角下的中国基督教大学》（台湾：宇宙光出版社，2006年），第165－184页。

陈垣基督教信仰考[①]

刘　贤

陈垣先生是近代中国宗教史研究的开创者,这已为学界所公认[②]。但陈垣是否有宗教信仰,却一直是一个含糊不清的问题。其原因在于,陈垣本人早年对此事语焉不详,晚年更不及一词。内地和海外学者较少提及这一点,对此稍有论及者则或仍存疑,或所举证据并不充分[③]。海外华人基督教界的学人中,则一直有陈垣曾经是信徒的说法。说的最明确的是谢扶雅先生晚年作过的考证。他从司徒雷登的助手傅泾波那里得到的答复是——陈垣是基督教徒,傅曰:"陈援庵确于1919年冬与1920年春之间于西四牌楼缸瓦市伦敦会由先师司徒雷登施洗入教。当时宝广林与先父等在座。"[④]以傅氏身份,这个说明应该很有分量。但一

① 除吴梓明教授外,陶飞亚教授也指导了本文的写作,陈智超先生在资料方向上也给予笔者诸多提示,在此致谢。

② 例如陈寅恪曰:"中国乙部之中,几无完善之宗教史,然其有之,实自近岁新会陈援庵先生之著述始。"陈寅恪:《明季滇黔佛教考序》,陈垣著《明季滇黔佛教考》,中华书局1962年。

③ 关于陈垣的基督徒身份,内地学者论及者有:陈乐素:《陈垣同志的史学研究》,氏著:《求是集》(第二集),广东人民出版社1984年,第204页;陈乐素:《陈垣》,收入陈清泉等编《中国史学家评传》(下册),中州古籍出版社1985年,第1248页;陈智超:《史学家陈垣传略》,《陈智超自选集》,安徽大学出版社2003年,第114页;蔡尚思:《陈垣同志的学术贡献》,载《陈垣校长诞辰百年纪念文集》,北京师范大学1980年,第26页;朱维铮:《朱序》,吴梓明编《基督教大学华人校长研究》,福建教育出版社2001年,第13页;何建明:《辅仁大学校长陈垣》,《基督教大学华人校长研究》,第122-124页;汤开建、陈文源:《陈垣与中国基督教史研究》,《暨南学报》第24卷第3期,第107页;孙邦华:《身等国宝 志存辅仁——辅仁大学校长陈垣》,山东教育出版社2004年,第64页。

④ 谢扶雅(1892-1991),著名基督教学者、翻译家,曾任岭南大学教授。他帮助金陵大学历史系教授贝德士(Miner Searle Bates)编辑《二十世纪上半期中国基督教业绩》(*Christian Efforts in China*,1900-1950)而作《中国基督徒名录》,为陈垣的教籍问题他"访寻搜索历经三年之久",1973年他致信傅泾波,专门承询此事。谢扶雅:《陈垣受洗入教问题——五四时代自由气氛中的一个插曲》,《传记文学》(台北),第22卷第5期总第132号,第73-75页。

则孤证说服力不强,二则傅氏晚年的回忆事隔遥远,或不免错讹。因此,陈垣到底是否做过基督徒,在海内外学界遂为一个难解之谜,以讹传讹者也不免有之。不过,以情理揆之,陈垣晚年只字不提基督徒身份并非不可理解,而基督教界学者也不至于空穴来风、无中生有。因此,本文借查考更多的中西文献,对之作一考证,假如能看到更多实证资料或者陈垣自己的表白,那就可以解决陈垣的基督徒身份问题,而且可以进一步发掘陈垣与宗教的关系,为研究陈垣这位宗教史专家提供新的视角。

一、三条确证资料

傅泾波的回答是解决陈垣教籍问题的关键,顺着这一线索,笔者展开了大量的搜索,终于找到了两条极其重要的当年实证资料。

其一是吴雷川的记载。1926 年,吴雷川在《真理与生命》①上发表了《述所得于北京平民中学的感想敬告全国基督教会书》,两次提到陈垣是基督徒,一曰平民中学的创办人陈垣"是一位有学识的基督徒";一曰历任校长"皆是信仰基督的人",具体如下(下划线系笔者加):

> 北京平民中学,在四年前,由陈援庵先生创办。<u>援庵先生是一位有学识的基督徒,久为全国学界所仰望</u>。他办学的初意,是要授学生以普通知识和技能,使其毕业后得到相当的职业,故其教授、管理、训练方面,均与寻常中学不同。其后因来学者渐多,宗旨不能不略有改变,又为谋学校基础巩固起见,遂与缸瓦市中华基督教会主任宝广林先生协商,将学校移归教会管辖。于是缸瓦市教会组学校董事部,推举本会信徒陈筱庄先生为校长……北京平民中学,<u>历任校长皆是信仰基督的人</u>……②

傅泾波致谢扶雅信,载于章开沅译:《贝德士与谢扶雅往来信札》,章开沅:《传播与植根——基督教与中西文化交流论集》,广东人民出版社 2005 年,第 308 页。

① 《真理与生命》的前身是《真理周刊》,为吴雷川等人创办,1926 年该刊与《生命月刊》合并为《真理与生命》。

② 吴雷川:《述所得于北京平民中学的感想敬告全国基督教会》,《真理与生命》第 1 卷第 5 期,第 121 - 122 页。

吴雷川(1870－1944),本名震春,清末进士,1915年受洗入基督教。民国初,吴雷川和陈垣曾经共同在北京北洋政府教育部任职。陈垣于1921年12月任教育部次长,署理教育部事务①,当时吴雷川任该教育部参事,二人是上下级关系。燕京大学成立后,他们又同在燕京大学任教,受聘时间前后差别不到一年,二人成为同事②。但是,陈垣跟吴雷川的关系则不仅仅是同事。1923年4月,吴雷川等7人办起了《真理周刊》,创刊后的第2期就有陈垣的文章,文首曰,“今因真理周刊出版,义不可无一言,特以旧约三史异文考寄之”,可以推测陈垣跟真理周刊同人比较熟悉。自1922年起陈吴二人至少已过从4年,对老朋友的宗教身份,吴绝不可能是臆断或者猜想。

其二,是来自伦敦会档案中的一封“非正式”信件,1925年7月30日由伦敦会华北区代表伍英贞(Mary Myfanwy Wood)③写给伦敦总部的上司,由于伦敦会华北区会就设在缸瓦市教会,所以伍英贞对教会情况了如指掌。信件翻译如下:

> 5月北京地方委员会(Peking Local Committee)和缸瓦市教会通过了一项规程,规定要成立女校管理董事会(A Board of Managers for the Girls' School),其中教会委任四位,差会委任两位,加原学校校长,正式委任在5月30日星期六完成。教会委任的四位都是著名人物,都是基督徒——吴雷川(Wu Lei Chuan,纽约报告69页误拼为Wu Lei Chang),的确,他是圣公会④的教友,但是他的基督教工作都跟缸瓦市教会有关;陈筱庄(Chen Shao Chuang),曾做过国立的北京高等师范学院的校长,曾参加一个教育代表团被派往欧美;陈援

① 陈垣在1921年12月27日至1922年5月27日间曾任教育部次长,署理教育部事务。刘乃和、周少川、王明泽、邓瑞全:《陈垣年谱配图长编》(上),辽海出版社2000年,第108－122页。

② 吴雷川1922年开始在燕京大学兼课,1926年成为专任教授,陈垣则1923年被聘为燕京大学讲师。刘乃和等:《陈垣年谱配图长编》(上),第140页。

③ 伍英贞,伦敦会女传教士,1882年生于伦敦,1908年被派到华北的萧张,1919年被选华北区代表,曾任伦敦会萃贞女校的校长,1925年开始在燕京大学教授宗教教育。1921年9月至1922年5月,曾被借调与诚静怡、罗炳生(E. C. Lobenstine)共同准备1922年5月的全国基督教大会。See James Sibree, D. D. prepared: *London Missionary Society Register of Missionaries, Deputations, Etc.* 1796－1923. London: London Missionary Society, 1923. p. 156. 及伍英贞条,《燕京大学人物志》第1辑,北京大学出版社2001年,第155页。

④ 吴雷川是圣公会S. P. G(Society for Propagation of the Gospel in Foreign Parts)的教友,S. P. G是英国圣公会的传教组织。

庵(Chen Yao An),中国最伟大的历史学家,两位陈君都是缸瓦市的教友;第四位是宝广林(Pao Kuang Lin)。差会委任的两位是陶森(Mr. Dawson)先生和 Greaves 女士。①

这封信提到"Chen Yao An",与陈垣的字"援庵"的拼写"Yuan An"似不完全吻合,但是从吴雷川的名字也曾经被拼错,可知当时对名字的拼写并无一定之规。又提到陈垣是"中国最伟大的历史学家",可以断定这里提到的一定是陈垣,因为当时能够配上如此称号的人实在寥寥可数。这封信不论从信的内容、语气来说,都是非正式的,伍英贞在信中也反复说是把对方当做为"私人朋友"(personal friend)闲聊②。然而无心的史料或许具有更真实的价值。信中提到"教会委任的四位都是著名人物,都是基督徒"以及"两位陈君都是缸瓦市的教友"这两句话,对陈垣的宗教身份作了两方面的确认,既是"基督徒",而且是"缸瓦市的教友",笔者认为,这应该是迄今我们看到的最具有说服力的当时代的真凭实据。

在教会之外我们也找到了证明,即陈垣的学术良友——胡适,在晚年谈话录中的回忆。1961 年 3 月 11 日胡适对助手胡颂平说:

> 北平辅仁大学是天主教办的大学,但我也是辅仁大学的校董,不是奇怪吗?还在三十年前,陈垣(援庵)和一位美国传教士来看我。他们说国民政府颁布的《私立大学组织法》必须设有一个校董会,请我担任他们的校董。我说,我是一个无神论者,怎么可以当天主教的大学校董呢?他们说这点没有关系,无论如何请我担任……最可怪的,那时辅大的校长要请陈垣担任。陈垣是个基督教徒,他们已用新教的教徒来作旧教大学的校长了。那时,三十年前,天主教的工作虽已深入民间,实在拿不出一个可做大学校长的人来。在南方,马相伯当了震旦大学校长了,北方没有人,只好请新教的陈垣来当校长了。③

---

① 伍英贞致 F. H. H 函,1925 年 7 月 30 日,伦敦会档案,香港浸会大学特藏,MFC 266. 00951 L846CN - No. 488。

② 在信中,伍英贞行文随兴而至,曾谈及尚未示人的个人打算,还拿当天的天气开玩笑:"暴雨连天,将全世界的蒸气留下来,一天到晚人都像从水里捞出来的。"这些都证实此信为非正式函件。见伍英贞致 F. H. H 函,1925 年 7 月 30 日。

③ 胡颂平编著:《胡适之先生晚年谈话录》,台北联经出版事业公司 1984 年,第 134 - 135 页。

胡适与陈垣至迟相识于 1922 年,这年陈垣开始兼任北大国学门导师,时胡适也在北大任教。1932 年至 1937 年,他们同住在后门内米粮库,作了近五年邻居,彼此交往论学非常频繁,关于《四十二章经》的那场著名辩论就发生在这段时间①。抗日战争时期陈垣居留北平,他最想念的三位学术诤友就包括胡适,陈垣说没有他们"吾文遂无可请教之人矣"②。至 1949 年两人最后一次通信,陈胡至少有三十年之友谊。二人相熟应该是陈垣邀请胡适担任辅仁大学校董的原因之一,上文所引即胡适对此事的回忆,其中胡适提到自己是无神论者,却被邀请任天主教大学校董。事实是 1929 年辅仁大学急于向政府备案,而教育部规定董事会里中国人必须超过半数,所以董事会成员是否教徒并不是问题。胡适提出的陈垣是新教徒却担任天主教教大学的校长,倒确实是一个值得探讨的问题。胡适对此的解释是否恰当姑且不论,但是这一问题的提出本身,却恰恰印证了陈垣的基督徒身份。

以上三条资料,加上傅泾波的回信,则有教内教外、当年实证及友朋回忆等各种资料,据此,陈垣是基督教新教徒可以说基本确定无疑。不仅如此,陈垣早年还是一个比较热心的信徒,参与过不少教会的活动。

二、陈垣之教会活动

陈垣所在的北京市缸瓦市教会,是英国伦敦会(London Missionary Society)最早在华北设立的教会。严格讲,"伦敦会不是一个教会,乃是……一个布道差会",它是 1830 年代欧洲教会萎靡不振的时候,几个热心的信徒在伦敦成立的③。在伦敦会任职者或派到国外工作者,都不限定于某个差会,诚静怡将伦敦会的这种精神形容为"教大而会小,教先而会后"。差会机构的这种开放性某种程度上造就了其政策上的开放性。早在

---

① 1930 年 11 月 28 日,胡适在米粮库 4 号租下新宅,1932 年 8 月 21 日,陈垣搬家到米粮库 1 号,二人毗邻而居五年,直到 1937 年 7 月 7 日陈垣搬家,8 日胡适南下参加庐山谈话会。胡适后又到美国,二人到抗战胜利才又见面。以上据陈智超:《陈垣与胡适》,龚书铎主编《励耘学术承习录》,北京师范大学出版社 2000 年,第 231、234 - 243、249、251 页。

② 另二人为伦明和陈寅恪。见陈垣致陈乐素函,1940 年 1 月 7 日,陈智超编注《陈垣来往书信集》,上海古籍出版社 1990 年,第 643 页。

③ 陈国邵:《华北伦敦会》,《中华基督教会年鉴》第 10 - 11 期,1929 - 1930 年,第贰部分,第 28 页。

1910年代，伦敦会就有推动中国教会自治的看法①。如此则不难理解中国著名的教会自立领袖诚静怡、宝广林都出自于伦敦会。在宝广林的领导之下，缸瓦市教会一度成为北京基督教会改革的先锋，也成为基督教界自由派知识分子的活动中心之一，甚至是"闻人和学人群愿往来之地"②。

在缸瓦市教会，陈垣是一位威望甚高的教友③，教会的大事多邀请他列席参与意见，因此他对该教会的自立运动有一定参与。

例如他参加了1923年缸瓦市中华教会自立的讨论。在20世纪初，缸瓦市教会是中国基督教自立运动中的典型之一。从全国来看，自立的方式大体有三种，一是信徒自发组织筹款建堂，与传教士无关，比如山东登州的"筹恩传道会"；二是通过与西方传教士斗争争取，比如天津的自立运动；第三种则是与传教士和平协商达到自立④。缸瓦市教会属于第三种，其原本属于英国伦敦会，而伦敦会的传教士对中国人的自立愿望尤其支持，同时伦敦会的中国信徒对传教士也表现出相当的尊重，所以自立的过程平稳且成功。

缸瓦市教会的自立活动至晚始于1920年宝广林从英国留学归来。宝广林本来就是伦敦会教友，1916年他被派到英国读神学，毕业后不久回到缸瓦市教会作牧养工作，同时他也联合临近的米市教会，北京市青年会等致力于教会的改造和自立事业。1921年10月，缸瓦市教会成立自立筹备委员会，翌年起草规约，最后形成了长达4页的《北京缸瓦市中华基督教会现行规约》。规约是由刚刚在缸瓦市教会受洗的舒舍予（本名舒庆春，即老舍）负责起草的，从起草到颁布总共经过了三轮讨论⑤。其中最后一轮在1922年11月，有堂议会的全体议士参加，并聘请王山春

---

① 参见 Norman Goodall, *A History of The London Missionary Society* 1895 – 1945, London New York Toronto: Oxford University Press, 1954, pp. 222 – 225。

② 谢扶雅语，见《陈援庵受洗入教考》，《谢扶雅晚年文集》，台北传记文学出版社1977年，第152页。此文与前引《传记文学》上的《陈垣受洗入教问题——五四时代自由气氛中的一个插曲》内容大体相同，惟论述角度略有差异。

③ 例如缸瓦市的传教士伍英贞称他为"中国伟大的历史专家"，见伍英贞致F. H. H函，1925年7月30日。

④ 参考二忘（王治心）：《教会早期的自立运动》，《天风》1957年第13、14期；顾卫民：《基督教与近代中国社会》，上海人民出版社1996年，第447 – 453页。

⑤ 第一次在1921年10月，由堂议会推选出的起草委员和其他教会的几位牧师讨论；第二次在1922年7月，邀请北京各教会及男女青年会领袖前后共有50人作了反复讨论，订出草案。舒舍予：《北京缸瓦市伦敦会改建中华教会经过记略》，《中华基督教会年鉴》第7期，1924年，第70页。

女士、陈援厂、齐德义、陶森、广颂延、广安一、齐广芳等七人发表意见，获得完全通过后召集全体教友开会，随即1923年1月28日宣布缸瓦市中华基督教会正式成立。这里提到的陈援厂即是陈垣。“厂”是“庵”的异体字，“陈援厂”就是“陈援庵”。陈垣参加了第三次也是最后一次缸瓦市教会自立规约的讨论，这次讨论历时颇长，据老舍记载：“经四小时，以虔诚之祈祷、细密之研究”，规约才获得“完全通过”①。

又如上文提到的1925年5月教会女校预备转归华人管理，他被委任为“女校管理董事会”董事。这里的女校指伦敦会萃文女校，在当时收回教育权运动的背景之下，校长伍英贞认识到不论是中国政府的要求还是差会的长远打算，学校转给中国人管理已是大势所趋，因此她主动与宝广林商量此事。随后设立的“管理董事会”成为学校正式转让之前的过渡型管理机构。董事会七人以中国人居多，共四位，除陈垣之外有吴雷川、宝广林、陈筱庄和宝广林，都是当时颇有声望的著名人士②。

再如1925年9月他被选为缸瓦市中华基督教会的“议事会委员”。缸瓦市中华基督教会虽已于1923年成立，教会费用已开始由信徒筹募，但是教会的自立并未完全达到，中华基督教会主任宝广林的薪俸仍来自伦敦会③。事实上宝广林的工作一直受到英国伦敦会方面的高度赞赏，曾将他的工资一涨再涨④，但是1925年宝广林坚决向伦敦会辞职，以便真正实现自立。获得批准后，缸瓦市中华基督教会继续聘请他为议事会主任，陈垣等三人被推举为委员，“担任调查筹画该会经济的责任”等⑤。据《北京缸瓦市中华基督教会现行规约》规定，议事会是缸瓦市中华基督教会下设的一个重要机构，有决定牧师之进退、审查慕道者信仰等诸多权力，“议员”（即议事部委员）则是由投票选举出来的⑥。由此可见，在缸瓦市教会，陈垣相当具有威望并受到推重。

除了在教会管理上任一定职务之外，1925年春，陈垣还担任缸瓦市教会的“教会神学研究班”导师，教授“中国基督教史”。研究班是为了

---

① 舒舍予：《北京缸瓦市伦敦会改建中华教会经过记略》。

② 见伍英贞致F. H. H函，1925年7月30日。

③ 《缸瓦市教会自筹主任薪俸》，《真理周刊》第3卷第26期（1925年9月27日）新闻。

④ 最初在1920年为每月40元，1922年涨为80元，1925年的时候已是每月120元。见英国伦敦会档案，香港浸会大学特藏，MFC 266. 00951 L846CN - No. 465, 492, 493。

⑤ 另外两位委员是陈筱庄、苏餍生，见《缸瓦市教会自筹主任薪俸》，《真理周刊》第3卷第26期（1925年9月27日）新闻。

⑥ 舒舍予：《北京缸瓦市伦敦会改建中华教会经过记略》。

给平信徒以神学训练，预备将来施行洗礼、圣餐等宗教仪式。这是宝广林向伦敦会辞职之后的又一惊人之举。依教会惯例这些仪式只能由被按立的牧师施行，但宝广林主张"平信徒亦可以执行此两仪式，惟执行此项仪式者，先受相当的神学训练"①。研究班自1925年3月8日开始，共有三个课程。每个课程均四次，每星期一次，在星期日下午四时，加入研究者有三十余人②。

缸瓦市教会之外的活动，陈垣也有参与。实际上对于中国基督教教会的改造和本色化等问题他一直很关注，为此他参加了"北京基督徒中华教会问题讨论会"。该讨论会由真理社发起，吴雷川任会长，吴耀宗为书记，第一次会议于1923年3月15日在青年会举行③，陈垣参加的是第三次，于1924年4月26日、27日在北京西山卧佛寺举行。这次到会者多达27人，其中包括真理社的8位成员以及多位来自燕京大学的老师及其他北京基督徒。这次会议也是一次退修会，安排有礼拜和圣餐和两次灵修活动，据说"与会者很受感动"。在浓厚的宗教气氛中，大家讨论了中国教会的信条、组织、事业和与差会的关系等，在中国教会和差会的问题上讨论了四次，最后一致通过了八条意见④。综合起来这些意见可分为五层内容：第一，关于中国教会的定位，就世界而言是"全世界教会本体之一"，就中国而言则超越宗派区域之分；第二，关于中国教会的概念，以中国国民信徒为主体，中国信徒需担负责任，在仪式礼节、管理事工诸方面都要根据中国的心理习惯经验和文化而随时改变；第三，关于中国教会的改造，其必要性和实验性；第四，关于外国差会之参与，教会改造是由中国人自己实验实行，不要西差会干犯，但不排除其同情地援

① 宝广林认为牧师不应当专任，否则容易与真正的生活脱节，只是懂得宗教或只懂得灵性生活，而不懂得真正的生活。并说自己作的是培训信徒和教会干事的工作，而不是行牧师职责。他认为宗教仪式与宗教本身无关紧要，不必非要牧师来作，"任何信徒"均可主领圣餐和施行洗礼，当然主领者必须受到会众的尊敬，且配得上行圣职。见宝广林《我为什么不作牧师》，《真理与生命》第1卷第5期（1926年6月15日）第119－120页。

② 另两个课程分别为吴雷川任导师的"耶稣与孔子"和李荣芳博士指导的"旧约的研究"。《缸瓦市教会神学研究班开班》，《真理周刊》第2卷第52期（1925年3月22日）新闻。

③ 《北京基督徒中华教会问题讨论会》，《真理周刊》第1卷第52期（1924年3月23日）新闻。

④ 参加者有真理社成员八人：吴雷川、宝广林、彭锦章、陈国梁、李荣芳、张钦士、吴耀宗和胡学诚，有霍德进（中华基督教协进会干事）、巴乐满（中华基督教协进会委员）、麦乐意、陈立廷，以及刘廷芳、简又文、洪煨莲、韩玉山、邓秀琳、陈再新、陈援庵、陈彬龢、马季良、钱星海、林述文、杨苑林、高凤山诸先生和诚冠怡、李铭忠二位女士，共27人。《中国教会问题讨论会退修营的效果》，《真理周刊》第2卷第6期（1924年5月4日）新闻。

助;第五,对中国教会的期望,是以独立的人格和救国救民的责任,建设中国教会并求天国在地上完成[①]。

建设一个属于世界的、超越宗派的中国人自己负责的"中国教会",又何尝不是陈垣本人的殷切希望。他很少直接参与教会的改造和建设工作,但是他却是以自己的方式——授课或者演讲,通过影响学生或者听众间接地参与中国教会的建设。在北京基督教界,陈垣主要是以学者的身份出现,因研究各宗教历史的卓越成就而闻名。

例如1923年陈垣开始在燕京大学神科(1925年3月改称宗教学院)教书,神科科长刘廷芳评价陈垣为"宗教比较学专家",称他的加盟大大地提高了学院的声望。然而在燕京教书的第一年,陈垣却是无偿服务,虽无任何薪酬,但他坚持每周授课两个小时几乎是风雨无阻[②]。1924和1925年,陈垣连续参加了第四、第五两届直隶学生立志传教团[③]的退修会,并应邀作演讲,两次退修会地点都是在西山卧佛寺举行,讲员也有重迭,1924年5月2-5日[④]第四届的讲员有沈嗣庄、宝广林、陈援庵、洪煨莲、刘廷芳、霍德进,加上带领讨论的简又文共七人。除了霍德进之外,其余六人全部又参加了1925年4月24-27日的第五届。第五届的讲员增加了朱有渔、万卓志、司徒雷登、赵紫宸四人。1924年演讲的主要题目有:中国学生信徒当如何将基督介绍给国人,今日的团员与明日的教会,今后团员当如何努力等。1925年则以"中国所需要的基督徒"为总题[⑤]。

---

① 《关于中国教会和差会问题的意见》,《真理周刊》第2卷第7期(1924年5月11日)新闻。

② 见刘廷芳致司徒雷登函(1924年3月21日),函中说:"陈垣非常守信,坚持每周授课两个小时,这期间他只告假一两次,还是因为国会有重要的事务,他的住所相当遥远,而他本人又那么繁忙,所以他作到这一点非常难得。"亚洲基督教高等教育联合会档案缩微胶卷,存香港中文大学文化与宗教研究系,184卷,第2页。关于陈垣与燕京大学神科的关系,可参考徐以骅的研究:"据早先司徒雷登的安排,陈垣来燕大授课纯属义务,此种安排颇有轻视陈垣之嫌,故在校外引起非议。陈垣本人自然耻谈报酬之事,但他在1924年3月的某一场合对刘廷芳当面表示,因路远明年请辞神科讲席。刘翌日便上书司徒,建议发给陈垣正式聘书,一如北大的作法;作为礼遇另给车马费每月50元,以为补救之策。"徐以骅:《教会大学与神学教育》,福建教育出版社1999年,第85-86页。

③ 1919年,著名传教家穆德来到中国,为了鼓励中国青年基督徒为基督教终身服务的决心,他发起了"白十字架团"(在华北称学生立志传道团)的青年团契组织,后来也成为基督教青年会的一个机构。钟向阳:《广州基督教"白十字架团"》,《岭南文史》1999年第2期。

④ 也就是说,1924年4月26-27日陈垣在西山卧佛寺开过"北京基督徒中华教会问题讨论会"退修会之后仅一个星期,就再次来到卧佛寺,参加了5月2-5日的"直隶学生立志传道团退修会"。

⑤ 《直隶学生传道团退修》,《真理周刊》第2卷第5期(1924年4月27日)新闻;《传道团退修会的佳况》,《真理周刊》第2卷第7期(1924年5月11日)新闻;《学生立志传道团退修》,

总体看来,两年退修会的讲题基本是围绕中国基督徒的使命为何及如何实现展开的,可惜陈垣的讲题未能查出。

研究中国基督教史的人都知道,陈垣曾在一次演讲中提出了著名的"基督教入华四期说",即唐朝景教,元朝也里可温教,明清天主教和清末来华的耶稣教。这一历史分期被很多学者所接受,并且一直沿用至今。可是,很少人知道这次演讲的背景,也从未有人提及演讲的时间、地点和听众,能够查到的只有"华北第十六次大学夏令营,陈垣讲,何志新记录,原载《真理周刊》第2卷第18期(1924年7月27日)"①。

实际上,这也是一次由基督教会方面举办的营会。查找比对过《真理周刊》创刊至第2卷第18期共两年多的新闻报道后,可以知道:华北大学夏令营是基督教青年会组织的,属于全国基督教学生运动的一部分②,每年均有特定的主题,大、中、小学分别进行。1924年以"耶稣和我的人格"为主题③,为期一周,从1924年6月28日开始,至7月4日结束,地点仍然在北京西山卧佛寺。这次夏令营规模很大,大学与中学合聚,参加的学生共180余人,"领袖"40余人,合计二百多人。青年会是基督教机构,但是青年会的活动却是面向教内外的,因此夏令营的参加者有基督徒也有非基督徒。营会安排有听演讲、查经等各种活动,从"有人决志"信主来判断,营会最后一天的晚会上很可能有定志会,使得二十多位大中学生当场决定皈信基督教④。若从基督教会的观点来看,可以说夏令营非常之成功。

今天我们无法判断陈垣在夏令营中的演讲是否是促使非基督徒转变的因素,但是他的这次演讲无疑是激励人心的,尤其是在演讲末尾所发出的号召,相信在场的基督徒和非基督徒都会留下深刻的印象。

讲完基督教入华四个时期,陈垣对基督教未能融入中国文化发出了深深的感叹。他说:"惟吾总觉得基督教文化未能与中国社会融成一片,

---

《真理周刊》第三卷第2期(1925年4月12日)新闻。另据以上新闻,1924年参加学生共102人,其中男团员71人,女团员31人。

① 《陈垣学术论文集》(一),中华书局1980年,第92页。

② 例如《学生事业华北区代表会议》,《真理周刊》第1卷第46期(1924年2月10日)新闻。又《大学夏令营开领袖会》,《真理周刊》第2卷第10期(1924年6月1日)新闻。

③ 主题是由1924年1月19日–20日在上海召开的全国各区夏令营执行干事会议上决定的。《全国夏令营执行干事会议》,《真理周刊》第1卷第45期(1924年2月3日)新闻。

④ 《卧佛寺夏令营盛况》,《真理周刊》第2卷第17期(1924年7月20日)新闻。

深入人心,至为憾事。”以文学为例,他说旧约的诗篇和雅歌“皆极有文学兴味,何以百年来未见有以此为诗料者?”寺庙、僧人可以入诗,为什么“福音堂、牧师、神甫不可入诗?”①

转而他说:“吾为此言,吾人必有极懊丧者,然试将基督教与佛教比较,则其进步之经过,亦可令吾人乐观,只须吾人觉悟及努力耳。”令人乐观的是因为佛教入中国三百年,才有佛语入诗,而天主教入华只百年,已有士大夫与之唱酬,甚至有以主祷文入诗者②。陈垣进一步分析唐代的景教和元代也里可温教,“求人之赞许,固然不可得,即求人之攻击,亦不可得,又何怪其随时代以俱灭耶”。陈垣认为天主教之入诗“可谓基督教化的文学”,且“必如此方见基督教与中国文化有关系”。

最后在结论中,他将听众从历史带入现实,引发学生们的思考和共鸣:

> 古语云“前事不忘后事之师”,乾嘉以前,中国声明文物,为西人所羡,故耶稣会士,通汉学者极多。道咸以来,中国国力暴露无遗,陵夷以至今日,欲求西国诸人,从事华学难矣。此事亦唯中国人独自努力已矣。且从前传教极难,西国诸友,已冒险开其途径。今号称信仰自由,吾人不努力,不能使基督教在中华文化史上占有地位,又何以对此前外国诸友也?③

他说与明清之际相较,现在中国国力陵夷绝不能比,而西方传教士也很少学习中国文化者,靠西方传教士将基督教融入中国文化似乎不太可能了,那么“唯中国人独自努力已矣”。末句尾“从前传教极难,西国诸友,已冒险开其途径。今号称信仰自由,吾人不努力,不能使基督教在中华文化史上占有地位,又何以对此前外国诸友也?”这句话既表达了陈垣的信仰立场,又展现了他对基督教的殷切期待,事实上个人认信和对基督教的承担感,也正是构成陈垣宗教信仰的两个不可或缺的方面,是我们理解这一时期陈垣的关键。

---

① 陈垣:《基督教入华史略》,《真理周刊》第2卷第18期(1924年7月27日)。

② 沈光裕赠汤若望诗:“皆出而行地,历成吾道东,君粮不徒与,我信岂成空。”陈垣:《基督教入华史略》。

③ 陈垣:《基督教入华史略》。

三、陈垣之信仰表达

在信仰的个人认信方面，陈垣果真没有作出过任何表白吗？今人的确很难从陈垣的著述中找到其信仰的痕迹，这是由于有些篇目散佚难寻，而今日流传较广的文章又往往是经过了作者或编者的编订所致。笔者于是就此下大功夫，搜寻到陈垣著作的一些早期版本，以及见于其著作目录，却从未之见的序跋文章，发现其中多次流露心迹，有很明显的信仰表达。

陈垣对基督教的好感经已有年，最早缘于早年父亲生结石病，中医无能为力，由传教士施以西医手术而得以痊愈，这也成为 1907 年陈垣入读博济医学院的原因之一。他认真读圣经则至少开始于 1915 年。那时他尝试以"乾嘉诸儒治史之法，治旧新约，有所获辄随手记录"，如此"八年以来，遂积巨帙"①。

1917 年是陈垣一生发生最大转折的一年，这一年他发表了生平第一篇史学论文，从此一鸣惊人。这年春陈垣已经发愿著"中国基督教史"，因借阅这方面的书籍而与著名天主教人士英敛之相识，之后他以英氏主持"辅仁社"之习题"元也里可温考"为题目，写出《元代也里可温考》。文章一经发表便声震学界，陈垣也凭借此文一举成名，从此跨入历史研究行列。这年陈垣出访日本受到当地学者的盛赞，他治学之自信因而大增，在东京对朋友写道："拙著《也里可温》，此间学者，颇表欢迎，将引起此邦学者之注意，他日所得，当不止此。"②其意气风发溢于言表。

正是在 1917 年的成名作中，陈垣第一次表露了自己的宗教信仰。笔者未能见到第一版的《元代也里可温考》，不过见到了四个月之后，即 1917 年 8 月改定 9 月印行的第二版和 1918 年 5 月刊登于《东方杂志》的同一版本，第二版改名《元也里可温考》③，在文末，陈垣总结说"元也里可温历史遂以大明"，之后发出了"谓非上主呵护之灵俟时而发曷克臻

① 陈垣：《旧约三史异文考》，《真理周刊》第 1 卷第 2 期（1923 年 4 月 8 日）。

② 陈垣致慕元甫函，1917 年 12 月 8 日，陈智超编注《陈垣来往书信集》，上海古籍出版社 1990 年，第 9 页。

③ 1934 年的定本又改题目为《元也里可温教考》。

此”的感叹，意谓文章的写成端赖圣灵之呵护。谢扶雅曾评论“此末尾的三句，非有虔信圣灵时予以感迪的人不能走笔”①。谢扶雅先生是中国著名的基督教学者，这样说一定有自己的宗教经验作为依据。更明显的是，陈垣在提到“上主”时，又以中国文人为尊者讳的习惯特意在前面空一格，于此，陈垣对上帝的敬意可谓不言自明②。

1918 年，陈垣第一次表达了他的宗教经验，并再次提到自己的宗教信仰。从 1918 年开始，陈垣开始校勘整理明清基督教旧籍，他校勘的第一部书是明末天主教徒韩霖用明太祖圣谕宣讲基督教义理的著作《铎书》③。在 12 月撰写的《重刊铎书序》中他说：“迩年以来、余笃信敬天爱人之学、以为非此不足以救世。”④“敬天爱人之学”即指基督教。陈垣评价《铎书》：“于敬天爱人之旨，独标新义。扫除一切迂腐庸熟之谈，其真切感人，能令读竟忘其循例宣讲之书。渊然以思，蘧然以觉，泰然以安，而凡与生俱来及习俗熏染之种种恶德，如骄、如傲、如忿、如妒、如吝、如

---

① 见谢扶雅：《陈援庵受洗入教考》，《谢扶雅晚年文集》，第 152 页。

② 蔡尚思在谈到陈垣的宗教思想时，曾提到“他以前对宗教，曾说过‘上主呵护之灵’”，或是指陈垣的信仰倾向，见蔡尚思：《陈垣同志的学术贡献》，载《陈垣校长诞辰百年纪念文集》，第 26 页。方豪也认为：“‘上主’二字之上且空一格以示敬，俨然教徒口吻也。”方豪：《民初马相伯、英敛之、陈援庵三先生之交往》，（台北）《东方杂志》复刊第 6 卷第 8 期，1973 年 2 月，第 22 页。

③ 陈垣校勘的《铎书》至少有四个版本，均于 1919 年出版：一版为民国八年春（《陈垣年谱配图长编》称 1919 年 5 月）初版的，未标点，二版为 6 月，三版为 8 月，四版为 9 月新会陈氏校刊本，有“一九一九年九月再识”。前三版严格讲只是重印，此处依陈垣提法。第四版加了点读，版面上有所变化，陈垣曰：“是书初次活版，晋人殆我数百本，顷刻散尽。本年六月遂重付活版，同时友人慕君再版于溧阳。今天津有人又属为重印，此其第四版矣。”笔者所见，为一版和四版。以上四个版本最早述及者为刘乃和，但是误将“序”写成“跋”，且将第一版系于 1919 年夏，后三版本时间一致。见《陈垣同志已刊论着目录系年》，《陈垣校长诞辰百年纪念文集》，第 97、98 页。上述纪念文集正式出版后命名为《励耘书屋问学记——史学家陈垣的治学》，三联出版社 1982 年；王明泽在 2000 年的专著中订正了“序”非“跋”之误，但一版的时间与刘乃和同，见氏著：《陈垣事迹著作编年》，广西人民出版社 2000 年，第 269 页；王参与编写的配图长编，正文处将一版系于 1919 年 5 月，唯附录《陈垣已刊论着系年》仍称一版的时间为 1919 年夏天，见刘乃和等：《陈垣年谱配图长编》，上册第 85、86、88 页，下册第 876 页。笔者此处依长编正文说。

④ 陈垣：《重刊铎书序》，韩霖着：《铎书》，第一版（1919 年春）及第四版（9 月新会陈氏校刊本）。陈乐素最早提到《铎书》中有这句话。陈乐素：《陈垣同志的史学研究》，氏著：《求是集》（第二集），第 204 页；陈乐素：《陈垣》，载陈清泉等编《中国史学家评传》（下册），第 1248 页。孙邦华曾提到后来的许多刊本将此话删去，孙邦华：《身等国宝 志存辅仁——辅仁大学校长陈垣》，第 64 页。李凌瀚比较过香港中文大学崇基学院图书馆的一、四版（张祝龄藏本）与中华书局 1980 年版本之后，发现原序言约 30% 的部分已被删去，他对校勘缘起及删减问题的详细论述，见李凌瀚：《〈铎书〉书史：明代版本、各地收藏与现代重刊》，载李炽昌主编《文本实践与身份辨识：中国基督徒知识分子的中文著述（1583—1949）》，上海古籍出版社 2005 年，第 141 – 155 页。

怠、如餮、如淫等，均将飘然远飏，不敢为祟，而其人乃可以见上帝，是真救世之奇书也。”[①]陈垣认为该书以新的方式阐述了基督教的道理，读过之后可去除不良道德，甚至脱去旧人成为“可见上帝”的新人。陈垣感到读该书可以突然觉悟，并达到身心泰然的平安感觉，以上虽然出自于阅读他人对基督教之阐释，但不妨将此看做是陈垣对基督教的感受。

1919年，陈垣发表了他对“罪”的看法，可以看做陈垣的信仰告白。这是陈垣为金陵神学院教授、《神学志》主编陈金镛之《罪言》所作的序，作于1919年3月，全文如下：

> 宗教上所谓罪，异乎法律上所谓罪也。宗教上所谓罪，自觉而已，人不觉也；神知而已，人不知也。罪而至于为人所知觉，则国家刑罚得制裁之，否则，社会清议亦得制裁之，毋庸宗教家之喋喋为也。十诫有曰：毋杀人，毋奸淫，毋贪人所有，岂以事实论，以行为论哉？亦问其心之有无此动念耳！今人抚心自问，辄曰吾生平未尝为恶，此真不自觉之甚也！以孔子之圣，曰假我数年，五十以学易，可以无大过，岂真谦词云耳哉？过之有无（按：原文用；笔者改为无），惟孔子自知耳！若必以人所知者方为恶，则何需乎慎独？何贵乎能见其过而内自讼？然则天下之抚心自问，以为吾生平未尝有大过者，妄亦！即此一念，已犯文过饰非之罪，不可救药矣！夫人必自觉有病，然后肯求治，今乃不自觉其有罪，奚肯求涤罪之方哉？所以谓不可救药也！陈子敏应忧之，着罪言若干章，示人以认罪之法，涤罪之方；始吾读陈子言，而觉吾身无处非罪，踞蹐而不自安，继吾读陈子言，而觉吾罪虽多，然可藉神之力，以为驱除，吾心乃稍自慰，而终则泰然以安也。陈子索序，因即以吾所觉为序。一九一九年三月新会陈垣序。[②]

这篇告白有三层内容，在第一和第二层，陈垣从中国人普遍熟悉的概念想法入手，一步步阐述基督教的道理，可谓深入浅出。第一层阐释关于

---

① 陈垣：《重刊铎书序》，韩霖着：《铎书》，第一版（1919年春）及第四版（9月新会陈氏校刊本）。

② 陈垣：《罪言序》，《上智编译馆馆刊》第2卷第2期（1947年3、4月），第147页。陈乐素在《陈垣同志的史学研究》中曾引用过罪言序中从“始吾读陈子之言”至“而终泰然以安也”一句。氏著：《求是集》（第二集）第204页。陈乐素：《陈垣》，载陈清泉编：《中国史学家评传》（下册）第1248页。

基督教之罪的概念。一般中国人对罪的概念，就是“犯罪”，陈垣首先将这种“法律上的罪”与“宗教上的罪”相辨别：基督教上说的“罪”不单指人的恶行，而且包括人的恶念，所以有没有罪别人未必知道，但是自己知道，神也知道；而法律上的罪，已经到了为人所知的程度。陈垣举例说基督教的十诫，不仅仅以“事实”和“行为”论，还要问内心有没有动恶念。第二层关于认罪悔改。一般中国人对罪的反应是，“吾生平未尝为恶”，陈垣以儒家的慎独自省精神来反驳“未尝为恶”和“生平未尝有大过”的想法。他反问道，假如别人知道的恶才是恶，那何须倡导“慎独”？何须倡导自省（“能见其过而内自讼”）？正如人认识到自己有病才会求医，若不认识到自己有罪，怎么可能去洗涤罪过？字里行间他隐含的意思似乎是人人有罪，人人需要认罪。在第三层，陈垣剖白了自己对罪的感受。陈垣说初读《罪言》感到自己浑身都是罪（“无处非罪”），因此非常不安拘束、不敢有一丝放纵。再读《罪言》才认识到自己虽然有很多罪，但是凭借神的力量可以驱除（“觉吾罪虽多，然可藉神之力，以为驱除”），既而感到安慰，最终达到平安。整个告白在阐述了罪的概念、认罪的道理，和自己的认罪悔改之后，最后提到自己感受的变化：从不安到安慰到完全平安。他对平安感觉的描述——“泰然以安”，与四个月前所作铎书序言中的描述完全一样，这不能不说是表达了陈垣对于洗涤罪愆，脱旧换新之后的内心平安之深切盼望。陈垣反复强调人之罪“神知而已”，也非常庆幸借助“神之力”可以除罪涤罪，也正预示着他要接受“神”（God）①作为自己的“救主”。

1919 年，是陈垣写作有关基督教的文章数量最多的一年，他继续校雠刊印了一些明清耶稣会士和著名天主教徒的名篇，并写出多篇序言或识记。1919 年 5 月校勘毕方济著作《灵言蠡勺》，有《重刊灵言蠡勺序》，8 月校勘利玛窦的《辩学遗牍》和艾儒略的《大西利先生行迹》，有《辩学遗牍序》和《大西利先生行迹识》，10 月为英敛之校勘的《主制群征》三版作跋。这一年，陈垣接连为几位朋友的著作写序跋，比如为英敛之作《万松野人言善录跋》，为张纯一作《耶稣基督人子释义序》，为陈金镛作《罪言序》，此外还为一封吴渔山致王石谷书信作跋。这年 7 月，陈垣撰写了近五千字的长文《浙西李之藻传》，是陈垣“基督教人物四传”之一，11 月，又完成了《开封一赐乐业教考》，是继《元也里可温教考》之后的“古

① 在基督教内，信徒往往不是直接称呼“上帝”而是称“神”、“天父”或“主”。

教四考"系列之第二篇。陈垣以基督教著作起家,这方面的文章著作共有三十多篇(部),仅1919年一年就有九篇,几乎占三分之一,而此前1918年仅作两篇,此后的1920年和1921年未有基督教著述发表,以后其研究兴趣扩展,就再没有集中撰写过基督教方面的文章。1919年可谓是陈垣基督教研究的丰收年,也是他研究基督教兴趣最浓厚的时期,结合这年他发表的信仰告白,正好印证了傅泾波之回忆,陈垣的受洗时间很可能就在1919年左右。

1929年陈垣五十寿辰时,曾自作一首《偶题》诗以自娱:"青苍万丈消磨尽,已去流光不再还。学道未能伎墨井,写诗何敢和龟山。"①末句谈作诗,事实上从这年陈垣开始学作诗,此处即自谦学诗未成。第三句之"墨井"是指清初著名画家吴历,字渔山,号桃溪居士,又号墨井道人,他晚年入教,并成为由华籍主教祝圣的首三位的华籍神父之一,陈垣对他推崇备至②。"学道墨井"分明道出了他对基督教信仰的追求,"未能"则显然也是自谦。1938年日军侵华烽火四起时,陈垣对南方家人"至为系念",在家信中有"无奈何,惟有祷求主祝福各位而已"以及"潜久未离校,颇担心,惟有盼祷其平安而已"等句子,可见截至抗战初,他还是保持着一定的基督教信仰,特别在危急时期他会向上帝祷告。③ 然而,1927年,陈垣的私淑弟子方豪曾写信询问陈垣是否基督教徒,曰:"晚自闻先生名,即思先生或已同为教友。今嘉兴有来自苏北之修士,道先生为耶稣教教友,其然?岂其然乎?"陈垣却回答说:"承询予是否为耶稣教教友,亦应有一问。余数月前,曾演讲回回教入中国历史,人多疑余为回回教徒。近为辅仁大学校长,人又疑我为天主教徒。不知我实一宗教史研究者而已,不配称某某教徒也。"④当然这也可以理解成是学者的自谦,但显然他并没有给出明确的答案,致使时隔近半个世纪之后,方豪对此仍没有把握,只好说:"或谓援庵先生奉基督新教,加入伦敦传道会,或谓由司徒雷登授洗"⑤云云。

---

① 刘乃和:《陈垣与诗》,氏著《历史文献研究论丛》,广西师范大学出版社1998年,第247页。

② 在"基督教人物四传"中,陈垣对吴渔山的研究最多,他还为吴渔山晋铎二百五十周年专门写过纪念文章。

③ 潜指友潜,陈垣的次女。见陈垣至陈乐素函,1938年6月5日,7月19日。陈智超编注:《陈垣来往书信集》,第638、639页。

④ 方豪:《与励耘老人往返书札残剩稿(一)》,(台北)《传记文学》第19卷第5期。

⑤ 方豪:《民初马相伯、英敛之、陈援庵三先生之交往》,《东方杂志》复刊第6卷第8期。

事实上,陈垣的基督教研究以及对基督教信仰的表达都是集中在1920年代中前期,之后他渐渐淡出基督教界,在公开的场合确实越来越少提及自己的基督教信仰。就笔者看来,陈垣隐晦自己基督教身份首先有自身的原因:第一,陈垣未能履行一夫一妻制,与基督教规定相悖。陈垣幼年时被过继给三伯,"兼姚三房和五房",因此1898年陈垣18岁时,家族"依例为他迎娶两位妻子"①,分别是邓照圆与吴淑媛。至1913年陈垣当选议员,移居北京前,已与之育有四子三女。然而陈垣1913年"徐惠玲女士到京,同陈垣一起生活",后育有一子三女②,此时陈垣有三位夫人。1918年,吴淑媛送乐素与仲益二子赴日留学,归途中不幸落水而卒,此后陈垣也同时有邓、徐两位夫人。伦敦会缸瓦市教会接受了陈垣作基督徒,或许表示教会认可他的家庭状况,但是陈垣心中未必不会觉得有愧,感到未能真正活出基督徒的样式,"不配称某某教徒也"所表达的就是这种感受。对于身边熟悉的朋友,应该知道陈垣的基督徒身份,例如上文提到的胡适和吴雷川,也应知晓他的家庭状况,例如陈垣在北大和辅仁的同事沈兼士就曾来信谈及陈垣拟移家大连事③,陈垣对此事无需解释,但是对于演讲的听众或像方豪这样刚刚结识的年轻朋友④,陈垣可能就不需要交待自己的基督徒身份。第二,他或许是担心基督徒身份的表露会影响著作的学术性和客观性。陈垣写作《元也里可温考》时,已经对基督教产生了浓厚的兴趣,并发愿著基督教史,"上主呵护之灵"或许是真心的流露,也表现出陈垣初试身手而告捷的喜悦。可以说陈垣的第一篇史学学术论文,是以一个基督教徒的身份来作的。而此后他的学术之路越走越宽,从基督教迈向佛教、道教,诸教兼治的情况之下,"我实一宗教史研究者而已"说明了他对学者身份的强调,更乐于以宗教研究学者的身份自居,或者他在研究各种宗教的时候,就陈垣的个人信仰与宗教研究相比较的话,他对宗教研究更有兴趣,所以他很少表露自己的信仰身份,而愿意显示自己的学者身份;第三,陈垣身为基督新

---

① 刘乃和等:《陈垣年谱配图长编》(上),第23页。

② 同上书,第62页。

③ 1923年7月19日,沈兼士来函:"前天听说你移家大连的计划又告终止,信否?"刘乃和等:《陈垣年谱配图长编》(上),第133页。《陈垣来往书信集》,第70页,未标年代。

④ 陈垣与方豪自1926年11月开始通信,此时二人交往半年,方豪询问信仰之信为方所发出的第5封信,此次回复为陈垣的第3封回信,二人并不熟悉。方豪生于1910年,通信时只有十六七岁,二人相差30岁。方豪:《与励耘老人往返书札残剩稿(一)》。

教徒，却担任了天主教辅仁大学校长一职，在这职位上，他也不便公开表白自己是新教信徒的身份。公开声称自己是新教信徒，对大学和天主教会两方都不利，这或许也能解释为什么陈垣早年对个人宗教身份语焉不详，甚至被人问及是否宗教信徒时，他只能含糊地说："我实一宗教史研究者而已，不配称某某教徒也。"①

其次则与当时的大环境有关，一方面，在知识分子心目中，基督教的形象已不复民初时的光彩。对于探索救国道路的知识分子来说，基督教所代表的欧美文明，不再是国家发展的惟一方向，特别巴黎和会制订的《凡尔赛和约》更使得部分知识分子逐渐远离欧美世界，转而追随苏联的革命方式。一些持基督教救国论的基督徒知识分子也感到，基督教救国、救世的梦想在现实面前始终遥不可及；另一方面，基督教在中国民族主义运动的话语中总是与文化侵略如影随形，特别在民族主义高涨的非基督教运动之后，多数中国学者更是与其保持一定距离，即使其身为信徒也讳言自己的宗教身份，陈氏的基督徒信仰遂成后世之谜。②

（作者单位：中国人民大学清史研究所）

① 以上三点，仍有待于更多的资料去证明，且先作假定。1959 年，陈垣加入了中国共产党，此后就更不会提及曾经的基督教信仰了，而且他的宗教研究文章也相应减少，只有六篇左右（其中两篇为会议发言谈佛学教学和道教研究，四篇佛教文章谈佛牙、碑文和鉴真和尚），在一定程度上这也说明了陈垣的信仰与宗教研究的关系。入党事情参刘乃和等：《陈垣年谱配图长编》（下），第 737 页。

② 其实像陈垣这样的学者还有很多，例如许地山、老舍、晏阳初等学界名人，他们的基督教信仰也语焉不详，关于基督教对其学术、创作或社会参与的影响，他们与基督教之间的微妙关系都值得进一步探讨。

佛教的复兴与传教士的转变
——中国耶佛关系的变化(1925－1935)

李智浩

一、引　言

“中国耶佛对话”是一个有待开发的研究领域。过去,虽有学者认为基督教①和佛教在中国未曾出现过真正的对话②,但近年的研究却倾向以较正面的角度重新评估中国耶佛对话的价值③。有学者认为,中国佛

---

① 本文所用的基督教一词,除特别标明外,一概指基督新教(Protestant)。

② 持这论点的代表人物是黎惠伦(Whalen Lai),他认为基督教与佛教在近代中国从未出现过平等的交流,若与日本的情况相比,中国在耶佛对话上的成果明显地远远落后。有关的研究参 Whalen Lai,“Why is there not a Buddho－Christian dialogue in China?” in *Buddhist Christian Studies.* Vol.6(1986): pp.81－96; Whalen Lai,“The Buddhist－Christian dialogue in China,” in *Religious issues & interreligious dialogues.* Edited by Charles Wei－hsun Fu and Gerhard E. Spiegler, pp.613－631; Whalen Lai & Michael von Brück, *Christianity and Buddhism: a multicultural history of their dialogue.* Translated by Phyllis Jestice (Maryknoll, N.Y.: Orbis Books, 2001), pp.68－103. 另外,古爱华(Winfried Glüer)虽曾撰文介绍19世纪末至20世纪初传教士对中国佛教的研究,但结论部分亦慨叹来华传教士错失了与中国佛教展开对话的良机,故真正的宗教相遇和交流严格而言并未在中国的土地上出现。参 Winfried Glüer,“The Encounter Between Christianity and Chinese Buddhism During the Nineteenth Century and the First Half of the Twentieth Century,” in *Ching Feng* 11:3 (1968): pp.39－57. 还有霍姆兹·维慈(Holmes Welch,1921－1981)的研究亦认为,来华传教士的佛教研究抹黑了中国佛教的实况,使其在西方得不到公允的评价。参 Holmes Welch, *The Buddhist Revival In China* (Cambridge: Harvard University Press, 1968), pp.222－253。

③ 这类研究的代表人物是赖品超,参赖品超编著:《近代中国佛教与基督宗教的相遇》(香港汉语基督教文化研究2003年)。赖品超的研究,借用了雷蒙·潘尼卡(Raimon Panikkar)的对话理论,强调宗教外对话(inter－religious dialogue)与宗教内对话(intra－religious dialogue)的分别:宗教外对话指涉一种外在的、有形的、平等的、开放的对话形式。由于它将所有不符合上述理想的对话经验排除于讨论之外,故可说是一种对宗教对话狭义的理解;宗教内对话指涉一种内在的、个人的、心理的对话形式,是一种对宗教对话广义的理解。赖品超认为多数的宗教对话都属于宗教内对话,若以这视角来探讨中国的耶佛对话,将有助更全面和更深入地理解基督教与佛教在中国的相遇。参赖品超编著:《近代中国佛教与基督宗教的相遇》,第16－20页。赖品超的意见,一定程度上是针对黎惠伦而提出的。

教在近代的复兴,有借鉴基督教和受其影响的地方①。但基督教如何面对中国对佛教的复兴,其间它对佛教的态度又有何变化等问题,学界却较少深入的讨论,特别是就传教士群体如何理解佛教的讨论便更加少见②。佛教的复兴虽始于19世纪末,但其对中国社会的影响,要于1920年代以后才呈现。因此,本文的研究,尝试以《教务杂志》(*Chinese Recorder*)在1925年至1935年间谈论佛教的文章为窗口,探讨当时的传教士如何看待中国佛教,且在面对佛教的复兴时,他们对佛教的认识和理解有没有出现什么变化。

二、从批判到宽容:传教士对中国佛教态度的转变

没有人会否认,早期的来华传教士,对中国宗教确有很多负面的批评,特别在19世纪初,他们普遍敌视中国宗教,并以之为竞争对象。吴义雄认为,这是由于"西方观点的变化"导致的。欧洲在16世纪虽曾出现过一股"中国热"(China mania)③,但在18世纪中叶以后,西方社会伴随着资本主义的发展和科学技术的进步,无论在物质文明及精神文明上都有了相当的发展,这亦使西方人逐渐形成了一种文化优越的心态。而所谓文化或文明的标准,却是以是否接受基督教信仰来衡量的。所有非基督教国家,包括中国,都被视为"野蛮"和"落后"④。这种文化优越的心态,很大程度上限制了他们对中国文化的欣赏,尤其是中国宗教,一概被视为"迷信"和"偶像崇拜"。而在中国宗教中,由于佛教在民间有极

---

① 赖品超编著:《近代中国佛教与基督宗教的相遇》,第73-124页。

② 由于基督教是伴随西方的"船坚炮利"和"不平等条约"进入中国的,故传教士往往被视为侵略者的同谋,而他们对中国文化的研究,包括佛教研究,亦往往被视为一种文化侵略。职是之故,传教士的佛教研究一向被忽视。参顾长声:《传教士与近代中国》(上海人民出版社1981年);顾长声:《从马礼逊到司徒雷登:来华新教传教士评传》(上海人民出版社1985年)。另参Lian Xi, *The Conversion of Missionaries: Liberalism in American Protestant Missions in China, 1907-1932* (University Park, Pa.: Pennsylvania State University Press, 1997), pp. 8-10。

③ 在16-18世纪的欧洲人眼中,中国是一个繁荣富庶、政治清明、拥有优雅古老传统的理想国度。哲学家如莱布尼兹(Gottfried Wilhelm Leibniz,1646-1716)和伏尔泰(Voltair,1694-1778)等,都曾赞美及倾慕中国。参吴义雄:《在宗教与世俗之间——基督教新教传教士在华南沿海的早期活动研究》(广东教育出版社2000年),第452-454页。

④ 有关西方社会在16-18世纪对中国文化态度的改变,参吴义雄:《在宗教与世俗之间——基督教新教传教士在华南沿海的早期活动研究》,第452-457页。

大的影响力，加上它那庞大的宗教思想体系堪与基督教抗衡，故传教士对佛教亦抱较大的敌意①。他们普遍认为，中国宗教都是已过时的、缺乏生命力的信仰②。

然而，类似的批判性言论在 1925 年 –1935 年间的《教务杂志》中却甚少出现③，取而代之的，是一种较为同情的态度。例如队克勋（Clarence B. Day）④在参观“江浙祈祷和平消弭灾劫联合大会”后表示，作为一个观察者，他明白自己不能完全代入信徒的角色去了解他们的宗教关怀。然而，他相信与会者所表现的那种对超自然，对神灵的敬畏和信心是真实的，跟基督徒对上帝的仰赖没有分别⑤。虽然如此，这不代表传教士已接受了中国宗教。他们仍然批评民间信仰，只是，所根据的并非宗教理由。民间信仰不是基于“迷信”或“偶像崇拜”而被否定的。事实上，有传教士甚至接纳了民间信仰的功能性，认为它们能维持广大（没有知识的）群众的道德水平。中国民间信仰被否定，主要原因是它们不能响应

① 吴义雄：《在宗教与世俗之间——基督教新教传教士在华南沿海的早期活动研究》，第 461 –464页。

② 欧德理（Ernest John Eitel，1838 –1908）曾投入中国佛教的研究，他的结论是：“（佛教是）没有灵感的科学、没有上帝的宗教、没有灵魂的躯体、不能更新、毫无欢乐、冷漠、死寂、令人悲哀地一事无成。这些干巴巴的骨头能有生命力吗？”参 Ernest John Eitel, *Buddhism: Its Historical, Theoretical and Popular Aspects. In Three Lectures* (Hong Kong: Lane, Crawford & co., 1884), p.145. 中文翻译转引自田道乐著、李宜静翻译、赖品超校订：《传教士的转变：20 世纪早期中国耶佛关系的变化》，载《佛教与基督教对话》（中华书局 2005 年），第 123 页。另外，在 1877 年于上海举行的“中国基督新教传教士全体大会”（The General Conference of the Protestant Missionaries of China）上，一位与会者响应艾约翰（Joseph Edkins，1832 –1905）的研究时说：“只需一或两位传教士投入佛教与道教的钻研……（发言者）感谢他们的工作，但由于看不见这工作的实用价值，故相信两或三位为大众深入研究（便已足够）……对基督教而言，儒教是一远远大于佛教与道教的敌人……因为他们（佛教和道教）的思想系统是没有生命的……这些思想系统只属单纯的迷信。”显而易见，佛教与道教都被视为垂死的，没有生命力的宗教信仰。参 Joseph Edkins, “Buddhism and Tauism in Their Popular Aspects,” in *Records of the General Conference of the Protestant Missionaries of China Held at Shanghai in* 1877 (Shanghai: Presbyterian Mission Press, 1878), p.73。

③ 就笔者所见，对中国佛教抱绝对否定的态度，认为佛教毫无价值可言的文章只有一篇，而且是由中国人撰文的，参 Pei Yu Li, “Christian Influence on Chinese Life,” in *Chinese Recorder*, Vol.63 (3/1932): pp.142 –143。

④ 队克勋（Clarence Burton Day）乃美北长老会（The Northern Presbyterian Mission）传教士，他于 1915 年来华，最初三年在宁波一带传教，后来加入杭州之江大学（Hangchow Christian College），任教英国文学、哲学和比较宗教学等科目。参 *Chinese Recorder*, Vol.56 (6/1925): p.352。

⑤ Clarence B. Day, “A Unique Buddhist –Taoist Union Prayer Conference,” in *Chinese Recorder*, Vol.56 (6/1925): p.368.

社会变迁，不能满足中国人在现代社会上的需要①。

跟民间宗教相比，传教士似乎更能欣赏佛教。佛陀(Buddha)被称为“亚洲之光”(The Light of Asia)，佛教被视为中国人接受基督教福音的“踏脚石”(stepping stones)。一位传教士说：

> 美妙的佛教响应了灵魂的需要。它以独特的方式，使中国的心灵准备好迎接基督教。由于中国拥有佛教及它所有最高的教导，故中国将更容易地接受基督教信仰。佛教将灵性的内容加入中国人的品格中：属灵的需要和渴求，在基督教进入中国之前，已为中国人所熟识。②

虽然佛教是有缺憾的、不完全的信仰，但基督教能“成全”它的价值。“成全”在这里涉及理论的层面，即基督教能借助佛教的元素诠释基督教。有传教士甚至认为，若没有这些宗教传统，中国人将更难领受基督教的福音信息③。

需要注意的是，上述“成全”的思维逻辑早在19世纪末便开始在传教士间传播。很多对中国佛教感兴趣的传教士，例如艾约瑟(Joseph Edkins，1832－1950)、丁韪良(William Alexander Parsons Martin，1827－1916)和李提摩太(Timothy Richard，1845－1919)等，都相信基督的教导能够圣化佛教④。为什么有这种思潮的出现？学者一般归因于西方思潮的变化，特别是由于比较宗教学的流行，这一定程度上开阔了传教士的

---

① 参D. C. Graham, “Strange Gods in West China,” in *Chinese Recorder*, Vol. 57 (10/1926): pp. 696－698. 另参Emma Horning, “Values in Rural Chinese Religion,” in *Chinese Recorder*, Vol. 61 (5/1930): pp. 301－302. 除传教士外，也有中国基督徒认为中国的民间信仰有存在的必要，因为，若没有传统的民间信仰来维持(没有学识的)群众的道德，他们便会失去判断是非的标准，很容易随风摇曳，造成社会的混乱和动荡。参Lim Boom Keng, “The Religious Revolution in China,” in *Chinese Recorder*, Vol. 57 (2/1926): p. 99。

② “Buddhism is a wonderful way provided for the needs of the soul. It has prepared the heart of China for Christianity in a special way. China is better able to receive Christianity for having Buddhism and all its highest teachings. Buddhism put a spiritual content into the Chinese character: spiritual needs and aspiration were already known when Christianity entered China.” in Nettie M. Senger, “Christian Attitudes in Chinese Religions,” in *Chinese Recorder*, Vol. 57 (7/1926): p. 492.

③ *Ibid.*, pp. 490－493.

④ 丁韪良以洗礼的意像来描述基督教与中国佛教之间的关系，他说：“以神圣之水浇灌之，同时赋与其新的神圣的意义。”参W. A. P. Martin, “Is Buddhism a Preparation for Christianity?” in *Chinese Recorder*, vol. 20 (1889): 202. 艾香德后来亦以同样的意像来诠释“联系点”(points of contact)的合法性。参Karl Ludvig Reichelt, *Meditation And Piety In The Far East: A Religious－Psychological Study* (London: Lutterworth Press, 1953), p. 57。

眼界和胸襟，让他们能更容易地接纳其他非基督教的宗教文化①。在1893年于美国芝加哥举行的世界宗教会议(The World's Parliament of Religions)，以及在1928年举行的耶路撒冷会议(Jerusalem Conference of the International Missionary Council)便充分体现了比较宗教学对基督教群体，特别是对传教士群体的影响②。

西方思潮的变化可谓给传教士预备了一块宽容中国宗教的心田，但更决定的因素始终是中国处境的改变。上文指出，早期来华的传教士，认为中国宗教已失去了生命力，并相信基督教可以很容易地取替它们。然而，进入20世纪，中国宗教，特别是佛教却有复兴的趋势。杨文会(1837－1911)在南京的"金陵刻经处"，自1890年始，复刻了大量佛经，为佛教的发展奠下了扎实的基础。而且，他所创办的"祇洹精舍"，亦是近代中国佛教教育的滥觞③。他的两名学生：欧阳竟无和释太虚，之后亦分别成为了居士及僧侣的领袖。欧阳竟无在学术圈有一定的影响力，并培养了一批佛教研究的人才④；太虚大师则力倡佛教改革，被视为中国佛教的马丁·路德⑤。另外，章太炎和梁启超等佛教学者，亦在政坛上发挥各自的影响力⑥。

值得注意的是，中国佛教在近代的复兴一定程度上是得力于基督

---

① 有关比较宗教学的发展及它对基督教思潮的影响，参 William E. Paden, *Religious Worlds: The Comparative Study of Religion* (Boston: Beacon Press, 1994 (2nd Edition)), pp. 17－25。

② 有关西方思潮如何影响了来华传教士对中国宗教的态度的讨论，参 Lian Xi, *The Conversion of Missionaries: Liberalism in American Protestant Missions in China*, 1907－1932, pp. 138－144. 另参 Notto R. Thelle, "The Conversion of the Missionary: Changes in Buddhist－Christian Relations in the Early Twentieth Century China," in *Ching fing* New Series, Vol. 4 No. 2 (2003): 151－152; Notto R. Thelle, *Buddhism and Christianity in Japan: From Conflict to Dialogue*, 1854－1899 (Honolulu: University of Hawaii Press, 1987), pp. 214－222。

③ 赖品超编著：《近代中国佛教与基督宗教的相遇》，第78、80页。

④ 欧阳竟无，又名欧阳渐，师从杨文会。杨文会的遗嘱指定由欧阳竟无续办金陵刻经处，并继续校刻佛教经典。他在1921年南京成立的支那内学院，自任院长。支那内学院是近代居士研究佛教的中心，当时北京大学校长蔡元培，也亲自来到支那内学院，向欧阳竟无要人，在北大讲授佛学课程，这亦是熊十力任教北大的因缘。除欧阳竟无和熊十力外，由支那内学院培训出来的著名作者还有吕澄等。另外，章太炎、梁启超、梁漱溟等也与支那内学院有非常密切的交往。有关欧阳竟无的研究参李向平：《救世与救心》(上海人民出版社1993年)，第146－169页。另参程恭让：《欧阳竟无佛学思想研究》(台北新文丰2000年)。

⑤ 参李向平：《救世与救心》，第160－203页。另参 Don A. Pittman, *Toward a modern Chinese Buddhism: Taixu's reforms* (Honolulu: University of Hawai'i Press, 2001)。

⑥ 章太炎和梁启超都是维新知识分子，但维新运动失败后，他们在政见上也出现了分歧。章太炎后来加入了同盟会，梁启超后来成为"保皇党"。虽然如此，他们在"佛教救国"的立场上却是一致的。参章太炎：《建立宗教论》，载黄夏年主编：《章太炎集·杨度集》(中国社会科学出版社1995年)，第35－52页；另参梁启超：《论佛教与群治的关系》(香港中华佛教图书馆1980年)。

教，特别在教育、宣教和社会慈济三方面，佛教都有模仿基督教的地方[①]。太虚也承认，中国佛教在社会公益方面的贡献不及基督教，故有借镜基督教而改进佛教的必要[②]。虽然如此，佛教的改革并非只是基督教的模仿。乐灵生（Frank Rawlinson，1871－1937）这样理解佛教的复兴：

> 中国宗教一定程度上利用了基督教的宣教方法。不过，这是伴随着他们对自身宗教思想体系的自信的日益提升而来的。[③]

换言之，基督教的传入确促成了佛教的复兴，但佛教能够再活跃起来，却全凭本身丰富的思想传统。中国佛教的复兴令部分传教士意识到，它再不是一个垂死的宗教，而是一个生气勃勃的信仰。其实，早在1910年，《中国基督教年鉴》（*China Christian Year Book*）[④]便有关于中国

---

① 赖品超编著：《近代中国佛教与基督宗教的相遇》，第77－91页。

② 学愚：《从太虚大师对基督教态度的变化看近代中国的佛耶相遇》，载《佛教与基督教对话》，第115页。

③ "The religions of China are to some extent utilizing Christian methods of propaganda. But this is accompanied by a rising conviction of the sufficiency of their own systems of religious thought." In Frank Rawlinson, "Christo－Centric Broadmindedness," in *Chinese Recorder*, Vol. 57 (3/1926): p. 172.

④ 《中国基督教年鉴》（*China Christian Year Book*）原名《中国传教年鉴》（*China Mission Year Book*），由1910年开始直至1939年为止，中间虽有一些年份脱期，但严格而言未曾终断。由1926－1939年，《中国传教年鉴》改名为《中国基督教年鉴》，而由于追稿的困难，于1932年开始，《年鉴》便由每年出版改为每两年出版。参 The Editor, "Preface," in *The China Christian Year Book* 1932－1933 (Shanghai: The Christian Literature Society For China, 1934), p. iii. 最初，《年鉴》是由中国续行委办会（China Continuation Committee，即中国基督教协进会（National Christian Council of China）的前身）策划出版的，但1916年后，转由广学会（Christian Literature Society For China）承责出版。根据1916年的编者序言，《年鉴》的出版宗旨包括三点：第一，《年鉴》接纳不同的意见，且欲"平衡不同的观点"，故是力求客观的，并不偏重自由派或福音派；第二，《年鉴》并不是以一种"百科全书"的面貌出现，编者不欲其成为一本工具书，而是希望读者能通过《年鉴》，对中国传教活动有一全盘的理解。因此，《年鉴》的内容涵盖了政治、经济、中国宗教、基督教教育、基督教出版等等不同的范畴，而其中所报道的事件，可视为有一定的代表性，并能反映传教士所面对的困难和所关心的事项；第三，《年鉴》亦关心一些非主流的传教活动。虽然是非主流，但这些活动却有一定的影响力，故不应被忽视。故此，《年鉴》内有关中国处境的报道和讨论，不应视为个别传教士（或作者）的意见，而是一定程度上反映了在华传教士群体对中国社会变迁的反应和态度。参 E. C. Lobenstine, "Preface," in *The China Mission Year Book* 1916 (Shanghai: The Christian Literature Society For China, 1916), pp. iii－iv. 1926年，《中国传教年鉴》改名为《中国基督教年鉴》，编者指出这代表了一种由"传教中心"（mission－centric）到"中国基督教中心"（China Christian－centric）的关怀转向。参 The Editor, "Preface," in *The China Christian Year Book* 1926 (Shanghai: The Christian Literature Society For China, 1926), p. iii. 这意味着《年鉴》不单欲使读者对中国传教活动有一全盘的理解，更希望他们能对中国基督教的活动概况有一全盘的理解。换句话说，《年鉴》欲反映一个更大的群体——中国基

佛教复兴的报道[①]，及至1920年后，传教士似乎已不得不正视佛教复兴的趋势[②]。

于1925年，《教务杂志》中出现了一篇题为《现代中国佛教》(Modern Chinese Buddhism)的文章，当中指出，中国佛教在当代有七种突出的表现:1) 居士群体的崛兴和居士林[③]的大量涌现;2) 佛教徒重新诠释佛教教义，以适应时代所需;3) 佛教徒不再隐居山林，且有越来越多的社交活动;4) 佛教教育的勃兴。当中又有两点特色:一是不单教授佛教经典，且教授外语及其他学科的知识。一是重视僧伽教育，提升僧伽的素质;5) 大量佛教杂志的涌现;6) 传教活动的多元化，例如举办讲经会等;7) 佛教徒积极参与社会公益[④]。这七种表现说明佛教已从"传统"走进"现代"，充满了活力及生命力。故此，文章的作者相信:"毫无疑问，即使不是在全世界，佛教在中国亦将不再落后于其他的宗教。对基督教而

督教群体:即传教士加上中国信徒——他们对中国社会变迁的反应和态度。职是之故，中国信徒在《年鉴》中有越来越多的机会发言。及至1929年，在43位为《年鉴》撰文的作者中，便有大约一半是中国信徒，这亦反映了中国信徒在基督教机构中有越来越大的影响力。参 The Editor, "Preface," in *The China Christian Year Book* 1929 (Shanghai: The Christian Literature Society For China, 1929), p. iii。

① 最初，《年鉴》中只有零星的有关佛教的报道，但已留意到佛教在南方的发展，以及中国知识分子对它的兴趣。参 Arthur H. Smith, "General Survey," in *China Mission Year Book* (Shanghai: Christian Literature Society, 1910), p. 19; C. J. Voskamp, "The Work of German Missions In China," in *China Mission Year Book* (Shanghai: Christian Literature Society, 1914), p. 387; Harrison K. Wright, "Recent Activities and Developments In Chinese Religions," in *China Mission Year Book* (Shanghai: Kwang Hsüen Publishing House, 1914), pp. 84–87。

② 《年鉴》在1920年后，有很多关于中国佛教复兴的报道。参 Guy W. Sarvis, "Changing Standards in Morals and Religion," in *China Mission Year Book* 1924 (Shanghai: Christian Literature Society, 1924), pp. 51–52; George L. Davis, "Recent Developments in Chinese Church Life: North China," in *China Mission Year Book* 1924 (Shanghai: Christian Literature Society, 1924), pp. 110–111; Karl Reichelt, "The New Christian Approach To Buddhists," in *China Mission Year Book* 1924 (Shanghai: Christian Literature Society, 1924), pp. 73–77; F. R. Millican, "Philosophical and Religious Thought in China," in *China Christian Year Book* 1926 (Shanghai: Christian Literature Society, 1926), pp. 449–453, 457–458; Gilbert Reid, "Trends in China's Religious Life," in *China Christian Year Book* 1926 (Shanghai: Christian Literature Society, 1926), pp. 74–77; F. R. Millican, "Recent Developments in Religious Thought," in *China Christian Year Book* 1929 (Shanghai: Christian Literature Society, 1929), pp. 122–131, p. 141; Karl Ludvig Reichelt, "Present Situation in Buddhism," in *China Christian Year Book* 1932–1933 (Shanghai: Christian Literature Society, 1934), pp. 100–112; C. Stanley Smith, "Modern Religious Movements," in *China Christian Year Book* 1934–1935 (Glendale, California: The Arthur H. Clark Company, 1935), pp. 118–119。

③ 一种类似基督教团契的组织。

④ Tai Ping-Heng, "Modern Chinese Buddhism", in *Chinese Recorder*, Vol. 56 (2/1925): pp. 89–93. 在同一篇文章中，作者亦分析了中国佛教复兴的原因。

言,它确实表现了强劲的复兴。真理的爱好者期望,当所有这些属灵生命的溪流(streams of spiritual life)认出彼此的亲属关系,并为生命之源(Source of life)的荣耀共同努力之时,预定的日子不久便会来临(笔者按:耶稣再来?)。"①

大约一年后,乐灵生便说了一句十分有意思的话,反映了中国宗教的复兴已受到传教士群体的注意:

> 数年前传教士经常问的问题是:"我们应以什么态度对待中国的宗教?"现在他们是问:"中国的宗教以什么态度对待基督教?"②

他认为,"帝国主义"、"不平等条约"等等对基督教的指控,在可见的将来都会成为历史,但佛教的复兴却为基督教带来了更大的挑战,迫使传教士及中国信徒重新思索耶佛两教的关系③。在1929年5月号的《教务杂志》中,乐灵生在编者的话部分亦以〈佛教的挑战〉(The Challenge of Buddhism)为题目,重申基督教需正视中国佛教的复兴④。而在传教士当中,最能响应佛教复兴的挑战者,首推艾香德(Karl Ludvig Reichelt,1877-1952)⑤。

---

① "There is no doubt that Buddhism will no longer drag behind any other religion in China, if not in the world. To Christianity, it would certainly be a strong rival. It is hoped by truth lovers that the time will soon come when all these streams of spiritual life will recognize their kinship to each other and work together for the glory of the Source of life." In Tai Ping-Heng, "Modern Chinese Buddhism," in *Chinese Recorder*, Vol. 56 (2/1925): p. 95. 后来亦有传教士响应这篇文章的讨论内容,参W. H. Lingle, "Modern Chinese Buddhism," in *Chinese Recorder*, Vol. 56 (7/1925): p. 330。

② "The years ago a frequent question asked by missionaries was, "what should be our attitude towards China's religions?" Now they are asking, "What is the attitude of China's religions towards Christianity?" in Frank Rawlinson, "What 1925 will mean in 1935," in *Chinese Recorder*, Vol. 57 (2/1926): p. 7.

③ *Ibid.*, p. 8.

④ The Editor, "The Challenge of Buddhism," in *Chinese Recorder*, Vol. 60 (5/1929): pp. 271-275.

⑤ 艾香德在1920至1930年代,曾先后于南京、香港和杭州建立了景风山、道风山和天风山三个向佛教徒宣教的基督教丛林,但由于中国政局动荡,景风山和天风山已不复存在,唯有道风山虽经历了第二次世界大战的黑暗岁月,仍屹立于香港沙田,至今已有七十多年的历史(1932-2006)。曾对艾香德作专题研究,并以英语发表文章的学者包括Hakan Eilert、Sverre Holth、Eric J. Sharpe和Notto R. Thelle。其他非英语的研究可参Notto R. Thelle, "The Legacy of Karl Ludvig Reichelt," in *International Bulletin of Missionary Research* Vol. 5 (April/1981): pp. 69-70. 至于以中文发表的有关艾香德的文章,则有柏伟志:《异象与现实——艾香德博士与道风山基督教差会(CMB)之历史与传统》,载陈广培编:《传承与使命:艾香德博士逝世四十五周年学术纪念文集》。不过,此文只是节录自北欧出版的庆祝道风山基督教差会成立七十五周年纪念特刊。

1932 年，霍金（William Ernest Hocking，1837 – 1966）[①]将“平信徒海外宣教调查”（Laymen's Foreign Missions Inquiry）整理出版，即《宣教的再思》（*Re – Thinking Missions*）一书，它在中国传教士间引起了颇大的反响，部分的响应亦见于《教务杂志》中[②]。而乐灵生的响应文章，则十分详尽地交代和分析了当时在华传教士对中国宗教的态度。若根据他的分析，当时传教士间围绕中国宗教的争论，已非“是否接纳它们”的问题，而是“如何对待它们”的问题。因为，传教士普遍已舍弃了过去那种敌视中国宗教的姿态，并换上了较友善和宽容的态度[③]。然而，他承认传教士对待中国宗教的态度相当分歧，有的表现得漠不关心，对它们不感兴趣；有的宽容它们，但目的是为了更容易地接触它们的信徒；有的是真诚地欣赏它们的美好一面[④]。不过，乐灵生认为，最大的危机莫如传教士忽视了中国佛教带给基督教的挑战[⑤]。虽然如此，基督教与中国宗教（特别是佛教）间的交流似乎也越趋频密，无论在个人研究、机构活动抑或高等教育等方面，都越来越关注中国宗教[⑥]。但同时，乐灵生亦承认只有少数传教士参与这类交流活动[⑦]。虽然，乐灵生个人的神学思想较倾向自由派一方[⑧]，但作为《教务杂志》的编辑，他的言论应是中肯的。

不可否认，中国的耶佛对话，最初并不是在平等的基础上展开的，

---

① 霍金（William Ernest Hocking）生于美国俄亥俄州，乃宗教哲学学者。他在美国哈佛大学取得博士学位，并在 1914 – 1943 年间任教于哈佛。他在《未来的世界文明》（*The Coming World Civilization*）中，提出基督教信仰将是世界诸文明的黏合元素（binding ingredient），认为世界上各种不同的文化，将以基督教为首而催向合一。参 Leroy S. Rouner，“Hocking，William Ernest，” in *Biographical Dictionary of Christian Missions*，ed. Gerald H. Anderson（New York：Macmillan Reference USA；London：Simon & Schuster and Prentice Hall International，1998），pp. 421 – 422。

② 有关《宣教的再思》的讨论，参 Lian Xi，*The Conversion of Missionaries：Liberalism in American Protestant Missions in China*，1907 – 1932，pp. 191 – 199. 而在《教务杂志》中讨论《宣教的再思》的文章包括：T. W. Douglas James，“Re – Thinking Missions” and China's Rural Church，in *Chinese Recorder*，Vol. 64（8/1933）：pp. 514 – 516；Frank Rawlinson，“Christians and Other Religionists in China，” in *Chinese Recorder*，Vol. 64（12/1933）：pp. 794 – 807。

③ Frank Rawlinson，“Christians and Other Religionists in China，” in *Chinese Recorder*，Vol. 64（12/1933）：p. 795.

④ *Ibid.*，p. 796.

⑤ *Ibid.*

⑥ *Ibid.*，p. 798.

⑦ Frank Rawlinson，“Trends Among Chinese Protestants，” in *China Christian Year Book*（Shanghai：Christian Literature Society，1934），p. 77.

⑧ 有关乐灵生的思想研究，参 Lian Xi，*The Conversion of Missionaries：Liberalism in American Protestant Missions in China*，1907 – 1932，pp. 59 – 94。另参顾长声：《从马礼逊到司徒雷登：来华新传教士评传》（上海书店出版社 2004 年）。

但这不代表它没有正面的意义。因为,基督教的传入一定程度上为佛教的发展注入了新的元素,间接促成了佛教的复兴。而佛教的复兴亦让部分传教士意识到,他们以往对佛教的批判或许只是出于误解。由此可见,不平等的对话可以视为了解的起步,而下文的讨论将指出,《教务杂志》在 1925 – 1935 年间讨论佛教的文章,也说明传教士并未停留在误解的起点上,他们开始从佛教徒的立场,重新认识佛教的内涵。

三、聆听他者的声音:研究方法的变化

《教务杂志》在 1925 – 1930 年间刊登了不少有关中国佛教的文章,当中不乏学术性的讨论①。但我们不要忘记,传教士研究中国宗教的专著,早在 19 世纪中叶便陆续出现。其中,最赫赫有名的,当然是理雅各(James Legge,1815 – 1897)。理雅各对儒释道三教都素有研究,但认为佛教不能代表中国文化:

> 没有太多言论认为差不多所有的中国人都是理论上的儒教徒,却认为他们多数是情感上的佛教徒或道教徒。不过,我们需持平地加上这观点:虽然一般大众都或多或少地受到佛教教义的影响,但整体而言,大众并不敬重佛教寺院,而且习惯地轻蔑佛教僧侣。②

正如理雅各所言,佛教在中国政治上确非正统(这种说法最少适用于清代),但由于它在民间有相当广泛的影响力,故亦引起了部分传教士

① 这些学术文章多出于三位传教士:乐灵生、艾香德和梅立德(Frank R. Millican)。

② "It is not too much to say that nearly all Chinese are theoretically Confucianists, but many are emotionally Buddhists or Taoists. But fairness requires us to add that, thought the mass of the people are more or less influenced by Buddhist doctrines, yet the people, as a whole, have no respect for the Buddhist church, and habitually sneer at Buddhist Priests." in James Legge, *A Record of Buddhistic Kingdoms: Being an Account by the Chinese Monk Fa – hein of Travels in India and Ceylon (A. D. 399 – 414) in search of the Buddhist Books of Discipline* (Oxford: Clarendon Press, 1886), pp. 7 – 8. 转引自 Timothy Man – kong Wong, "Protestant Missionaries' Images of Chinese Buddhism: A Preliminary Study of the Buddhist Writings by Joseph Edkins, Ernest John Eitel, and James Legge," in *The HKBU Journal of Historical Studies* (Hong Kong: Li wen chu ban she) Vol. 1 (1999): p. 199。

的研究兴趣。在19世纪，欧德里（Ernest John Eitel，1838－1908）、艾约瑟和李提摩太等，在佛教研究的领域上都有非常出色的成就[①]。那么，传教士对中国佛教的研究，在19世纪与20世纪间有没有差别呢？

笔者认为，传教士在19世纪对中国佛教的研究有三点特色：1）重视宗教历史的研究；2）重视典论研究；3）重视宗教思想的分析[②]。以佛教研究为例，若查看传教士所引用的研究材料，很多都是一些历史文献和宗教经典。即使欧德里在1870年完成了第一部英、中、梵三语对照的佛教字典——《中国佛教研究手册》（*Handbook for the Study of Chinese Buddhism*），但在编修过程中，似乎亦缺乏佛教徒的参与[③]。换言之，他们较少注意中国的佛教徒，是如何理解佛教信仰。也就是说，这些研究相对而言缺乏了被研究者的声音。另外，正如上文所指出的，由于19世纪的传教士有一种基督教“成全”中国宗教的信念，故他们的研究难免隐藏某种论证基督教更加优越的动机。因此，在评估中国佛教思想时，往往会以基督教的理想为标准[④]。例如艾约瑟的《释教正谬》，便是根据基督教

---

① 欧德里对中国宗教的研究包括：Ernest John Eitel, *Handbook of Chinese Buddhism, being a Sanskrit－Chinese dictionary, with vocabularies of Buddhist terms*（Tokyo: Sanshusha, 1904）；Ernest John Eitel, *Buddhism: Its Historical, Theoretical and Popular Aspects. In Three Lectures*（Hong Kong: Lane, Crawford & co., 1884）；Ernest John Eitel, *Feng－shui: the science of sacred landscape in old China*（London: Synergetic Press, 1985（5th ed.））。艾约瑟对中国宗教的研究包括：Joseph Edkins, *The religious condition of the Chinese: with observations on the prospects of Christian conversion amongst that people*（Taipei: Cheng Wen Publishing, 1974）；Joseph Edkins, *Chinese Buddhism: a volume of sketches, historical, descriptive, and critical*（New York: Paragon Book Reprint Corp., 1968（2nd ed.））；艾约瑟：《释教正谬》（北京大学宗教研究所2000年）。李提摩太对中国宗教的研究包括：Timothy Richard, *The New Testament of Higher Buddhism*（Edinburgh: T. &T. Clark, 1910）；Timothy Richard, *Guide to Buddahood*（Shanghai: Christian Literature Society, 1907）；Timothy Richard, *An Epistle to all Buddhists throughout the World*（Shanghai: Christian Literature Society, 1916）；Timothy Richard, *A Mission to Heaven: a great Chinese epic and allegory*（Shanghai: Christianity Literature Society's Depot, 1913）。

② 有关传教士在19世纪的佛教研究，参 Winfried Glüer, "The Encounter Between Christianity and Chinese Buddhism During the Nineteenth Century and the First Half of the Twentieth Century," in *Ching Feng* 11:3（1968）: pp. 39－50. 另参 Wong, Timothy Man－kong, "Protestant Missionaries' Images of Chinese Buddhism: A Preliminary Study of the Buddhist Writings by Joseph Edkins, Ernest John Eitel, and James Legge," in *The HKBU Journal of Historical Studies*（Hong Kong: Li wen chu ban she）Vol. 1（1999）: pp. 183－204。

③ 参 Winfried Glüer, "The Encounter Between Christianity and Chinese Buddhism During the Nineteenth Century and the First Half of the Twentieth Century," in *Ching Feng* 11:3（1968）: p. 42。

④ 参 Wong, Timothy Man－kong, "Protestant Missionaries' Images of Chinese Buddhism: A Preliminary Study of the Buddhist Writings by Joseph Edkins, Ernest John Eitel, and James Legge," in *The HKBU Journal of Historical Studies*（Hong Kong: Li wen chu ban she）Vol. 1（1999）: pp. 183－204。

思想的准则来作判别，配合基督教神学者则属“正”，反之便是“谬”[①]。由此可见，这些研究只反映了传教士的关心，其中较难发现当代佛教徒的声音。

进入20世纪，传教士对中国佛教的研究，仍延续了19世纪那种“成全”的信念。麦莉莉（M. Verne MeNeely）[②]这样形容基督教、佛教和儒教：基督教是太阳、佛教是月亮、儒教是星星。虽然佛教和儒教都能照亮人的生命，但它们都只是基督教光芒的反射。然而，由于中国人较喜欢佛教和儒教的光辉，所以基督教不应取替佛儒两教，而应该“成全”它们中的真理[③]。艾香德亦倡议吸纳中国宗教的词汇，赋与其基督教的意涵[④]。不过，这种“成全”观念在20世纪其实出现了一些变化，具体情况在下文会有进一步的讨论。这里欲先指出，若与19世纪的研究相比，传教士在20世纪的中国宗教研究，其实有着不同的关怀。不过，两者并非完全割裂，而是有所继承。

笔者认为，传教士的中国佛教研究，在19世纪与20世纪间的一个主要分别是：容让对方在自己的研究中发言。这体现于三个方面：第一，传教士会从对方的立场出发，考虑他们关怀什么课题；第二，传教士不再单以宗教典论或文献作研究的切入点，而是从考察与体验去理解中国宗教；第三，传教士评价中国宗教时，表现了同情理解的态度。

关于第一点，我们必须注意梅立德（Frank R. Millican）[⑤]的研究。梅立德的著作，很少表达自己对中国宗教的看法，他似乎更关心当代的中国人对宗教，以及对基督教持什么态度。故此，他的文章以介绍和翻译当代的中国人物思想为主。他在1926年，先后在《教务杂志》中介绍了

---

① 艾约瑟以基督教的标准来评估佛教教理，例如他在论述释迦佛时，认为拜佛即视佛为天地间独尊之神，但真为独尊者是基督教的天父上帝，因此判定拜佛是谬。参艾约瑟：《释教正谬》，北京大学宗教研究所2000年。

② 麦莉莉（M. Verne McNeely），盲人凸字文学协会（The Braille Literature Association）传教士。中文名字由作者所译，真实译名待查。参 *Chinese Recorder*, Vol. 63 (8/1932): pp. 493–497。

③ 十分有意思的是，作者对佛教的评价（月亮）竟高于对儒教的评价（星星）。参 M. Verne Meneely, “The Printed Page,” in *Christian Mission Year Book* 1929 (Shanghai: Christian Literature Society, 1929), p. 437。

④ Karl Ludvig Reichelt, “Indigenous Religious Phrases That May be Used to Interpret the Christian Message,” in *Chinese Recorder*, Vol. 58 (2/1927): pp. 123–126.

⑤ 梅立德（Frank R. Millican）是美北长老会传教士，于1907年来华，后来加入了广学会，曾参与《教丛杂志》(11/1937 – 8/1939)编辑工作。参 *Chinese Recorder*, Vol. 63 (1/1932): p. 64。

太虚和梁漱溟的思想①。梅立德指出，为了适应现代社会的发展，太虚法师对佛教采取了新的诠释。太虚认为，“宗教”一词可分开解读：“宗”指一种内在的灵性经验；“教”指将这种灵性经验与其他人分享。所有“宗教”，包括基督教，都同时拥有这两方面的元素。太虚虽同意基督徒也有灵性的体验，但反对他们对这种经验的演绎。换句话说，他并不认同基督教是最完满的宗教。因为，他认为个人的经验都是主观和不完满的，甚至是错误和“迷执”的②。接着，梅立德在同一篇文章指出，太虚认为佛教更贴近科学，但跟科学处理的现象世界不同，佛教要对治的是人生的问题，故此，佛教又与心理学更加相似。根据太虚的理解，佛教与科学是不相悖的，但由于佛教能解决人生的问题，故它又比科学更加优胜③。太虚相信，由于佛教能与科学共存，故若与基督教或儒教相比，佛教将更能响应现代社会的诉求。梅立德在结语表示，太虚对佛教的诠释无疑更符合自然论者或无神论者的口味④。随后，梅立德在1934年亦翻译了两篇太虚的文章，分别是《佛学在今后人世之意义》(Buddhism and the Modern Mind)⑤和《佛教之解释》(The Meaning of Buddhism)⑥。这两篇文章都反映了太虚如何理解佛教与当代中国社会的意义。

除了太虚，梅立德也被梁漱溟的《东西文化及其哲学》所吸引。梁漱溟认为，中西文化的关系不存在着“进步”或“落后”的差距，因为它们根本不在同一条轨道上。他比较了西方、印度和中国三种不同的文化，并认为西方文化表现了一种进取(aggressive)的精神，故在经济发展上有非

---

① 梅立德还曾介绍朱熹的思想，参 Frank R. Millican, “Li Hsioh(理学) of the Sung Philosophers as Interpreted by Chu Hsi(朱熹),” in *Chinese Recorder*, Vol. 58 (9/1927): pp. 580 – 584。

② Frank Millican, “Buddhism in the Light of Modern Thought as Interpreted by the Monk Tai Hsü,” in *Chinese Recorder*, Vol. 57 (2/1926): p. 91.

③ *Ibid.*, pp. 92 – 93.

④ *Ibid.*, pp. 91 – 94.

⑤ Tai Hsü, “Buddhism and the Modern Mind,” translated by F. R. Millican, in *Chinese Recorder*, Vol. 65 (7/1934): pp. 435 – 440. 这原是太虚于1930年2月在厦门大学的讲词，中文原名《佛学在今后人世之意义》。讲词内容有四部分：1）佛学的定义；2）佛学对于文化之意义；3）佛学对于哲学之意义；4）佛学对于道德之意义。梅立德只翻译了第三及第四部分。参太虚：《佛学在今后人世之意义》，载《太虚大师全书》卷40，太虚大师全书影印委员会1970年，第51 – 67页。

⑥ Tai Hsü, “The Meaning of Buddhism,” translated by F. R. Millican, in *Chinese Recorder*, Vol. 65 (11/1934): pp. 689 – 695. 梅立德指这篇文章翻译自太虚大师于1930年2月在湖南长沙的中山堂的演讲词，不过，笔者把《太虚大师全书》翻阅了几遍也找不到这篇文章，只有一篇题为《甚么是佛学》(1929年9月在汉口佛教会的讲词)的文章，内容跟梅立德的翻译相似，但不尽相同。参太虚：《甚么是佛学》，载《太虚大师全书》卷1，第257 – 268页。

常出色的表现,但同时造成了很多社会问题。中国文化表现了一种和谐(harmonizing)的精神,它能化解各种社会矛盾,故最适合现代社会的需要。而印度文化则表现了一种回向(escaping or turning back)的精神,希望从生命的根本解决人生的问题。这是一种他世的及宗教的文化,是灵性生命的最高表现。梁漱溟相信,印度文化的代表——佛教,才是人类社会的最后归宿。不过,印度的文化精神是一种理想,并不能有效地响应现代社会的需要。因此,梁漱溟认为中国精神的代表——儒教,才是中国当代社会的适切选择①。接着,梅立德分析了梁漱溟对宗教的看法。梁漱溟认为,由于所有宗教都是"超自然主义"(supernaturalism)的,属于"他世"的关怀,故难以跟肯定"现世"的科学或民主相协调。然而,由于宗教是一种人类深层的经验,故它不会因受到科学与民主的批判而立即衰落。只是,随着科学的发展,宗教的各种教义会续渐失去意义。梁漱溟认为,宗教在未来若找不到一种新的理智基础(intellectual basis),迟早会被人类社会淘汰。只是,这种基础必定不是"直观的"(intuitional)或"神秘主义"(mysticism),否则宗教跟艺术将没有分别。但同时,梁漱溟亦指出,佛教通过"真如"的观念,已率先找到了那种理智基础②。梅立德认为,梁漱溟的思想为宗教(包括基督教)带来了三点挑战:1) 随着科学的发展,若宗教仍只强调人的软弱无助(sense of insufficiency),早晚会失去支持;2) 梁漱溟认为宗教若建基于"罪"(sense of sin)与"宽恕"(forgiveness)的观念,它将不能长久存在;3) 艺术可能取代宗教。虽然如此,梁漱溟相信宗教仍有存在的理由,因为人在死亡与有限之前是无助的,故需要"宗教"的救赎③。

梅立德对中国知识分子思想的介绍和翻译不是随意的,在他讨论太虚和梁漱溟的内容中,反映了两个较为显著的主题:1) 当代的佛教徒如何诠释佛教教义;2) 他们反对基督教的原因是什么。除太虚和梁漱溟外,梅立德在《年鉴》中还介绍了胡适、蔡元培、舒新城等中国知识分子如何理解宗教与现代社会的关系④。

---

① Frank Millican, "Liang Shou Ming(梁漱溟) Sees It Through" in *Chinese Recorder*, Vol. 57 (10/1926): pp. 698 – 702.

② *Ibid.*, pp. 703 – 704.

③ *Ibid.*, pp. 704 – 705.

④ F. R. Millican, "Philosophical and Religious Thought In China," in *China Christian Year Book* 1926 (Shanghai: Christian Literature Society, 1926), pp. 423 – 469.

至于第二点,传教士在20世纪后明显地与中国宗教的信徒有更多的接触。在《教务杂志》中,有多篇"田野考察"(fieldwork)的报告①。这些报告的撰写方式,类似今天"现象学"的方法,只是描述所见所闻,极少加入主观的评价。这些报告的作者,关心的不是地方宗教是否真确,而是欲了解中国人民的宗教精神。葛维汉(D. C. Graham)②希望他的田野考察,能够"展示中国民间信仰的复杂性,是如何与中国人的日常生活中的实际需要交织起来"③。他还说:

> 跟中国过去四千年历史的任何时代相比,中国人现正更迅速地和更彻底地改变着。旧文化被中断了,以往用于宗教仪式和在日常生活的道具都被搁置一旁,让位给其他较现代的工具。在五十年内,或者在更短的时间内,以第一手的材料研究中国的传教文化和习俗,或取得更多现在仍可见的有关(中国)各方面的文献将不太可能。关注于中国传统文化及习俗的整全记录的保存,未来需保存于博物馆,而这些文字记录,可以让下一代人明白和欣赏中国过去的文化。④

---

① 这些考察报告包括 Clarence B. Day, "A Unique Buddhist - Taoist Union Prayer Conference," in *Chinese Recorder*, Vol. 56 (6/1925): pp. 366 - 369; D. C. Graham, "The Temples of Suifu," in *Chinese Recorder*, Vol. 61 (2/1930): pp. 108 - 120; F. Millican, "Buddhist Activities in Shanghai," in *Chinese Recorder*, Vol. 65 (4/1934): pp. 221 - 227; F. S. Drake, "Religion in A Manchurian City," in *Chinese Recorder*, Vol. 66 (2/1935): pp. 104 - 111 & Vol. 66 (3/1935): pp. 161 - 170; D. C. Graham, "Religion of the Chinese in Szechwan," in *Chinese Recorder*, Vol. 66 (8/1935): pp. 484 - 490 & Vol. 66 (9/1935): pp. 547 - 555. 另外,有一篇由华人撰写的考察报告,参 Liu Chiang, "Religion, Funeral Rites, Sacrifices and Festivals in Kirin," in *Chinese Recorder*, Vol. 65 (4/1934): pp. 227 - 238。

② 葛维汉(David Crockett Graham),美国海外浸信会(American Baptist Foreign Mission Society)传教士,于1911年来华,主要在四川区域活动,在中国田野研究上有相当的贡献。参 *Chinese Recorder*, Vol. 60 (4/1929): p. 270。

③ "show how intricately the religion of the common people of China is interwoven with the practical needs of their everyday lives." In D. C. Graham, "The Temples of Suifu," in *Chinese Recorder*, Vol. 61 (2/1930): p. 120.

④ "The Chinese are changing more rapidly and more thoroughly than at any time during the past four thousand years of their history. Old customs are being discontinued, and implements used in religious ceremonies or in common everyday tasks for many centuries are being laid aside for others that are more modern. Within fifty years, or less, it may be impossible to study at first hand the old culture and customs of China, or to procure many of the articles that are now seen on every side. In the interest of preserving a full record of China's past culture, and her customs, there should be preserved in museums and in writing records of China's past culture that can be understood and appreciated by coming generations." In D. C. Graham, "Religion of the Chinese in Szechwan," in *Chinese Recorder*, Vol. 66 (9/1935): p. 555.

由此可见，他并非借考察报告来攻击中国宗教，而是希望借着这些报告，保存中国的地方文化传统。这一定程度上反映了他对中国宗教文化的欣赏和珍视，因为他相信这些宗教文化是值得保留的。

除考察外，传教士与中国佛教信徒亦较过去有更多的交流机会。因为，无论在基督教或佛教的圈子中，都出现了一些勇于接触其他宗教的机构。例如李佳白的尚贤堂①和艾香德的基督教丛林②，便是以中国宗教信徒为对象的宣教机构。不过，这两个机构虽以宣教为目的，但都强调平等对话，相当尊重其他信仰。在佛教圈子中，太虚的武昌佛学院亦经常开办讲座介绍其他宗教，并邀请传教士出席③。在交流的过程中，传教士对佛教徒的日常生活有更多的认识，故此，他们的研究也不再停留于历史或教义的梳理，而有更多关于佛教传统的介绍和讨论④。除此之外，他们亦发现佛教跟基督教一样，有着非常多元的传统⑤。另外，他们讨论的对象，亦续渐从历史的佛教，过渡至现代的佛教⑥。

第三，与 19 世纪的研究相比，传教士在 20 世纪对中国宗教的评价有较为持平的态度。正如上文所指出的，20 世纪的传教士比较少用宗教

---

① 有关尚贤堂的研究，参 Lian Xi，*The Conversion of Missionaries*：*Liberalism in American Protestant Missions in China*，1907 - 1932（University Park，Pa.：Pennsylvania State University Press，1997），pp. 185 - 188。

② Notto Normann Thelle 是艾香德的助手，他曾在《教务杂志》中介绍基督教丛林的工作。参 Notto Normann Thelle，"The Christian Mission to Buddhists，" in *Chinese Recorder*，Vol. 58（9/1927）：pp. 571 - 575。

③ 参 Xue Yu，"Buddhist - Christian Encounter in Modern China：Taixu's Prespective on Christianity，" in *Ching Feng* New Series，Vol. 4 no. 2（2003）：pp. 173 - 179。

④ 传教士对佛教的"静坐"尤感兴趣。参 Arthur Stevens Phelps，"The Sitting Mystic，" in *Chinese Recorder*，Vol. 63（4/1932）：pp. 223 - 225；J. Prip - Möller，"Buddhist Mediation Ritual，" in *Chinese Recorder*，Vol. 66（12/1935）：pp. 711 - 718. 其他的研究还有 Homer G. Brown，"How Buddhists Use Their Bible，" in *Chinese Recorder*，Vol. 64（4/1933）：pp. 239 - 242；D. C. Graham，"A Simple Talk on Repeating the Name of Buddha（念佛浅说），" in *Chinese Recorder*，Vol. 59（8/1928）：pp. 491 - 498 & Vol. 59（9/1928）：pp. 573 - 580。

⑤ 艾香德便相当清楚佛教有大、小二乘之分，而且大乘佛教中亦有不同的宗派，这些不同的宗派，对佛教教义的诠释亦不尽相同。参 Karl Ludwig Reichelt，"The Divine Seed in the Ethical System of Chinese Buddhism，" in *Chinese Recorder*，Vol. 60（5/1929）：pp. 287 - 294。

⑥ 艾香德的研究，便主要以当代佛教为对象。他在《教务杂志》中的文章，基本上都是以介绍现代佛教的动向为主。参 Karl Ludwig Richelt，"Some Present Aspects of Buddhism in China，" in *Chinese Recorder*，Vol. 59（3/1928）：pp. 174 - 175；Karl Ludwig Richelt，"Present - Day Buddhism in China，" in *Chinese Recorder*，Vol. 60（10/1929）：pp. 647 - 651；Karl Ludwig Richelt，"The Present Situation：Present - Day Buddhism in China，" in *Chinese Recorder*，Vol. 64（8/1933）：pp. 536 - 537；Karl Ludwig Richelt，"Trends in China's Non - Christian Religions，" in *Chinese Recorder*，Vol. 65（11/1934）：pp. 707 - 714 & Vol. 65（12/1934）：pp. 758 - 768。

理由否定中国宗教，而且也有传教士站在中国的处境上，肯定中国宗教的社会功能。事实上，随着传教士对中国宗教有愈来愈多的认识，他们亦能续渐抛开成见，不再以基督教的标准来评估中国宗教文化的价值。乐灵生形容自己“像很多其他的西方基督徒，我来到中国时，不太察觉中国本身有着丰富的灵性遗产”①，但他希望自己的研究能挣脱那西方优越心态的幽灵，并“接通中国的经验”(to tap the experience of the Chinese)②。他在《作为平等的中国》(China as an Equal)一文中，便重申中国人跟西方人，无论在道德水平或宗教水平上都是相等的，故西方人不应以一种“我比你强”的态度，来评估中国宗教文化③。因此，他的研究多能做到同情理解，相对而言能较准确地把握中国宗教的精神④。当然，并非所有传教士都能跟随乐灵生的步伐，但最起码，乐灵生的个案反映了20世纪的传教士已开始觉察需要以同情理解的态度来研究中国宗教。

上述三点说明，传教士在20世纪的中国佛教研究，已较能顾及非基督徒对基督教的看法，也能较持平地，从当代佛教徒的立场，来理解佛教的内涵。由此可见，在研究方法上，部分传教士已开始摆脱西方优越的心态的枷锁，不再自我中心，纯粹视佛教为偶像迷信的宗教。

四、基督中心的包容：传教士对基督教与中国宗教关系的反思

1929年，来德里(Kenneth Scott Latourette)就基督教与中国宗教文化

① “Like many other Western Christians I came to China with little realization that China has a rich spiritual inheritance of her own.” in Frank Rawlinson, “A Prevalent Chinese Theory of the Universe,” in *Chinese Recorder*, Vol. 57 (9/1926): p. 645.

② Frank Rawlinson, “A Prevalent Chinese Theory of the Universe,” in *Chinese Recorder*, Vol. 57 (9/1926): p. 645.

③ Frank Rawlinson, “China as an Equal,” in *Chinese Recorder*, Vol. 57 (8/1926): p. 590.

④ 乐灵生的其他研究包括：Frank Rawlinson, “Some of China's Life – Sets,” in *Chinese Recorder*, Vol. 57 (5/1926): pp. 344 – 357; Frank Rawlinson, “The One and the Many in China,” in *Chinese Recorder*, Vol. 57 (6/1926): pp. 419 – 432; Frank Rawlinson, “Some Chinese Ideas of the Supreme Being,” in *Chinese Recorder*, Vol. 57 (11/1926): pp. 796 – 812; Frank Rawlinson, “Some Christian Offerings to China,” in *Chinese Recorder*, Vol. 57 (12/1926): pp. 883 – 897。

的关系提出了一个两难的问题：

> 假如它(基督教)能满足真正的需要和假如它能宽容(tolerate)现存的宗教、思想和习俗的存在，它可能受到欢迎。但这将面对被吸收、失去其特色，甚至失去其身份的危险。另一方面，假如这个新宗教证实不宽容本土的信仰，又假如它的被接受，意味着会在思想上，或在社会、政治和经济制度上带来任何革命性的转变的话，它的道路将不平坦。它需攻击一些突出的国民生活的面貌和思想，并导致它们的破坏或转化。①

简言之，假如基督教不能跟中国宗教文化调和，它将引起中国人的反感和攻击。但若基督教太过与中国宗教文化妥协，它将不能为社会改革注入新的元素和动力，甚至被中国宗教文化所同化，致使失去本身的独特性。问题的关键，在于如何在基督教与中国宗教文化之间取得平衡。在 19 世纪，传教士普遍相信基督教能够"成全"中国宗教。然而，在 20 世纪，这种"成全"的思想却受到混合主义和佛教复兴的严峻挑战。

1922 年，第一次非基督教运动在上海爆发，参与运动的学生，所针对的主要是基督教的(中国人不应该信的)"洋教"色彩。这加速了基督徒对"本色教会"的讨论，而传教士的圈子亦难免受到影响。在"本色教会"的课题上，除了有关建制层面的讨论外，传教士亦十分关心基督教可如何与中国文化融合。但跟华人信徒不同，传教士对中国文化的理解，并不局限于儒家文化，而是涵盖整个的中国宗教传统。而正如上文所指出的，20 世纪的传教士普遍对中国宗教抱宽容的态度，故他们一般都不太抗拒两者间的适应和协调，且相信基督教能够"成全"中国宗教中的真理。不过，困扰他们的问题是，如何避免过分地与中国宗教妥协，而陷入

---

① "If it (Christianity) could meet a real need and if it could tolerate the presence of existing religions, ideas, and institutions, it might find a welcome. It would run the danger, however, of being absorbed and of losing its distinctive characteristics and even its identity. If, on the other hand, the new religion proved intolerant of native faiths and if its acceptance would involve any revolutionary changes in thought or in social, political, and economic institutions, its path would not be smooth. It would have to attack some of the outstanding features of the nation's life and thought and effect their destruction or transformation." In Kenneth Scott Latourette, *A History Of Christian Missions In China* (Taipei: Ch'eng - wen Publishing Company, 1966), p. 24. Its original edition Published by London: Society for Promoting Christian Knowledge, 1929.

混合主义(syncretism)的危机?①我们可从下述两位传教士的讨论,了解到他们的挣扎。

艾德敷(Dwight W. Edwards)②指出,中国人的宗教精神是包容的,愿意听取不同宗教的教导,故严格而言他们并不抗拒基督教。虽然,中国宗教中有迷信的元素,但亦有它美好的一面。故此,若基督教能"脱去联系外国势力的猜疑,以它的社会实践,以它关于上帝的清晰教导,以它严格的道德标准……不需担心部分人(中国宗教信徒)的接受,且可能筹划多些明确的计划,使自己能有效地对待(中国宗教)宗派(sects),并与这些宗派有更多密切的接触"③。艾德敷虽鼓励基督徒主动接触中国宗教,但亦非不察觉当中的危机。他认为景教的失败,是由于:1)过分热衷于混合主义;2)过分依赖当政者在政治上的支持;3)过分以教士中心,忽略了对平信徒的培育。而这三点中,尤以第一点是致命伤④。因此,他认为基督教在中国发展所面临的最大危机,"将是不能带来认信(conviction),以及过分地与当前的信念(beliefs)和态度(attitudes)妥协"⑤。

另一位传教士季理斐(D. Machillivray,1862-1931)⑥认为,没有东

---

① 据 Carsten Cople 在《宗教百科全书》(*The Encyclopedia of Religion*)的介绍,"混合主义"可用作描述不同的语言、文化或宗教相融的现象。在历史发展的过程中,当不同的宗教文化相遇时,由于要在同一时空下共存,故文化适应的诉求便会在相遇中的宗教文化中出现,而不同程度的混合主义亦随之产生。"混合主义"最少有三种可能性,包括:1)新的(语言、文化或宗教)元素在不取消旧的(语言、文化或宗教)元素的情况下,占有主导性的地位;2)跟第一种情况刚刚相反,旧元素在融合新元素的情况下仍占主导地位;3)新元素和旧元素在互动中取得平衡。然而,正如 Carsten Cople 所言:"当混合主义作为一种概念被用描述现象时,它往往不是一种分析的结果,而是服务于作为对某种表现的轻蔑的评价"。参 Carsten Cople, "Syncretism," in Mircea Eliade editor in chief, *The Encyclopedia of Religion* (*Vol.* 6) (New York: Macmillan; London: Collier Macmillan, 1987), pp. 218-227。

② 艾德敷(Dwight W. Edwards)于1960年来华,任北京青年会(Y. M. C. A.)秘书。参 *Chinese Recorder*, Vol. 57 (6/1926): p. 455。

③ "divested of the suspicion of association with foreign powers, with its practical program of service, with its clear teachings regarding God, with its high ethical standards ... need have no fear of its reception on the part of the people, and might well have more definite plans to avail itself of the attitude of the sects and have closer contacts therewith." In Dwight W. Edwards, "The Syncretic Mind in Chinese Religions," in *Chinese Recorder*, Vol. 57 (6/1926): pp. 406-406.

④ Dwight W. Edwards, "The Syncretic Mind in Chinese Religions," in *Chinese Recorder*, Vol. 57 (6/1926): pp. 406-409.

⑤ "will be to fail to carry conviction and to compromise too much with current beliefs and attitudes." In Dwight W. Edwards, "The Syncretic Mind in Chinese Religions," in *Chinese Recorder*, Vol. 57 (6/1926): p. 413.

⑥ 季理斐(Donald MacGillivray)乃加拿大长老会传教士,于1888年来华,起先在河南地区传教。在1897-1989年回加拿大休假期间,接受李提摩太邀请加入了广学会,成为该会的核心人物。季理斐曾参与1907年全国基督新教传教士大会会议纪录的编辑工作,且是首六

西可以不受环境(environment)影响①。宗教亦一样。环境若改变,宗教不是随着变化,便是死亡。不过,他相信基督存在于各种不同的环境中,他称之为"隐藏的基督"(hidden Christ)。因此,基督教不应害怕改变。他指出,早期教会与希罗文化相遇后,亦经历了很大的变化②。而一个相似的例子亦发生在中国,佛教也深受中国环境的影响,而出现了很多跟印度佛教不同的思想教义。需要注意的是,季理斐有关佛教的讨论,是根据李提摩太及丁韪良的看法,认为中国佛教是受到基督教影响而出现的③。这是否意味着,他相信"隐藏的基督"便存在于中国佛教之中?答案是肯定的。然而,季理斐虽接受基督教在中国可以一种不同于西方的形式出现,但这不表示基督教在中国的变化会十分顺利。他指出,中国的处境跟希罗时代的处境不尽相同。首先,希罗文化重思辨,但中国文化却重实用。相对而言,中国人关心的是"合用",而非"合理",故基督教在这种环境下会很容易接受混合主义,变成异端(paganism)④。另外,基督教在与希罗文化相遇时,力量仍相当微弱,故经常是在自我保护的处境下,主动与周遭的文化相协调。但基督教在中国却得到西方列强的保护,经济上又得到"母会"(mother - churches)的支持,故无需事事操心。相比之下,基督教很少意识到与中国环境调适的需要⑤。基于上述两个原因,季理斐认为基督教在中国的环境中其实是处于相当不利的位置,随时会被中国环境吞噬(swallowed up)。故基督教如何在中国环境中保持自己的独特性,避开混合主义和被吞噬的结局,将是一个严峻的考验⑥。

艾德敷和季理斐并非怀疑基督教的优越,但他们都担心中国的处境

卷(1910 - 1915)《中国传教年鉴》的主编。参 Daniel H. Bays, "MacGillivray, Donald," in *Biographical Dictionary of Christian Missions*, ed. Gerald H. Anderson (New York: Macmillan Reference USA; London: Simon & Schuster and Prentice Hall International, 1998), pp. 421 - 422。

① D. MacGillivary 将环境理解为"environment includes everything which surrounds a faith introduced into a country, in other words, a people or peoples with all their culture and civilization and religious faith——these form an environment into which another faith may be introduced."参 D. MacGillivray, "Effect of the Chinese Environment on Imported Faiths," in *Chinese Recorder*, Vol. 60 (12/1929): p. 755。

② D. MacGillivray, "Effect of the Chinese Environment on Imported Faiths," in *Chinese Recorder*, Vol. 60 (12/1929): p. 756.

③ *Ibid.*, p. 757.

④ *Ibid.*, pp. 756, 760.

⑤ *Ibid.*, p. 759.

⑥ *Ibid.*, pp. 758 - 760, p. 766.

会容易出现混合主义的情况，破坏基督教真理的纯正。因此，在“成全”的过程中，若处理不当，基督教很容易失去本具的独特启示。另外，随着佛教的复兴，佛教团体中亦出现了一班有学问的居士和僧侣，他们为自己的信仰辩护，甚至回击他们的对手——基督教。过去，基督徒宣称“基督教是佛教的成全”，而在20世纪，则有佛教徒以同样的口吻宣告“基督教是有缺憾的佛教”（Christianity is half－way to Buddhism）①。乐灵生认为，佛教徒的言论说明“诸宗教的竞争时代已经开始。中国已被这些复兴的‘信仰’所搅动。因此，基督徒需要对这些复兴中的‘信仰’有更多的了解和同情”②。不过，乐灵生亦补充，佛教徒普遍以宽容，而非敌视的态度对待基督教。不单如此，一些僧侣和居士，甚至主动地接触基督教信仰。例如有些僧侣会研习《新约圣经》，有些佛教机构亦会邀请传教士向佛教徒讲解基督教，甚至有些佛教徒会在经济上支持基督教的公益活动③。由此可见，中国耶佛两教之间虽有竞争，但也不乏善意的交流。

由于“成全”论隐藏了一种“西方优越”的心态，故传教士若不改变过去轻视中国佛教的态度，将难以面对由中国佛教复兴而带来的挑战。然而，若传教士承认中国佛教对真理的认识或跟基督教的不同，甚至能丰富基督教信仰，他们又有落入混合主义的危险。在这种两难的情境下，乐灵生在1926年提出“基督中心的包容”（Christo－Centric Broad-mindedness）④，希望在欣赏中国宗教的同时，能够保持基督教的独特性。需要注意的是，下述乐灵生的言论，主要是针对中国佛教的复兴而提出的。

什么是“基督中心的包容”？乐灵生指出：

---

① Frank Rawlinson, “Christo－Centric Broadmindedness,” in *Chinese Recorder*, Vol. 57 (3/1926): p. 172.

② “A period of keen religious competition is beginning. China is being stirred by these awakening “faiths.” Christians must, therefore, needs understand and approach sympathetically these reviving ‘faiths.’” in Frank Rawlinson, “Christo－Centric Broadmindedness,” in *Chinese Recorder*, Vol. 57 (3/1926): p. 172.

③ Frank Rawlinson, “Christians and Other Religionists in China,” in *Chinese Recorder*, Vol. 64 (12/1933): pp. 794－807.

④ 乐灵生说“基督中心的包容”这观点最先是由艾香德提出的，他只是丰富其内容而已。参 Frank Rawlinson, “Christo－Centric Broadmindedness,” in *Chinese Recorder*, Vol. 57 (3/1926): p. 172。

> 这不是一种宗教傲慢,因为它开始于承认其他"信仰"有共同的关注或贡献的可能性。这不是一种软弱的包容(weakly inclusive),因为它在基督的品格(Christ's personality)的亮光中评价所有事物。它不要求个人放弃任何能有益培育基督人格的事情。①

由此可见,"基督中心的包容"强调一种不卑不亢的态度,它既不轻视其他宗教(否定宗教的傲慢),也不放弃基督教的立场(在基督的品格的亮光中评价所有事物)。

乐灵生认为,"基督中心的包容"必须建立在互相谅解的基础上,通过比较彼此文化中的善,才能找到共同的美德。因此,"基督中心的包容"必须包括"宗教"和"人文"(human)两方面的元素。以中国的处境为例,若西方人在人文方面不尊重中国文化,认为中国文化甚至中国人是次一等的,这种"人文"的偏见将妨碍他们对中国宗教的欣赏。因此,"基督中心的包容"必须舍弃"西方优越"的心态,承认西方文化和中国文化都在同一水平上②。同样地,当基督教与中国宗教相遇时,它不能自以为比对方优越。那么,两者应如何相处呢?首先,基督教要承认自己与其他宗教间有差异,并由衷地接受这些差异的存在。第二步是求同,寻找共同的关怀,以及共同的善。第三,基督教应承认上帝能通过对方的善而做祂的工,同时承认:"上帝在其他民众中所做的工,也许能加深我们对人际关系和人神关系的理解。基督徒能自信地期望,通过东方的基督徒群体利用他们自己的灵性的遗产,如此,上帝对所有种族的基督徒来说将变得更有意义……只有当所有人和种族,在基督的亮光下联合他们对上帝的理解,我们才能对上帝的完全有更清楚的认识。"③换言之,乐

---

① "It is not religious aloofness since it begins by admitting the possibility of common emphases or contributions in other "faiths". It is not weakly inclusive since it evaluates everything in the light of Christ's personality. It does not ask men to give up anything that makes for the type of personality which is Christ's." In Frank Rawlinson, "Christo – Centric Broadmindedness," in *Chinese Recorder*, Vol. 57 (3/1926): p. 174.

② *Ibid.*, pp. 175 – 179.

③ "The way God has worked among other peoples may add something to our understanding of human relationships and of God. And Christians may confidently expect that through groups of Oriental Christians utilizing their own spiritual inheritances God will become more meaningful to Christians of all races ... Only when men of all races combine their understandings of god in the light of Christ will fullness of God become clear to us." In Frank Rawlinson, "Christo – Centric Broadmindedness," in *Chinese Recorder*, Vol. 57 (3/1926): p. 180.

灵生相信基督教与中国宗教可以互相转化，基督教不必然是完满的，而中国宗教的经验亦能丰富基督教对上帝的理解。最后，基督教应在实践上，跟中国宗教寻求合作的可能①。

当艾香德提出“基督中心的包容”时，强调的是一种态度。而乐灵生明显地欲在理论层面上丰富其内容，故有上述四点的补充：1）存异；2）求同；3）承认一切的善都是从上帝而来；4）诸宗教的合作。然而，将“基督中心”与“包容”放在一起是相当吊诡的，始终有一定的含混性，故爱德华·占士（Edward James）②批评乐灵生，没有明确地界定“基督”的意涵，也没有说明什么是可包容的，什么是不可包容的③。虽然如此，乐灵生并非完全忽略此问题，他说：

> 基督中心的包容将经常向每一宗教的或社会观念或（社会）实践询问，它是否或能否帮助建立一学效基督的品格（a Christ - like personality）？④

由此可见，“基督的品格”是一个非常重要的关键词。他以“基督的品格”来作评估行为的标准，它侧重于伦理的层面，关心的不是理论上的对话，而是实践上如何体现“基督的品格”。当然，何谓“基督的品格”依然是含混的，故乐灵生承认“基督的品格”这概念也是开放的，需通过比较诸宗教的善，才能对它有越来越丰富的了解。乐灵生没有坚持基督教已拥有完满的真理，相反，他强调，无论是对“基督的品格”或“真理”的追求，都是一个漫长的探索旅程。而基督教与诸宗教的关系，则是在探索上帝（search for God）这旅程中的同路人⑤。

针对乐灵生的言论，爱德华·占士怀疑基督教是否只是一个探索真

---

① *Ibid.*, pp. 179 - 181.

② 爱德华·占士（Edwards James）于 1896 年来华，是美以美会（Methodist Episcopal Mission, North）的传教士。他在华从事了二十多年的宣教工作，之后任教于金陵神学院。参 *Chinese Recorder*, Vol. 63（8/1932）：p. 530。中文名字为作者所译。

③ Edward James, "Christo - Centric Broadmindedness," in *Chinese Recorder*, Vol. 57（3/1926）：p. 216.

④ "A Christo - centric broadmindedness will always ask of any religious or social idea or practise, does it or could it help build up a Christ - like personality?" in Frank Rawlinson, "Christo - Centric Broadmindedness," in *Chinese Recorder*, Vol. 57（3/1926）：p. 174.

⑤ Frank Rawlinson, "Christo - Centric Broadmindedness," in *Chinese Recorder*, Vol. 57（3/1926）：pp. 182 - 183.

理的信仰？若然，他反问传教士应如何向中国人解释，他们来华只是分享"寻求真理的分享"（shares in search for truth）？若传教士不确信基督教的完满，他们又如何能自信福音能够拯救中国？① 不过，当乐灵生提出"基督中心的包容"时，他强调：

> 基督徒已花了太多的时间为真理争斗。它（基督教）能为自己争斗！宗教傲慢似乎担心真理是不能自存的。凡是真理的将胜过所有的考验。持基督中心的包容观点的基督徒，担心的是没有考验。②

换句话说，乐灵生的关怀并非如何有效地跟中国人分享基督教的福音信息，而是如何改造基督徒群体的优越心态。

虽然，乐灵生的言论不能代表所有传教士的看法，但亦反映了部分传教士愿意在耶佛关系上采取一种更开放的态度。他们非视基督教比佛教优越，未坚持基督教是佛教的成全，但坚信基督教的福音是有益的，能造福社会。"基督中心的包容"是欲在欣赏中国宗教与坚持基督教独特性的中间取得平衡，它在理论层面上虽有一定的含混性，却反映了传教士避免落入混合主义的窠臼的努力。

五、结　　语

上述的讨论，主要是探讨19世纪与20世纪间，传教士对中国佛教的态度有什么不同。若认为传教士在20世纪时已普遍接纳佛教与基督教有同等价值，且乐于与佛教徒接触及对话，似乎有点言过其实。虽然，有部分传教士，例如乐灵生、梅立德等，他们相信基督教与佛教的信仰经验能够彼此丰富，但毕竟，单凭《教务杂志》的材料并不能证明，这种欣赏

---

① Edward James, "Christo - Centric Broadmindedness," in *Chinese Recorder*, Vol. 57 (3/1926): p. 216.

② "Christians spend too much time fighting for the truth. It can fight for itself! Religious aloofness looks like a fear that truth is not self - sustaining. What is true will win over any test. The Christo - centric broadminded Christian need fear no test." In Frank Rawlinson, "Christo - Centric Broadmindedness," in *Chinese Recorder*, Vol. 57 (3/1926): p. 181.

及肯定佛教的言论已成为当时传教士群体的主流声音。然而,这亦反映了在中国佛教复兴的冲击下,部分传教士开始正视佛教的挑战。基督教的传入,直接或间接地刺激了佛教的复兴,而佛教的复兴亦反过来刺激了基督教对佛教的看法,甚至间接地让传教士走出了西方本位或西方优越的思考。由此可见,中国的耶佛对话虽未必及得上日本的成果,但它却一定程度上,帮助中国传教士摆脱了西方优越的心态。不过,随着中国往后政局的变化,传教士被赶出中国,而这种转变也很快被人遗忘了。

(作者单位:香港中文大学文化及宗教研究系)

20 世纪初年留美中国基督徒学生的信仰选择

梁冠霆

一、前　言

留美教育运动是中国近代史研究中的一个关键课题,美国历史学家韦慕庭(C. Martin Wilbur)曾指出:如不考虑出洋留学和西方教育对中国之影响,便不能了解近代中国①。舒新城和汪一驹(Y. C. Wang)是最早系统研究留学教育的前辈学者,他们均对此提出较负面的批评,认为留学教育(尤其是留美教育)所产生出来的跨文化经验极不理想,西方(基督教)的精神价值并没有对留学生产生过任何深刻的影响,他们也没有肩负起昔日知识分子在政治及社会中的领导责任②。自 1980 年代开始,大陆学术界出现了不少对近代留美教育褒扬的作品,这些研究高度肯定了留学生在文化交流及促进中国现代化方面的作用③。不过,这些研究

---

① Y. C. Wang, *Chinese intellectuals and the West*, 1872 – 1949 (Chapel Hill: University of North Carolina Press, 1966), p. v.

② 早于 1927 年,舒新城便写成《近代中国留学史》一书,他指出国人之所以对留学生感到不满,原因有三:第一,留学生在社会中是"一种特殊坐食阶级"。他们显然承袭了士人在社会中享有治人的特权心态,但又同时失却昔日士人律己的精神,他们深受外国工业社会的功利观所影响。由于出国求学者主要为了功名,回国后也不安于本分,于是这种人的堕落机会亦更多。及至 1966 年,汪一驹则以英语写成《中国知识分子与西方,1872 – 1949》(*Chinese Intellectuals and the West*, 1872 – 1949),成为西方汉学界在这个研究范畴中的经典著作。汪氏利用更全面的数据对留学教育作出更深入的批判,且进一步从近代中国知识分子身份转型的角度出发,详细地解释了为何留学生在政治、经济和教育三方面都远离民众和国家的需要。详参舒新城,《近代中国留学史》,中华书局 1927 年,第 216 – 218 页;Y. C. Wang, *Chinese intellectuals and the West*, 1872 – 1949, pp. xii – xiii, pp. 499 – 503。

③ 代表著作包括:李喜所《近代中国的留学生》(人民出版社 1987 年)、孙石月《中国近代女子留学史》(中国和平出版社 1995 年)、田正平《留学生与中国近代教育近代化》(广东教育出版社 1996 年),以及谢长法《中国留学教育史》(山西教育出版社 2006 年)等。

大多属于“翻案式”的作品，且倾向于展示正面的材料，实际上并未真正驳倒舒、汪两位学者所奠定的观点①。

近年，学术界开始转而关注留美学生的跨文化社会体验②，尝试在方法论上寻求新突破，但这些研究似乎仍未深入评估“基督教美国”的精神价值对留美中国学生所产生的影响，中国教会史学者裴士丹（Daniel H. Bays）和魏克利（Philip L. Wickeri）亦曾分别就此对这些新研究提出过疑问③。按此研究进路出发，留美教育的课题仍有以下的讨论空间：究竟留美学生在何等程度上受到美国精神文明的影响？他们在留学时期所接触的“基督教精神文明”又是一种怎样的精神文明？假若这种特定的基督教价值曾经对某部分留美学生产生影响，这又将会是一种怎样的影响？

笔者认为，要回答上述种种疑问，一个重要切入点必然落在“世界基督教学生同盟”（The World's Student Christian Federation，以下简称 W. S. C. F.）、“基督教青年会北美协会”（International Committee of Y. M. C. A. in U. S. A. and Canada，以下简称“北美协会”），以及留美中国基督徒学生三者的交互关系上。1895 年，W. S. C. F. 正式成立，普世基督教学生事业被视作世界归主的首要任务。穆德（John R. Mott）更指出，W. S. C. F. 是继耶稣会后又一次以知识分子为目标的宣教策略④。1896 年，中国基督教学生青年会协会（当时称为“中国学塾基督幼徒会”）正式加入成为同盟的会员⑤，中国青年会的学生事业便成为普世基督教学生运动的重要工作之一。由于清末民初兴起的留学潮，北美协会开始将部分精神投

---

① 有关这方面的评述，详参江振勇《二十世纪初年的中国留美学生：一个在研究课题上初步的省思》，载李又宁编，《华族留美史：150 年的学习与成就：国际学术研讨会论文集》，台北业强出版社 1999 年，第 117 页。

② 代表著作包括：Weili Ye, *Seeking modernity in China's name: Chinese students in the United States*, 1900 – 1927 (Stanford: Stanford University Press, 2001); Ting, Ni, *The cultural experiences of Chinese students who studied in the United States during the* 1930*s* – 1940*s* (New York: The Edwin Mellen Press, 2002); Stacey Bieler, "*Patriots*" *or* "*traitors*"?: *A history of American – educated Chinese students* (Armonk, N. Y.: M. E. Sharpe, 2004)。

③ Daniel H. Bays, "Book review: Weili Ye, *Seeking modernity in China's name*: *Chinese students in the United States*, 1900 – 1927" in *American Historical Review* (Chicago: University of Chicago Press, April 2002, Vol. 107 Issue 2), p. 520; Philip L. Wickeri, "Book review: Stacey Bieler, '*Patriots*' *or* '*traitors*'?: *A history of American – educated Chinese students*" in *International Bulletin of Missionary Research* (New Haven: Overseas Ministries Studies Center, October 2004, Vol. 28 Issue 4), pp. 187 – 188.

④ 参 John R. Mott, *Strategic points in the world's conquest*: *The universities and colleges as related to the progress of Christianity* (New York: International Committee, YMCA, 1897), pp. 15 – 23。

⑤ 《世界基督教学生同盟史略》，中华基督教青年会全国协会 1921 年，第 4 – 5 页。

注于发展海外的中国青年会运动。1909 年,“北美基督教中国学生会”(The Chinese Students' Christian Association in North America,以下简称 C. S. C. A.)正式成立,这不仅是青年会运动在留美教育运动中的一段历史插曲,更是考察留美中国基督徒群体如何寻索和实践基督教信仰价值的一条历史主线。

本文分三部分:第一部分将重点交代 C. S. C. A. 的创会背景和初期发展。对于该组织的历史考察,其意义不仅在于填补一段历史空白,也旨在说明基督教信仰价值如何凝聚和模塑留学生群体,以及这一群体在怎样的历史处境中投身基督教青年会运动,这为民初中国青年会运动的发展带来一个更立体的视角,也为归国留美基督徒精英群体与青年会之间的亲和性提供了解释。在第二部分,笔者拟从留美中国学生最常参与的两项宗教活动——查经班和夏令会入手,说明他们是怎样与美国的基督教信仰相遇和接触。不过,这只能够说明留美青年在特定的历史处境中认识了基督教信仰的某个版本,并无助于解释他们何以选择性地接受这些思想。在跨文化的体验中,他们之所以选择了伦理的基督教,乃是出于一种整合道德价值的迫切感。但更为关键的是,留美青年始终坚信基督教是推动美国文明持续进步的决定性因素。在第三部分,笔者将会分析他们在信仰选择过程中的考虑。

二、“北美基督教中国学生会”的创立与发展

北美协会与海外的中国青年会运动

自甲午战争后,为了仿效日本的富强之道,中国多次派遣学生到日本留学,由于两国的语言颇为相近,且两地相隔不远,旅费亦廉,留学日本蔚然成风①。当时,留学东洋的门坎相对较低,留日学生的素质因而参差不齐。在日本基督教青年协会的促请下,中韩港基督教青年会决定发展东京的留学生事业,其主要目的是为了恢复留日中国学生的道德

① 1896 年,清朝首派 13 人抵达日本,其后人数逐渐增多,1906 年更达 8000 人。参实藤惠秀著,谭汝谦、林启彦译:《中国人留学日本史》,香港中文大学出版社 1982 年,第 1 页。

水平①。1905 年冬，总干事巴乐满（F. S. Brockman）派来会理（D. Willard Lyon）和张佩之（P. C. Chang）等赴日考察，翌年正式协助成立"中华留日基督教青年会"，于神田美土代町日本青年会一隅建立会所。中华留日基督教青年会的首任西人总干事为北美协会的林德芬（M. J. Clinton），王正廷（C. T. Wang）任华人总干事，中华留日基督教青年会的成立可谓开创了青年会为海外留学生服务之先河②。

由于受到 1882 年"排华法案"（Chinese Exclusion Act）的影响③，华人在法律上受严格的入境限制，只有极少数中国学生能够赴美留学。及至 1906 年，美国政府在中国驻美使节的屡次要求下，开始放宽了对"学生"这一名词的定义④；自该年起，留美中国学生人数出现明显的上升趋势⑤。基于客观形势的转变，早于 1907 年，北美协会便派遣王正廷前往北美进行考察，他此行的另一目的就是在美国完成学业。王正廷先入密歇根大学（University of Michigan），1908 年转读耶鲁大学（Yale University）⑥。同年，来会理赴美协助他的调查工作⑦。

王正廷在考察中发现，当时部分留美中国基督徒学生已经建立了所属地区的信仰圈子，包括哈佛大学（Harvard University）、耶鲁大学、宾夕法尼亚大学（University of Pennsylvania）、密歇根大学、伍斯特大学

---

① 儒堂：《国外之留学生》，载《中华基督教会年鉴》第 1 期（1914 年），第 98－99 页；K. S. Latourette, *World Service: A history of the foreign work and world service of the Young Men's Christian Associations of the United States and Canada* (New York: Association Press, 1957), p. 265. 不过，亦有学者尝试从政治角度剖析北美协会的动机，认为这只是美国对日本大力吸引中国留日学生暗生妒忌。参沈殿成主编：《中国人留学日本百年史，1896－1996》（上册），辽宁教育出版社 1997 年，第 309－310 页。

② 王正廷与林德芬连同第一任早稻田分会干事文怀恩博士（Dr. Williams）、王治昌，以及第一任智育部干事钱树芳被称为该会成立时之五大柱石。有关中华留日基督教青年会的历史，详参《中华留日基督教青年会十五周年成绩报告》，1921 年，第 8－16 页；《中华留日基督教青年会最近三年成绩报告》，1929 年，第 2－4 页；C. T. Wang, "Men wanted", *China's Young Men*, New Series, October, 1906, vol. I, no. 3, pp. 3－5。

③ 简而言之，这个法案是依据种族不同而制订的排外法案，华人在美国长期遭受不合理和不公正的对待。有关排华运动的详细情况，详参陈依范著：《美国华人发展史》，三联书店（香港）有限公司 1984 年，第 167－272 页。

④ 宋晞：《旅美论丛》，中国文化学院 1965 年，第 52 页。

⑤ *A Survey of Chinese students in American Universities and Colleges in the past one hundred years: In commemoration of the one hundredth anniversary of the first Chinese from an American University, Yung Wing, B. A. Yale* 1854 (New York: National Tsing Hua University Research Fellowship Fund and China Institute in America, 1954), p. 26.

⑥ "Who's who in the association", *China's Young Men*, New Series, April, 1911, vol. VI, no. 2, p. 59.

⑦ "Editorials", *China's Young Men*, December 1, 1915, vol. XI, no. 4, pp. 152－153.

(Wooster University)、伊利诺伊大学(University of Illinois)、芝加哥大学(University of Chicago),以及哥伦比亚大学(Columbia University)等在内的学生聚集点都设有查经班①。由于留学生的信仰群体日益壮大,他俩亦开始调查中国基督徒学生的实际人数。王正廷认为,这为成立 C. S. C. A. 踏出了重要的第一步②。

在王正廷的积极推动下,部分中国基督徒学生决定成立一个以宣扬基督教立场为宗旨的学生组织。1908 年夏,他们在卡森学院(Cushing Academy)商讨创会事宜。除王氏外,当时的创会成员还包括陈维城(W. C. Chen)③、韩安(N. Han)④、郭秉文(P. W. Kuo)⑤、曹云祥(Y. S. Tsao)⑥及余日章⑦五人⑧。会后,他们决议于 1909 年 9 月 2 日至 5 日召开第一届会员大会。为了确保参与者的人数,他们安排该会议在"留美中国学

---

① "Chinese students in America", *China's Young Men*, New Series, May, 1909, vol. IX, no. 2, p. 31.

② C. T. Wang, "The founder's message", *The Chinese Students' Christian Journal*, March, 1918, p. 149.

③ 陈维城,早年毕业于北京汇文大学堂,后来成为该校教授。1910 年,于密歇根大学取得博士学位。自 1914 年起,任驻英使馆随员,任期迟至 1939 年。参 *A guide to doctoral dissertations by Chinese students in America* 1905 – 1960. Complied by Tung – li Yuan (Washington, D. C.: Sino – American Cultural Society, 1961), p. 11;章开沅,《社会转型与教会大学》,湖北教育出版社 1998 年,第 406 页。

④ 韩安,字竹平,1882 年生于安徽巢县,著名林学家。1905 年毕业于南京汇文书院,1907 年以官费留美,先后毕业于康奈尔大学及密歇根大学。1911 年,韩氏取得林业科学硕士,1912 年回国,多年来为政府主理农林事务。详参 *Who's who of American returned students*(留美同学录)(San Francisco: CMC, 1978; Repr. Of Peking: Tsing Hua College, 1917), p. 199; *Who's who in China* (*volume IV*) (Shanghai: The China Weekly Review, 1932), pp. 77 – 78。

⑤ 郭秉文,字鸿声,1879 年生于江苏省上海县,著名教育家。1896 年毕业于上海清心书院,1906 年自费留美,先后毕业于伍斯特大学及哥伦比亚大学师范学院,1914 年取得教育科博士学位,同年回国。留学期间,郭氏曾任《留美中国学生月报》总编辑(1908 – 1909)及 C. S. A. 会长(1911 – 1912)。1922 年,郭秉文出任国立东南大学校长。详参 *Who's who of American returned students*, p. 127; *Who's who in China* (*volume IV*), p. 131。

⑥ 曹云祥,字庆五,1881 年生于江苏省嘉定县南翔(现属上海),著名教育家。1900 年毕业于上海圣约翰大学,1907 年以官费留美,先后毕业于耶鲁大学及哈佛大学,1914 年取得工商管理硕士,1919 年回国。1911 – 1912 年间,曹氏曾担任《留美中国学生月报》总编辑。1922 年,曹云祥出任清华学校校长。详参 *Who's who of American returned students*, pp. 148 – 149; *Who's who in China* (*volume IV*), p. 234。

⑦ 余日章,1882 年生于湖北武昌,第二任青年会华总干事。1900 年及 1905 年毕业于武昌文华书院和上海圣约翰大学,1908 年自费留美,1910 年取得哈佛大学教育硕士学位。详参 *Who's who of American returned students*, pp. 49 – 50。

⑧ "A historical sketch of the Chinese Students' Christian Association in North America", pp. 1 – 2, *Archives of the Chinese Students' Christian Association in North America*, *Record Group No.* 13 (hereafter cited as Archives of the C. S. C. A.), Special Collections, Yale Divinity School Library, 1918, reel 1/837 – 838.

生联会"(The Chinese Students' Alliance of America，以下简称为 C. S. A.)①的第五届周年大会结束后举行，地点为汉米尔顿(Hamilton)的科尔杰学院(Colgate College)，这是中国留美教育史上第一次由中国基督徒学生筹办的学生会议。结果，共55名学生出席会议，其中基督徒占28人，而C. S. C. A. 即在此会议中正式诞生，总部设于纽约市(New York City)。会中，王正廷当选为第一任总干事②，陈维城及韩安分别任会长及副会长，郭秉文则担任财务干事。当时，C. S. C. A. 的自我定位是联系中韩港基督教青年会运动的海外组织③。

北美协会的原初计划，就是以 C. S. C. A. 作为一个推广青年会核心价值的中介组织，最终是为了中国青年会运动的发展而铺路④。成立初期，它与中国青年会的隶属关系是清晰可见的，会章也列明：总干事一职由中韩港基督教青年合会任命，然后再经 C. S. C. A. 的周年大会通过接受⑤。在1914年出版的第一期《中华基督教会年鉴》中，C. S. C. A. 被明确为"直接受中华基督教青年会组合之节制"⑥，这些都清楚地说明了双

---

① 1902年12月17日，来自西岸的伯克利(Berkely)和奥克兰(Oakland)等地的23名学生会于旧金山的刚纪慎会(Congregational church)礼拜堂，为联络友谊，遂成立"美洲中国学生联会"(The Chinese Students' Alliance of America)。1903年，由于不少学生位于中西部的芝加哥，"美中留美中国学生联会"(The Chinese Students' Alliance of Middle West)也宣布成立。1905年，此时大部分学生均集中于东岸，故美洲中国学生联会改于东岸开年会。同年，西岸又有"太平洋岸中国学生会"(Pacific Coast Chinese Students' Association)成立，会员多是美国华裔青年。1905年，梁振东和周子贻二人在马萨诸塞州的阿默斯特市(Amherst, Mass.)成立"美东中国学生联会"(The Chinese Students' Alliance of Eastern States)。直至1911年，美东、美中和美西三部代表同意统一学生组织的方案，至此"留美中国学生联会"才真正成为一个全国性的学生组织。参《留美中国学生会小史》，《东方杂志》第14卷12号(1917年12月15日)。

② 余日章于1910年担任副总干事(Associate General Secretary)，专责迎接第二批庚款生，以及协助西岸的会务发展。可是，他在上任数月后得悉其弟余日宣患病甚危，故他请辞提前回国。若非如此，余日章便很有可能成为C. S. C. A. 的第二任总干事。参 C. T. Wang, "General Secretary's monthly report for September, 1910", *The Kautz Family Y. M. C. A. Archives*, 1910, p. 1；袁访赉：《余日章传》，香港基督教文艺出版社1970年，第23页。

③ "First conference of the Chinese Students' Christian Association in North America", *China's Young Men*, New Series, November, 1909, vol. IV, no. 4, pp. 97 – 99.

④ 在早期各区举办的周年大会中，巴乐满都亲身出席参与，他在演讲经常为中国的青年会运动宣传。C. T. Wang, "History of the second annual conference of the Chinese Students' Chrisitian Association in North America", *China's Young Men*, New Series, January, 1911, vol. VI, no. 1, p. 21; John Yiu Bong Lee, "The Mid – West conference of the Chinese Students' Christian Association in North America", *China's Young Men*, New Series, January, 1911, vol. VI, no. 1, p. 26。

⑤ "Constitution of the Chiense Students' Christian Association in North America", *China's Young Men*, New Series, May, 1910, vol. V, no. 2, p. 43.

⑥ 儒堂：《国外之留学生》，载《中华基督教会年鉴》第1期，1914年，第97页。

方在建制上的关系。

基于这个原因,C. S. C. A. 的宗旨立场与青年会非常相近,其工作目标包括:一、联结所有渴望巩固属灵生命,以及希望藉此对其他学生产生影响的留学生。二、促进基督徒品格及基督徒团契的成长。三、推动进取的基督教学生事工。四、为基督教服务培训合适的人才。五、带领学生在工作岗位上完成上帝国度的扩张。C. S. C. A. 的会员制分为三类:活跃会员(active member)、附属会员(associate member)以及友好会员(co - operative member)。活跃会员必须是福音派教会的会友,具良好品格的非基督徒学生则可申请成为附属会员,其余愿意加入组织的美国人将会被列入为友好会员的名单①。

在中国本土,青年会对海外的学生信仰群体也予以特别的关注。1910 年,《青年》(*China's Young Men*)便是专为留日、留英②和留美中国学生出版的刊物③。在北美,C. S. C. A. 亦以《青年》作为其机关报,除此以外,就是出版以会务报告为主的月报(Monthly Report)。相对于其他海外学生运动,C. S. C. A. 的领导层似乎特别重视出版工作,他们曾主动提出将《青年》扩充成月刊,并希望能在此报道更多有关普世基督教学生运动的消息④。可是,辛亥革命令《青年》的出版一度受到影响,这项扩刊计划并没有即时得以实现⑤。为了加强出版工作,C. S. C. A. 于 1911 年成立了出版委员会,由时任的署理总干事郭秉文主持。在郭氏的推动下,C. S. C. A. 的月报拟扩充成为另一份月刊(Monthly Magazine),以响应广泛读者群的需要⑥。

结果,《青年》于 1913 年 1 月正式转为月刊,而 C. S. C. A. 的月报则继

① "Constitution of the Chiense Students' Christian Association in North America", pp. 42 - 43.

② 有关民初留英中国基督教学生运动的发展,参"Chinese Students' Christian Union of Great Britain and Ireland", *China's Young Men*, January, 1912, vol. VII, no. 1, pp. 5 - 7。

③ "Our next issue", *China's Young Men*, nre series, May, 1910, vol. V. no. 2, p. 31; "Editorials", *China's Young Men*, June 15, 1916, vol. XI, no. 10, p. 505.

④ "President's message", *Monthly Report of the Chinese Students' Christian Association in North America*. October, 1911, pp. 5 - 6, in *Archives of the C. S. C. A.*, 1911, reel 1/654 - 5; "The Chinese Students' Christian Association in America", *China's Young Men*, New Series, January, 1911, vol. VI, no. 1, pp. 2 - 3.

⑤ "The Association organ", *Monthly Report of the Chinese Students' Christian Association in North America*. May, 1912, p. 2, in *Archives of the C. S. C. A.*, 1911, reel 1/695.

⑥ Y. Y. Tsu, "Presidential report for 1910 - 1911", *Monthly Report of the Chinese Students' Christian Association in North America*. October, 1911, p. 39, in *Archives of the C. S. C. A.*, 1911, reel 1/671.

续定位为消息通讯的角色①。值得一提的是,《青年》随后便由归国留美精英所主导,除了总编辑朱友渔(Y. Y. Tsu)②外,特约编辑团的成员还包括六位C. S. C. A. 的创办人,以及李登辉(T. H. Lee)、王景春(C. C. Wang)、邝富灼(Fong F. Sec)、王宠惠(Wang Chung Hui)和周诒春(Y. T. Tsur)等留美名人,在人数上,留美精英在《青年》的编辑团中占了绝大多数③。

"海外学生友谊关系委员会"的成立

C. S. C. A 成立的当年也即第一批庚款生出国的那一年,北美协会和W. S. C. F. 都进一步意识到中国留学生对未来宣教事业的重要性④。为了响应学生事业的新需要,穆德于该年亦构思成立一个专责与外地学生建立友谊关系的组织,"海外学生友谊关系委员会"(Committee on Friendly Relations among Foreign Students,以下简称 F. R. C.)即由此于1911年正式成立。在成立初期,F. R. C. 是一个独立的组织,但为免资源重迭,F. R. C. 早与北美协会合作无间,在人手调配上彼此支持⑤。F. R. C. 的第一位执行干事就是来会理,他早年便通过前线的工作协助中华留日基督教青年会和C. S. C. A. 的成立工作;策划人穆德亲自担任总干事,美国著名的企业家卡耐基(Andrew Carnegie)则是营运经费的赞助人。1917年,F. R. C. 正式归入"北美协会海外部"(International Committee Foreign Department),即成为北美协会的附属部门之一⑥。

① "Association organ and monthly report", *Monthly Report of the Chinese Students' Christian Association in North America*. November – December, 1911, p. 1, in *Archives of the C. S. C. A.*, 1911, reel 1/678.

② 朱友渔,1886年生于上海,社会学教授、圣公会主教。1907年毕业于上海圣约翰大学,1909年自费游美,1912年在哥伦比亚大学社会学系获博士学位,同年返国。详参 *Who's who of American returned students*, p. 24; L. D. Cio, "Who's who among Chinese Christian leaders", *China Christian year book*, 1936 – 1937, p. 449。

③ "Special announcement", *China's Young Men*, New Series, January, 1913, vol. VIII, no. 1, p. 1.

④ D. Willard Lyon, *The first Quarter century of the Young Men's Christian Association in China* 1895 – 1920 (Shanghai: Aoosciation Press of China, 1920), p. 8;《世界基督教学生同盟史略》,第14 – 15页。

⑤ 参 *Report of the Committee to Promote Friendly Relations among Foreign Students for the year* 1911. *Archives of the C. S. C. A.*, 1911, pp. 1 – 8, reel 1/934 – 941。

⑥ 参 K. S. Latourette, *World Service: A history of the foreign work and world service of the Young Men's Christian Associations of the United States and Canada*, pp. 74 – 75; Liping Bu, "The challenge of race relations: American ecumenism and foreign student nationalism, 1900 – 1940", in *Journal of American Studies* (Cambridge: Cambridge University Press, August 2001, Vol. 35 Issue 2), pp. 222 – 223。

F. R. C. 的服务对象不仅仅限于中国学生，其宗旨乃是促进美国与来自远东、近东，以及拉丁美洲等地的留学生的友谊关系，它的另一项重要任务就是协助留学生认识基督教国家的价值元素。不过，在 F.R. C. 成立之初，它却特别强调服务留美中国学生的优先性①，且清楚表明无意与 C. S. A. 或 C. S. C. A. 成为任何形式上的竞争对手②。在往后四十年间，F. R. C. 每年补贴 C. S. C. A. 的营运支出，C. S. C. A. 的总干事乃是 F. R. C. 名义上的中国干事（Chinese Secretary）③。在北美，C. S. C. A. 是最具规模的亚洲基督教学生组织，它与 F. R. C. 建立了最稳定及最持久的伙伴关系。1947 年，当 F. R. C. 决定终止所有对留学生组织的财政支持时，C. S. C. A. 却是唯一的例外④。

C. S. C. A. 的组织设定

相对于中华留日青年会集中于东京一地的学生工作，C. S. C. A. 面对的是广泛分布于北美各地的留学生群体，而且其服务对象是同受高等教育的留美青年，这是一种近乎全新的行政经验。不过，有赖于 C. S. A. 早年在东岸所奠定的基础，留美中国学生早已较为完善地组织起来⑤。在 C. S. C. A. 成立之初，其活跃范围也主要集中在东岸。在 1910 年的第二届周年大会中，它正式划分为四个行政部门：东岸部门、中岸部门、西岸部门及妇女部，各部门行政独立，由纽约市的总部负责统辖。这种制度被视为能够在自主与团结之间取得平衡的行政措施⑥。第一任的东

---

① 1911 年辛亥革命后，不少留学生因未能收到汇款而面对严重的财政困难。F. R. C. 不仅向受援助学生所属的学府申请豁免学费，而且更积极地与华盛顿驻美负责庚款的中国官员保持联系，在有需要时为留美中国学生寻求协助。当时，F. R. C. 为留美中国学生成功申请豁免学费的学府包括康奈尔大学、宾夕法尼亚大学、哈佛大学，以及威斯康星大学（University of Wisconsin）。

② Charles Hurrey, "The Committee on Friendly Relations among Foreign Students", *Liu Mei Tsing Nien*, December, 1915, p. 65.

③ "A historical sketch of the Chinese Students' Christian Association in North America", pp. 3, 5, *Archives of the C. S. C. A.*, 1918, reel 1/839, 841.

④ 参 Liping Bu, "The challenge of race relations: American ecumenism and foreign student nationalism, 1900 – 1940", p. 228, 236。

⑤ C. T. Wang, "Chinese students in Japan and America", *China's Young Men*, New Series, November, 1909, vol. IV, no. 4, p. 96.

⑥ Y. Y. Tsu, "Presidential report for 1910 – 1911", *Monthly Report of the Chinese Students' Christian Association in North America*. October, 1911, p. 36, in *Archives of the C. S. C. A.*, 1911, reel 1/670.

岸、中岸及西岸部门主席分别为朱友渔、费兴仁(H. J. Fei)①及卓康成(H. S. Chuck)②;曹芳芸(F. Y. Tsao)③则当选为妇女部主席④。

值得补充的是,西岸的学生工作散布洛杉矶(Los Angeles)、萨克拉门托(Sacramento)、旧金山(San Francisco)、奥克兰(Oakland)及伯克利(Berkeley)等加州各大城市之中,其会务发展一直并不理想⑤。理由是,西岸与位于纽约市的行政中心距离较远,这大大增加了推广会务的难度。不过,西岸作为留美中国学生登陆的必经之地,对于所有关注中国学生事务的组织而言,都极具策略性地位⑥。

由于地理环境因素使然,总干事的院校探访工作便成为会务兴衰的关键。院校探访的目的主要在于了解留美学生的信仰立场、生活状况、课外活动,以及对基督教青年会的建议等,这是十分要紧的基础工作。此外,总干事亦会与当地的学会接触,藉此招揽新会员,并鼓励当地学生出席夏令会。一般来说,总干事在每学年最少进行两次院校探访,郭秉文、曹云祥、朱友渔及全绍文(S. J. Chuan)⑦等是早年执行这项艰巨任

---

① 费兴仁,字静卿,1886 年生于直隶通州,北京青年会干事费起鹤之侄。1908 年毕业于通县协和书院,1909 年自费留美,后得半官费,先后入读奥伯林学院(Oberlin College)及耶鲁大学,1914 年取得硕士学位,同年返国。费氏曾任北京青年会干事及清华学校教员,后从商。详参 *Who's who of American returned students*, p. 153。

② 卓康成,1884 年生于广东香山,著名工程师。1896 年往檀香山,毕业于当地学院。1906 年自费留美,1912 年毕业于康奈尔大学土木工程系,同年返国。详参 *Who's who of American returned students*, p. 59; *Who's who in China* (*volume IV*), pp. 53–54。

③ 曹芳芸,1871 年生于江苏苏州,1897 年毕业于中西女塾(McTyeire School),同年自费游美,1902 年毕业于哥特学院(Cottey College)。1907 年,曹芳芸再度游学美国,先后就读于韦尔斯利学院(Wellesley College)及哥伦比亚大学师范学院,1911 年取得理学士学位,同年回国,曾任上海青年会教育部长。详参 *Who's who of American returned students*, p. 147。

④ C. T. Wang, "History of second annual conference of the Chinese Students' Christian Association in North America", *China's Young Men*, New Series, January, 1911, vol. VI, no. 1, p. 23.

⑤ 1918 年 12 月,在李绍昌(Lee Shao Chang)等人的倡议下,在西岸较早成立的"旧金山中国基督教学生会"(Chinese Students' Christian Association of San Francisco)同意成为 C. S. C. A. 辖下组织,这才初步巩固了西岸的会务。在合作初期,他们主要于旧金山各教会及女青年会举行月会。参"Correspondence from Chinese Students' Christian Association in San Francisco to the Central Executive Board, C. S. C. A.", 6th December, 1918, *Archives of the C. S. C. A.*, 1918, reel 1/1175; Paul Hee, "First quarterly report of the Chinese Student Christian Association of San Francisco", *The Chinese Students' Christian Journal*, May, 1919, p. 46。

⑥ Y. Y. Tsu, "The trip to the western coast", *Monthly Report of the Chinese Students' Christian Association in North America*. October, 1911, pp. 9–14, in *Archives of the C. S. C. A.*, 1911, reel 1/656–9.

⑦ 全绍文,1886 年出生于北京。1904 年毕业于通县潞河中学,后就读于协和大学,1909 年毕业后赴美国留学,1914 年获得耶鲁大学文学士学位,1921 年回国。1926 年,全绍文受聘于燕京大学,1930 年任总务长。详参《燕京大学人物志(第一辑)》,北京大学出版社 2001 年,第 156 页;*Who's who in China* (*volume IV*), p. 69。

务的中坚分子①。

解读会员人数的增长趋势

相对于留日学生群体，较多的留美学生在出国前曾就读教会学校，一般英语能力较高，且相对地容易理解基督教的基本内容，这是C.S.C.A.初期发展的一项有利因素。根据王正廷于1909年所作的统计，在469名留美中国学生中，共有120名基督徒，即大概每四名学生便有一名是基督徒②。另外，在C.S.C.A.的第一代学生领袖中，也明显地反映了他们的基督教家庭背景，比如王正廷、余日章、朱友渔及曹芳芸等均出身牧师家庭③，而王正廷更是北美协会悉心栽培的青年会领袖。在这些因素的支持下，C.S.C.A.在成立初期便能迅速地吸纳会员。

据C.S.C.A.统计，自1908年的六名创办成员开始，会员人数都持续增长：1909–1911年313人，1911–1913年389人，1913–1915年561人，1915–1916年641人，1916–1917年686人，1917–1918年已超过800人。其中1918年的实际升幅是被低估的，原因是1916–1917年度有大量旧会员归国，而该数字则未将部分新会员计算在内④。1911年，留美中国学生人数大概接近800人，他们有可能在美停留长达七年⑤。1911–1918年，每年大概有162名新生赴美留学⑥。综合上述数据，则能够作出以下推断：第一，C.S.C.A.在首三年的会员人数迅速增长，大概占留美中国学生人数的三分之一或更高的比例。第二，1911–1913年间的会员人数停滞不前。第三，在1913–1915年期间，C.S.C.A.的会务便开始有突破性的发展，1918年的会员人数更有可能攀

① "President's message", *Monthly Report of the Chinese Students' Christian Association in North America*. October, 1911, p.5, in *Archives of the C. S. C. A.*, 1911, reel 1/654; "Annual report of the C. S. C. A. in North America 1911–1912", *Archives of the C. S. C. A.*, 1912, reel 1/568–9.

② C. T. Wang, "Chinese students in Japan and America", pp. 96–97.

③ 参"Who's who in the association", *China's Young Men*, New Series, April, 1911, vol. VI, no. 2, pp. 55–60。

④ "A decade of progress", *The Chinese Students' Christian Journal*, March, 1918, p. 141; "A historical sketch of the Chinese Students' Christian Association in North America", *Archives of the C. S. C. A.*, 1918, reel 1/838.

⑤ *Report of the Committee to Promote Friendly Relations among Foreign Students for the year* 1911. *Archives of the C. S. C. A.*, 1911, reel 1/934.

⑥ *A Survey of Chinese students in American Universities and Colleges in the past one hundred years*, p. 26.

升至接近留学生总人数的一半。以下,笔者尝试从微观角度分析会员人数的增长趋势。

首先,单从会员人数的增长来看,初期的会务发展似乎颇为顺利。在1910-1911年间,会员人数由142人攀升至298人,非信徒会员也由16人急升至67人①。不过,这个数字并未真正反映会务发展上的问题。早于1911年,时任会长曹云祥便敏锐地指出,会务的发展已经进入了一个心理学上的"高原区"(plateau region),过去两年的人数增长主要是因为大部分会员在出国前已经是基督徒,又或者本来就已经对基督教带有好感②。当曹氏转任总干事后,更进一步指出内部人手不足的问题。C. S. C. A. 的日常运作主要由总干事和会长二人勉强地分担,各个地区亦欠缺查经班的学生领袖,大部分宗教工作须由大学基督徒教授或教会的牧者义务协助,这显然不能确保长远的稳定发展③。

不过,中国宗教思潮的转变却为北美的工作带来了有利的因素。1913年,曹云祥在全年工作报告中指出,留美中国学生开始重视基督教信仰,其中一个原因就是国内宗教思潮的转变。随着国内思想空间的开放,社会普遍认同独立思考的重要性,年轻人信教的家庭压力也相对较轻。此外,穆德和艾迪(Sherwood Eddy)的布道工作在中国也引来巨大的反响,不少非信徒都乐于参加查经班和夏令会。1912年,清华学校的学校青年会正式成立,最初只有12人参加,在艾迪的推动下,校内的青年会查经班却成为非常成功的基督教工作④。清华基督教学校青年会在校园内的兴盛,除了是受到民初布道热潮的影响外,亦与清华学校的第一任校长唐国安笃信基督有关⑤。

在此有利形势中,C. S. C. A. 扮演着福音承接者的角色,超过八成经

---

① Y. Y. Tsu, "Presidential report for 1910-1911", *Monthly Report of the Chinese Students' Christian Association in North America*. October, 1911, pp. 36-7, in *Archives of the C. S. C. A.*, 1911, reel 1/670.

② "President's message", *Monthly Report of the Chinese Students' Christian Association in North America*. October, 1911, pp. 4-5, in *Archives of the C. S. C. A.*, 1911, reel 1/654.

③ 耶鲁大学、康奈尔大学、伊利诺伊大学,以及威斯康星大学等就是成功的例子。参 Y. S. Tsao, "Annual report of the C. S. C. A. of North America for the year ending June 30th, 1913", pp. 5-7, reel 1/588-590。

④ Chi Pao Cheng, "The Tsing Hua Y. M. C. A.", *The Chinese Students' Christian Journal*, November, 1918, pp. 14-16.

⑤ 苏云峰:《从清华学堂到清华大学(1911-1929)》,中研院近代史所1996年,第69页。

由教会机构直接或间接地培养出来的留美学生，最终都在组织的鼓励下皈依基督教。当时，工科学生占留学生总人数的三成以上，C. S. C. A. 也特别积极地向他们揭示基督教信仰的重要性①。1913 年，会员人数上升至 447 人，当中包括 228 名活跃会员，143 名附属会员，70 名友好会员，以及 6 名荣誉会员（honorable member）。在会员分布方面，东岸占 126 名，中岸占 140 名，西岸占 101 名，妇女部则占 70 名②。在外围因素的带动下，C. S. C. A. 总算渡过了 1911 – 1913 年间的“高原区”。

1914 年的会务改革

然而，民初的思潮变动并非是带动会务兴旺的主因。1914 年，曹氏的继任人张彭春（P. C. Chang）③进行了一次会务重组，这才是会务发展的转折点。针对曹云祥在较早之前提出的会务问题，张彭春提出了架构重组的要求。一个由 12 人组成的委员会与各部门代表在北田（Northfield）召开了为期四天的修章会议④。在行政架构上，C. S. C. A. 将行政权力划分为中央执行委员会（Central Executive Board）、四个原有的部门，以及地区支会（Local Committee）三层，并且按会务的实际需要新设筹款委员会（Committee of Ways and Means）、审计委员会（Committee of Financial Supervision）、咨询委员会（Advisory Committee）、中央查经班委员会（Central Bible Study Committee），以及出版委员会（Committee on Publication）等五个常务委员会⑤。

为了鼓励会员的自发性参与，新会章强化了地区支会的角色，所有的会务工作均由原来的受薪形式改为义务参与⑥。简单来说，除了在整

---

① Y. S. Tsao, “Annual report of the C. S. C. A. of North America for the year ending June 30th, 1913”, pp. 1 – 3, *Archives of the C. S. C. A.*, 1913, reel 1/584 – 6.

② Y. S. Tsao, “Questions answered supplementary to annual report for year ending July 1st., 1913”, *Archives of the C. S. C. A.*, 1913, reel 1/596.

③ 张彭春，字仲述，1892 年生于天津，著名话剧家、教育家。1908 年毕业于南开中学，1914 年在美国克拉克大学（Clark University）获文学学士学位，1916 年获哥伦比亚大学文学硕士学位，1922 年获哥伦比亚大学教育学博士学位。在 1923 – 1926 年间，张氏出任清华大学教授兼教务长。*Who's who in China* (*volume IV*), p. 13。

④ Cheung – Fu Wang, “The president's message”, *Liu Mei Tsing Nien*, October, 1914, pp. 28.

⑤ Loy Chang, “The new constitution of the association”, *Liu Mei Tsing Nien*, October, 1914, pp. 38 – 39.

⑥ “Minutes of the first meeting of the central executive board”, *Liu Mei Tsing Nien*, October, 1914, p. 35.

体上不能偏离组织的原来宗旨外,地区支会在日常运作上却拥有完全的自主性①。改组后,C. S. C. A. 的会员人数大幅上升,来会理认为这是由于改组前各地过分倚赖受薪干事,从而令工作集中少部分人身上,这不仅令工作无法有效地完成,且削弱了会员对会务的承担感。他认为,改组后会员产生了一种新的服务精神,他们亦更积极地参加夏令会②。这次变动的另一个重大影响即改变了总干事的任命方式。以往总干事一职乃由中韩港基督教青年会(1912 年改称为中华基督教青年会全国组合)负责任命,修章后则由即将卸任的中央执行委员会和咨询委员会经商议后提名,再经继任的中央执行委员会通过形成③。这项新措施的出台同时也意味着 C. S. C. A. 的行政变得较为自主,且更加合乎民主的原则。

《留美青年》的诞生

1914 年,C. S. C. A. 在出版工作方面也取得重大突破,其英文机关报《留美青年》(*Liu Mei Tsing Nien*)④以季刊形式正式发行,刘廷芳(T. T. Lew)为首任总编辑,他后来也成为纽约中国基督徒学生群体的领头人物⑤。《留美青年》的出版反映出海外中国基督教学运的发展日趋成熟,刘氏的编辑工作也在国内获得很高的评价⑥。出版工作方面的拓展不仅意在加强学界的沟通,也藉此宣扬和阐释组织的核心价值,并为各方提供一个信仰讨论的平台。在创刊号的社论中,刘廷芳便指出,这项出版工作是为了让留美青年以更开放的态度认识宗教,并以现实的生活经验令信仰成为真实,借着信仰上的彼此鼓励而一同建立基督徒的品格。刘氏还鼓励留美青年以自己的概念做神学,因为现代宗教(the modern reli-

---

① Cheng-Fu Wang, "Preliminary report of the president", *Liu Mei Tsing Nien*, May, 1915, p. 164.

② D. Willard Lyon, "The season's conferences in America", *China's Young Men*, vol. XI, November, 1915, pp. 123-125.

③ "Our student work in America", p. 62.

④ 1917 年 11 月,《留美青年》的英文名称由原来的 *Liu Mei Tsing Nien* 改为 *The Chinese Students Christian Journal*,原因是可令美国读者清楚刊物的性质,从而有助提高订阅数量。参"An explanation", *The Chinese Students' Christian Journal*, November, 1917, p. 1; S. J. Chuan, "Minutes of the Central Executive Board meeting of the Chinese Students' Christian Association, August 3rd and 4th, 1917", *The Chinese Students' Christian Journal*, November, 1917, p. 52。

⑤ 陈毓贤:《洪业传》,联经出版社 1992,第 74 页。

⑥ "Personal Brevities", *China's Young Men*, June 15, 1916, no. 10, vol. XI, p. 570.

gion)并不是建基于盲从或社会控制,而是根据事实和生活经验上的个人信念所构成的①。

在编辑风格上,C. S. C. A. 也非常注重《留美青年》的可读性,尽量避免宗教刊物常有的宗教过量(*over - dose of religion*)问题。编辑委员会希望文章的内容能帮助留美学生明白及活出一个简单的、合理的,以及充满活力的基督徒生命。在内容方面,《留美青年》亦会不时报道中国基督教及中国社会的最新发展消息,并希望藉此帮助美国人士认识中国的情况②。根据刘廷芳的说法,《留美青年》主要发挥三个功能:一、沟通组织内部的消息。二、记录 C. S. C. A. 会员的宗教经验,见证会员在思想上的转变过程。三、为会员提供发表意见的园地,同时也能够让中国教会同工认识留美青年的想法。有关第三点,则反映了刘氏希望通过留美青年那些更广义和宽阔的宗教观点,反过来塑造中国教会的面貌,甚至成为西教士的工作指南③。

可是,《留美青年》在创刊当年却只能达到互通消息的效果,在实际上引起广泛讨论的文章并不算多,遑论对中国教会产生任何明显重大的影响,而且这些文章大都出自刘廷芳之手。此外,《留美青年》的非会员订阅情况亦不甚理想,只有少数广告商愿意出资赞助④。有鉴于此,时任会长王正黼(C. F. Wang)⑤随即建议《留美青年》的编辑委员会应及时调整出版策略,例如需更有计划地制订每期主题,并由各地区部门及妇女部各自推选一位编辑,负责协助总编辑的出版工作⑥。

1916 年,包括全绍文、李荣芳(J. F. Li)及陶行知(W. T. Tao)等几名编辑在内的编委会再次重申《留美青年》并非限制于宗教信仰的讨论,并称乐于刊登各个学术领域中关于培育人格成长的知识,藉此鼓励更多

---

① "Editorial", *Liu Mei Tsing Nien*, October, 1914, pp. 1 - 3.

② "The Journal", *Liu Mei Tsing Nien*, October, 1914, pp. 3 - 4.

③ T. T. Lew, "Our journal", *Liu Mei Tsing Nien*, May, 1915, pp. 133 - 134.

④ Y. T. Chiu, "Report of the business manager", *Liu Mei Tsing Nien*, May, 1915, p. 169. 但另一方面,C. S. C. A. 取消订阅《青年》,每年亦可节省 200 美元。参 Cheung Fu Wang, "The president's message", *Liu Mei Tsing Nien*, October, 1914, p. 29。

⑤ 王正黼,1890 年生于浙江宁波,王正廷之弟,采矿专家。1910 年毕业于北洋大学矿冶系,1911 年以官费留美,1912 年获美国哥伦比亚大学硕士学位,1915 年回国。留学期间,王氏曾担任《留美中国学生月报》的总经理(1912 - 1913)及 C. S. A. 的副会长和会长(1913 - 1915)一职。详参 *Who's who of American returned students*, p. 4。

⑥ Cheng - Fu Wang, "Preliminary report of the president", *Liu Mei Tsing Nien*, May, 1915, pp. 166 - 167.

来稿①。在 1917 年的会务报告中，当时已转任会长的刘廷芳指出，《留美青年》的内容在近几年间已经逐渐变得丰富起来，不少关心中国学生和中国发展的美国读者都留意到了《留美青年》中的文章，部分美国朋友更乐于引用该刊的评论②。值得注意的是，随着英、美留学生的出版工作日趋成熟，《青年》也完成了它的历史使命，于 1916 年正式停刊③。

财政状况：自养的决心和困难

除了在行政架构和出版工作方面进行革新外，会务重组的另一个目的是为实现自养的目标而铺路，这进一步反映了海外基督教学生运动谋求自主独立的意识。在新措施实施后，由于节省了聘用干事和订阅《青年》的支出，C. S. C. A. 希望能够尽早达到财政独立。为此，当时的领导层果断地在预算案中削减北美协会一半的经费资助，希望此举能扫除部分会员以青年会为后盾的安逸心态④。在会务改革后的第一年，会长王正黼曾兴奋地宣布自养的目标已近乎达到，假若不将院校探访的经费计算在内，C. S. C. A. 当年便可以不需要 F. R. C. 的补贴。然而，自养的问题症结或许不在于节源方面，而是如何在高流动性和经济基础薄弱的学生群体中确保收入的稳定性。就以近乎达标的 1915 年为例，低于四成会员按时缴交会费⑤。

1915 年，C. S. C. A. 的会员人数已超过 500 人，新旧领导班底也顺利交接：王正序（C. H. Wang）⑥接替王正黼任会长⑦；在 C. S. C. A. 具丰富行政经验的全绍文则接任总干事一职；芝加哥神学院学生谭沃心（Y. S. Tom）⑧

---

① "Minutes of the first central executive board meeting of the Chinese Students' Christian Association", *Liu Mei Tsing Nien*, November, 1916, p. 45.

② Timothy Tingfang Lew, "President's report for 1916 - 1917", *The Chinese Students' Christian Journal*, November, 1917, pp. 37, 39.

③ "Discontinuation of China's young men", *Liu Mei Tsing Nien*, November, 1916, pp. 1 - 2; "Editorials", *China's Young Men*, June, 15, 1916, vol. XI, no. 10, p. 505.

④ Cheung - Fu Wang, "The president's message", p. 29.

⑤ Cheng - Fu Wang, "Preliminary report of the president", *Liu Mei Tsing Nien*, May, 1915, pp. 165 - 167.

⑥ 王正序，1893 年生于浙江宁波，王正廷之弟，银行家，先后毕业于耶鲁大学及普林斯顿大学。*Who's who of American returned students*, p. 296。

⑦ 当时王正黼被北京青年会急召回国，负责协助处理归国学生事务。参 Cheng - Fu Wang, "A letter from the ex - president of the association", *Liu Mei Tsing Nien*, December, 1915, pp. 86 - 87。

⑧ 谭沃心，1890 年生于广东，曾就读于美国加州大学、芝加哥大学及芝加哥大学神学院。回国后受聘为广州协和神学院教授，后来任中华基督教会广东协会总干事。详参 L. D. Cio, "Who's who among Chinese Christian leaders", p. 448。

为副总干事,且同时担任西岸部门的主席。《留美青年》编辑组的成员亦由原先的五人增至九人。接任之后的王正序再度重申自养的决心,在他看来只要 500 名会员能按时缴交会费,C. S. C. A. 就有望达到自养的目标①。然而,这恐怕只是继任会长的主观愿望而已,由于留美学生的流动性较高,通讯地址时而更改,因此实在难以确保收入的稳定性②。

直至 1917 年,时任财务干事鲍明钤(M. Joshua Bau)③明确地指出,C. S. C. A. 每年仍要向北美协会申请拨款,自养的目标并未达到④。据统计,1916 年 - 1917 年间,只有半数会员缴交会费。此外,由于东岸的生活指数较高,筹募经费的活动往往很难取得成效。为了减轻财务干事的工作负担,以及提升实际工作效率,鲍明铃建议仿效 C. S. A. 的行政措施,即四大部门各自选任财务干事负责收取会费,然后再经由中央的财务干事决定资金运用⑤。1918 年,C. S. C. A. 更曾经一度陷入财政危机,并且影响到了《留美青年》的出版经费⑥,幸好通过颇为成功的筹款运动,最后顺利渡过了财政上的危机⑦。同年,C. S. C. A. 与 F. R. C. 之间进一步加强了合作的关系,后者愿意提供更多拨款,用以支付两名增聘的副总干事的薪金⑧。由始至终,C. S. C. A. 都未能成为一个自养的基督教学生运动。

总的来说,C. S. C. A. 在 1914 年 - 1918 年间有颇为迅速的成长,曹云祥认为张彭春是其中的关键人物⑨。笔者相信,这个评价与彭氏所推

---

① Cheng Hsu H. Wang, "President's message", *Liu Mei Tsing Nien*, October, 1915, pp. 36 - 38.

② S. J. Chuan, "Visitation through the central western states", *The Chinese Students' Christian Journal*, March, 1918, pp. 195 - 198.

③ 鲍明钤,1894 年生于浙江余姚。1913 年毕业于清华学校,1914 - 1922 年间先后在美国耶鲁大学、哥伦比亚大学及霍普金斯大学(Johns Hopkins University)获文学士、文学硕士及哲学博士(政治学)。回国后,鲍氏曾任北京师范大学及东北大学教授。*Who's who in China* (*volume IV*), p. 197。

④ M. Joshua Bau, "Treasurer's message", *Liu Mei Tsing Nien*, January, 1917, p. 81; M. Joshua Bau, "Treasurer's report", *Liu Mei Tsing Nien*, March, 1917, pp. 149 - 150.

⑤ M. Joshua Bau, "Treasurer's report for 1916 - 1917", *The Chinese Students' Christian Journal*, November, 1917, pp. 42 - 43.

⑥ S. P. Teng, "Treasurer's request", *The Chinese Students' Christian Journal*, January, 1918, p. 110.

⑦ M. Joshua Bau, "Chinese Student Christian Association in North America: President's report", *The Chinese Students' Christian Journal*, November, 1918, p. 43; T. N. Lee, "Report of the treasurer——June , 1918", *The Chinese Students' Christian Journal*, November, 1918, p. 47.

⑧ T. N. Lee, "Minutes of the central executive board meeting held July 27, 1918", *The Chinese Students' Christian Journal*, November, 1918, p. 50.

⑨ Y. S. Tsao, "A reflection", *The Chinese Students' Christian Journal*, March, 1918, p. 207.

出的会务改革不无关系。1918 年 11 月,C. S. C. A. 的会员人数已超过 900 人①。从北美协会的角度出发,留美教育运动是培育新一代中国基督徒领袖的海外契机,他们乐意长期赞助 C. S. C. A. 的学生工作。相对于认识基督教的教义,北美协会十分重视推动留美学生参与认识"基督教美国"的文化生活,如包乐满便认为教会是能够提供文化体验的重要场所②。当时,将基督教视为一种生活方式的观点在学界中颇为流行。陈鹤琴(H. C. Chen)③曾指出:不了解美国人的宗教生活,就等于不了解美国人的社会生活;未能了解美国人的社会生活,就是未能完成留学美国的使命④。陈氏曾忆述,在他出国前,清华学校校长周贻春常警戒学生不要只埋头苦干地读书,而应去更多关注美国立国之精神,以及致力增进中美两国人士的友谊。基于此,陈鹤琴在留学时便积极参与当地所举办的夏令会⑤。在下一节,笔者拟从留美中国学生最常参与的两项宗教活动——查经班和夏令会入手,说明他们是怎样认识和理解基督教的信仰。

三、查经班、夏令会与现代人的信仰

"查经班":学界的时尚

19 世纪末之前,查经班并未在北美学界流行。因为早期的查经班由不同宗派的教会学校组织,所以北美的大专院校对于查经班的实施并无固定想法,重视程度也远不及英国。但随着 1886 年学生志愿运动(Student Volunteer Movement,以下简称 S. V. M.)的展开,普世基督教学

---

① M. Joshua Bau, "Chinese Student Christian Association in North America: President's report", *The Chinese Students' Christian Journal*, November, 1918, p. 40.

② F. S. Brockman, "Super - curriculum education", *Liu Mei Tsing Nien*, March, 1916, p. 116.

③ 陈鹤琴(1892 - 1982),著名教育家、幼儿教育专家。1911 年 2 月入上海圣约翰大学,同年秋,考入清华学校,1914 年毕业。未几赴美留学,先后毕业于霍普金斯大学(1917 年)及哥伦比亚大学(1919 年)。1920 年起,任国立幼稚师范学校校长。详参徐友春主编:《民国人物大辞典》(增订本),河北人民出版社 2007 年,第 1503 页。

④ H. C. Chen, "Some of my religious thoughts and experiences", *The Chinese Students' Christian Journal*, March, 1918, p. 168.

⑤ 详参陈鹤琴:《我的半生》,台北龙文出版社 1993 年,第 97 - 99 页。

生运动的潮流开始遍及公立大学,甚至某些规模较大的学院①。当时,以穆德为首的基督教界领袖开始积极推动查经班,并于1889年出版了一份名为《大学查经部》(*Bible Study Department of College Association*)的小册子,务求使之成为全国基督教学生运动的优先工作②。

自此,查经班成为校园布道和深化信徒属灵生命的常规性宗教活动。赖德烈(K. S. Latourette)指出,在20世纪初,基督教青年会接触中国受教育青年的最常用方法就是举办查经班,查经班的内容主要是关于耶稣的生平及其教导③。民国初年,在穆德和艾迪风行全国的巡回布道后,中国青年参与查经班的人数节节上升,成为了学界的时尚。④ 在北美,查经班也是留学青年最常参与的宗教活动,凡院校中有五名或以上的中国学生就读,便会有为他们而设的查经班⑤。

查经班的读本:《耶稣教训中的社会意义》

朱友渔指出,一般被称为"查经班"的活动实际上就是研读基督教信仰和经典中的伦理及宗教哲学(the study of Ethical and Religious Philosophy of the Christian Faith and Scriptures),查经班的主要目的就是要以诚实及科学的态度认识基督宗教的内在价值。其中,由康奈尔大学教授精琪(Jeremiah W. Jenks)(1856-1929)所写的《耶稣教训中的社会意义》(*Social Significance of the Teachings of Jesus*)⑥是当时最常用的查经班读本之一。朱氏认为,留美学生可以放心以此作为信仰讨论的题材,因其

---

① 在1930年代前,留美中国学生以本科生为主,但也有少部分学生就读于美国东北部六州(New England)的预备学校(preparatory school)。以1911年为例,便有48名学生就读于9所学府(分别是Andover Academy, Cushing Academy, Hartford High, New Bedford High, Springfield High, Taft School, Tilton Seminary, Vermont Academy, Worcester Academy)。这些学校均要求学生参加早会及主日崇拜,查经班也是学生的必修科。这些学校特别乐意协助中国学生认识基督教。参S. J. Chuan, "Associate secretary's report for Sept. 1911", *Archives of the C. S. C. A.*, 1911, reel 1/615-8。

② Ruth Rouse, *The World's Student Christian Federation: A history of the first thirty years* (London: S. C. M. Press, 1948), pp. 83-84.

③ K. S. Latourette, *World Service: A history of the foreign work and world service of the Young Men's Christian Associations of the United States and Canada*, pp. 262-263.

④ 参戴伟良:《穆艾二君在中国大布道后成绩报告书摘要》,载《中华基督教会年鉴》第1期,1914年,第58页。

⑤ "General Secretary's monthly report for November, 1910", p. 2, *Archives of the C. S. C. A.*, 1912, reel 1/717.

⑥ 这本书亦命名为*The Political and Social Significance of the Teachings of Jesus*,内容无异。

内容十分切合中国学生的思维[①]。

精琪是美国的经济学家，他对于中国的政治和经济议题也颇为关心，曾就庚子赔款的用途方面向政府提供意见[②]，且不时在 C. S. A. 的机关报《中国留美学生月报》（*The Chinese Students' Monthly*）中发表政论文章。自 1900 年开始，精琪便开始为康奈尔的学生基督徒团契负责主日讲座，而《耶稣教训中的社会意义》一书正是他演讲的结集，由北美协会于 1906 年出版。此书所载的主要是有关信仰如何落实于政治和社会的经文应用，这是一本对早期留美学生具有特别意义的宗教著作[③]。

精琪在序言中清楚地指出，耶稣的生活教导是关乎每天生活经验实践的道路，耶稣所奠定的生活原则很切合现代人的生活。这种理想的现代生活并不一定需要通过政治家或社会领袖的意志才能够达成，他们也开始明白到将基督宗教排除在公共事务外是一件不可能的事情。他进一步指出，耶稣本人亦有知识分子的若干主要特征，那就是心胸开阔（broadmindedness）、不谋私利（aloofness from selfish interests）及公正的精神（spirit of impartiality）。精琪认为，这正是解读耶稣教导的重要基础。他扬言此结集并不是神学或教条的阐述，而是作为一个平信徒对耶稣教导的当代应用之理解，以及认识当中那超越时空和地域的普世性意义[④]。

为了解释圣经与现代人的关系，朱友渔曾引用《大学生与圣经》（*College Men and the Bible*）中的观点：现代人之所以被圣经吸引，是因为圣经在真实生活领域中具有实用性（serviceableness in the realm of real life）。圣经使人类能够建立层次分明的价值观，并为品格的成长提供了必要的道德力量。朱氏认为，留美学生在过往几年已经进一步肯定了圣经的价值[⑤]。1911 – 1912 年间，至少 300 人曾参加查经班，当中最受欢

---

① *Monthly Report of the Chinese Students' Christian Association in North America*. February, 1911, p. 7 in *Archives of the C. S. C. A.*, 1911, reel 1/625; *Monthly Report of the Chinese Students' Christian Association in North America*. October, 1911, pp. 8, 37 – 38 in *Archives of the C. S. C. A.*, 1911, reel 1/656, 1/670 – 1.

② 参崔志海：《关于美国第一次退还部分庚款的几个问题》，第 57 页。

③ 有研究以陶行知个案，微观地说明了精琪一书对于当时中国学生的影响力。详参何荣汉：《陶行知：一位基督徒教育家的再发现》，香港基督教文艺出版社 2004 年，第 68 – 81 页。

④ J. W. Jenks, *Social significance of the teachings of Jesus* (New York: Young Men's Christian Association Press, 1908), pp. vii – ix.

⑤ Y. Y. Tsu, "The book of the nations", *Monthly Report of the Chinese Students' Christian Association in North America*. November – December, 1911, p. 11, in *Archives of the C. S. C. A.*, 1911, reel 1/683.

迎的课程有四个："耶稣教训的社会意义"、"耶稣的生平"、"基督的比喻"，以及"圣经的现代诠释"①。虽然笔者未能得知课程的细节内容，但上述四个专题都无不关乎耶稣的言行及其对现代社会的意义。

《耶稣教训中的社会意义》的时代背景

《耶稣教训中的社会意义》一书之所以能够代表现代的信仰观，至少有两方面的神学背景是值得注意的。第一，是该书与美国社会福音的神学思潮相呼应。虽然作者已明言，《耶稣教训中的社会意义》并非是一本严谨的神学著作，但书中有关信仰和社会的关怀却带有浓厚的美国社会福音色彩。其实，精琪在序言中提及的写作意图，在某种程度上已反映出社会福音的神学关怀。再者，精琪的参考书目也收录了如马修斯（Shailer Mathews）及皮伯第（Francis G. Peabody）等颇具分量的社会福音神学著作，《耶稣教训中的社会意义》一书绝非在真空的神学处境中写成的。

第二点，也是十分重要的一点，就是普世基督教学生运动对社会意识及现代生活的重视。19 世纪末，无论欧洲或北美都颇为重视基督教与当代社会发展的问题，基督教与社会主义更成为欧洲基督教的其中一个关注点。及至 20 世纪初，W. S. C. F. 的执行部便特别注意社会事业，《耶稣教训的社会意义》一书被公认为最重要的相关著作之一②。该书的读者群也不仅仅限于北美，其意大利文版本早于 1913 年便正式出版③。此外，W. S. C. F. 也曾召开不少重要会议，第七届的东京会议（Tokyo Conference）（1907 年）和第八届的牛津会议（Oxford Conference）（1909 年）成为学生关心社会问题之始，尤其后者特别强调基督教与社会责任的关系④。第九届康士坦丁堡会议（Constantinople Conference）（1911 年）则转向讨论有关基督教在现代生活中的应用问题⑤。C. S. C. A. 首任总干

---

① P. W. Kuo, "Annual report of the C. S. C. A. in North America 1911 – 1912", *Archives of the C. S. C. A.*, 1912, reel 1/570.

② 《世界基督教学生同盟史略》，第 25 页。

③ Ruth Rouse, *The World's Student Christian Federation: A history of the first thirty years*, p. 136.

④ Ruth Rouse, *The World's Student Christian Federation: A history of the first thirty years*, pp. 136 – 138.

⑤ 穆德指出，是次会议的目的包括：一、展现基督教信仰的合理性和现代性，召集世界基督徒学生面向全球独特的处境，尤其有关种族的问题；二、联结全球学生以基督为中心；三、令宣扬基督的工作更具效率；四、丰富自己，然后丰富他人；五、突显和实现基督教学生运动的同一性（oneness）；六、驳倒基督教已失去知识分子支持的指控。参 C. T. Wang, "The ninth conference of the World's Student Christian Federation", *Monthly Report of the Chinese Students' Christian Association in North America*. April and May, 1911, pp. 10 – 12, in *Archives of the C. S. C. A.*, 1911, reel 1/648 – 50。

事王正廷便当选为该届会议的副主席,任期两年①。由此可见,《耶稣教训中的社会意义》作为查经班的读本理应放置在更广阔的时代脉络中理解。

值得补充的是,1914 年的会务改革也促进了查经班的发展。在会章修订后,中央查经班委员会随之成立,由总干事为当然主席②。新会章亦明白地指出,该委员会的任务就是“考虑、建议及推广查经班和以社会性及宗教性为主题的计划”。相对于 C. S. C. A. 成立之初,查经班的社会向度自此更为清晰突显。刘廷芳是首任查经班委员会的主席,他在选材方面还提供了不少建议,如富司迪(Harry Emerson Fosdick)的《完人的模范》(*The Manhood of the Master*)即为其强烈推荐的作品之一③。及后,富司迪不少作品都经由青年协会书局在中国翻译出版,其中文译著在数量上与杜威(John Dewey)不相上下④。

此时,北美中国学界也冒出个别杰出的人材,当时就读于哲吾神学院(Drew Theological Seminary)的李荣芳就是其中的一例。李氏的研究专长为希伯来圣经,他在研究方面的认真态度曾获得学生的高度赞赏。1916 年,李荣芳担任《留美青年》的总编辑,他带领留美中国基督徒学生从圣经研究的视角度检示信仰问题⑤。由于李氏就读于哲吾神学院,因而得以邀请到不少神学院中的教授为《留美青年》撰文,使刊物的神学色彩丰富起来⑥。此外,洪煨莲(William Hung)⑦也是另一个较为突出的例子,他曾引用朱子研读中国经典的六个原则来阐明研读圣经的态度,这

---

① “Mr. C. T. Wang”, *Monthly Report of the Chinese Students' Christian Association in North America*. April and May, 1911, p. 6, in *Archives of the C. S. C. A.*, 1911, reel 1/647.

② Loy Chang, “The new constitution of the association”, *Liu Mei Tsing Nien*, October, 1914, p. 38.

③ T. T. Lew, “Report of the central bible committee”, *Liu Mei Tsing Nien*, October, 1914, pp. 36 – 37.

④ 参徐以骅:《纽约协和神学院与中国基督教会》,第 46 – 47 页。

⑤ 有留美学生指出,他们不难相信耶稣是从上帝而来,又或者是耶稣启示了上帝,却难以相信耶稣本人就是上帝,耶稣的神性(the deity of Jesus)是一个信仰上的重要关口。因此,李荣芳便尝试从圣经神学的角度回答这个问题。参“What think ye of me”, *Liu Mei Tsing Nien*, May, 1916, pp. 155 – 156; J. F. Lee, “The deity of Jesus”, *Liu Mei Tsing Nien*, May, 1916, pp. 169 – 171。

⑥ 当中包括 Edmund D. Soper, “A religious man and a scientist”, *Liu Mei Tsing Nien*, January, 1917, pp. 74 – 79; Ezra Squier Tipple, D. D., “Interpreting America to China”, *Liu Mei Tsing Nien*, March, 1917, pp. 131 – 135; Wallace MacMullen, “The search for religious truth”, *Liu Mei Tsing Nien*, May, 1917, pp. 188 – 190。

⑦ 洪煨莲(1893 – 1980),字鹿岑,名业,福建侯官县人,著名的国学大师之一。1915 年卒业于英华书院,获书院董事克劳弗德(Hanford Crawford)全数资助赴美升学。洪氏先后毕业于俄亥俄卫斯理大学(Ohio Wesleyan University)(1917)、哥伦比亚大学(1919),以及纽约协和神学院(1920),归国后任燕京大学历史系教授。详参《燕京大学人物志(第一辑)》,第 208 – 209 页。

在当时确为难得一见的精彩文章。①

夏令会:宗教和文化体验的场所

除了查经班外,夏令会是另一个非常重要的宗教活动。1904 年夏,中韩港基督教青年会成功举办了一次甚具规模的夏令会,这被视为夏令会在中国兴起的开端②。在当时来说,夏令会作为课外活动的形式也是一件新事物,曾任中岸部门主席的李耀邦(John Yiu Bong Lee)指出,它是海外中国基督教学生运动的新实验③。夏令会通常于每年 6 月举行,并参照当时青年会流行的形式,即包括小组查经班(group bible classes)、讲道会(platform meetings)、择业会(life - work meetings)、代表团会(delegation meetings)以及体育运动(athletics and sports)等项目④。

在广义的背景中,夏令会乃是北美基督教学生运动的时代产物,留美中国学生最常参与的北田夏令会(Northfield Conference)就是与 S. V. M. 渊源极深的一个属灵运动。北田是美国布道家慕迪(D. L. Moody)推动学生信仰复兴和宣教运动的宗教地标,每年夏天在此举办的夏令会都代表着延续这种信仰的热情。这种以夏令会的方式作为提升学生精神水平的活动,后来更成为了一种世界性的现象⑤。在中国,北田夏令会早已成为青年会推崇备至的会议典范⑥。留美名人王景春⑦便曾主动参加北田夏令会。在他看来,北田夏令会中的演说无不富有教育意义,而且都是非教条式的;夏令会也充满着宽容的精神,而其中所流露出的宗教的纯真和简朴,无不渗透出新鲜的时代气息。王氏认为,参加基督教夏令会的好处就是有机会认识"基督教美国"最美好的一面⑧。

---

① William Hung, "How to study the bible", *Liu Mei Tsing Nien*, March, 1917, pp. 126 - 131.

② D. Willard Lyon, *The first Quarter century of the Young Men's Christian Association in China* 1895 - 1920, p. 5; T. T. Wang, "The summer conference and its influence", *China's Young Men*, New Series, October, 1906, vol. I, no. 3, p. 14;《世界基督教学生同盟史略·序》,第 3 页。

③ John Yiu Bong Lee, "The Mid - West conference of the Chinese Students' Christian Association in North America", p. 103.

④ "The summer conferences", *Liu Mei Tsing Nien*, May, 1915, p. 171.

⑤ Ruth Rouse, *The World's Student Christian Federation: A history of the first thirty years*, p. 66.

⑥ T. T. Wang, "The summer conference and its influence", pp. 5 - 9.

⑦ 王景春曾任 C. S. C. A. 会长及《留美中国学生月报》的总编辑,归国后活跃于政坛,且担任欧美同学会及美国大学会会长等要职,为学界中的重要人物。参 *Who's who of American returned students*, pp. 6 - 7。

⑧ Wang Ching Chun, "My recollection of a Christian Students' Conference", *Monthly Report of the Chinese Students' Christian Association in North America*. March, 1911, pp. 20 - 21, in *Archives of the C. S. C. A.*, 1911, reel 1/641.

其实，C. S. C. A. 于早年已对夏令会的本质有清晰的界定：夏令会的真实本质在于经历多于描述（to be experienced rather than described），也是关乎灵魂的事情。在夏令会中，留美中国学生能够拥抱新观念、新视野，以及新理想。通过与美国基督徒学生的交往，更可达致真正意义上的文化交流，这也是留学的重要任务之一①。严格来说，夏令会并非以布道为目的，但它却提升了留美学生研究基督教的兴趣，甚至令部分学生愿意成为基督徒②。从 C. S. C. A. 的角度看来，夏令会所代表的是"基督教美国"的文化及宗教价值，这是比教会更为理想的交流场所，其关注点不局限于个人得救的纵向层面。另一位留美基督徒学生涂羽卿（Y. C. Tu）则清楚地指出："北田并非单召集我们进行个人的默想和与上帝契合，而是召唤我们注意自身与社会的关系。"③

夏令会：一个信仰思考的场所

值得注意的是，通过与其他美国基督教学生运动合办的夏令会，C. S. C. A. 也进而丰富了北美基督教学运的传统。由于夏令会的参与者包括中美两地的学生和嘉宾，留美中国基督徒学生往往将焦点放在祖国的政治和社会发展问题上，通过坦诚和理性的意见交流，双方的眼界也得以扩张。对此，美国当地的宗派教会刊物《公理会报》（*The Congregationalist*）更称：在北田夏令会中，往往发现留美中国学生比起美国本土学生的视野更为宽阔，且在国家危机当前显得更为成熟④。不过，基于地域上的限制，北田夏令会只是东岸会员最常参与的会议之一，其他重要的举办地点还包括莱克杰尼瓦（Lake Geneva）、银湾（Silver Bay）、艾丝洛玛（Asilomar）、太平洋神学院（Pacific Theological Seminary）及巴尔的摩市（Baltimore）等地。

---

① *Monthly Report of the Chinese Students' Christian Association in North America*. March, 1911, pp. 2-4 in *Archives of the C. S. C. A.*, 1911, reel 1/630-1.

② 比如在1912年6月的北田夏令会中，在15名非信徒学生中便有12人在会中主动发言，其中更有一半明确表示自己对基督教有所改观，其中4人更决定参加由慕迪创办的北田公理会。参 P. W. Kuo, "Annual report of the C. S. C. A. in North America 1911-1912", in *Archives of the C. S. C. A.*, 1912, pp. 4-5, reel 1/571-2。

③ Y. C. Tu, "Life at Northfield", *The Chinese Students Christian Journal*, January, 1918, p. 90.

④ W. P. Wei, "The Northfield Christian association conference", *Annual report of the Chinese Students' Christian Association in North America* 1911-1912, in *The Kautz Family Y. M. C. A. Archives*, 1913, p. 37.

在民初教势发展的黄金时代，大部分留美中国基督徒学生都倾向于认同美国社会福音中的进步和乐观主义，他们均认为基督教可以取代中国的旧宗教，成为中国人的新信仰。以1911年为例，东岸部门于宾夕法尼亚州波科诺丛林区(Pocono Pines)与美国基督徒学生联合举办了一次中大西洋夏令会(Middle Atlantic Conference)，与会嘉宾包括穆德、骆维廉(W. W. Lockwood)、毕海澜(H. P. Beach)、富司迪及李佳白(Dr. Gilbert Reid)等著名人物①。是次会议的主题为中国的宗教问题，大会安排C. S. C. A. 的资深成员陈维城、曹云祥、朱友渔，以及在华传教士李佳白等分别发表有关儒、释、道、祭祖和中国基督教的见解。与会者一致认为，中国将会很快出现一场宗教革命，旧宗教将会在中国逐渐失去地位。他们甚至乐观地指出："中国人可能会欣然接受基督教，原因在于基督教代表了平等、民主、生命和自由。基督教积极认同于现代文明。"在他们眼中，基督教是一个现代的宗教②。

民国初年，留美学子之所以拥抱基督教，其中一个原因就是基督教与现代文明的关系。以胡适(Suh Hu)为例，他便是波科诺丛林区中大西洋会议的与会者，并曾在会上表示愿意成为一名基督徒。尽管胡适后来与基督教信仰分道扬镳，却并未与包括基督教在内的西方文化信念绝缘③。这种由接受基督教到局部地认同西方世俗价值的经验，或许代表了一部分留美中国知识分子的"信仰历程"。翌年，胡适不仅参与筹划东岸的北林夏令会④，且是东岸部门查经班委员会的委员之一⑤。通过两次夏令会的

---

① *Monthly Report of the Chinese Students' Christian Association in North America*. March, 1911, pp. 5 - 6 in *Archives of the C. S. C. A.*, 1911, reel 1/631 - 2.

② Y. Y. Tsu, "Echoes of Summer Conference", *Monthly Report of the Chinese Students' Christian Association in North America*. October, 1911, pp. 22 - 23, in *Archives of the C. S. C. A.*, 1911, reel 1/663.

③ 胡适从大学一年级升二年级的那个夏天参加了这个夏令会，在会中表示愿意成为基督徒，但后来却又反悔了，并自称为"未经感化的异端"。可是，他却一直欣赏圣经里所启发的知识，且表示十分珍惜这段青年时代与基督教接触的经验，认为这些经验对于其他留学生而言都是获益匪浅。其实，当胡适和一众留学生抵美时，已获得穆德等基督教界人士的款待，参加前述的夏令会并非心血来潮，而是一种认识"基督教美国"的渴望。对于曾经成为基督徒一事，他在日记中指出："代表一种重要的过渡，也是一件个人历史的好材料。"参胡适口述；唐德刚译注，《胡适口述自传》，台北传记文学出版社1981年，第27 - 31页；胡适：《六月十八日》，《胡适留学日记(上)》，安徽教育出版社1999年，第48页。

④ "Conference announcements", *Ideals and activities of the Chinese Students' Christian Association in North America* in *The Kautz Family Y. M. C. A. Archives*, May, 1913, p. 37.

⑤ "Directory of offices and committees, 1912 - 1913", *Ideals and activities of the Chinese Students' Christian Association in North America*, p. 39.

交流经验所得,胡适在当时所作出的结论是:迷信的年代已经过去,目前的趋势就是将宗教理性化,使之在知识分子中间产生吸引力。随着人类知识的增长,宗教也逐渐变得讨人喜欢,因为它已成为合符理性的信仰①。可以说,对于部分留美中国知识分子来说,他们深信基督教与智性和理性的发展并无任何冲突,推广理性的信仰观更可能是帮助中国人民去除迷信的一种出路,也是深化基督教在中国的影响力的一种信仰诠释。

夏令会:一个"政治参与"的场所

虽然夏令会与北美基督教学生运动的渊源极深,但部分留美学生却视之为一种"政治参与"的经验,这是留学运动中的独特现象。早在C. S. C. A. 成立之前,C. S. C. A 便已仿效基督教青年会的模式举办夏令会,且将之视为"实践性的民主"(practical democracy)的经验。由于会议包含了自治、合作和选举等元素,在晚清立宪运动的处境下,可理解为留学生对中国政治实体的间接参与②。学者贝勒(Stacey Bieler)甚至认为,C. S. C. A. 本身就是一个"自治政府的实验室"(laboratory of self - government),是美国民主精神的产物③。

虽然 C. S. C. A. 是一个基督教学生组织,但参与者的民主信念与其他学生并无二致。即使帝制的复辟曾令留美学子对中国的政治发展失去信心,但《留美青年》的社论仍强调:C. S. C. A. 的会务运作就是体现民主精神的其中一种方式,虽然"民国"在现实中只是一个空洞的名词,但仍是一个值得人们付上任何代价而继续追求的理想④。在 1910 - 1912 年间,平均每年有 180 多人出席各地所举办的夏令会⑤。笔者相信,在学生领袖的积极推动下,参加者只会有增无减⑥。虽然上述两个宗教活动

---

① Suh Hu, "The intellectual ideal of the Association", *Ideals and activities of the Chinese Students' Christian Association in North America*, pp. 7 - 9.

② Weili Ye, *Seeking modernity in China's name: Chinese students in the United States*, 1900 - 1927, pp. 23 - 27.

③ Stacey Bieler, *"Patriots" or "traitors": A history of American - educated Chinese students*, p. 171.

④ "Republic or monarchy", *Liu Mei Tsing Nien*, December, 1915, p. 63.

⑤ Y. S. Tsao, "A brief history of the Chinese Students' Christian Association in North America", *Ideals and activities of the Chinese Students' Christian Association in North America*, pp. 30 - 31.

⑥ 1915 年,时任会长王正黼要求会员每年至少参加一次基督教夏令会,他亦为此于年内参与三个在各地举办的夏令会,且鼓励当地留学生参加。参 C. F. Wang, "Summer conferences", *Liu Mei Tsing Nien*, May, 1915, p. 158; D. Willard Lyon, "The season's conferences in America", *China's Young Men*, November, 1915, Vol. XI, no. 3, p. 125。

在不同层面上塑造出一个“现代基督徒”的信仰观，但这并无助于解释留美中国基督徒学生何以选择性地接受这种思想，并以此作为回馈祖国的精神价值。在下一节，笔者将会分析他们在信仰选择过程中的考虑。

四、社会福音与留美中国基督徒学生的信仰体认

危机与出路：中国所需要的宗教

作为北美唯一的基督教学生组织，创办人从一开始便需要解释宗教的重要性。1911 年，C. S. C. A. 会长曹云祥曾就相关问题向刚抵埠的第三批庚款生说明：美国现代教育的本质并非背诵日积月累的事实，而是借着系统性的训练帮助形成一种人生的哲学，这成为个人生命的重要指引。美国的先贤认为，参与学生组织就是为将来的人生作最佳准备，因为学生组织就是社会建制的缩影。曹氏随即便介绍四个不同性质的留学生组织，以及它们所扮演的角色：“联会”(Alliance)是关心留学生的社会福祉；“学会”(Academy)则鼓励留学生对知识的查考；“全国联盟”(National Union)强调中国的政治利益；C. S. C. A. 却特别关心留学生的灵性福祉(spiritual welfare)。因为社会洞见是具有价值的(valuable)，知识是重要的(important)，爱国精神是必需的(necessary)，但宗教信念是尤为不可或缺的(vital)①。

曹云祥在会务报告中指出，C. S. C. A. 的理想就是服膺“在圣律中的公正和公义的宗教信念”(Religious conviction in the fundamental divine principles of righteousness and justice)。相比起物质上的昌盛，他认为上述的宗教信念才是拯救中国的爱国精神②。个人灵魂的得救从来都不是留美中国基督徒学生关心的议题，他们所关心的是皈依基督教后对祖国所发挥的正面作用。1911 年，一位留美中国基督徒学生的“见证”，曾刊登在两份由总干事和会长分别撰写的会务报告之中，其中所表述的是 C.

① Y. S. Tsao, “Message of greeting to the Chinese Educational Mission, 1911”, *Monthly Report of the Chinese Students' Christian Association in North America*. October, 1911, p. 15, in *Archives of the C. S. C. A.*, 1911, reel 1/659.

② Y. S. Tsao, “President's message”, *Monthly Report of the Chinese Students' Christian Association in North America*. October, 1911, pp. 6 – 7, in *Archives of the C. S. C. A.*, 1911, reel 1/655.

S. C. A. 所认可的信仰态度:①

> 我现在对基督教已经没有偏见,而且成为了一个拥有信仰的人。有一些人是在基督教家庭的环境中长大而信仰基督教的,另一些人却是看见了结果,我是属于后者。我曾经对中国在世界列国中显得如此积弱、政府如此腐败感到困惑,我们的人民与其他国家的人民一样接受教育,同样的聪明,同样的具有爱国情操,当然也会与某些国家的人一样有劣根性。中国所欠缺乏的是一种宗教,是基督宗教。中国现在最需要的是真正的基督徒学生。

无论是曹云祥抑或是这位留美学生,都是在中国需要宗教的大前提中选择接受基督教。清末民初,在西学东渐的冲击之下,儒家正统不再能发挥维系秩序的作用,加强认识西方的宗教意识和宗教价值便成为道德危机的唯一出路。其实,民初的孔教运动,正是采用纳儒入教的做法,实际上也反映了康有为等人意欲通过建立一种新的宗教意识,恢复中国在政治和社会方面的道德秩序。换句话说,C. S. C. A. 对于中国需要新宗教的想法与康氏所想的并没有很大的差别,但他们却认为只有基督教才能够完成重整道德秩序的任务。

自 1913 年开始,部分提倡孔教者选择从政治方面入手,他们希望政府在宪法中明文规定孔教为国教,这种做法自然招致各方的强烈反应,其中包括远在太平洋彼岸的北美学界。1913 年 12 月 31 日 – 1914 年 1 月 4 日,适逢 S. V. M. 第七届国际大会在密苏里州堪萨斯市(Kansas City)举行,穆德特意邀请及赞助 C. S. C. A. 的会员参加。大会还特别准许他们于下午召开特别会议,讨论有关基督教在中国的发展形势②。于是,C. S. C. A. 便召开了一次全国性学生会议,大会主题为"中国学生与中国之宗教觉醒"(Chinese Students and China's Religious Awakening),共

---

① Y. Y. Tsu, "Presidential report for 1910 – 1911", *Monthly Report of the Chinese Students' Christian Association in North America*. October, 1911, pp. 38, in *Archives of the C. S. C. A.*, 1911, reel 1/671; "General Secretary's monthly report for January, 1911", 1911, p. 4, *Archives of the C. S. C. A.*, 1911, reel 1/732.

② John R. Mott, "Invitation: to the members of the Chinese Students' Christian Association in North America", in *The Kautz Family Y. M. C. A. Archives*, 22, October, 1913, p. 1; "From President to the members of the Chinese Students' Christian Association in North America", in *The Kautz Family Y. M. C. A. Archives*, 22, October, 1913, pp. 1 – 2.

59 所院校 130 名代表参与会议①。

时任会长魏文彬(W. P. Wei)②解释召开会议的目的时,便指出孔教定为国教的做法在方法上固然不妥,但撇除部分政治上的投机分子,提倡孔教者其实也有同样崇高的宗教目的,他们希望通过孔教挽救由物质主义对社会和道德人心所带来的冲击。可是,提倡孔教者却未能为儒家学说赋予新的生命,魏氏认为只有基督教才能够为中国提供所需的道德和精神力量。他还特别指出,成为一个基督徒并不需要"去儒家化"(de – Confucianize),因为基督成全了孔子的教导③。基本上,其余与会者所提出的观点都与魏文彬相仿,他们没有否定儒家的伦理价值,但却认为儒家所欠缺的是基督教在政治和社会上所能够发挥出来的精神力量,伦理的基督教才是当前中国道德危机的唯一出路④。

基督教与进步主义

自《留美青年》出版后,C. S. C. A. 便通过这个平台,多次呼吁留美中国基督徒学生须更多关注那些使美国持续进步的道德力量,并设法为祖国提出一些改善国民道德及宗教生活的建议。第一任总编辑刘廷芳清楚地指出:一个欠缺精神及道德力量的物质文明并不能持续的进步⑤。不少投稿者均指出,人格改造是国家改造的大前提,成为国家新一代领袖的重要条件不是行政经验,而是拥有完整的品格和深刻的社会意识⑥。有关后者,朱友渔认为社会福利及社会公义问题本来就是所有人都应该关心的课题,留美中国基督徒学生归国后更应肩负教育及提

---

① "Appendix: List of delegates to the conference", *Chinese students and China's religious awakening* in *The Kautz Family Y. M. C. A. Archives*, 1914, p. 76.

② 魏文彬,字雅庭,1887 年生于直隶密云县。1908 年毕业于北京汇文大学,1909 年官费留美,1911 年入美国哥伦比亚大学,习经济及国际法,1914 年取得博士学位,翌年归国。留学期间,魏氏曾担任 C. S. C. A. 的美东部会长(1911 – 1912)及《留美中国学生月报》总编辑(1913 – 1914)。详参 *Who's who of American returned students*, p. 201。

③ W. P. Wei, "Purpose of the conference", *Chinese students and China's religious awakening*, pp. 2 – 3.

④ 参 Cheng – fu Wang, "China's need of Christianity in political life", *Chinese students and China's religious awakening*, pp. 7 – 10; Y. C. Mei, "The need of Christianity in personal life", *Chinese students and China's religious awakening*, pp. 12 – 13。

⑤ T. T. Lew, "The commissioners", *Liu Mei Tsing Nien*, May, 1915, p. 135.

⑥ K. Y. Wang, "Christian strength", *Liu Mei Tsing Nien*, March, 1915, p. 101; "A simple suggestion", *Liu Mei Tsing Nien*, October, 1915, p. 5; C. F. Wang, "Destiny of our country", *Liu Mei Tsing Nien*, May, 1915, p. 157; "The political situation", *Liu Mei Tsing Nien*, May, 1916, p. 158.

升社会改革意识的责任。面对当前急需革新的工厂制度和中国慈善事业的管理问题，他建议留美学生需积极考察美国的社会现状，并提出改善中国社会问题的方案，这才是实践性的爱国精神（practical patriotism）①。

基督教的精神力量是美国文明能够持续进步的主因，正是出于对这一观念的理解和接受，才使得留美中国基督徒学生对基督教给予相当的肯定。C. S. C. A. 在社论中指出，民国的政治和社会理想之所以在现实中落空，全因执政者未能明白基督教在政治和社会发展中的重要性。16至17世纪欧洲的宗教改革说明了宗教更新的重要性，因为宗教改革不仅仅为西方带来宗教领域内的革命，而且也带来了一连串的政治和社会革命。他们深信民国的政治和社会失序，全因施政者低估了国民信仰复兴的重要性，以致令中国没有如西方般走向繁盛。社论还特别提到，基督教信仰直接塑造了品格，国民的品格则直接影响国家的发展，这就是儒家“修身、齐家、治国，平天下”的道理②。

在这一点上，留美青年乃回归到传统知识分子所强调的道德和社会责任，但基督教却为此带来了实践的可能性。美国在现代文明中的领先地位令他们相信中国跃身强国所欠缺的就是一种宗教力量，他们确信宗教复兴就是国家复兴的前奏。当时，不少美国基督徒领袖也为这种说法推波助澜③。在美国社会福音与中国“内圣外王”思想调合中，C. S. C. A. 的使命就是培育中国的华盛顿和林肯，在位者应为人民福祉而非个人利益参与政治④。1918 年，C. S. C. A. 所高举的神圣使命是“使未来中国

---

① Y. Y. Tsu, “What can we do for social reforms in China?” *Liu Mei Tsing Nien*, May, 1916, pp. 164 - 169.

② “Religion, reformation, republic”, *The Chinese Students' Christian Journal*, November, 1917, pp. 7 - 8.

③ 当谈及救国的问题时，艾迪一方面肯定了儒家学说在亚洲所产生出来的道德意识，另一方面亦指出儒家学说只是一套教条，而不是生命。艾迪还断言，中国将会如同世界其他国家的历史发展般，经历一场改变国家命运的宗教复兴。Sherwood Eddy, “The present situation in China—An abstract”, *The Chinese Students' Christian Journal*, November, 1918, p. 13. 有关其他外国评论者的观点，参 Harlan P. Beach, “Interpreting China to America”, *Liu Mei Tsing Nien*, May, 1916, pp. 162 - 163; Ezra Squier Tipple, D. D., “Interpreting America to China”, *Liu Mei Tsing Nien*, March, 1917, pp. 131 - 135; “Testing Christianity by experiment”, *Liu Mei Tsing Nien*, May, 1917, pp. 168 - 169; Amos P. Wilder, “Yale in China”, *The Chinese Students' Christian Journal*, January, 1918, p. 95。

④ M. Joshua Bau, “President's message”, *The Chinese Students' Christian Journal*, November, 1917, pp. 9 - 10.

的领袖福音化”(to evangelize the future leaders of China)①。他们相信,通过重申知识分子在政治和道德的领导责任,国家将会迈向真正的富强和持续的进步。

赵紫宸与陶行知:伦理的基督教

虽然伦理的基督教观可以从中国人固有的思想传统中找到联系点,但是,能够从学理上对基督教信仰作出较深入分析者也实在不多,赵紫宸(T. C. Chao)②和陶行知是当中少数的例子。从他们的言论中,不难发现他们一直在寻找东西方道德价值的整合方案,这是源于一种知识分子的道德迫切感,他们所理解的耶稣也无不反映了社会福音中人格主义的传统。笔者希望强调的是,这些留美知识分子都是有意识地选择了伦理的基督教。

赵紫宸留学时算不上活跃,且仅有两篇文章发表于《留美青年》,但却达到同时代的高水平③。赵氏于 1917 年撰写了“比较的价值”(*Comparative values*)一文,他认为在众多的价值系统中,只有儒家及基督教强调美学、伦理及宗教的三种价值,但两者对于这些价值的理解却有所不同。赵氏在分析伦理的价值时指出,孔子静态性的理智主义(static intellectualism of Confucius)与耶稣动态性的自愿主义(dynamic voluntarism of Jesus)是两者最大的分别所在。儒家学说是一种哲理上的规范,而耶稣则是可以践行的完人模范;耶稣为道德理想的实现加上了动力,基督成全了孔子的种种真理。赵紫宸的结论是:耶稣以深刻的人格主义(deep personalism)为起点,以宽阔的普世精神(broad universalism)为终点,中国人需要孔子及其所宣讲的种种真理,但中国人更需要基督教所能够给予他们的全国性道德更新的力量④。

在赵氏归国后,他所撰写的神学文章无论在质量和数量上都冠绝中

---

① M. Joshua Bau, “Anniversary message”, *The Chinese Students' Christian Journal*, March, 1918, p. 151.

② 赵紫宸(1888 - 1979),中国著名的神学家,生于浙江省德清县新市镇。1907 年受洗加入基督教监理会,1910 年毕业于东吴大学,1917 年毕业于美国梵德尔特大学(Vanderbilt University)。归国后,他先后任教东吴大学及燕京大学,任宗教学院院长。详参《燕京大学人物志(第一辑)》,第 203 - 204 页。

③ 留学期间,赵紫宸主要攻读神学,亦致力研究社会学和哲学。然而,他并没有成为 C. S. C. A. 的会员,1914 - 1917 年的通讯簿(Directory)中并无他的注册记录。

④ Tsu - Chen Chao, “Comparative values”, *Liu Mei Tsing Nien*, May, 1917, pp. 191 - 194.

国。学者古爱华(Winfried Glüer)曾指出,在赵氏初期的作品中,已发展出一个植根于美国早期社会福音的神学系统,并按儒家的前提把这个神学发挥得淋漓尽致。他是有意识地选择了自由主义的西方神学,因为他发现社会福音的人格传统和儒家思想志趣相投,社会福音在儒家强调伦理的思想方式中找到了根据①。

陶行知在学界中显然较赵紫宸活跃,他曾于1916年代表留美学生在青年会的会议中作专题演讲,题目为"道德与宗教教育"(Moral and Religious Education)。是次会议的出席嘉宾还包括步济时(J. S. Burgess)、富司迪及史比耳(R. E. Speer)等重要人物②。陶行知在1916–1917年担任《留美青年》编辑期间③,先后发表了两篇名为"中国的道德与宗教教育"(Moral and Religious Instruction in China)的连载文章④。两篇文章的篇幅都比较长,且引用了不少精确的数据,故有理由相信这是讲稿的修订版,其中第二篇文章较多涉及陶氏对基督教的理解。

在有关伦理与宗教教育理论的讨论中,陶行知便尝试从心理学基础、社会学基础,以及实用主义基础三方面出发。在社会学的基础上,他建议采用社会心理学的理论,将道德发展分为四个阶段。他认为耶稣作为"好牧人"(the Good Shepherd)就是道德发展的最高层次,因为这种品行的彰显并不受制于社会环境中的赞赏或谴责。陶行知认为,这种道德力量就是一种自主性的道德实践,并可以具体地从约翰福音的一句话中反映出来:"没有人夺我的命去,是我自己舍的。我有权柄舍了,也有权柄取回来。"(节引自和合本约翰福音十章18节)。陶行知还进一步指出,基督的生平之所以作为研读对象,乃因基督代表了人格的顶峰(a culmination of personality),学生可以通过耶稣一瞥上帝本身,以及认识当中所包含的社会意义⑤。

---

① 古爱华(Winfried Glüer)著、邓肇明译:《赵紫宸的神学思想》,香港基督教文艺出版社1998年,第300–301页。

② "Eagles Mere conference", *Liu Mei Tsing Nien*, November, 1916, pp. 39–40.

③ "Minutes of the first central executive board meeting of the Chinese Students' Christian Association", *Liu Mei Tsing Nien*, November, 1916, p. 45; "Personal notes", *Liu Mei Tsing Nien*, May, 1917, p. 215.

④ W. T. Tao, "Moral and religious instruction in China", *Liu Mei Tsing Nien*, November, 1916, pp. 23–32; W. T. Tao, "Moral and religious instruction in China (Cont.)", *Liu Mei Tsing Nien*, January, 1917, pp. 66–73.

⑤ W. T. Tao, "Moral and religious instruction in China (Cont.)", pp. 70–73.

虽然赵、陶二人的研究进路不一，但他们对信仰的理解仍离不开伦理的基督教观，以及以高举耶稣作为完人的“基督论”，他们将中华民族向往儒家道德理想的情感有机地融合于社会福音的人格传统之中，即使在神学语言上缺乏创新，却亦不失为两种文化相遇时的良性互动。一直以来，基督的神性问题成为困扰留美中国基督徒学生的典型信仰问题①，由于社会福音带有强烈的人格主义色彩，这种淡化神性而强调人性的神学进路自然容易获得他们的接受。

迈向上帝的国度：教会和民主的发展

社会福音不仅协助留美中国基督徒学生出入于儒家的伦理观和基督教的信仰世界，它的另一层意义就是迈向一个理想的国度。对于向往“民主共和”的留美学子而言，这是一种极具吸引力的宗教理想。由于留美青年皆沉浸于基督教的理想主义，在这样的逻辑推论下，建立中国教会实际上就是加速国家的进步②。在某种程度上，他们视建立教会为一件与民主发展相关的事情。一位就读于普林斯顿神学院的中国神学生，就曾从中国民主发展的角度理解中国教会的发展③：

> 我们所有人都喜爱民主而厌恶专制。我们钦佩和敬重那些为中国革命战斗及牺牲的英雄。我们鄙视那些协助沙皇压迫人民的官僚，我们对他们喝倒彩。我们在这里学习美国最优秀的民主原则，并且指望这些可以帮助祖国。如果我们再进一步质询究竟什么是美国民主的真正基础，我们只能说：基督教的理想。真实的情况是这样的：一方面，年轻的共和国正为扎稳基础而寻找最高的原则；另一方面，中国教会经常代表了这种理想。它曾经传播自由、平等与博爱的真正教义，现在亦正在促进这种真正的教义。它决不能与国家联合；然而它是与国家共同扩张，以及在国家衰退时提供帮助。教会本身并不是目的，但却是达到目的的方法；一个必不可少的方法。

① S. J. Chuan, “What will be your answer? – A collection of experiences in race prejudice and religious doubts”, *The Chinese Students' Christian Journal*, March, 1918, pp. 212 – 213.

② “A simple suggestion”, *Liu Mei Tsing Nien*, October, 1915, p. 6.

③ T. L. Lin, “The Chinese church: Its functions and problems”, *Liu Mei Tsing Nien*, October, 1915, p. 23.

在中国现代化的历程中，民主成为绝大部分知识分子所认同的政治理想，而民主的反面则是专制，专制代表的是政治的倒退和王朝的腐败。由于留美中国基督徒学生视上帝国为教会的存在目的，教会便成为彰显民主的机关。除了从民主发展的角度分析中国教会的地位外，论者还进一步解释上帝国与社会发展的关系[①]：

> 最近上帝国被赋予一个新的定义，它不再是被局限于抽象世界的终末状态，而是拥抱当下理想的社会秩序。引用马修斯教授的话："耶稣在上帝国里代表了理想的社会秩序，在此其中的人神关系就是人为上帝的儿子，彼此间为兄弟。"我认为，这是对人子正确的诠释，他是身边所有来自不同社会阶层的人的朋友。这个模范和教导应当驱使中国人取得更具效率的社会功效。确实，这个任务是十分艰巨且无法由中国教会独力完成，但教会毫无疑问担当带头的角色，我们主动地所付出的努力将会刺激其他社会和宗教组织跟随其后，并且连成一线。

笔者认为，论者所希望带出的重点是，上帝国并不是一个远在彼岸的精神国度，上帝国里面的伦理关系就是当下中国理想的社会秩序，中国教会的任务就是通过推广和践行上帝国的伦理关系而促进社会的进步。C. S. C. A. 认为，中国教会的另一个任务就是重建慈惠组织的宗教基础，因为只有基督教的信仰精神才能够令社会服务历久不衰。为了达到理想的社会功效，中国教会应建立在宗教宽容的基础上；为了提升工作效率，中国教会需要形成一个中央集权的联盟[②]。

当讨论中国教会自治的问题时，C. S. C. A. 致力推广中西合作的民主运作方式，它倾向于支持长老会中西合作的自立模式，因为该模式反映了议会的民主精神，以及共同承担责任和互相信任的态度[③]。未来的中国联合教会（United Christian Church of China）既不可与教会历史分裂

---

① T. L. Lin, "The Chinese church: Its functions and problems", p. 25.

② "The Chinese independent church", *The Chinese Students' Christian Journal*, May, 1918, pp. 229 – 231.

③ "The principles of cooperation", *Liu Mei Tsing Nien*, March, 1916, pp. 104 – 106.《留美青年》转引了这种合作模式的重要原则。参"Cooperation policy of the Presbyterian Church Council of China", *Liu Mei Tsing Nien*, March, 1916, pp. 120 – 122。

出来,亦不能违背中国的实际需要[①]。学者叶维力(Weili Ye)指出,清末民初的留美中国学生都倾向于支持渐进式的改革和拥抱中央集权[②],在教会发展的问题上,他们亦似乎呈现出相同的心态。

埋下冲突的因子:中国教会的现实

社会福音的神学进路就是将宗教意识和公共意识联系起来,为他们在个人信仰、教会发展,以及服务祖国三方面的关系提供了一个近乎完美的解释。然而,由于中国教会与知识分子之间本来就存在着结构性的断层,社会福音却进一步加深了留美中国基督徒学生与中国建制教会之间的鸿沟。在1917年的北田夏令会上,一位与会者无奈地指出,中国教会在过去的五年中远远落后于社会,教会的牧者与一群年长的会众至今仍持有极端保守的立场,他们反对任何改变现状的举动[③]。

相反,以留美中国知识分子为首的青年会却迅速地发展起来,C. S. C. A. 的创办人王正廷和余日章先后担任总干事一职,这不仅促使基督徒学生相信中国信徒作为西教士"副手"的时代将近结束[④],而且青年会的目标宗旨和运作方式也给予他们更理想和更熟悉的信仰实践空间。早于1913年,C. S. C. A. 的月报便引述了王正廷的讲话,其中特别提到青年会在学生阶层中所发挥的影响力[⑤]:

> 我认为有一样东西高于其他东西,有一所机构高于其他机构,一股基督教的力量高于其他力量,这是一个能够与学生取得联系的机构,而其他机构却是无法做到的,这就是基督教青年会。我之所

---

① "A Chinese episcopacy", *Liu Mei Tsing Nien*, December, 1915, pp. 60 – 61.

② Weili Ye, *Seeking modernity in China's name: Chinese students in the United States*, 1900 – 1927, pp. 34 – 35.

③ M. K. Chow, "The evangelization of China", *The Chinese Students' Christian Journal*, November, 1917, pp. 15 – 16.

④ "A new era in missionary policy", *Liu Mei Tsing Nien*, March, 1916, p. 109.

⑤ 社论中还指出青年会的三大优越元素:第一,是青年会宽阔的视野。它关心青年人体魄(physcial)、心智(intellectual)与灵性(spiritual)的需要。第二,青年会活动的实用性(practicability)。它的活动是建基于实际的效用性,活动班所关注的课题广及社会、经济、政治、教育及宗教各个层面。第三,具进取和谦卑双重性格的基督教服务精神,这是迈向成功和消除四周敌意的成功之道。"The power of the Y. M. C. A. Movement", *Monthly Report of the Chinese Students' Christian Association in North America*. April, 1913, p. 1, in *Archives of the C. S. C. A.*, 1913, reel 1/705。

以这样说，是从实际上而非理论上的立场出发。我们发现，基督教青年会能够于现今妥善处理学生阶层的事务。

其实，留美归国学生与中国教会的疏离，或多或少与留美教育运动本身有关。理由是，在长达三至七年的留学生涯中，部分学生已经与中国社会脱节，且当中不少在留学期间始认识基督教，他们自然对社会福音和民主理想的实践产生了不切实际的期望。再者，多年来参与学生组织的经验也间接地令他们习惯于民主的选举程序，中国教会的运作方式自然与海外经验格格不入。归国后，由于大部分留美学生无法融入中国教会，他们只好选择最接近社会福音和留美体验的青年会作为安身立命之所，这种发展趋势也拉开了青年会和中国教会之间的距离。

面对留美中国基督徒学生与教会日渐疏离的关系，部分美国基督徒学者早已感到忧虑。如步济时在《留美青年》中指出，不少从前活跃于教会的学生在归国后便与教会日渐疏离，他们甚至以参与青年会的活动作为无暇参与教会工作的借口。但步济时强调，青年会不能取代教会，因为只有教会才能够真正触及信徒的家庭，家庭乃是中国社会单位的核心组成部分。在当前的教会形势中，只有留美中国基督徒学生才胜任以基督教（社会福音）的路线重建中国社会，通过提供社会服务，中国教会和社会各个阶层之间才能够真正地联系起来①。

五、结　　语

青年会运动和留美教育运动的相遇是过去学者未加注意的课题，本文的主要目的就是希望从 C. S. C. A. 的组织发展、宗教活动，以及领导者和参与者的宗教思想三方面，分析留美中国基督徒学生作为一个群体所呈现出来的精神面貌。在这个阶段中，留美青年深深被社会福音吸引，这固然是因为伦理的基督教与中国的人文思想产生了深刻的共鸣，但同样也是基于他们相信伦理的基督教是西方文明能够持续进步的道德

① John Stewart Burgess, "Returned students and the Chinese church", *Liu Mei Tsing Nien*, November, 1916, pp. 10 – 12.

力量。

留美中国基督徒学生有意识地选择了以上帝国为关键概念的社会福音,社会福音所产生出来的宗教意识和公共意识,令他们重拾传统知识分子在政治和道德上的领导责任。即使代表社会良心的留美知识分子,并不一定是经由社会福音的洗礼而生成的一个新群体,但他们在美国所认识的基督教信仰却塑造着一个全新的知识分子信仰群体,他们通过践行上帝的国度而实践出知识分子的公共性和批判性。可以说,基督教的理想主义驱使留美青年对中国的政治和社会状况保持着深刻的醒觉,他们以上帝国里面的伦理关系批判民初的社会和政治失序,他们对上帝国度的追寻也反映了知识分子的秩序意识。由于上帝国是教会存在的目的,留美中国基督徒学生视教会为彰显民主的机关。然而,假若他们坚持教会是宗教与社会互动的载体,归国学生便必须接受中国教会并不等同于美国教会的现实,而且中国社会的受众也不等同于美国社会的受众。

留美中国基督徒学生所选择的"现代基督教"与留美教育运动中所追求的现代化目标是相一致的,他们认为皈依基督教就是拥抱现代精神文明的表现,且乐观地相信"宗教觉醒"能够为民国的政治和社会带来一番新景象。可是,留美青年对"现代基督教"所衍生出来的文化霸权,以及美国"进步主义"背后的宰制意识显然缺乏批判的意识。在神学上,他们似乎假设了上帝一直引领着西方文明/美国演进的过程,即包括西方的科技和民主的发展①。可以说,五四新思潮促使留美中国基督徒学生开始就"基督教美国"的"神话"提出质疑;在中国本土,"生命社"也成为归国留美精英的思想大本营,也是中国基督徒知识分子回应新思潮的重镇②。显然,留美教育运动与中国基督教史之间的具体关系,仍是一个有待开拓的课题。

(作者单位:香港中文大学文化及宗教研究系)

---

① David J. Bosch, *Transforming mission: paradigm shifts in theology of mission* (Maryknoll, N.Y.: Orbis Books, 1991), p. 325.

② 生命社成员有七成曾留学美国,这是一个值得深入探讨的课题,当中不少重要社员都是C.S.C.A.活跃分子。参查时杰:《民初基督教生命社初探》,《国立台湾大学历史系学报》第16期(1991年)。

左派叙事与文字样板

——以上海基督教女青年会女工夜校回忆录为核心的探讨

曲宁宁

自妇女及妇女史逐渐成为学界关注的对象,史学家观察历史的角度亦不断得以更新。在纷至沓来的女性主义学说催生的、对现实各种男权话语的解构、批判中,妇女的主体性成为研究的重点。由于缺乏大写历史的各种佐证,妇女群体主要以日常琐细等微观形象出现在日益繁复的社会史研究论域中,但这相较于传统视野里单调的青楼名妓抑或贞洁烈妇的描述无疑显得生动和多姿。

管窥目前的各种妇女史研究范式,为妇女发声和寻找普通妇女成为最直接的目标。由男性作者所书写的、替代立言式的妇女史遭到质疑后,如何从遗留的、未被重视的文本中描绘一个真实的女性世界益发受到推崇和肯定。在妇女无力以独立形象充斥历史时空的"共识"得到大多史家的认可后,以微观视角切入女性生活的闺苑重缦或者近代女性有限涉足的公共空间为我们提供了很多耳目一新的历史画卷。在这方面,贺萧、高彦颐、伊佩霞、安克强等无疑做出了极为成功的尝试①。此外,在社会性别理论被引进妇女史研究后,学界愈加关注解构妇女在宏观维

① Gail, Hershatter. *Dangerous pleasures: prostitution and modernity in twentieth-century Shanghai*, Berkeley, Calif.: University of California Press, c1997(中文版参贺萧著,韩敏中、盛宁译:《危险的愉悦:20 世纪上海的娼妓问题与现代性》,江苏人民出版社 2003 年。); Dorothy, Ko. *Teachers of the inner chambers: women and culture in seventeenth-century China*, Stanford, Calif.: Stanford University Press, 1994(中文版参高彦颐:《闺塾师:明末清初江南的才女文化》,江苏人民出版社 2005 年); Patricia Buckley Ebrey. *The inner quarters: marriage and the lives of Chinese women in the Sung period*, Berkeley: University of California Press, c1993(中文版参伊沛霞着,胡志宏译:《内闱:宋代的婚姻和妇女生活》,江苏人民出版社 2004 年); Christian Henriot. *Prostitution and sexuality in Shanghai: a social history*, 1849 - 1949(中文版参安克强着,袁燮铭、夏俊霞译:《上海妓女:19 - 20 世纪中国的卖淫与性》,上海古籍出版社 2004 年)。

度中被异化和他者化的深层原因。一般而言,结合中国传统以及近代社会的特殊情境,国族、政党、男权等刚性词汇频繁成为众矢之的。妇女的主观能动性在他性主导的思想、实践潮流中被淡化乃至忽视,从而成为社会主流的附会或牺牲者,如此之结论愈发清晰和流行。介入弱势群体的鲜明标记,“妇女”一词常常被不加分析地整体化使用,并与底层社会的各类人群等同视之,也成为最易同化和领导的“中坚力量”。这种研究泛化不可避免地导致了另一极端的惯常印象,妇女形象再次被刻板化。

值得注意的是,在为数不多的有关妇女的传记、书信、日记、回忆录等被提上研究日程后,学者更加注重发掘更为真实的、细腻的女性内心世界①。这种与公无涉的私生活领域,虽然不期成为颇具代表性的典型案例,却可展示家体系“以有权对外关系、自成一体的特性保护其个体成员不受国家权力侵犯”的独特场景②。然而,饶有意味的是,当很多回忆脱离了历史特定的场景,转换为描述者在当下的叙述,回忆构建的历史蓝图便很难保持原汁原味,而这种叙事与轶事交织的版本又从另一角度为我们提供了分析的素材。

本文的研究冲动源自2000年上海基督教女青年会③为纪念其女工夜校而出版了一册回忆录——《巾帼摇篮》④。这种样板式的文字和笔触究竟所因为何,对女性为主体的历史叙事有何影响,正是本文关怀的重点。

---

① 参王东杰:《一个女中学生日记中的情感世界(1931-1934)》,载《近代中国妇女史研究》第15期,2007年12月,第211-254页。

② 参阎云翔著、龚小夏译:《私人生活的变革:一个中国村庄里的爱情、家庭与亲密关系,1949-1999》,上海书店2006年,第12页。

③ 基督教女青年会英文名为 Young Women's Christian Association,是一个具国际性和基督教性质的社会服务组织,它发轫于英国(1855年)盛行于美国,创始背景是妇女问题作为一个社会问题的日渐突出,并亟待维护妇女权益组织的出现。女青年会1890年传入我国,于杭州弘道女中建立了中国第一个女青年会组织——“弘道女子学校女青年会”,1899年产生了女青年会全国协会的雏形,1905年发起全国委员会并加入世界女青年会,1923年在第一次全国大会上选举成立了中华基督教女青年会全国协会,迄今已有100多年历史。上海女青年会成立于1908年,是中国第一个女青年会市会,对其他城市女青年会起到示范作用。参《中华基督教女青年会全国会务研究会报告书(简本)》,1930年9月,第3页。关于世界女青年会及中国女青年会历史及其他联系请参 Nancy Boyd. *Emissaries: the overseas work of the American YWCA* 1895-1970, the Women's Press, New York, 1986。

④ 参《巾帼摇篮》,上海人民出版社2000年。

一、夜校小史

女青年会夜校之创办源自她们对于中国社会劳工问题和妇女问题的关注。从本源而论，女青年会在欧美成立主要针对战后亟待解决的妇女劳工问题。因而初入中国、立足未稳的中国女青年会也一开始就把注意力集中于女工童工的问题之上。

女青年会的劳工事业是其事工中非常重要且最具传承性的一环。从对城市女工的环境改善工作入手的女青年会，在此项服务中经历了观念上的质的变化。在中国工业体系还处于幼稚阶段的情况下，工厂中的卫生、童女工待遇、工作实践、危险品保护、工资标准等问题都十分严峻。1921 年总干事顾恩慈（Grace Coppock）决定恢复对女性劳工的工作①，在会长朱胡彬夏的协助下设立劳动部，并邀请英国的劳工专家韩励生（Agatha Harrison）②来华研究有关女性及儿童劳工的工作情况，还向中国教会及在华的国外机构展示他们被欺压的情况，希望积极争取支持有关劳工福利的法案。1921 年女青年会全国协会通过议案，在全国展开劳工状况调查③，并积极宣传劳工问题，以期"使厂主及工人双方均能得到更大的利益，及造成一种舆论，以制定一种劳工的律例"④。1922 年的全国基督教大会中，在如何将基督教原则应用于中国工业环境上，韩励生又主要针对劳工问题发言，提醒教会在此方面的责任。大会通过劳工标准三则⑤，

---

① 1906 年底，来华辅助劳工事业的贝宁格由于身体原因不得不放弃工作，女青年会在女工中的工作也随之中断。虽然此后女青年会协会曾议决要求美国女青年会协会遣派干事来华专做关于劳工问题的事业。但直到 1908 年，这位派定的干事终因身体孱弱未能到达，女青年会协会的劳工事业就此便暂时搁置了。SeeNancy Boyd, *Emissaries: The Overseas Work of the American YWCA*, 1895 – 1970, the Women's Press, New York, 1986, p. 134。

② 韩励生来华被看作是女性传教事业的巨大转折，标志女青年会不再仅仅关心基督教教育，而与中国现实开始更加密切地结合，参 Emily Hong, "Christianity, Feminism, and Communism: The Life and Times of Deng Yuzhi", in Daniel H. Bays ed. *Christianity in China, from the Eighteenth Century to the Present*, Stanford University Press, 1996 p. 255。

③ 韩励生利用自己的身份经常邀请英美知名人士甚至一些厂主和经理亲自到车间体验恶劣的工作条件，以唤起他们对女工和童工的同情，与她一起工作的还有当时女青年会童工委员会委员宋美龄。

④ 华景侠、夏秀兰等编：《中华基督教女青年会干事手册》，1926 年，第 19 页。

⑤ （一）幼童未满十二岁的不得雇用；（二）七日中休息一日；（三）改良工作情形，如限制时间，讲究卫生，及安置救护设备等等。参《中华基督教女青年会的历史组织事业和经济》，载《中华基督教会年鉴》第 7 册，1924 年，第 54 页。

以资社会参考。女青年会一全大会决议加入中华基督教协进会下成立的工业委员会，合作改进劳工问题。在此后的劳工工作开展中，女青年会扩展了调查范围，并开始在大学附设劳工课程，更注重在国际视野中推进这项事业①。不仅如此，1921 年冬，劳动部又发起组织上海国际女子劳动委员会，由上海妇女会，美国妇女会，英国妇女会，女青年会等会所派的代表组成。这会的宗旨是要使本埠各国的女子注意劳动问题，并且调查劳动界的生活，以致能够设法辅助劳动界的女同胞②。在持续的舆论宣扬工作方面，1922 年 - 1925 年，其机关刊物《女青年报》上连续发表了多篇关于劳工问题的文章③，鼓吹世人对劳工问题的关注。女青年会还借《女青年报》、《字林西报》（*North China Daily News*）及不同的演讲机会向中外人士宣传童工委员会保护童工的提案，希望藉舆论改变工人的状况④。经由这个机会，女青年会得以接触下层女工。而其劳工部的干事，也因同劳工接触而受到影响，相较于其他领域的秘书们开明得多⑤。

1928 年，国民政府在南京成立，其妇女部号召广大妇女要反抗压迫、争取自身解放，积极争取妇女在劳动、教育、工作、参政等方面的平等权利，在实践中更要注重保护下层女工、童工的权益⑥，女青年会在反对蓄妾、废婢、改善劳工立法等方面都与国民政府保持了很好的合作关系，并寄希望

---

① 比如派干事单德馨、袁荷莲、夏秀兰（Lily K. Haass）到伦敦经济学院和美国学习研究劳工问题；1923 年 4 月在英国举行的教会大会上，韩励生提出了东方工业问题议决案；1923 年 12 月派韩励生和丁门协助英国著名工业调查人安特生（Adelaide M. Anderson）女爵士到宁波、苏州调查劳工状况；派遣程婉珍和单德馨出席世界女工联合大会；与美国全国妇女贸易联合会合作，促使其早日开展东方女工问题研究的议决案；与日内瓦的世界工人事务所接洽保持联系；在 1927 年 6 月的世界女青年会大会上宣传介绍中国劳动妇女的情况等。See "A Study of the Young Women's Christian Association of China: 1890 - 1930," in *Chinese Studies in History*, vol. 11, no. 4, p. 56；华景侠、夏秀兰编：《中华基督教女青年会干事手册》，1926 年，第 23 页；丁淑静：《全国基督教女青年会概况》，载《中华基督教青年会年鉴》第 9 册，1927 年，第 176 页；《五年简述》（1923 - 1928），中华基督教女青年会全国协会 1928 年，第 33 页、第 36 页；朱胡彬夏：《中国女青年会小史》，上海，1923 年，第 12 页。

② 程婉珍：《女青年会劳动部成立的经过的宗旨》，载《女青年月刊》，1922 年 10 月，第 12 页。

③ 如《劳动问题》、《劳动立法运动》、《惠工事业》、《工人教育和中国》、《第三次国际女子劳工大会》、《教会和工业经济问题》、《劳动概论》、《为什么要提倡劳动立法运动》、《工厂检查》、《工厂制度及劳动法概论》、《上海租界童工委员会的几个议案》、《工会条例问题之经过及现在的趋势》和《工厂生活》等。

④ 邓裕志称女青年会的劳工工作在第一时期是自 1904 - 1921 年，这是直接服务女工，主要为传道、灵修和交际等；第二时期即鼓吹舆论时期，自 1921 - 1925 年；第三时期即教育她们自己努力去自助和解放自己。这时期始于 1925 年。参邓裕志：《蓝三角形下的劳工事业》，载《女青年月刊》第 10 卷 4 期，1931 年 4 月，第 76 - 77 页。

⑤ [美]海伦·福斯特·斯诺编：《中国新女性》，中国新闻社 1985 年，第 87 页。

⑥ 参青长蓉、长土慧等编：《中国妇女运动史》，四川大学出版社 1989 年，第 72 - 73 页。

于政府的劳动立法来改变劳工的处境，而自己则将教育女工的重心放在培养良好的国民上①。女青年会第二次全国大会通过决议："由教育入手，使劳工界渐进于有系统、有目的的正当的劳工运动，注意训练指导这种运动的领袖天才，协助雇主及政府，努力谋求现有劳动界生活的改良。"②

但事情的发展并不像预料得那样。政府迟迟不予实施其颁布的工厂法③；工会运动亦步履维艰；工人不明白工会的作用，又缺乏团结意识和组织技能；能真正为工人谋利益的领袖人才很少，再加上政治环境的影响，工人运动总是被人包办，被人利用，未能走上由工人自己为本身利益奋斗的道路④。而1927年之后，中共的工作重点转向农村，城市里的工运一度陷入低潮。由此，女青年会意识到要求资方改善工人待遇，敦促政府实施立法保护工人都比不上工人自己的努力。没有工人自身的觉悟和努力，要改善他们的生活，要使女工获得解放，只是奢望。在1930年2月召开的第二次女青年会全国劳工干事会议上，各地干事专门研究了女青年会要怎样应对改变的环境来满足工友需要的问题，并进一步明确了自己服务女工的目的，即通过以教育为中心的工作，使她们有能力自己解决自己的问题，努力自身的解放运动。这时的女青年会，虽然没有正式的劳工组织，但更加注重女工的实际所需，教授她们谋生之技能，在其学校和旅馆中为女工聚会提供场所，倾听女工的怨苦和需要，并筹划罢工举措⑤。1925－1926年，女青年会经过实地调查⑥，更加认定中国工人知识薄弱，求稳健干练的领袖人才是当时工运最大的问题，因此各地女青年会要转向工人教育，栽培工运领袖，同时也要组织女子修养团实施公民教育，教授卫生常识，职业技能，讨论女工本身问题并促进团契精神⑦。

---

① 《中华基督教女青年会第二次全国大会记录》，1928年，第73页。

② 《五年简述》（1923－1928），第22页。

③ Emily Honig, *Sisters and Strangers: Women in the ShangHai Cotton Mills*, 1919－1949, Stanford University Press, 1986, Stanford, California, pp. 26－27.

④ 《中华基督教女青年会干事手册》，第31－32页。

⑤ Karen Garner, *Precious fire: Maud Russell and the Chinese Revolution*, Univ. of Massachusetts Press, 2003, pp. 113－114.

⑥ 1925－1926年，女青年会先后到女工比较集中的烟台、天津和上海做调查，有关内容和经过参龚佩珍：《女青年会劳工事业概况》，载《女青年月刊》1929年第1期，第35页。另见烟台女青年会：《烟台女职工的一点光明》，载《女青年月刊》1927年第1期，第32－34页。天津女青年会：《对于工读学校和缝纫工厂的感想》，载《女青年月刊》1927年第2期，第24－25页；《五年简述（1923－1928）》，第37页。

⑦ 龚佩珍：《女青年会劳工事业概况》，载《女青年月刊》，1929年第1期，第35页；另参Mrs. J. H. Sun, "Y. W. C. A. of China", in The "Green Year" Supplement, Dec. 1933. p. 7, pp. 17－18。

1926年开始，女青年会各处劳工部逐步开始增设女工夜校，其课堂教育分三级针对不同文化层次的女工①。课堂之外，为发展工友自动自助的能力和深度的团结意识，女青年会协助工友组织团体，比如工民团、寄宿舍②、工友互助社等培养女工团体生活的技能。此外，女青年会各处女工社团常举行大规模演讲会，卫生运动，有教育价值的电影观赏等。上海女青年会劳工部为了普及工友教育和灌输卫生常识，专门准备了一部电影机，每周六放映各厂工业影片及教育卫生片③。这种实质性的劳工服务运动改变了女工以往消极的观念。女青年会还非常重视女工的团体教育，包括公民常识、卫生教育、正当娱乐和女工自治，还涉及政治问题，提高了女工对时事的关注和理解。同时，女青年会亦着重培养女工的社会责任心，以便大家能团结起来共同促成良好的社会，"要使她们对自己所处的环境及团结行动的意义，增进了解能力，并有勇气向着最正当的解决问题的大路前进"④。郭佩兰认为："中华基督教女青年会早先遵循西方女青年会的事工模式，服务于学生和城市妇女中间；但随着时间的推移，它对近代中国社会环境变化的体认也在逐步加深。它为上海女工开设的夜校教育，识字课程以及领袖训练班有助于提升女工们的政治意识，她们中的部分人后来成为了中国共产党的领导骨干。"⑤

女青年会这一阶段的教育唤醒了女工的主体意识，迎合了工运的需要，亦有着相当的政治——革命意义⑥。大革命失败以后，共产党工人运动全部转入地下，而通过工人夜校展开工作就一度成为很重要的工作方式。从上海地下党在建国后不久撰写的一份关于党的工人夜校工作总

---

① （甲）初级：由识字入手，授以千字课，以能识字写字为目标，期限为四至六月。（乙）高级：授以常识、地理、历史、算术、尺牍、公民等课，以灌输普通常识为目标，限期一年读毕。（丙）特级：授以与工人生活有特殊关系的课目，例如经济学、经济史、工人运动等等，无规定期限。参《五年简述(1928－1933)》，第22－29页。

② 寄宿生的设立对于彼时妇女的异地流动、出外谋生有着重要意义，详参《为职业妇女服务的"女子寄宿舍"》，载《上海中华女青年会四十周年纪念特刊》，1948年10月。

③ 《中华基督教女青年会会务鸟瞰》，中华基督教女青年会全国协会1931年，第24页。

④ 蔡葵：《女青年会》，载《中华基督教会年鉴》，1933年，第178页。

⑤ Kwok Pui-lan, *Chinese Women and Christianity*, 1860－1927, Atlanta Ga.: Scholars Press, 1992, p. 132.

⑥ Emily Honig 的研究表明，上海女工在20年代更加愿意参加诸如姐妹会之类的组织，而非一些工人阶级的组织，比如共产党，直至40年代亦大致如此。但不同的是，姐妹会首先经过了女青年会的间接影响而后又是共产党的直接领导已经变得日趋政治化和社会化。参 Emily Honig, *Sisters and Strangers: Women in the ShangHai Cotton Mills*, 1919－1949, pp. 202－203。

结报告来看,当时共产党是充分利用了女青年会的宗教名义,并在其对女工启蒙基础之上宣传其革命方针和路线,以此提高工人的无产阶级觉悟,稳固党在工人中的领导地位①。部分女工夜校学生也回忆证实,当时夜校中已经有大量共产党员在师生中活动②。

女工夜校的教学内容有鲜明的阶级性与时代特征。有经官方许可的《贫民识字课本》、《算术》与历史地理常识等,但更多是《什么是资本主义》、《什么是社会主义》、《政治经济学》、《社会发展史》、《大众哲学》等进步教材③,有时桌上桌下两本书,没有"外人"听讲时,便用桌下教材。而夜校的教师当时已经有很多是共产党为发展组织派遣而来,甚至学生中也有共产党员在活动④。而女青年会也多次邀请不同人士,如史沫特莱、斯诺、文幼章、陶行知、金仲华、邓初民、杨东菁等为女工夜校同学讲解国内外时事形势,推动抗日运动⑤。

1937 年八一三事件后,女工夜校师生投入到救亡运动中,全国妇女抗敌慰劳总会负责人何香凝委托胡兰畦与上海青年会劳工部取得联系,要求在女工夜校动员报名,并挑选 10 名学员组成上海劳动妇女战地服务团赴前线工作。随着抗战形势的发展,上海许多女工夜校同学离家从军,比较集中地参加了皖南和苏北新四军部队、江南抗日义勇军、浙东四明山等武装部队,很多人因此成为共产党员⑥。

可以肯定,20 年代末期后的女青年会在事工重心下放过程中,越来越受到共产主义学说的影响,这也是它在当下的评价标准中受到肯定的缘来。尽管女青年会"历史长久,人数众多,除了因为在组织上、方法上、

---

① 参王慧青选编:《中共上海地下党的工人夜校工作》,载《档案与史学》2001 年 3 月,第 1 - 2 页。原文标题是"解放前上海的工人夜校工作"。

② 参赵晓阳口述采访:《郑汝铨:我在女青年会的工作经历》,载《口述历史》第 2 辑,中国社会科学院出版社 2004 年。另参郑汝铨:《我所知道的天津基督教女青年会》,载《天津文史资料选辑》第 21 辑,1982 年 10 月。

③ 1933 年,为解决增设之特级班的教材问题,协会劳工部与上海女青年会劳工部、沪江大学沪东公社合作,组织工人教育设计委员会,请青年会曹亮和沪江大学教授钱振亚等编辑出版一套女工教育辅导读物,包括《经济学》、《经济史》、《工会运动概况》、《一个女工和一个女大学生的通信》、《怎样读报》等。参邓裕志:《上海基督教女青年会女工夜校》,载《邓裕志先生纪念文集》,第 18 页。

④ 参赵晓阳:《基督教会与劳工问题——以上海基督教女青年会女工夜校为中心》,载陶飞亚主编:《性别与历史:近代中国妇女与基督教》,上海人民出版社 2006 年,第 204 页。

⑤ 参邓裕志:《上海基督教女青年会女工夜校》,载《邓裕志先生纪念文集》,第 19 页。

⑥ 参陈秀萍编著:《沉浮录——中国青运与基督教男女青年会》,同济大学出版社 1989 年,第 85 - 116 页。

技术上、人才上、经济上有国际宗教组织的支持和指导，还因为她们的活动具有教育性、娱乐性和服务性，吸引了相当数量的妇女。当其他形态妇女运动尚不发达的时候，她们占据了'首屈一指'的地位……对于促使劳动妇女的社会地位及待遇改善起过一定的作用。"①但是在没有得到进步政党领导之前，由于其"团体成员所属阶级的局限性，决定了她们在反帝、反封建军阀的斗争中缺乏鲜明的政治态度，尤其是上层组织在经济上离不开西方国家和国际基督教组织的支配与影响，因此不可能成为我国妇女运动的主力。"②而1926年后的女青年会"通过办女工夜校，提高女工的文化素质，培养她们有参加社会活动以及维护自身利益的能力……女青年会劳工部充分利用国民党不便直接干预宗教组织的条件，在社会进步人士的支持下，开展了许多进步的有益的活动，使女工夜校成为一块进行抗日救亡运动的合法阵地"③。

由此可见，女青年会得到现有评价模式的认可并非来自基督品性或其承载的有志改造中国的社会福音思想，而在于它响应了政党的需求，成为红色的革命阵地。

二、故事里的事

心理学家荣格(Carl Gustav Jung, 1875－1961)在个体的潜意识之外发现了一种社会或集体的无意识(collective unconsciousness)，并以此来解释个体以及集体的行为。按照荣格的理解，集体无意识是心灵的一部分，它有别于个体潜意识，就是由于它的存在不像后者那样来自个人的经验，因此不是个人习得的东西。集体无意识的内容主要是原型，从来没有在意识里出现过，是完全通过遗传而存在的。原型是人心理经验的先在的决定因素，人们的集体行为，在很大程度上也是由这无意识的原型所决定的④。

荣格的这一概念对于社会问题的研究有着深远的影响。在与本文

①② 《上海妇女运动史(1919－1949)》，上海人民出版社1990年，第85页。
③ 《中国妇女运动史(新民主主义时期)》，春秋出版社1989年，第339页。
④ Jung, Carl Gustav, Translated by R. F. C. Hull. *The archetypes and the collective unconscious*, London: Routledge & Paul.

相关的概念中，我们还将发现社会无意识对所谓自传体记忆（Autobiographical Memory）的左右作用。由于自传体记忆不是一种独立的记忆形式，而是一种混合记忆，或者说更像是一种整合记忆，因此诸如回忆录作者的记忆就与他日常生活的自我体验紧密相连①，并会产生相应的社会赞许反应（ social desirability responding ，SDR），即在自我评价时评价者通常会以社会认可的方式做出评价反应的一种偏向或心向，从而使自己或别人看起来更适合社会需要，主要表现为"装好"现象②。

在本文中，女工夜校回忆录即是自传体回忆的表现形式。社会大众好坏是非的概念或者行为实践的准则都有着鲜明的"红色"印记，这种印记成为社会赞许的发生标准。值得注意的是，在日益强调个性和多元的今天，处于种种现实的考虑，人们在公共空间的正式场合下依然无法突破这种集体无意识体系的边沿。在当下环境中，即便个体有意识能与集体无意识发生积极互动，亦无法有效突破"传统"的遗留，因而人们的言行仍然呈现出偏向"集体无意识"的社会赞许反应，亦即对于革命身份和行为的认同。

在文章的前一部分，我们从有限的史料中大致了解了女工夜校的开办经历和实践活动。在此，即便笔者不再着墨去分析女工夜校的性质问题，大家亦该明了夜校创始的基督教名号。但从整本回忆录来看，充满左派色彩的话语叙述中，女工夜校是中国底层妇女走向革命的跳板，是共产党地下组织的领导阵地，而有关基督的表达则丝毫不着痕迹。毋庸置疑，目前左派叙事已经形成了特殊鲜明的模式。

从目次可见，《巾帼摇篮》主要从如下方面重建了对女工夜校的历史记忆：

夜校发展历程——女工夜校春秋

夜校生活内容——先进文化凝聚师生情 丰富多彩的教学实践

---

① Robyn Fivush, Catherine A. Haden ed. Autobiographical memory and the construction of a narrative self: developmental and cultural perspectives, Mahwah, N. J.: Lawrence Erlbaum Associates, 2003, pp. 1 - 3, 209 - 226.

② 瑟雷伯著，李伯黍、杨尔衢、孙名之等译：《心理学词典（上）》，上海译文出版社 1996 年，第 801 页。关于社会赞许性的其他介绍还可参：Ones D S, Viswesvaran C, Reiss A D. "Role of social desirability inpersonality testing for personnel selection: the red herring", in *Journal of Applied Psychology*. 1996, 81(6), pp. 660 - 679; McCrae R R, Costa P T. "Social desirability scales: more substancethan style", in *Journal of Consulting and Clinical Psychology*, 1983, 51(6), pp. 882 - 888。

夜校的革命岁月——飒爽英姿在前线 白色恐怖中的女战士

夜校师友回忆——永恒的怀念

在回忆录全书开篇,《巾帼摇篮》编委会回顾了1926－1949年间夜校的光辉历程。其中,唯一与基督教的关连便是在介绍初创时期(1926－1929)的历史时申明了女青年会的宗旨:“本基督之精神,促进德智体群四育之发达,俾有高尚健全之人格,团契之精神,服务社会,造福人群。”

虽然在1920年代后期,“各地女青年会精神之中国化,渐成为本色服务机关”[①]。但这并不意味着女青年会或女工夜校与中国社会主要的关连是中共领导的工人运动。虽然工运需要在彼时被纳入到女青年会劳工事业体系,但并不是主导其事工的根本。而在忆者笔下,1926－1929年的女青年会虽然积极开展劳工教育,但在中国内外矛盾尖锐的形势下,是有着政治上的保守性的,直至顺应全民抗日救亡的潮流,在共产党和所有进步人士的影响支持下,才成为劳工运动和培养抗日救亡女工干部的摇篮[②]。于是,夜校在1930－1937年的蓬勃发展便直接归因于觉醒的女工夜校师生投入到抗日的革命潮流中。与此同时,“从左倾关门主义、冒险主义错误领导的羁绊下解脱出来”的共产党人开始团结女青年会的爱国进步人士,开始“将抗日与进步的教育思想输送到女工教育中去”[③]。其实,这种话语之下的潜台词便是认同了革命的进步标签,并以基督精神为不觉悟,而这显然与当时夜校创办者的理念是大相径庭的。

我们必须意识到,这种性质鲜明的左派叙事和表达,已经不单单是回忆者对自身夜校生活的追忆,从某种角度而言,是在某种特定的革命叙事模板之上的对集体行为的一种定性。回忆录叙事格调的潜台词如下:政党领导的唯一性;革命的进步性;个体经历集体化。所谓的女工夜校回忆录,除了简单交代忆者为夜校成员外,更多是追述一个(或许多个?)贫苦的、社会底层的“无知”的女工转化为进步的、有知识的革命者的过程。在这个过程中,个体被救苦救难的集体所教育、感化,从而以夜校为阵地投入到人民战争的洪流中,为推翻三座大山、建立新中国而不畏艰难,不怕牺牲,时刻牢记党的嘱托,坚守党的原则。

---

① 《中华基督教女青年会第二次全国大会记录》,第59页。
② 《上海基督教女青年会女工夜校的光辉历程》,载《巾帼摇篮》,第3、5页。
③ 同上书,第5页。

在回忆者心中，夜校教育凝结着进步的文化，使她们从对“苦命”的信仰中解脱出来，以全新的斗争姿态面对社会的不公。

我们工人是很苦，但这样的苦主要是由于资本家的剥削压迫所造成的……加入工人两字上下连起来，不就成了“天”字了吗！只要我们工人团结一致拧成一股绳，是可以掌握自己的命运，能坐天下的。①

这个政府就是支持老板压迫我们工人的。因此我在作文中写了：在这种社会制度下，不能期望资本家不剥削工人，只有改变这个社会制度才是我们工人解脱苦难的出路。②

女青年会女工夜校老师对我的教育培养，实际上也是党对我的教育培养。像我这样的小女工，不识字，天真单纯，本性又心直口快，没有手段和“面具”，更容易受欺负。现在想想自己真是幸运，从小就碰上女青年会老师这样的好人，从小就受到了党的教育。党培养我在思想上树立高尚的爱国主义情操和伟大的共产主义理想，这成为我日常生活中的精神支柱。③

通过一两年的读书学习，我进一步认识到：即使打败日本侵略者，取消帝国主义在上海的租界统治，仍然是官僚、地主、资本家的天下，我们的劳动者尤其是劳动妇女仍然没有好日子过。工人要翻身，妇女要解放，首先必须推到压在我们头上的三座大山。如今的社会，我们的穷苦的妇女受到更多的压迫，更多的束缚。我立志要充实自己，解放自己，为革命、为妇女解放而斗争。于是，在夜校，我逐步树立了革命的人生观。④

听了这一课，我思想上豁然开朗。对！我们工人受苦受累，吃不饱，穿不暖，是因为受帝国主义、封建主义、官僚资本主义这三座大山的压迫、剥削，不是我们天生就命苦。⑤

我进一步看清了国民党反动派是勾结美帝国主义、卖国求荣的政府。我们工人要过上好日子，必须彻底推翻国民党反动统治。⑥

---

① 王静：《我当小先生》，载《巾帼摇篮》，第109页。
② 包月芬：《一次难忘的作文课》，载《巾帼摇篮》，第136页。
③ 张梅芳：《我的精神财富》，载《巾帼摇篮》，第139页。
④ 杜惠娟：《我的觉醒》，载《巾帼摇篮》，第141页。
⑤ 王亚姑：《感谢夜校，感谢老师》，载《巾帼摇篮》，第144页。
⑥ 薛文君：《夜校是我人生道路上的转折点》，载《巾帼摇篮》，第158页。

女工夜校不仅是给女工传授文化知识的场所，同时也是宣传进步思想和进行抗日救亡活动的基地。许多同学在斗争实践中逐渐成长为群众运动和革命斗争的骨干，因此可以说女工夜校在各有关方面的关心支持下，不仅学习文化知识、学习革命道理，并参加实际斗争，而且使它变成“巾帼摇篮”。①

如此看来，所谓基督教女青年会的女工夜校在回忆者笔下早已摒弃了基督的仁爱精神，成为适应工运需要、促进无产阶级团结的红色堡垒。而在这个坚实堡垒中，最为回忆者不能忘却的便是自己如何从一个名不见经传的底层小人物变为斗志昂扬的、有身份的共产党员，从而在浩浩革命征途上有了自己的身姿。

徐克强对我进行革命人生观的教育，使我进一步提高了阶级觉悟，并在1938年正式介绍我加入中国共产党。女工夜校使我走上革命的征途，共产党人徐克强则成了我的革命引路人，使我以无产积极先锋战士的身份投入中国人民的伟大解放事业。②

女工夜校是革命的摇篮，我原是女工夜校的学生，是它使我学到文化，启发我的觉悟，引导我参加革命，奔赴抗日前线……③

几十年的革命经历，使我深深体会到，革命的路是曲折的，长期的，艰苦的，从18岁参加革命整整52个年头，每当我感到困难，我就想起党的教导，在困难面前只要坚持党的原则，那么，再大的困难也能克服。④

我们在女工夜校的进步，受到华纶毛纺厂中共地下党组织的密切注意，对我们进行爱国主义和革命气节教育，不久，我们光荣地加入了中国共产党……女工夜校不仅教会我们读书识字，而且教我们懂得如何做人。我们正是在女工夜校受到良好的启蒙教育，使我们懂得人生价值，才最终使我们走上革命的道路。⑤

1942年我在女青年会的三合理女工夜校读书，钱琴老师是我

---

① 孟波:《三十年代女工夜校的歌咏活动》，载《巾帼摇篮》，第186页。
② 李芳:《夜校使我走上革命征途》，载《巾帼摇篮》，第300页。
③ 刘学群:《难忘的岁月》，载《巾帼摇篮》，第310页。
④ 顾莲英:《冲出上饶黑牢》，载《巾帼摇篮》，第298页。
⑤ 赵蔚林、赵晓星:《我们在新四军当干部》，载《巾帼摇篮》，第312页。

的级任老师。她对我很关心，总是启发教育我，激励我的爱国热情，要彻底打败日本侵略者。通过夜校的培育，我决心要为民族解放和工人阶级的彻底解放贡献自己的一切。在1944年10月，我光荣地加入了中国共产党。①

共产党员像革命的火种，每到一个工厂就与工人交朋友，结拜姐妹，并到工人家访问，工人把党员作为知己朋友，党员就介绍她们进女青年会女工夜校读书，接受教育，有计划地将成熟的积极分子发展入党。②

女工夜校1926年创办时，女青年会与国民党及后来的南京政府一直保持着良好的合作关系，蒋介石夫人宋美龄亦是女青年会劳工部的干事，并积极从事妇女儿童权益保障事宜。即便20年代末，女青年会与蒋介石在合作理念上逐步分道扬镳，女青年会事业面临被政府收归国有而备受打击，其组织和事工都保持了相对的独立性。作为女青年会较为激进的部门，劳工部虽然在此时因为组织工运与共产党较多地接触合作，但并不能说女工夜校就是革命者的摇篮。

值得注意的是，在笔者搜集女青年会研究档案时，30年代后的组织事工因为遗留材料的叙事风格而形成了与30年代前期殊异的总结表达。如此便形成了一种尴尬（抑或疑问？）如同回忆录之类的材料，究竟是一种历史的佐证呢？还是事实的曲解和夸大？而究竟何者才是历史的原貌呢？

必须承认，《巾帼摇篮》并不是用以历史研究的“反面”教材，笔者只是试图通过它呈现一种鲜明的左派叙事，并以此考查此种形式与历史原生态的差异。

以回忆录所记载的夜校文娱活动为例。《巾帼摇篮》在强调共产党对夜校的领导时比较“一致”地肯定了党的外围组织如中国左翼文化界总同盟（简称“文总”）及其所属“教联”、“剧联”对夜校“革命性”地影响。

夜校教授女工的歌曲以强调女工所受之苦为核心，继而号召下层民众的团结，为推翻国民党统治，抵御外侮而万众一心，在回忆者心中，革

① 林芬：《为地下军送武器》，载《巾帼摇篮》，第356页。
② 陈祥珍、包月芬：《为了美好的明天》，载《巾帼摇篮》，第422－423页。

命歌曲和表现革命内容的自编话剧都是凝聚先进文化内容、唤醒民心鼓舞民众的特殊形式。“在这救亡歌声响彻云霄的年月里,女工夜校的歌咏队以异军突起之势出现在上海妇女界的救亡运动中,也是上海新音乐运动首创之举……中国人民以戏曲、歌咏等文艺形式,作为爱国主义的宣传教育武器,是能够唤起群众提高觉悟,增强抗日救国民族统一战线的。”①以至于当时沪东大学沪东公社的一位牧师说:“女工夜校的歌都是打倒打倒的,过分激烈。基督教的教义是反对暴力的。”“我们”当即便反驳道:“那有什么,耶稣不也用鞭子打过魔鬼吗?”②

话剧的演出更被回忆者津津乐道,并以之为教育自己亦影响他人之举,是有几分觉悟才有几分戏的体现。正如有人说:“记得六二三事件发生后,夜校组织我们演活报剧,配合声讨国民党反动统治、支持学生运动的活动……在活报剧中,我演一位请愿时被迫害致死的大学生的妹妹……演出时,想到老师给我们说的剧情,就像自己真的是那个妹妹一样,我声泪俱下,痛苦失去哥哥,悲愤地控诉、声讨国民党反动派。既教育了群众,也教育了自己。”③

如此看来,夜校文娱活动在女工的回忆中化约为一种影响:即在革命的文娱中觉悟,以歌声和表演宣传革命、表达革命,从而发出她们作为无产阶级的声音。在这种高度上,亦只有《新女性》、《女工歌》、《工人歌》、《奴隶的生活》,继而是《救中国》、《渔光曲》、《开路先锋》、《大路》、《毕业歌》、《义勇军进行曲》、《前进歌》、《码头工人》、《奴隶的生活》④等歌曲被广为传唱,而《毛毛雨》、《妹妹我爱你》、《燕双飞》之类的“不反映工人与老板斗争”的内容,势必是被人不屑和唾弃的⑤。在这里,革命犹如一块试金石,清晰地划分了敌与我、是与非、好与坏,乃至进步与落后。在革命面前,与对立者斗争是必须的,小我的牺牲是必须的,却也是荣耀的。因而在面对何香凝先生“姑娘长大了,就不安心了,忙着找对象,再加上有人追着不放,就容易上当受骗”的担心时,“我们”的回答是“保证在抗战间不谈恋爱,更不会嫁给国民党军官做官太太的,我们

---

① 姚时晓:《给女工学生排戏》,载《巾帼摇篮》,第192-193页。
② 张淑义:《抗战爆发前后的女工夜校》,载《巾帼摇篮》,第45页。
③ 沈群:《从课外活动中接受教育》,载《巾帼摇篮》,第242页。
④ 关于夜校教唱的歌曲请参孟波:《30年代女工夜校的歌咏活动》,载《巾帼摇篮》,第184-188页。
⑤ 参徐明清:《我在浦东夜校开辟工作》,载《巾帼摇篮》,第65页。

是有准备的，都打过预防针的，您老就请放心吧！这是我们的保证书，十条纪律"①。而且，正因为"我们"坚守自己的承诺，才赢得了信任。

> 胡瑞英、郑惠珍有目的地深入官太太家串门拜访，从谈家常交朋友中宣传抗战，让她们了解服务团，支持服务团的工作。太太们用有色的"眼镜"看我们，最害怕服务团的这些年轻姑娘们夺走她们的丈夫。当她们观察到我们这群青年女兵的确是一心一意为了抗战打日本，拒绝谈恋爱和不屑当官太太的事实后，便投以敬佩的眼光，同我们接近热乎起来，我们也从太太们那里了解到一些"内部消息"。②

而面对抗战前线的民众，"我们"更以无限的愤怒和仇恨表达了自己坚定的革命立场。

> 我们告诉他们，我们是上海劳动妇女战地服务团团员，都是工厂的女工，为了把日本强盗赶出中国，来到前方工作。现在，要把仇恨集中到日本强盗身上。抗日战士为国血战，老百姓要起来协助，军民团结，共同打击日本鬼子，只有把强盗赶走，才能重建家园，过太平的日子。③

革命带来的光明前途不仅使回忆者因自身参与这个过程而有荣耀，因而在回忆彼时牺牲的师友时，更加深了自身与死者以及革命永为一体的印象。台湾学者柯惠玲认为，左派叙事风格中，回忆者在谈及当时牺牲的男女同志时，一律给以正面积极的历史评价，但这些评价极少表现私人情感上的看法，此点使得回忆录中的个人生活与时代遭遇的描述就与其他以政治角度书写的革命同志的纪念文字高度一致，她们的集体化就是使自己跨越生死的界限，死者失去与未来联系的可能，那么就由生者潜入这种关系中代替死者编排，生活的话语不再着重于表达自己，而在说明"我和那些死者是一体的"④。

---

① 张小泯：《不谈恋爱，不当官太太》，载《巾帼摇篮》，第283页。

② 胡瑞英、郑里明：《抗日前线的一个地下党支部》，载《巾帼摇篮》，第270页。

③ 张定堡：《到抗日前线去》，载《巾帼摇篮》，第274页。

④ 柯惠玲：《轶事与叙事：左派妇女回忆录中的革命展现与生活流动(1920－1950)》，载《中国近代妇女史研究》第15期，中研院近代史研究所，2007年12月，第158－159页。

《巾帼摇篮》里的忆念文章，不能说没有忆者的个体回忆，但却集中指向雷同的方向：歌颂被忆者高尚的人格、为革命不辞劳苦勇于牺牲的精神，以及被忆者对自身引路明灯般的影响——最终，被忆者革命精神长留我们心中。

比如邓裕志①等忆陶行知，除了大家耳熟能详的"小先生制"外，更强调陶行知留下的精神："办女工教育要紧的是给她们一把钥匙，让她们自己去寻找解放自己的路。"而夜校女工亦遵循先生的名言，"捧着一颗心来，不带半根草去"，把它作为人生奋斗的目标，为国家、为人民作出她们的贡献，而陶先生"思想影响之深、范围之广是讲不完的，他高尚的精神，是永远值得我们学习的"，其"诗篇常在，伟大的革命精神和高风亮节常在。他永远活在我们的心底，鼓舞我们继承他的事业不断前进。"②

有趣的是，曾在女工夜校任职的外国干事亦以红色基督徒的身份出现在回忆者的笔下，他们"不约而同"地利用了自己外国人的身份，机智勇敢地帮助中国人民的解放事业。比如当时的美国干事耿丽淑（Talitha Gerlach）③便是在山东工作期间，结识了许多进步人士和学生，从中接触

① 邓裕志，字欲芝，号康，笔名雨枝，英文名 Cora Deng。1900 年 9 月出生在湖北沙市。1926 年毕业于南京金陵女子大学社会系，获学士学位。从 1926 年起任中华女青年会全国协会学生部干事、劳工部干事、主任干事、民教部主任干事。1929 – 1930 年赴伦敦经济学院社会服务系进修。1932 年在日内瓦国际劳工局从事保护妇女、儿童研究工作。1941 年在美国纽约州立大学研究院社会经济学系毕业，获硕士学位。回国后在重庆成立女青年会出征军人家属生产自救福利站。1943 – 1944 年在金陵大学社会学系任教。建国初期任全国救济总会理事，中国红十字会理事。1950 年起任中华基督教女青年会全国协会总干事、名誉总干事，中国基督教三自爱国委员会常委、副主席，中国基督教三自爱国委员会和中国基督教协会顾问。历任全国人大一至五届常委，中国陶行知思想研究会理事，上海社会学会顾问等职。早年积极投入五四运动和五卅运动，拥护共产党的抗日民族统一战线，她和史良等妇女界领袖于 1935 年发起成立了上海妇女界救国会，1936 年她又参与发起成立国难教育社。邓是中国基督教三自爱国委员会主要发起人之一，1950 年 7 月她协助吴耀宗等起草了《中国基督教在新中国建设中努力的途径》的"三自宣言"，号召中国基督徒同全国人民一起为建设新中国而努力奋斗。中华基督教女青年会供稿，载《天风》1996 年第 12 期，第 10 页。有关其生平，还可参邓述慈：《追求社会进步与平等的一生——缅怀世纪老人邓裕志先生》，载《邓裕志先生纪念文集》，第 179 – 183 页。

② 邓裕志：《我所认识的杰出的人民教育家陶行知先生》，载《巾帼摇篮》，第 426 – 428 页；朱冰如：《陶行知与女工夜校》，载《巾帼摇篮》，第 429 – 433 页；高云：《陶行知在女工夜校毕业典礼上的赠诗》，载《巾帼摇篮》，第 435 – 437 页。

③ 耿丽淑（1896 – 1995），女，原名塔利塞·格拉克，美国人。出生于美国宾夕法尼亚州匹兹堡附近的一个农村家庭。1920 年毕业于巴特勒大学（Butler University）社会经济系，获学士学位。1926 年应中华基督教女青年会邀请，由美国女青年会委派到中国工作，1928 年调往山东女青年会工作；1931 年回到美国哥伦比亚大学师范系学习，1934 年调回中国，任上海基督教女青年会学生部主任干事，并和邓裕志、夏秀兰（Lily K. Harass）等一起开办三和里女工夜校。关于其详细生平参互动百科 http://www.hudong.com/wiki/%E8%80%BF%E4%B8%BD%E6%B7%91, date of access Oct. 26, 2008。

到革命思想,产生了要改变不合理社会制度的愿望①。而她亦“与中国人民风雨同舟,患难与共,把毕生的精力献给了中国劳工妇女的解放,为中国革命和建设事业、促进中国人民与世界人民的互相了解和友谊做出了极其重要的贡献②”。

除了知名人物和国际友人,女工夜校亦经党组织发展了很多“自觉的革命战士”,比如三和里女工夜校老师钱琴,“以燃烧在胸中的一团烈火,辐射着、温暖着在黑暗中渴望光明的人们”,“她生动的讲课,唤起了女工学生们的民族觉醒”,也是她,在台湾从事党的工作时被捕,但“遭受严刑拷打,受尽折磨时,她始终坚贞不屈”,所以“钱琴老师伟大光辉的一生,永远铭记在我们心中”③。

可见,回忆录的忆念版块亦有着标准的文字样板,被忆者的一生必是为革命舍生忘我的一生,通过回忆者的书写,英雄的形象跃然纸上,生者缅怀死者的话语亦与前述自传体回忆中叙事者的自我解释同调。

三、小结:“妇”言 or 妇“言”?

1928 年国民党把过去的农、工、商、青年及妇女各部合并于“民众训练委员会”下,妇女运动也划归于中央民众训练部妇女科领导。女青年会很多干事被招募到宋美龄手下协助其从事妇女爱国运动④,这也意味着女青年会之前所引领的妇女运动被“收归国有”,变成了政党和政府的行为。不仅如此,女青年会的西国干事还在国民党的宣传中被指责为“帝国主义的工具”(尽管她们之前因为热心社会改革而备受尊重)。新的社会形势使女青年会丧失了之前在妇运中的引领者地位,政府的招募更使训练有素的干事大量离开,这都不可避免地造成了女青年会事工的衰落⑤。如此处境之下,女青年会不得不设法开拓新的工作领域。为回

① 张定堡、刘志祥:《怀念耿丽淑》,载《巾帼摇篮》,第 446 页。

② 同上书,第 448 页。

③ 聂海励:《祭钱琴烈士》,载《巾帼摇篮》,第 474 - 478 页。

④ 比如干事张淑义就曾收到了女青年会全国协会和国民党新生活运动妇女指导委员会两份聘书。参张淑义:《抗战爆发前后的女工夜校》,载《巾帼摇篮》,上海人民出版社 2002 年,第 44 页。

⑤ C. Johnsen-Rod, *The Catalyst Effect of the Y. W. C. A. on the Women's Movement in China*: 1901 - 1927, pp. 77 - 78, Master dissertation, Florida Atlantic University, 1981.

应教会界1924年便发出的“到民间去”的口号，女青年会亦将自己关注的重心转到下层民众，从而打破了群体的局限，将自己的服务领域扩展至“第四阶级”的妇女。

阶级差异是近代政党刻意强调的分野。直至现今，文字上的褒贬依旧有它来自阶级的划分。同理，左而激进的过去在那个万众高呼革命的年代亦总是让人深感自豪的回忆。然而却有论者言：左派女性个体经验突出的回忆部分，表现了妇女回忆的特点，那就是女性和男性在生命经历上有所差异，她们依循大致上是由男性政治建立起来的历史解释来重建自己的亲身经验①。在文章的结尾，我们从另外的角度再次“老调重弹”地回到女性被建构的结论中。在这里，“革命”充斥了回忆者的叙事内容，文字成为单调的模板，缺乏起码的生活气息。即便每个忆者的经历于细微之处殊异，其大致的过程却犹如集体的复制。女工以党员或进步革命者的身份淹没于集体，又以女性的身份被历史孤立。

可以说，我们从未形成过集结性的妇运主体，在20年代短暂的女性发现后，妇女运动的积极分子很快踏上了更为光明的政治旅途，“男女平等”、“妇女翻身”的美好目标是革命胜利的必然产物。在一系列“新贤良主义”、“妇女无用论”、“妇女回家”口号流行泛滥之时，做一个献身民族国家的女革命战士，自然有着无与伦比的吸引力。

实际上，左派叙事风格的样板文从来都不是中国妇女的“主体性”表达，妇女言说的内容早有详备细致的标准统摄，妇“言”仅仅是一个不自主的机械性表达。如今即便再以两性平等为准的，不修正“妇”无助于妇运的状况，不改变“妇”无以言说的局面，妇女依旧难以走出传统和社会遗留的桎梏。

（作者单位：香港中文大学文化及宗教研究系）

① 柯惠玲：《轶事与叙事：左派妇女回忆录中的革命展现与生活流动（1920－1950）》，载《中国近代妇女史研究》第15期，2007年12月，第143页。

朝鲜王朝末期传统儒学和近代西学之争
——兼论 18－19 世纪朝鲜星湖学派的历史作用

李惠源

一、简　介

16、17 世纪,西方天主教传教士陆续来华,他们编写了大量既宣扬基督教教义又传播西方新式知识的书籍。从 17 世纪起,一部分先进的朝鲜学者开始对这种新兴的西学表现出浓厚的兴趣并热情地从中国引进了一大批有关西学的书籍,而朝鲜天主教正是源起于此。因此,我们有必要对这批称为"汉译西学书"的西学书籍的意义与价值作进一步的深入探讨,以期对早期的朝鲜天主教形成更加清晰的了解。实际上,西学所产生的影响并不仅限于学术领域,它的影响还延及朝鲜的政治、社会、伦理、经济以及国际关系等诸多方面。

大体而言,在 17 世纪的朝鲜,兼有政治家身份的朝鲜学者已经分为两大集团:南人时派和老论僻派。而隶属于南人时派的星湖学派,抱着极大的学术热忱接受并钻研了西学这一全新的研究课题。随后,在 18 世纪,星湖学派内部依据对西学的不同态度也分化为两大派别:亲西系和攻西系①。

攻西系的学说最终在 19 世纪中期的斥邪运动中占据主导地位。实际上,关乎朝鲜天主教的肇始、对天主教的残酷迫害以及天主教会遭废除的种种缘由,都可以溯源于西学书籍的输入以及星湖学派对其所进行的学术研究。

在探讨朝鲜王朝末期西学的输入和影响之前,我们需要对什么是

① Cha Gijin, op. cit., pp. 239－240.

西学有一个准确的了解。在17世纪,共有两大类西学书刊被引进朝鲜。前者是关于西方文化和知识的书刊,诸如天文学、历法、地理学、制图学、生物学、医学、语言学、哲学、伦理和教育学;后者是关于天主教教义的书刊①。尽管西学本身包括宗教和西方知识,但西学的含义却因时而变。在17世纪西学书籍刚被介绍进来时,西学仅指"对西方的研究"。但到了18世纪晚期,西学的根本含义却变成了天主教,西学徒就是天主教信徒。另一方面,在19世纪中期,西学的含义又泛指为一切西方的事物。

本文开头将追溯汉译西学书输入朝鲜的过程以及星湖学派对其的态度。然后将探究星湖学派中的攻西系的学说是如何影响朝鲜王朝末期的斥邪运动的,同时,我会努力厘清星湖学派在近代朝鲜所起的作用以及攻西言论所批判的对象是如何变更的。

二、西学的输入和攻西学说的初起

正是在17世纪西学首次被介绍给朝鲜人。1602年,利玛窦制作了一幅世界地图《坤舆万国图》,一年之后,以朝鲜政府贡使身份来华的李光庭就将此地图带回了朝鲜。这是历史上朝鲜学者与西方知识的第一次邂逅②。以后,柳梦寅和李睟光作为朝鲜赴京使节都到过北京,并分别于1609年和1611年购置了大量的西学书籍。纵观17、18世纪,大概有180种有关西学的出版物输入并散布至朝鲜各地。其中,有120种左右的书是关于人文、文化和科学的;另外60种左右的书是有关于天主教的③。一些朝鲜学者,诸如洪大容、徐命膺、李瀷,对西方的实践科学(即所谓的实学)深感兴趣,他们抱着学术好奇心收集了这些书籍④。

---

① Kum Jangtae, *Chosun hugi youkyowa suhhak-kyoryowa galdeng* (*Relation and conflict between Confucianism and Western study in the late Chosun*) (Seoul: Seoul National University Press, 2003), pp. 54 – 57.

② No Daehuan, "*Chosun hogi silhakjadului suhhaksuh yilgi* (*Practical science scholar's study on the Western study in the late Chosun*)," 《韩国史市民讲座》37 (Seoul: Iljokak, 2005), p. 121。

③ No Daehuan, ibid., pp. 124 – 125.

④ No Daehuan, ibid., p. 126.

在17、18世纪，朝鲜社会先后遭受了两次战争，分别是1592－1598年的壬辰倭乱和1627年的丙子胡乱。另外，朝鲜还因为两大政治集团之间的斗争又经历了数次严重的针对学者的大清洗。朝鲜人民身处连绵战乱与政治屠杀的阴霾之下，渐渐对性理学的正当性和权威性产生了怀疑。再者，当时中国的一个少数民族集团——通古斯人，建立了自己的国家并最终彻底击败了明朝，朝鲜对中国和汉族的传统的尊崇观念也开始发生转变①。尽管性理学作为国家的基本意识形态深深根植于朝鲜的政治、社会和伦理观念，但部分学者开始厌烦于性理学的独占性、派别性和僵化性，他们尝试着去寻找新的知识体系以便取代旧的那套传统观念②。这些学者认为性理学已经走入了形而上学和理性主义的死胡同，他们着手寻求一套更加客观实际、注重经验的知识和思想体系。为此，他们对西学表现出很大的兴趣，对西方文化和科学尤其关注③。

但对西学的这些狂热很快招致了对天主教的担忧和误解。早在17世纪初，柳梦寅在研究过利玛窦的《天主实义》与《交友论》之后，就批评了天主教的天堂地狱说以及天主教神父的独身主义。这是朝鲜历史上出现的对天主教的最早批评④。同样，李睟光在其著作里也对天主教提出了尖锐的批评。但是，他们的批评并非建立于对天主教的深刻理解的基础之上，更多的是他们在遇到一套新的思想体系和宗教哲学时所产生的一种即时回应。严肃而又全面的斥邪论⑤一直要到李瀷和他的弟子已经研习西学数十年之后的18世纪才出现⑥。

---

① Choi Jaekeon, *Chosunhugi Suhhakui suyonggua baljon* (*Acceptance and development of Western study during the late Chosun dynasty*) (Seoul, Handel press, 2005), p. 27.

② Kum Jangtae, op. cit., pp. 9－10.

③ 我们可以从这些学者为购买西学书所作出的努力看出他们对西学的兴趣。其中有一部叫《律历渊源》的书很难买到，价格高达70—80两银子。一两银子相当于2万韩元，所以他们要花费160万韩元才能买到这本书。No Daehuan, op. cit., p. 126。

④ See Choi Jaekeon, op. cit., p. 278.

⑤ 这里的斥邪论来自于孟子的辟异端论。孟子声称他必须批驳杨墨以保护圣德。See Choi Jaekeon, ibid., p. 282。

⑥ Cha Gijin, op. cit., pp. 239－240.

三、星湖学派的西学认识——攻西派的兴起

1. 李瀷对西学的认识

李瀷(1682—1763)是研究实学的大师之一,同时也是星湖学派的创始人①。他属于畿湖南人的政治集团,始终坚持加强王权和经世致用。他的父亲李夏镇因卷入党争被流放至云山,最终客死他乡②。当李瀷26岁时,他的二哥李潜又因上疏国王获罪,受杖刑而死。在历经这些家变后,李瀷决心不再过问政治,宁愿置身世外,埋首于学术。李瀷的父亲曾经作为朝贡使到过中国,当时的康熙帝赏赐给他丝绸和白银,他用这些赏赐购置了数千册图书带回朝鲜。李瀷正是凭借这些书籍得以研究实学与西学③。

李瀷对西学的认识和研究相较先前学者对西方和西学的那种肤浅和片面的认识无疑要成熟和深刻许多④。此外,由他的弟子们所组成的星湖学派一直引领着有关西学的讨论和批评⑤。

李瀷是一位儒家学者,研究过朱熹的性理学。他接受了李滉⑥的哲学,同时他又接受了和李滉思想背道而驰的李珥的社会改革与实用经济学说⑦。而且,他还经常引用朱熹的名言"知疑且善问,学成必无疑"⑧。这也彰显出李瀷对待新的学术研究领域时所持的开明态度。

最重要的是,李瀷积极地研究并相信西方科学,诸如天文学、历法、数

---

① Kang Jaeun, *Chosunui suhhaksa* (*History of the Western study of Chosun*) (Seoul: Minumsa, 1990), p. 98.

② Choi Jaekeon, op. cit., p. 43.

③ 《星湖全集》67卷, p. 19。

④ Kum Jangtae, *Chosun hugi youkyowa suhhak-kyoryowa galdeng* (*Relation and conflict between Confucianism and Western study in the late Chosun*), pp. 48–49.

⑤ 以后的星湖学派分成了两派:一派是批判反对天主教的攻西派;另一派是对西方科学深感兴趣甚至承认皈依天主教的信西派。前者的代表人物有 Sin Hudam(慎后聃) and An Jung-bok(安鼎福),后者的代表人物有 Kwon Chulsin(权哲身), Lee Kahuan(李家焕), Lee Byok(李檗), Lee Seunghun(李承熏), and Jung Yakyong(丁若镛); refer to Kum Jangtae, ibid., 6; Cha Gijin, op. cit., 16; and Choi Jaekeon, op. cit., pp. 43–44。

⑥ 李滉(1501–1570)是朝鲜历史上最有名的两位儒家学者之一。他基本上接受朱熹的性理学并发展出特有的"理气互发说"。

⑦ Kum Jangtae, op. cit., pp. 50–52.

⑧ 《星湖全集》13卷, p. 65。

学、地理学等新近遇到的西学。世界地图带给他世界观上的转变尤其巨大——从以中国为中心的传统的亚洲世界观走向一种全新的近代世界观。天文学也在很大程度上影响了他对自然科学的看法,相比传统的中国天文学,他甚至加诸西方天文学以更多的权威性①。而且,他对西方的伦理道德的诠释也是持积极肯定态度。比如他曾经提及庞迪我的《七克》,认为"书中观点和儒家伦理中的克己之说是十分相似的。不过西方人将上帝和鬼神杂糅其中、混为一谈就显得牵强附会、难以理喻。如果能去掉上述瑕疵,它无疑能成为儒学的一个旁支"②。至少,李瀷在伦理方面是同意补儒论的。

但李瀷对天主教却持强烈的批评态度。首先,尽管李瀷认为天主教的"天主"与儒家的"上帝"存在共通之处③,但他对耶稣以及耶稣降临人世之说不以为然。他谈到"上帝以人的形象来到尘世并悲悯万众,所需的工作量和精力都是极其巨大的,但如果上帝只惠泽一小部分地区和子民,他就不再具有'普遍性',而这和天主的概念又是相互抵触的"④。他从一开始还对天主教的两条教义持相左意见,即上帝是创造者、上帝具有人格⑤。再者,他对天主教的天堂地狱说也提出了批评。他挖苦天主教传教士只会不停地非议佛教的轮回说,却没有意识到他们自己的天堂地狱说和佛教一样也是荒诞不经的⑥。

在李瀷的西学认识体系里,他对天主教教义的批评被他其中一派弟子(即攻西派)所吸收并大加发挥。李瀷本人并不束缚于孟子伦理学说的辟异端论传统,但他弟子中的攻西派却十分欣赏孟子的这种理念:正统异端,泾渭分明。总而言之,他们的批评和论证为以后的天主教迫害运动提供了理论基础。

2. 攻西派

李瀷的追随者可以分为两大派:一派激烈反对天主教,称作攻西派,代表人物是慎后聃和安鼎福,另一派对西方科学很感兴趣,甚至笃信天

① Kum Jantae, op. cit., pp. 71 – 82.

② 《星湖全集》11卷, 2, "七克者, 西洋庞迪我所著, 即吾儒克己之说也……但其杂之以天主鬼神之说, 即骇焉……便是儒家者流耳。"

③ Choi Jaekeon, op. cit., p. 43.

④ Kum Jangtae, op. cit., pp. 62 – 63.

⑤ Choi Jaekeon, op. cit., p. 286.

⑥ Kang Jaeun, *Chosunui Suhhaksa* (*History of the Western study in Chosun*) (Seoul: Minumsa, 1990), pp. 106 – 107.

主教，称作信西派，代表人物是权哲身、李家焕、李檗、李承熏和丁若镛。需要注意的是攻西派年长于信西派。

攻西派于18世纪上半叶发起对西方的批评，此时的朝鲜还没有人皈依天主教。他们平时攻读研习汉译西学书，并指出书中有关天主教的矛盾与软肋之处。1724年，李瀷的一位弟子慎后聃写出《西学辨》，猛烈抨击了《灵言蠡勺》、《天主实义》、《职方外纪》等天主教著作。慎后聃，这位年方23岁的青年学者对天主教的批判是如此辛辣，在他之后又陆续出现了一系列反天主教的学说①。他可以说是将斥邪论搬到前台的第一人②。而且，慎后聃和他老师的不同之处在于他借用孟子的辟异端论来解说西学，并将西学定为是一种异端。他是一位杰出的儒家学者，代表着朱熹的性理学传统，针对西学的所有批评无不显出其论证的严谨以及唯理的色彩。相较于他那位已经克服了以中国为中心的世界观的老师，慎后聃却依旧固守着那套传统世界观③。

当我们将慎后聃对天主教的批判作进一步分析时，我们可以发现以下四点：首先，他否认了天主教上帝的两大特性，即创造性和人格性。如同一个人可以支配自己的身体但他无法创造自身一样，上帝可以支配这个世界但他无法创造出整个世界④。其次，他对耶稣的道成肉身和耶稣来到人世做工给予尖刻的嘲讽。如果耶稣真的降临人世且做工33年，那么，至少在这33年里天堂不复有上帝，而这和上帝或天主的定义是相互冲突的。另外，天主教既然说天主是一位"普遍的和共同的"上帝，那么上帝降临显现于一特定地方就无法让人信服。难道可以说天主教的上帝不过是一位私人的个体的上帝，仅仅为特定的团体或种族服务⑤。再者，他又批驳了天主教声称的灵魂不朽论。他研究了《周易》的灵魂学说，认为人死之时，人的魂就会上升消失，而人的魄则会下沉散开⑥。最后，他认为天主教与

---

① Kum Jangtae, op. cit., p. 86.

② Cha Gijin, *Chosun hugiui suhhakgua chuksalun yongu* (*Study on the Western study and anti-western theory in the late Chosun dynasty*) (Seoul: Hankook Kyohuisa Yonguso, 2002), pp. 76 – 77.

③ Kum Jangtae, op. cit., pp. 114 – 116.

④ Kum Jangtae, ibid., pp. 95 – 96.

⑤ Kim Chulhyun, "Chosun hugi Yuhakjadelui Chunjuhak bipan (Anti-Catholicism of Confucians in the late Chosun dynasty)," M. A. thesis of Catholic University, Seoul, Korea, 1995, pp. 23 – 27.

⑥ Kum Jangtae, "Dungua Sin Hudamei Suhhakbipan Yirongua Jangjum (A point of dispute of anti-Western study theory between Dun and Sin Hudam)", *Jongkyohak Yongu* (*Religious study*), 20 (2001. 12), pp. 15 – 20.

佛教形式相近。天主教凭借天堂地狱说吸引大众,但这是建立在人性自私的基础上的,而佛教同样依靠这种方式来争取大众①。

攻西派的另一位学者安鼎福也对西学和天主教进行了批评,不过是由于其他原因。当他眼见与自己共属一个政治阵营(南人时派)的朋友和同僚也纷纷接纳西学时,安鼎福暗自替他们忧心忡忡,假如政治对手乘机以私自接纳“异端邪说”为由打击他们,那么他们的政治境遇将急剧恶化②。安鼎福在根本上也将天主教定为是一种异端,并指出关注道德实践的儒学和关注死后世界的天主教之间的相异之处③。但是与排斥西方科学的慎后聃不同的是,安鼎福对自然科学颇有兴趣。他还留下了几本对天主教展开理论批评的著作,如《天学考》和《天学问答》。

安鼎福对天主教的批评主要有以下几点。第一,尽管儒学和天主教都存在上帝,但是儒家弟子是通过培育道德和涵养心灵来表达对上帝的尊敬,而天主教仅仅是依靠不断地向上帝进行祷告,这简直与和尚念经没啥两样④。第二,天主教是一种非常个人化的宗教,因为教徒只关心自己死后的世界。相比之下,儒学就更为公共化和社会化,因为儒家更加致力于道德与社会教育⑤。第三,如果耶稣果真是上帝,他就不可能死在十字架上。慎后聃试图从理论角度批驳天主教,而安鼎福进行批评的目的在于劝服青年学者重新回归社会主流。因此,安鼎福对天主教的批评多少是带有政治因素的。

1791年珍山事件后,新湖学派的洪正夏试图对西学和天主教发动比以往更为彻底的批判运动。他不赞成补儒论,因为它把天主教的天主与儒家的上帝混为一谈。他还利用儒家的魂魄观公开指责天主教教义,诸如灵魂不朽论和天堂地狱说⑥。他同时又驳斥了天主教上帝的创造性和人格性以及西方的自然观。他说西方人以四种基本元素——气、土、水、火——来解释自然,而东方却运用五种元素——金、木、水、火、土。在他看来,所有能量都来源于这五种元素的相互作用,世界也是起源这五种元素,因此天

---

① Choi Jaekeon, op. cit., p. 290.
② Choi JaeKeon, ibid., p. 279; and Kum Jangtae, op. cit., p. 86.
③ Kum Jangtae, ibid., p. 118.
④ Kum Jangtae, ibid., p. 122.
⑤ Ang Jungbok,《上星湖先生别纸》,《顺菴集》卷1, recited from Choi Jaekeon, op. cit., p. 290。
⑥ Kum Jangtae, op. cit., pp. 187 – 189.

主教的创世说是错误的①。他对天主教的伦理观的批判尤其激烈。因为他目睹了珍山事件的全过程,这次事件起因于两位贵族焚毁了自己祖宗的牌位,最后两个人也因为对祖宗的大不敬被政府处决,所以他深感传统道德正在受到天主教信徒的蚕食。当时正值 18 世纪晚期,洪正夏还能直接参考查阅天主教的书籍,所以比起 1788 年正祖颁布禁书令之后学者们对天主教火药味十足的攻击,洪正夏的观点和意见显得更富理性。

3. 蔡济恭对西学的认识

蔡济恭是正祖统治时期(1752—1800)朝鲜政府里的政治领袖之一。他代表南人时派的政治利益,也受星湖学派攻西思想的影响。但是,蔡济恭并非孟子辟异端学说的追随者,他对天主教也并非全盘排斥。他甚至建议国王对天主教或是西学采取温和的政策以便保护那些和西学关系密切甚而皈依天主教的南人学者。不过,他也提及过几篇批评天主教的文章,不时给青年学者敲敲警钟。蔡济恭作为一位政治家对西学和天主教也有自己的观点。首先,他认为天主教大逆不道、无父无君。其次,天主教对来生的重视使其无异于佛教。最后,天主教所宣扬的道成肉身、救赎、神迹以及耶稣升天不过是胡言乱语、毫无根据②。

蔡济恭对天主教的批评往往简洁明了,却深刻影响了构成后来天主教迫害的理论背景。起初,他对天主教的态度是温和的,但当珍山事件发生后他下决心处死了那两位焚毁祖宗牌位的贵族,他也由此成为首位将攻西论付诸于实践的人。通过来自于南人时派和星湖学派的蔡济恭的行动,攻西思想开始转变成为一股现实力量。

四、"禁书令"颁布之后的迫害运动

1. 朝鲜正祖朝

朝鲜国王正祖对待天主教的基本态度是"为政斥邪"。1785 年明礼

① Cha Gijin, op. cit., pp. 271 – 273.
② Choi Jaekeon, op. cit., pp. 150 – 155.

坊事件发生后，政府开始意识到一些研究西学的学者已经转信天主教。一个新的宗教团体正在形成，尤其是在贵族阶层。与此同时，许多旧式学者也多次上书正祖，敦促政府将天主教驱逐出朝鲜。不过，在“为政”与“斥邪”之间，正祖更倾向于前者。为此，他严禁西学书刊从中国流入本国，并下令焚毁所有藏于官方和民间的西学书。1788 年，正祖谈到“倘若我国之道德文章更趋开明，且我国之政治清明、教育繁荣，则异端邪说定会自行消亡。故人其人火其书即可”①。正祖其实还是一位大学者，他这样做不单是要保护西学，也是要庇护他政治上的支持者——南人。他担心如果清除掉那部分和西学联系密切的学者，就可能打破朝中的政治平衡，自己也会失去一批强有力的支持者。所以在珍山事件发生后，他不仅处决了两位当事人权尚然和尹持忠，而且还流放了坚持对信教者进行迫害并导致事件扩大化的洪乐安，以此来保持南人时派与老论僻派这两大政治集团之间的势力均衡。

珍山事件是发生在正祖时期的一起最严重的宗教迫害事件。此后，所有关于西学的输入、刊印、传布皆被禁绝，本国的西学书籍也被付之一炬②。并且建立在学习探讨基础之上的富含理性精神的攻西言论也难以为继。因此，以后的批评和讨论失去了研究交流的底蕴，取而代之的是两大敌对政治集团之间的感情用事、相互攻讦。而且，由于珍山事件，敬奉祖先上升成为处理基督教时的一项严肃议题。不敬奉祖先就是不孝，而不孝就是无德，而无德就是兽行，人人得而诛之。这种假设推论最终将后来的宗教迫害合法化。因为怕沾上不孝的骂名，许多贵族背弃疏远了信西派，信仰者也就从贵族阶层转向中等阶层。

2. 18 世纪上半叶的宗教迫害

1800 年，果敢睿智的正祖驾崩，年仅 11 岁的纯祖（1790—1834）即位。贞纯王后（1745—1805），也就是纯祖名义上的祖母，开始垂帘听政。她本人代表南人时派的宿敌——老论僻派的政治利益，她的一位兄弟因为政治原因被正祖和南人所处决。所以等她一上台，就策划了一起政治煽动，继而于 1801 年掀起了意在清除南人政治家的辛酉迫害。在这里

① Choi Jakeon, ibid., pp. 144 – 145.
② Choi Jakeon, ibid., p. 140.

我们要注意理论上的变化。以前攻西派提出攻西理论时只关注伦理问题,但现在他们开始将西学(或天主教)与可能侵占朝鲜的西方强国联系起来。

1801 年,第一位潜入朝鲜传教的天主教传教士,中国神父周文谟(1752 —1801.5.31)决定向朝鲜政府自首以阻止政府对信教者的进一步迫害,他供述自己打算写信给北京的主教,信中包括征询葡萄牙国王能否考虑和朝鲜国建立外交关系以及让朝鲜实行门户开放并承认天主教。此时朝鲜政府终于意识到天主教还能转变为外交力量进而威胁到朝鲜的国家主权。更为严重的是,据说恩彦君王子(1754—1801)①的妻子和儿媳也已经由周文谟神父施洗入教。朝鲜政府担心这位王子有可能与外强串通,密谋造反。至此,天主教在政府眼里不再只是一种宗教,还代表外部的西方强国。当黄嗣永(1775—1801.11.5)被捕后,他那篇著名的致北京主教的万言信《白书》被上交至官长手中,此时的天主教被认定为是一种可能招致西方军事入侵朝鲜的邪教。

在此后的 1839 - 1845 年,与王后属于同一家族的金氏家族和赵氏家族又发动了好几次意在镇压政治对手的迫害运动。1839 年,一直在朝鲜秘密传教的三位法国神父,罗伯多禄(Pierre-Philibert Maubant)、郑牙各伯(Jacques-Honore Chastan)、范世亨(Laurnt-Marie Johep Imbert),被朝鲜政府逮捕。随后,关于天主教徒和外国有秘密联系的猜疑迅即传遍整个朝鲜。

另外,此时西方战舰频频出没于朝鲜沿海,朝鲜人民忧心忡忡,时刻以为外敌即将入侵。如果说,1800 年以前的攻西学者还能经常对天主教和西学加以明确区分,而且其批评也通常只针对前者,那么现在他们开始反对西方的一切事物。

1863 年,年仅 12 岁即位的高宗的父亲兴宣大院君(1820—1898)代为执掌国政,在前三年他并没有对天主教表现出强烈的敌意。但到了 1866 年,他因为俄人南进以及怀疑天主教参与其中发动了规模巨大的丙寅迫害运动②。朝鲜政府一直在寻机发泄对西方帝国主义的不满,这点在丙寅迫害中表露无遗,这场迫害从 1866 年一直持续到 1872 年。当然,

---

① Jungjo's younger brother and Chuljong's grandfather.

② Choi Jaekeon, ibid., p. 273.

这当中还有意识形态和理论上的背景，正如那些传统的儒家学者所言："他们天主教徒言必称阶级平等、男女平等和取消祭祖，这些人根本毫无道德可言。殊为可恶的是，他们与外国里外串通，阴谋作乱。"①现在，朝鲜政府认定西方国家暗中一直在支持天主教，朝鲜的儒家弟子们也不仅仅只是反对西学而是主张反对西方的一切外来事物。

五、朝鲜末期的卫正斥邪论

自从正祖于1788年下令严禁阅览有关西学的一切书籍之后，学者们实际上就不可能再从事西学和天主教的研究。所以学界也就少有学术性较强的、严谨合理的评论，留下的多是一些胡乱批评。政府对天主教信徒只知一律严惩，而不是说服劝诫。他们已经不懂得如何与天主教进行对话，而是一味地信赖先前学者也就是星湖学派对天主教的批判理论。可惜这并不能阻止19世纪中叶信教人数的快速上升。

一部分对政府在处理天主教时所表现出来的盲目荒谬深感失望的儒家学者，试图构建出一种新的攻西理论以满足意识形态上进一步批判和探讨的需要。李恒老(1792－1868)是他们当中的杰出代表之一。在学术上，他立足于太极理论。他把道或理看做是一种终极存在。儒家的上帝就是不涉及个人情感的理，而天主教的天主或上帝则是作为个人存在的气。他还指出儒家伦理的要义是讲求品行与责任，而在天主教伦理里随处可见的是贪婪和奇迹。他把儒家的上帝和天主教的天主放进同一组概念作如下的对比：上与下、公与私、大与小、贵与贱、华与夷、人与兽、善与恶、吉与凶②。他还把批判对象扩大至西方科学，他宣称由于没有道的存在的西方科学注定是肤浅僵化的③。李恒老认为牟利是西方人的唯一目的，根本没有道德与人性可言。所以如果朝鲜和西方人一旦发生任何联系，灾难将随之降临。

19世纪中后期的攻西派相比18世纪晚期和19世纪早期的攻西学者在观念上发生了根本转变。前代的正祖和学者们强调"为政"，而近代

① Kum Jangtae, op. cit., pp. 269－272.
② Kum Jangtae, ibid., pp. 275－276.
③ Kim Chulhyun, op. cit., pp. 89－91.

人们更加强调“斥邪”。后来的攻西派固守着“中国中心观”不放,他们不仅排斥西学还排斥西方的一切事物。由于1788年的“禁书令”,他们不可能有机会阅读和研究汉译西学书,所以他们只好从前代的星湖学派学者慎后聃或安鼎福的著作里借用理论观点。而且,他们亲身经历了两次西方对朝的侵略,这也增加了他们思想上对西方的敌对因素。他们已经对通过学术讨论来了解西方不再感兴趣①,他们需要强化的是时刻防止西方入侵的反西意识。

六、结　　语

早在1603年朝鲜学者就首次接触了西学,但直至1700年之后星湖学派的李瀷和他的弟子方对其进行学术研究。他们的批评主要集中在以下三点:一是上帝的创造性和人格性;二是天堂地狱说;三是耶稣的道成肉身、救赎、奇迹与升天。当时,佛教被看做是“妇人与愚人”的宗教,而天主教则被视为佛教的一个分支。

星湖学派写了数部对天主教加以辛辣评论的批判性著作。这种批判一直延续到19世纪,但由于1788年的“禁书令”学者们不可能再阅览西学书刊,所以在1800年以后这种批判只能借助于以前的星湖学派学者的理论。

基本上,从18世纪开始朝鲜的传统儒学和近代西学之间就产生了冲突,不过冲突的原因、过程、目的以及背景是根据时代和环境而转变的。下表列出了18世纪的冲突和19世纪的冲突之间的差别。

	18世纪	19世纪
背景	由于儒家学者无法跟上社会和政治的变化所导致的理论危机	西方列强迫近朝鲜所产生的民族危机
过程	理论攻击	肉体迫害
态度	正祖的为政斥邪	李恒老的斥邪为政
攻西理论	斥西教	斥洋

① Kum Jangtae, op. cit., p. 298.

本文的重心在于探讨星湖学派的攻西理论及其对今后的迫害运动所带来的影响。攻西理论本身因时而变,攻西思想和传统儒家思想在历史上又是相互作用的。在儒家的影响力逐步减弱的同时西方的伦理和社会观开始慢慢渗透进朝鲜人的思想意识。以上这些都发生于1884年第一位基督新教传教士到达朝鲜之前,可是这些西方的思想及其作用却一直影响着朝鲜社会与后来的基督新教的传教事业。而要厘清朝鲜的反天主教和基督新教,以及斥洋运动和它对基督新教的作用之间的关系同样需要做一番谨慎的学术考察。

(作者单位:韩国延世大学,本文由上海大学历史系陈铃翻译)

“全球地域化的互动：中国社会基督宗教比较研究”项目综述

何心平

“全球地域化的互动：中国社会基督宗教比较研究”（“Between Globalization and Localization：Comparative Research on Christianity in Chinese Societies”）是香港研究资助局（Research Grant Committee）资助下进行的，全队八个成员于2007年初到位，至今跨时约两年，目前基本结项，书稿已经送交出版社，于2008年12月出版。现代表整个团队，将研究项目的理论和实践活动综述如下：

一、项目活动以及主要进程

2007年2月，全队成员在温州和上海进行实地田野考察，并且召开了研讨会，主要是学习理论知识、初步确定理论架构和研究进路，培训四地调查员并进行针对四个地方的布置任务、确认方向、编辑问卷以及联络各地教会等工作，项目的工作也由此展开。期间三位项目负责人，即吴梓明、李向平和黄剑波和各位调查员多次讨论协商，于2007年5月开始分发问卷。各地调查员在2007年夏天开始深入到各地进行田野调查，撰写调查报告以及补充资料等，与此同时关于四地基督教历史的报告也在写作中。问卷回收后，统一进行分析，有关这个部分请参照第三章的内容。至2008年春夏，各地报告基本写成初稿，项目组计划邀请领域内资深学者进行评审，给出专业意见，进行最后一轮的修改和定稿。经过一系列的联络和准备工作，卓新平、高师宁、杨慧林、徐以骅四位学者欣然应允，对本项目做出客观评估。前三位学者出席了6月19日于中国人民大学举办的项目研讨会，与项目组全体成员一起协商提高本项目研究水平的方法，给出了很多诚挚、中肯的批评意见，徐以骅也通过传真以书面意见的方式参与了这次评审活动。基本上，在这次研讨会上，各位学者是针对项目存在的问题进行讨论，溢美之词省略不言，批评指正更受欢迎，他们给本课题把关、拔高，提升了整体的研究水平。课题组内部成员继续开会，针对每个人的问题都给出具体的意见，会后各地研究院再次修改报告、补充资料，然后汇总到各自的指导老师，层层汇总，反复批改，最后加上可以对全书提纲挈领的总结部分。我们深知学术研究深邃广阔，这个应用全球地域化理论研究中国基督教的尝试只是其中很小的一部分，需要提高的方面还很多。

从研究方法上，这个课题是宗教学、历史学、社会学和人类学的综合研究，研究人员分别来自这四个学科，使用的方法也是综合了宗教理论、历史实证、问卷调查、田野访问等交叉、多元的方法。正如绪论中提到的，在全球地域化理论作为研究新范式的基础上，将四大个案作为"经纬"展开比较研究，应用四大学科的方法来作出一个全面整体的报告，也是一个大胆的尝试。

目前看来，研究计划中预期的各个学科所要回答的问题基本已经在本课题的报告中有所展现，例如历史学关注的基督教进入该地时间、方式，相遇的过程，本地基督教的构建过程；社会学关注的基督教地域化过程中的组织和制度，基督教社会功能的表达，制度作为社会认同方式；人类学关注的地方民间信仰与基督教的互动关系、作为异质文化的基督教如何在中国地方文化和信仰体系中取得相互谅解等问题。而统驭在这些学科方法所研究的四地基督教发展情况之上的，是本课题的理论框架和基本概念，即"全球地域化"理论与"地方基督教"的构建。

二、由古至今，由外入内：作为社会－历史概念的中国基督教研究

本研究是一个典型的中国基督教研究项目，它涉及中国基督教历史，也关联中国基督教现状。这项研究把宗教看成一种社会－文化现象，并且应用"全球地域化"的概念来进行解释。从全球化的视角来理

解,基督教被视为将福音从一种文化传播到另外一种文化的传教运动;和亚洲其他地方一样,这个运动在中国被视为全球化社会进程的一部分。基督教传教运动需要面对一个严峻的问题,就是它要面对本地文化因而牵涉到地域化的问题。任何宗教要想被成功接纳,它最终都要成为一个被它所期望传播的地区或者民族所接纳的地域化的宗教。这就是全球化和地域化相互作用的结果,这也有利于形成现今中国基督新教发展的新模式。因此,此项研究慎重考虑本土因素的作用。此项研究锁定四个不同地区,就是上海、浙江温州、山东泰安和甘肃天水,它们均受到基督教强烈影响。通过比较分析四地的经验,希望能够阐明一个关于中国大陆基督教发展研究的可能的理论框架。

从"基督教在中国"(Christianity in China)到"中国基督教"(Chinese Christianity)的说法,从普世基督教(World Christianity)到地方基督教(Local Christianity)的概念,都表现出学界对基督教发展的认识越来越进步、划分越来越明晰。如果说"基督教"是一个很普泛的概念,则"中国基督教"用中国特殊的经历来诠释基督教传播、发展的特性,就把这个全球化、普世性的概念地域化了;而本课题所选取的四地基督教则将基督教的概念、传播、发展再度地域化,不仅仅针对中国基督教的地域化,也涵盖普世的基督教地域化,因为全球和地域这两个范畴里面,基督教的各种特征都在互为解说和注脚。

在这个过程中,我们审视普世信仰在中国的输入过程、审视基督教在中国各地发展中的制度变迁、组织模式和认同关系,审视基督教在中国境遇的改造下所呈现的新形态、新问题,审视基督教对沉淀千年的中国古代传统的响应和反响,甚至基督教对一些中国文化元素的改造和调试,乃至延展出中国基督教对普世基督教的影响和回馈,汇总得到的是中国基督教发展特征,也是普世基督教的地域化特色,全球化和地域化的双向互动是基督教发展的特征。

基督教在中国的发展经历了几百年的历程,形成了自身的脉络传承。从差会在华到三自爱国运动,历史上的基督教事件和形态对于现实基督教状况的影响随处可见,这种影响又因为各地不同的历史因素、现实际遇而有所不同。四地基督教历史所形成的一些特色,影响着如今现实中的基督教建构。基督教是由历史年代沉积下来的各地、各样特征所表明的,也是各个地域化的基督教有机组成、一级一级地呈现在众人面前的。基督教是一个社会—历史概念,不仅是平面的,而且是延续的;不仅是地缘的,而且是社会、经济、人文相关的。层层相因,环环相扣,构成了如今客观存在的基督教图景:场面大,内容杂,却色彩纷呈。要想切入这样一个大课题,首先要寻求适当的小切口。

本课题选取了四个城市(上海、浙江温州、山东泰安、甘肃天水)的教会作为具体的研究对象,希望从个案的角度带出一些中国基督教发展的整体趋势、特点和普遍特征的分析。中国各个城市几乎都有或大或小、或多或少的教堂,可见,只选取四个地点必须要求这四个地点有自己的独特之处。首先,中国幅员辽阔,经纬跨度都很大,由于地缘、传统、政治、经济等方面的因素,各地发展不平衡,这是中国的基本国情,也是中国基督教发展的一个特征。就沿海地区来说,与外界通商较早,西方传教士到达较早,受到西方教会传统和建制影响也就较多较深,西方传统影响很大,教堂延续西方差会的组织和崇拜体系,转承多而变化小;就内陆地区而言,相比较而言没有沿海地区那样开放,内地会等差会倾向于农村偏远地区的特殊使命感使得这些地方有基督教活动的踪迹,一些本土产生的基督教派别在这些地方的影响比较大、比较容易延续而不受干扰,所以这些地方接受西方教会的影响较少,受到整体大气氛的冲击也小。我们选取的四个地点中,温州、上海地处东南部沿海,山东泰安是东部沿海,而天水处于大内陆深部。所以两南两北、三东一西从地理位置上基本上代表了中国城市的一般地域特征,甚至从人口密度上也符合一个均衡的原则,因为中国东部人口稠密,西部地广人稀。就文化传统而说,上海是“东方巴黎”,中西结合、内外交汇,海派文化的内核就是本身固有的特征不明显,但是具有开放和包容的特性,糅杂各地的特征形成一个大集合;而内陆各地则是很少受到外来冲击,保留着本地固有特色。所以,城市性格也是我们选点的考虑所在。从历史文化的角度,下面就各个地点的入选作一简单分析。

上海历来是中国近代历史上一个不可缺少的地点表达。虽然清前期乃至之前的上海不是非常繁华甚至也很闭塞,没有值得著书立说的文化特点,但是开埠之后汇聚东西文化、华洋杂居的上海的确成为东方的巴黎,各种西方文化充斥上海,基督教也在这块土地上演绎出独特的发展路径。中国近现代历史上的历次运动,上海大多都是中心之一。这就让上海具有宏大的历史大气候和深受西方影响的城市文化,其基督教会也较深受差会影响，无论是教会建制还是崇拜传统方面都是如此。大城市的领导地位在三自运动中表现尽致，20 世纪中期差会撤离对上海造成的影响也比较大。本课题选取的闸北堂又是兼具上海教会的一些普遍特征和自身较少受到冲击的特点，它的发展路径可以对中国基督教发展作以强大的注释说明。

泰安自古以来受到统治阶层的厚爱，因为有一座圣山——泰山在其境内。五岳之首的泰山使泰安自古以来就有山川崇拜的传统，加上封建社会君权神授的思想影响，历代王朝对泰山大规模封禅祭祀，稳固自身统治，更彰显了泰安地区的圣地特色。自古拜神、封禅都是在这个地方，孔孟传统的影响也都非常深厚，相应地，中国传统文化影响下的民间信仰也在泰山开枝散叶——泰安地区庙多神全的情况让民众对拜神和崇拜司空见惯。19 世纪末 20 世纪初义和团运动自山东肇始，这也和山东地区传统信仰深厚、民众排外有密切关系。这种排外情绪也延及基督教，马庄发展出著名的本色教派“耶稣家庭”。作为中国土生土长的基督教派别，耶稣家庭也是极力排外，主张实践中国自己的基督教。耶稣家庭的影响不仅仅限于山东，其外传后对本课题的天水地区也产生了重要的影响。泰安地区与孔孟之乡近在咫尺，人们对于道德的要求很高，尊人唯德，这一点在青年路教会的问卷中也有所体现，或许，这也是中国信徒和西方信徒的分别之一。

其实，泰安和天水的拣选都表明了我们在中国传统文化和西方宗教影响之间的张力怀有极大兴趣。天水地处内陆，取名“天河注水”，素有“陇上明珠”之誉。天水地区的传统文化传统深厚，传说中华民族的人文始祖伏羲和女娲均诞生于此，秦统一六国、三国痛失街亭、空城退兵等均在此地附近，现在天水地区还保留着很多历史遗迹，比如伏羲庙、麦积山石窟等等。而就在此地，内地会、耶稣家庭传统影响下的基督教发展也十分迅速茂盛，并且在和古代文明传统的对话中形成独特的地域特色。地处内地，本土教派的影响比较易于保留，所以山东发源的耶稣家庭教派反而在天水有深远的影响并且至今保持特色。灵恩神学与中国古代文化中的一些封建迷信因素也有着大致趋同的信众群，所以这个地方可以作为一个特色案例。

现在的温州经济实力强劲，温州人散布中国以及世界各地，给人的印象是温州是个开放的经济城市。然而历史上的温州，因为其地理位置偏僻，三面环山一面背水，在古代交通不甚发达的情况下几乎处于与世隔绝的境地。温州方言艰涩难懂，外来人口很难学会，可能也与其封闭的环境有关。即使在政府大力推行普通话的今天，温州方言仍然在当地举足轻重，温州人对自己的地域认同比较强烈。温州自古有乾嘉学派等重实用的传统学脉，温州人更凭着能吃苦、好经商的个性在经济发展方面取得瞩目成就，企业林立、税收惊人，与此同时，温州基督教的发展近年来引起各界关注，人数多、传教热情高等特点使温州有“中国的耶路撒冷”的称号。重商、重物质发展似乎与一贯所说的必然轻灵魂的说法有所矛盾，所以以它为一个个案，可以在一定程度上折射出经济发达的东部城市的基督教发展的一些特色。

两南两北、三东一西，这四个城市在中国地图上的位置是很有代表性的；跳出地理概念，我们发现从历史文化传统的角度看，四个地方分别代表着具有重商、海派、传统、古文明特点的城市，而四者均有特色基督教的发展，所以四地在中国基督教地图上也具有代表性。在本课题中，四地要共同面临的就是如何直面基督教文明的挑战以及如何发展出地方基督教的，或者说，如何建构自身基督教发展的路径。正是这些地方基督教发展建构出的特色，形成了中国基督教的整体特征。

三、由点及面，由表及里：
地域特点与中国当代基督教发展特点

前文主要是从社会历史文化传统角度对四个地方进行剖析，突出选点的意义，在此紧扣基督教发展的主题，依照研究报告所展示出来的情形看四地基督教发展特征。就四地来说，每一个都有自身的特点，都可以为建构基督教进入、发展的路径贡献独特的信息。

上海北堂在多元、多变的海派文化沁润中，没有太多的文化冲突，更多的是平和地顺应历史发展。长老宗的宗派传统依然存在，但是能给予它特殊神学观点的排他性已经不具有存在的条件而被淡化了，三自的提倡和实行使北堂平稳进入了以“合一”为宗旨的中华基督教会体系。尽管宗派认同没有随着宗派组织一样消失，教牧人员和资深信徒中还存留有一定的宗派意识，然而实际上在20世纪中叶，维系北堂信徒的认同因

素是人伦关系基础。中国人所重视的同宗同源的关系让信徒之间在传教、入教、受洗乃至日常生活方面更容易建立密切的关系，这就是上海报告中发现的中国地域化基督教的一个最明显的特征。日后对其他地点的研究可以在这个基点上继续深化，形成更为完整、全面的结论。

从组织认同方面来说，北堂的组织结构和运作模式经过多年以后日趋稳定。可以定位成为本区所有基督徒和对基督教有兴趣的非信徒提供与基督教相关的各种产品和服务，可以说，如今的北堂日益成为一个公共机构。当代北堂的认同模式，由原先的人伦关系认同，转变为基于管理原则的行政认同，可以说这是中国城市基督教地域化的主要表现。北堂对不同背景的信徒都有一定的兼容力，整合不同的认同倾向，比如安息日聚会得到北堂体制的认同，被纳入到北堂。虽然安息日聚会的信徒对原真耶稣会的认同比较明确，有自己独特的神学和礼仪，但是和北堂其他信众的相处也十分和谐，没有什么大矛盾。温州信徒遍布各地，在北堂也有很多，他们表现出相对独立的组织活动，聚会时使用温州方言、形式略为张扬，虽然受到一些其他信徒的非议，却也相安无事。另外，北堂信徒的“串堂”现象也很明显，或许是因为上海和北堂都有开放的风气，所以信徒们没有太大约束，希望感受不同的气氛，所以也去其他教堂活动。这也和中国大城市人口流动有一定关系，成为与乡村基督教有显著分别的一点。

泰安基督教发展路径和其他中国城市并无大异，都是经历了差会到三自教会的过程。青年路教会有美以美会的差会传承，但是如今和中国的其他教会一样，都是采取“两会—堂委会—聚会点”的堂点模式，这也是泰安报告向我们展示的问题之一。在泰安的青年路教会，更多地让我们感受到中国教会“无特点”的特点，尽管山东在19世纪末是义和团反洋教运动发源地，敬奠瀛的中国本土教派耶稣家庭也是发源于山东马庄，然而这些并没有给青年路教会带来与众不同。也许50年代的联合礼拜让宗派特色、历史特色都发生了断裂，而今堂点模式确实得到了信徒们的认同。泰安报告中，我们看到，中国的宗教历来都具有“政主教从”的真实处境，从而导致这种处境下的所有宗教都缺乏明显的宗教个性，导致了青年路教会神学的贫瘠。神学的贫瘠主要体现在讲道内容肤浅、单一而且政治色彩明显。通过亲自参加该教会的礼拜，聆听其讲道，发现其主题大多停留在家庭和谐、邻里和睦、道德操守、个人敬虔和爱国爱教等层面上。传统的儒释道信仰经过漫长的融合，最终体现在个人层面上对伦理道德和个人敬虔的诉求。“行善积德”、“做个好人”、“问心无愧”等观念深深影响着当地人的伦理观，并且形成了善恶观的基本判断标准。这一点在泰安尤为明显。

甘肃天水的伏羲祭典已经成为地方政府大张旗鼓举办的弘扬中华民族传统文化的盛事，所以在这个古代文明发源地，基督教信仰的处境比较矛盾也比较有趣。从采访来看，信徒们多把伏羲祭典看成对基督教信仰的试探，并且从经济发展的角度看待政府支持的祭典活动并且泰然处之。这其实是天水基督徒在与中国古代文明的对话和交往过程，也是基督教面对本土文化作出的调试和改变，最终达到一种适应，这些都是在塑造地方基督教。同时，与其他宗教，例如在甘肃信仰人数众多的伊斯兰教之间的交往和关系也很有意思，报告中有一个特例就是关于伊斯兰教徒皈依基督教的，也从一定程度上反映了天水基督徒的婚姻观。值得一提的是，耶稣家庭起源于山东，在天水却得到了发扬光大，即使是在有着内地会传统的北道教会，耶稣家庭的灵恩崇拜特征也非常明显，方言祷告、圣灵充满而大声哭喊等都体现着耶稣家庭的灵恩祷告的痕迹。在祷告中是否流泪在一定程度上是信徒是否被圣灵充满、是否“得着”的标志。崇拜诗歌用古曲古调也是北道教会的特点，歌词多是圣经语句，用古曲吟唱慢慢吟唱出来，也是背诵经文的方式，年长信徒非常中意，代代传颂，有很多人都不知道是古调，但是唱得很有滋味。

自古至今，重商的文化在温州不曾断裂。改革开放的政策给温州经济发展注入很多机会，温州经济发展势头强劲。一般地，崇尚物质文明的地方，精神追求都会受到影响，然而温州人的精神需要却没有搁下，而是像犹太人一样，把经商和信仰二者迭加，创造出独特的信仰个性来。如今温州被称为中国的耶路撒冷，市内教堂林立，显示出一个信仰奋兴的局面。温州人做生意的时候头脑灵活、勤劳肯干，信仰生活也是如此。他们传播福音的热情比其他城市要高，可能是因为温州人性格外向，加上小范围内信仰自由度高的缘故。温州基督徒逐渐形成了比较系统化的传教方式，通过各种先进的技术手段、丰富的文艺形式来进行，并且温州基督徒做生意到一地即自发聚会，这一点在上海的报告中可以看到响应。另外，海外做生意的温州人也对温州基督教贡献良多，注入大量资金开展传教活动，并且很多企业主在车间中开布道会，号召员工勤恳做事、效法基督做人，这也是很多温州企业的企业文化内核。

温州的义工传道制度起于“文革”期间，那时很多教牧人员不能组织信徒活动，就有能识字的信徒带头读经，然后给予解释，慢慢形成了“义工”，在宗教政策刚刚恢复、教牧人员缺乏的年代，义工传道一直很活跃。这可以说是体现了“人人皆祭司”的新教特性，鼓舞了平信徒积极传福音；并且，由于现在对于义工传道的高要求和身份认同的不稳定性让这些传道人在信仰上严格要求自己，在生活上重视伦理道德，采取更具有道德优势的生活，无形中这就提高了信徒的素质。在温州，义工传道不仅参与教会的管理，同时担负教会的牧养工作，打破了堂委会为首负责管理和牧师为首负责牧养的模式，是为温州基督教不能忽略的特色。

中国基督教发展大致经历了差会—自立运动—本土教会时期，这三个阶段是大致划分的，彼此有重合，各地也有所不同。在此主要与偏重1950年之后的基督教发展状况作出一些比较。

1. 从西方的宗派主义到中国的后宗派时期

基督教传入中国，各个西方差会在各地牧养，纵观19世纪的中国，新教的传教活动占有优势，他们中的绝大部分（内地会除外）是北美和欧洲的主流教派的教会派出来的，例如长老会、圣公会、公理宗、改革宗、信义宗、卫理宗、浸礼宗等等。不同宗派背后的神学和礼仪都有所不同，中国基督教没有自己的历史，而是各宗派分别强加给中国信徒以自身特点的大集汇。但是1900年之后，独立派、本土教牧人员有很大增长，中国本土信徒的成熟也带动了中国基督徒的觉醒意识和三自实践，这些历史过程在此不表具细。至1949年中华人民共和国成立后，实行宗教独立自主政策，不再允许外国差会和教会插手中国的宗教发展。特别是1958年联合礼拜实行之后，虽然略显简单地实现了宗派联合，却完成了中国基督教夙愿已久的合一形式。基督教向往合一教会，是和中国特色相关联的。中国的悠久历史、深厚传统让中国人在内心深处建立起大一统的合一观念，虽然历史表象呈现的是“分久必合—合久必分”，但是其实主导在表象之下的一直都是合一的愿望和实践。中国基督徒也是如此，他们认为西人用异点做基础的宗派主义从根本上不适合中国的土壤，所以无以为继。一主、一信、一洗、一神的信仰元素让中国基督徒希望走向合一，建立统一的中国教会。在中国自立运动的实践中，合一是一个核心。

自立运动的另外一个重要指向，就是独立。合一的思想和西方有差异，那么坚持独立就是能够坚持自己观点的道路，甚至急于求变求新求自己的方式。在上海，无论是主张“不分畛域为主义”、“不假外人分毫力”的俞国桢还是力陈“中国的基督教会不是一个分裂的教会”的诚静怡都一直坚持合一、独立的原则。这在中国自立运动史（尤其是关于上海等大城市的基督教历史）中都有所深描。至于内地城市，我们从天水的历史资料中看到，吴庄教会在20世纪30年代也因为保守福音派信徒和灵恩派信徒之间的意见分歧而分裂为新老两个教会，但是大多数信徒以此分裂为耻，并且积极促成合一，可见信徒心中这种因为神学和崇拜导致的分歧应该被协商解决而不希望看到分裂。后来虽然一再努力，教会还是分裂了，这是后话。

三自运动独立、合一的奋斗目标在中华人民共和国建立后以一种统一的形式被实现，西方教会宗派主义失去了在中国继续存在的土壤，联合礼拜又一次整齐划一，进一步消弭了历史上的宗派影响，以至于各地调研报告一致认为：各地信徒对所在教会的宗派认识很浅很少，观念淡薄，而对两委会和堂点管理的形式表示认同。在中国，后宗派时期的各地基督教在管理模式上呈现出趋同的特征，这不能不说是拜政治主导、宗派联合所赐。

由于中国国情的特点，西方差会在中国无法延续，教派林立的状态无法存在。主教制、长老制、公理制都是西方教会比较常见的组织制度，在中国无法移植成功，教会—教派的模式无法存在。中国教会组织的特点可以说是“后宗派”时期的“堂—点模式”。堂指的是教堂或者堂会制度，教会的信仰和崇拜均以教堂为中心。点指的是聚会点和家庭聚会，点下面可能带有祈祷会。堂点模式就是以教堂为中心的崇拜模式；以聚会点为中心的聚会模式。“堂—点模式”在四地报告中均有所体现，可以说是中国基督教地方结构的组织形态，也是一种过渡形式。以堂带点成为中国地域化的基督教的基本管理原则。李向平在其研究中已经总结出堂点模式的几种演变倾向，比如堂点分立式和堂点升级式，从宗教社会学的角度对中国地方基督教的组织形式和制度认同提出了真知灼见。这一点在第一章中有详细论述，在此无须赘言，只求重申深描几个要点。比如家庭聚会在中国的繁盛，就体现了中国社会的特点：农村教会在神职人员和经济资源上都普遍缺乏，家庭聚会正好补充了这种需要，延展性家庭系统是家庭教会的社会基础，也是适应中国文化环境的深层基础。另外，在研究中我们不止一次观察到“串堂”的情况，这表示中国信徒对教会的认同和选择性比较灵活。

2. 从差会认同到本土特色

中国自古以来一直存在的合一追求和近代以降的教会现实导致的独立诉求，使西方差会带来的宗派主义无处容身。相关联地，差会认同也随着中国基督教自立运动的开展和建国后基督教发展所受到的指引而淡化以致消失不见。这也可以说是中国基督教发展的另外一个特征：即使有着浓烈西方差会北京的教会，随着历史演进和政治主导，也表现出淡薄的差会意识和认同，当然，这也与本土教派勃兴、地方基督教逐渐形成互为因果。所谓地方基督教，就其最核心的特色而言就是多元化。在西方差会影响中国基督教发展的日子里，中国基督教更多地像是西方差会的翻版，只不过因为差会的派别而显出一些不同之处。建国之后，三自运动以其独特的方式建立了合一的中国教会，而同时也赋予了各地教会发展自身地方特色的机会。可以说，差会意识的淡薄给地方化创造了环境，给多元化创造了环境。各地教会虽然没有明显的差会认同继续影响崇拜和礼仪，但是其实从礼仪方面和组织结构方面还是有一定的影响存留的。或者是长老宗特色，或者是主教制特色，都反映了历史的延续和地方的特点，只是在普通信众的层面上，这些问题不被关注而已。

在西方基督教东渐入华的变迁中，基督教如何与地方文化网络关系发生互动、冲突或认同等等关系类型，使基督教宗教资本如何转变为社会认同、文化认同的地方资源，这应当是具有地方社会特色的教会生活及其特征得以形成的主要基础。可以说，它既包含了基督教对本土文化传统的适应和改造，同时亦是中国地方社会、文化传统对基督教地方形态的接纳和改造，在宗教象征、礼仪、语言、文化和神学内容都将涉及到地方文化、语言、习俗、民间信仰与基督教的互动，地方化基督教群体结构的改造。特别是在20世纪中叶之后，西方基督教的宣教形式已经发生了根本的变迁，变成一种落地生根、地方社会化的基督教建构形式。所以，基督教与中国地方社会文化网络的关系问题，关键是基督教信徒聚会、团契模式、信仰表达模式、身份建构及其信仰群体的认同方式，它们决定了中国地方社会基督教信仰的表达关系、人际互动、团体认同、人群信任……在四地的历史和现实中,我们可以明显感受到它们所具有的地方基督教特性。

泰安青年路教会早期是美以美会扶持下产生、发展起来的教会,秉承韦斯利宗(循道宗)的信仰特征,重视整合个人信仰和社会行为,注重开展教育、医疗等社会服务。建国后,差会的管理体制被去掉,教会—医院—学校的一体式结构被打破,联合礼拜的实行让美以美会、英国圣公会和耶稣家庭等不同宗派背景的信徒一起崇拜,教会聚会模式和礼仪模式都被统一,逐渐延续下来,到如今青年路教会已经完全失去了最初的美以美会的差会色彩,管理制度也不复存在,信徒对于现行的“堂一点”模式非常接纳,并且尊重堂委会的管理权柄。上海北堂则是在最初与美国北长老会的关系就不是很紧密。北堂成为以“宗派合一”为宗旨的中华基督教会的基层会堂后,与原差会脱离组织关系,但是仍对“长老宗”有一定的亲近感。但是这种宗派认同是宗派意识的集体认同,在深层次上没有神学支撑,与原宗派缺乏系统联系,所以这种认同只能是抽象的历史记忆和心理感觉。尽管很多宗派传统模式和符号仍得以保留,但是这些都不再作为宗派的象征符号来被接受和理解,而是作为现实操作的一种手段而已,即使是神职人员也很少去探究其宗派意义。可以说,这些宗派意义在普通信徒中更是被完全消解了,在本课题所涉及的问卷中,有一个问题是问是否知道所属教会的差会背景。在各地信徒对这个问题的回答中,我们发现基本上普通信徒对于本教会的宗派背景都是一知半解、语焉不详。可见现今的中国信徒对于教会的差会背景缺少认同,把他们整合、联系在一起的是其他的认同因素。这些宗派认同之外的认同因素在现时中国,常常表现为亲伦认同关系或者小区认同。

上海的研究中,我们看到北堂的交友多来自浙江宁波和周边地区,他们形成了同族、同乡、同信仰的情况。从目前可以收集到的新信徒受洗情况,基本上以杭州、宁波、绍兴、诸暨、余姚等为中心的地区为主,这种同族乡亲投亲靠友、共同信仰的情况其实从北堂建立之初就开始了。外表上的宗派认同是一种虚无的表像,实际上没有教义、礼仪和组织等制度要素的支撑,整整的认同基础是传统的人伦关系、族群纽带,这确实是基督教地域化的最有特点的表征。中国人注重族群网络的建构,在西方基督教在华发展中,这种族群网络在教会中也同样生根建造,形成基督教地域化的特殊交往结构,建构出有中国特色的地方基督教。在其他地方也可以找到案例支撑，比如泰安、天水等略小一些的城市里，信徒的关系更是紧密，信徒的流动性很小，更容易建立起一个紧密的群体，这是中国中小城市的特点。可以说，这种人伦和社群认同在本研究中还不是充分被重视，也就成为未来研究的方向所在。

差会背景被抹煞、淡化，本土教派则得以强调和保留自身特色。天水北道教会在教会建制体系上和中国其他教会一样，是各级三自委员会和基督教协会领导下的堂会模式，具体地，在教会内部治理上采用内地会传教士所教导和推行的“堂议会”的形式，设置长老和执事管理教会。然而，尽管最初传道的是内地会，天水北道教会的信徒对于“教会前身”的宗派认同在问卷中显示为耶稣家庭占21.5%，在各派中占明显优势。而耶稣家庭的一些特点也深深影响北道教会的崇拜仪式等，这就形成和加深了耶稣家庭对于北道教会信徒的实际认同。北道教会的崇拜聚会在开始和结束甚至中间过程中都有会众集体起立大声祷告，情感投入较多，祷告偏重于方言祷告；在信仰实践中强调信徒生命的改变，在行为上做出见证，对信徒的日常生活指导较多。所以说，北道教会一方面传承全球宣教运动的传教会特征，一方面也表现出强烈的地方特色式的认同。“被圣灵充满”和“说方言”的本土教派在具有一定乡村社会特点的北地道区更容易为信徒所接受，这种类似礼仪巫术化的行为一方面宣泄和投入情感，一方面挑战精英和权威，比较适合北道教会妇女信徒占大多数、文化水平不高、希望简单易行地执行圣经所言的状况。

3. 民间信仰与基督教信仰的中国化

作为外来户的基督教，落户在中国传统文化氛围浓重的地区，例如泰安、天水等地，必然存在一个与中国文化和民间信仰彼此交往的过程，在前文提到基督教进入中国时，与中国文化冲突、协调、融合的过程。即使是在当今时代，中国政府对于传统文化和信仰的扶持，也无时无刻不挑战基督教的交往能力和适应能力。而基督教信仰在适应本土元素的同时，也在影响着一些根基深厚的中国节日、礼仪和想法。

1988年开始的天水伏羲庙公祭活动，是政府希望弘扬中国传统文化、以纪念先祖之名教化民众，加上文化搭台、经济唱戏的运作方式，伏羲大典越来越热闹，成为天水人不可回避的话题。一般人看待这场祭奠多是受教育、看热闹，而对于天水基督徒来说，这不折不扣是拜偶像、是对“上帝以外别无真神”的一种不敬甚至亵渎。北道教会的信徒在长老和牧师带领下一直为这件事情祷告，在他们看来是魔鬼撒旦在搅乱人心，他们求上帝把偶像崇拜除去。然而他们认为这绝非易事，所以他们把这件事情解释称上帝对人的考验——是否能不按照世上的风俗而是按照上帝的道理行事。大多数天水基督徒在伏羲祭祀的问题上采取不干涉、不参与、不关心的态度，认为只是为了扩大天水知名度、增加旅游收入的行为，拜人类始祖只是一个幌子。

基督教的节日随着基督教进入中国，有一些被商家大力宣传，例如圣诞节、感恩节，这些都已不仅仅是基督徒的节日了，非信徒过圣诞节的比比皆是，甚至有学者已经提醒中国人要警惕西洋节日的“入侵”正在“排挤”中国传统节日。而我们如果把目光对准基督徒群体，发现他们对于中国传统节日的反应也很有趣，基本上，对这些民俗节日采取了包容的态度。在温州地区的信徒，对于端午节吃粽子、中秋节吃月饼等都觉得完全正常，而对于民俗活动背后的深层意义则不予深究；春节时期教会会组织崇拜聚会和培灵会，除此之外，基督徒的春节和非基督徒几乎没有分别——放鞭炮、挂灯笼等。形成今天这种情况，特别是清明节扫墓活动，和历史上的“礼仪之争”一样，是历经几次讨论和争论的。如今基督徒把扫墓看成“纪祖”（纪念祖先）而不是“祭祖”（祭拜祖先），对基督徒进家谱的问题仍在继续讨论，但是很多神职人员比较开明和灵活，把家谱和修祠堂等问题和家族发展联系起来，而不是强调其中的封建意思，所以一般地不会产生大矛盾，即使是拒绝出钱修祠堂、耍龙灯，也在其他方面贡献力量为小区做出贡献，消弭了矛盾。

即使在大城市上海，敬神与孝亲的问题也引人关注，最为典型的是从基督徒过世之后的纪念活动体现出来的。大型追思礼拜在清明前后举行，甚至设置类似牌位的牌子，上写逝者姓名。如果逝者刚过世，本身是基督徒而亲友不是，则邀请牧师在陵园或者殡仪馆为逝者祷告。很多追思是在信徒家里进行，有些信徒在日期选择方面很有中国传统特色，例如“七”或者周年等，即使基督教不认同这种传统的日期，很多追思活动依旧进行，体现了中国传统文化和基督教文化的接纳和共处。

天水的教会除了重视圣诞节之外，还在春季和秋季各组织一次大聚会。春季聚会与春节的时间吻合，取代了春节的一些祭祀内容，让信徒们聚在一起增强信心，秋季聚会也是在农闲的时候，与当地的农业生活周期一致。天水教会的灵恩崇拜和方言祷告是具有浓重地域特色的耶稣家庭特征，还有一个中国特色，就是把诗歌用中国的古调来演唱——吟诵式的唱诗。

以上这些，都可以看做中国地方基督教的一些特色，下面从"互动"的观点来看看中国基督教的全球地域化特色。

四、由远及近，由此及彼：双向互动——全球地域化视野中的中国基督教

1. 普世与地域的双向互动

在全球化网络中，文化不仅仅在空间上流动、时间上继承，更是被不断地再生产和再创造。代替以往普遍主义和特殊主义的对立观点，罗伯森提出"普遍主义的特殊化"（Particularization of Universalism）和"特殊主义的普遍化"（Universalism of Particularization），消弭二者对立的同时演化出一种对全球文化进行动态阐释的新的方法论：某种全球化的认知观念和文化价值观念是可以特殊化的，同时，民族群体或者本土群体也可以不再执著于对自身特性的强调而开放地拥抱全球文化。这两个进程是同时、双向、互相影响、彼此融合的，根据立足点的不同，这个过程可以被描述为"全球地域化"（Global-Local）和"地域全球化"（Local-Global）。这个过程反对地方文化的原教旨主义，也反对西方中心、普世沙文的单向运动，强调在全球和地域的互相影响、彼此贯穿中解释、重塑全球文化和地域文化。

福音广传是基督教信仰的基础和基督教勃兴的依靠。这种传播让基督教具有了全球化的性质。可以说，基督教是一个全球化的社会运动，是不同国籍、不同差会、不同教派连手广传福音至世界各地的国际合作运动。而所到之处，信仰的接受、改造都是本地人在本土文化中完成，所以必然涉及基督教地域化的内化过程。详细而言，作为一个普世性的宗教，基督教每传到一个地区，就不免与当地的文化发生冲突、对话和融合、改变，在互动中被赋予丰富的地方文化含义，同时这种改变和适应也在影响着普世基督教的神学、组织和制度。换言之，每当基督教接触某

个民族文化，即将诞生一种不同以往的被地域化了的基督教，而这一个个被地域化了的基督教组成的，才是整体普世基督教呈现给世界的历史和现实景观。这个动态的过程自从基督教产生就开始进行，它与当地社会进行调适，外传之后也无时无刻不在进行。由此可见，基督教是讨论全球地域化的一个绝好蓝本。

以往一直过于强调基督教的普世性质，似乎基督教就是一个固定僵化但是却具有征服力的宗教，在西方文明的强大背景支撑下，行进到全世界。全球和地域的双向互动，作为一个开放的理论构架，讨论基督教问题的时候，有优势和可能去超越以往基督教研究范式——突破西方中心论的范式，突破“冲击—回应”的范式，突破“传统—现代”的范式——真正能从社会历史的重塑中、从各地田野调查的报告中、从概念、理论的定义和构建中，开始调校和整合出中国基督教研究的新的发展历史和报告。

相对于全球基督教，中国基督教是地域化了的基督教；相对于中国基督教，中国各地基督教又是进一步地域化了的基督教。暂且忽略如何去总结、构建一个全球化语境下的基督教，把视野限定在来华的基督教以及基督教在中国的发展历程，具有中国特点的“地方基督教”的建构，实际上就是基督教元素和中国元素进行互动和融合的过程，当中包括基督教的社会认同、制度建构、组织管理和信仰实践等多个方面。

2. 制度与认同的双向互动

教会—教派的制度模式在中国没有生存、发展的土壤。地方文化、地方传统、民间信仰和地方权力等等元素，与中国基督教的组织结构、敬拜模式等等进行冲突和关联的结果，建构着中国基督教的制度。具体来说，中国基督教的组织模型，建构出堂点型、小区宣教型和家庭聚会型等若干形态。

堂点型源自于西方基督教会的、但是发生了组织变异的组织形态。它以经济、圣工和人事三个方面的统一为制度原则，在规模较大的教堂下面连带若干个聚会点，聚会点下面有可能连带若干个祈祷会。在堂点之上有可能建有牧区。小区宣教型则不是很常见、但是发展潜力很大的一种类型。城市的街区涉及到社会中越来越多的集体行动，以教会为中心的宣教牧养模式在慢慢变化，包括宣教小区化的社会服务、宣教小区化的宣教方式，以及以个人事奉为中心、以社会公益事工、关怀社会弱势群体为中心的小区服务方式,逐渐成为全球地域化宗教互动的基本行动逻辑。

家庭聚会型则和中国社会现实更有紧密关联,以“天堂在我家”的团契方式进行聚会。这种团契方式,在一定程度上降低了教会本来的群体和组织意义,建构起以人际沟通或者社会服务为中心的运作形式。堂点、小区和家庭,建构了城市生活的人际关系、小区互动和家庭关怀三个主要路径,在中国社会正在发展以社会事工为核心的事奉神学,实现“以基督精神发展社会服务”、“以社会服务让人们认识基督”的使命。中国文明价值体系给予中国基督教认同模式以一种不同于西方的表现,它是一种整合和协调。在社会认同、国家认同、族群认同以及其他社会文化的认同之间,一种策略性的认同路径不是强调对立而是注重整合。

到这里,我们不禁思考:中国基督教在神学信仰和制度、组织、认同方面如何回馈全球基督教信仰?也许,我们可以回答,在中国地方基督教建构过程中的特色和特征,正是中国基督教给普世基督教的回馈。前面的理论架构和紧随的各地报告表明,从制度认同上,从信仰神学上,从西方文化的适应和中国文化的改造上,全球地域化视野中的中国基督教都在为普世基督教贡献自身的因素,从而让整个基督教世界更加丰富多彩。

本课题的“全球地域化”理论框架不仅仅是针对本研究的四个个案,而是对整个中国基督教研究提出了新的理论范式,超越了以往的冲击—回应等理论,而这个开放的理论框架将在多个其他地点的基督教发展研究中被应用。香港研究资助局已经审批合格本团队的下一个研究项目,即全球地域化语境中的中国乡村基督教研究,希望本研究所总结的各项体会和经验能够为下一个研究提供理论框架的方法论和实际操作的依据。2009 年 1 月开始,我们的团队经过人员调整,将在吴梓明教授带领下开始下一个项目:这个项目希望借助四个中国农村基督教会发展的案例,能够将全球地域化理论框架应用得更为纯熟,也希望以中国人为研究主体的、借助本土资料进行的中国基督教研究继续推进下去。

(作者单位:香港教育学院宗教教育与心灵教育中心)

全球宗教复兴及宗教政治

——一个宗教社会学的理论考察

刘 义

在一篇宣言式的文稿中，当代宗教社会学的主要代表人物之一贝格尔（Peter Berger，也译为“伯格”）指出，“假设我们生活在一个世俗化的世界中是错误的”。这也意味着由历史学家和社会科学家宽泛地标签为“世俗化”的理论，在本质上都是错误的。宗教正在发生一个全球范围的复兴现象，并日益介入国际和国内的政治事务中。尤其是其中基要主义的一支，更是全球宗教复兴的典型代表①。这就给宗教社会学经典的世俗化命题提出了挑战，同时也是对整个宗教社会学基本命题的挑战。那么，这一现象是如何发生的呢？它又反映了怎样的社会结构和机制问题呢？下文就主要围绕全球宗教复兴的概念、宗教基要主义、宗教恐怖主义、全球宗教政治的命题四个方面对这一问题加以初步的探讨。

一、全球宗教复兴的概念

1985 年，在《人类、全球化与世界范围的宗教复兴》（Humanity，Globalization and Worldwide Religious Resurgence）一文中，罗伯逊（Roland Robertson）指出，公民宗教（civil religion）之间的联系以及世界公民宗教（world civil religion）问题的产生，构成了宗教在全球化进程中的中心地位。这其中的主要特征，一方面在于神学和宗教的政治化，另一方面则

① 彼得·伯格（Peter Berger）：《世界的非世俗化：一个全球的概观》，收入彼得·伯格（Peter Berger）等著、李骏康译：《世界的非世俗化：复兴的宗教及全球政治》，上海古籍出版社 2005 年，第 1－22 页。

是政治的神学化。全球化掀起了宗教和半宗教的问题。这主要表现为以普世主义为参照的人类以及国家社会之间的关系整合问题。宗教基要主义可以看做是对于这一普世倾向的反应以及特殊身份的建构①。罗伯逊由此从宗教社会学的视角提出了全球宗教复兴和宗教政治的问题。

在罗伯逊之后,加拿大学者贝耶(Peter Beyer)参照著名社会学家卢曼(Niklas Luhmann)的社会系统(social system)理论,对这一问题进行了完整的分析,从而代表了当今关于这一问题的主要观点。贝耶将宗教的历史看做一个不断分化的过程。这是以宗教系统的特殊编码(code)为基础,通过系统内以及与其他系统不断交往(communicate)的结果。作为社会的一个子系统,宗教的主要编码体现为"拯救"(salvation)和"诅咒"(damnation)。正是这一特殊的编码,从而将宗教系统与其他社会系统分别开来。它们是宗教的特殊功能。这主要是以犹太—基督教传统为基础的。在其他的宗教传统中,我们亦可以看到类似的表现,如伊斯兰教的"允许的"(halal)和"禁止的"(haram),佛教的"涅槃"(nirvana)与"轮回"(samsara),印度教的"解脱"(moksha)与"轮回"(samsara)等。然而,编码本身并不能构成宗教。它要依靠"宗教项目"(religious programme)来完成。后者主要代表了交往的稳定模式,从而形成不同的宗教体系和认同。宗教交往主要通过宗教的仪式(ritual or practice)来完成。它们是宗教功能的主要表现。社会系统的交往是一个无限延伸的过程。全球社会是其理想的模型。在这个过程中,宗教系统的局限性在于,它不像其他社会系统,如经济、政治等那样专业。这就促使宗教系统常常徘徊在系统和反系统之间,从而也构成了宗教在全球社会中的矛盾角色②。

贝耶用三对概念来概括宗教与全球化之间的这一矛盾关系:

(1)私人化(privatization)与公共影响(public influence):贝耶以"私人化"作为认识全球社会中的宗教形式的起点。根据卢曼的观点,私人化是现代社会结构分化的一个主要结果,它对宗教和对其他事物的影响是一样的。随着功能性的分化,相应地也出现了分化性的社会身份(compartmental social roles)。然而,宗教的私人化并不必然意味着宗教交往的社会重要性的下降。宗教的私人化是指个人自我决定自己的信

---

① Roland Robertson and JoAnn Chirico, "Humanity, Globalization, and Worldwide Religious Resurgence: A Theoretical Exploration," *Sociological Analysis* 46: 3 (1985), pp. 219 - 242.

② Peter Beyer, *Religions in Global Society*, London and New York: Routledge, 2006, pp. 79 - 97.

仰，以及宗教系统、专业人员或领袖等代表在公共影响方面的下降。公共影响则指专业行动超出专业人员和自愿跟随团体的影响。要扩大自己的公共影响，宗教必须像政治、经济和科学系统一样，不只是提供加强宗教信仰和归属的服务，而是要在专门的宗教领域之外发挥更大的作用①。

(2)功能(function)与表现(performance)：宗教的功能是指纯粹的、“神圣”的交往，包括超越的以及宗教机构专门的东西，即它们在现代社会自主性的基础。宗教表现则指宗教被“应用”于产生于其他系统却不在其他系统解决的问题。宗教在现代社会的公共影响，实际上是一个表现的问题。如果“纯粹”的宗教在现代社会处于不利的地位，有进一步私人化的压力，解决的方法在于宗教的有效“应用”，而不是更多的宗教信仰和实践。在全球化的局势下，宗教所面对的一个重要问题在于，如何在功能性分化和宗教私人化的处境中保持自己的公共影响。这形成了两种对应性的策略：自由的(the liberal)与保守的(the conservative)。自由派的观点，倾向于采取普遍主义的态度，体现了功能和表现的区别。在功能方面，组织倾向于帮助性的服务，包括重要的生活庆典、灵魂拯救等。在表现方面，他们坚持宗教在交往方面的应用，进行一些与全人类的利益有关的事物。保守派则较强调宗教的专门功能，强调个人的神圣性和群体团结。在功能方面，他们区分了个人系统与社会系统之间的分别。在表现方面，他们则主要体现为宗教运动，提倡传统的家庭、道德观念等。随着社会的分化以及传统的家庭、教育和道德机构的衰落，在没有相应的取代机构的情况下，宗教运动占据了这些领域②。

(3)残留事物(residual matters)与新社会运动(new social movement)：较之于社会系统的其他方面，宗教的一个特殊性在于，它可以用来处理所有的事物。它给整个世界以意义。在前现代社会，无论政治的、经济的，还是其他的事物，都跟宗教密切相关。然而，随着社会分化的进程，宗教在这些领域里的功能逐渐散失和边缘化，让位于更专门的政治、经济、科学、教育等。社会运动是非常规的，超越了现实的正常机构界限。它的一个核心特征即在于其机动性(mobalization)。在现代社

① Peter Beyer, *Religion and Globalization*, London, Thousand Oaks and New Delhi: SAGE Publications, 1994, pp. 70-79.

② Peter Beyer, *Religion and Globalization*, pp. 79-93.

会和全球化的处境中,宗教观点是典型的"反系统的"(antisystemic)。宗教信奉者、专业人员以及领袖倾向于认为他们的交往是本质性的,因为它处理主流系统残留的,或由主流系统造成而没有解决的问题。这样,宗教影响的一个主要领域即新社会运动,如和平运动、反核子运动、女性主义和生态运动①。

贝耶曾区分宗教在全球社会中的四种主要形式:(1)组织化的宗教(organized religion):这是最主要的宗教形式,包括天主教的全球体系、教堂、寺庙,以及一些宗教组织,如穆斯林兄弟会等。这也是宗教比较合理的社会形式。组织既给了不同的宗教群体以边界和范围,同时,它们又可以利用这一群体身份来保持与其他群体的联系。(2)政治化的宗教(politicized religion):这主要指罗伯逊的宗教政治化和政治宗教化问题,也即宗教给行政、立法、军事等以合法性的功能。这常常使宗教成为了政府的工具。或者反过来讲,国家也成为了宗教的一部分。政治化宗教的另一个例子是政府将宗教当作国家事务来管理,比如印度尼西亚以及前苏联和东欧一些国家。(3)社会运动形式的宗教(social movement religion):这是宗教在全球化背景下的新体现。它的主要特点在于其流动性。社会运动更重视时间和地点的象征意义,而不是某一个具体的群体。在这一点上,它们和组织是相对立的。在宗教社会学中,宗教运动则常常主要用来表述新兴宗教运动。(4)集体主义/个人主义的宗教(communitarian/individualistic religion):这主要是指与制度性宗教相对立的宗教现象,或者说是宗教性的普遍体现。它常常体现在人们对一种宗教现象的喜好,如圣诞节或其他宗教节日,或是一种个人精神上的追求。在现代性和全球化的背景下,人们对这种宗教性的喜好往往超过了对某一种具体宗教的喜好②。

然而,在所有的形式中,最突出的无疑是宗教运动的形式。这可以简单地分为两种趋向:自由的与保守的。鉴于这一类型学分析在基督教传统中体现得最为明显、直接,也更能完整反映全球宗教运动的不同面貌,下面我们就主要以基督教为范本对其进行简单的叙述和分析:

---

① Peter Beyer, *Religion and Globalization*, pp. 101 – 108.

② Peter Beyer, "Social forms of religion and religions in Contemporary Global Society," in M. Dillon (ed.), *Handbook of the Sociology of Religion*, Cambridge: Cambridge University Press, 2003, pp. 50 – 60.

(1)普世教会运动(ecumenicalism):这是指基督教内部追求普世主义和合一运动的趋向。1910 年在爱丁堡举行的世界宣教会议被称为是当代普世教会运动正式开始的标志。1921 年,国际宣教协会(International Missionary Council, IMC)于日内瓦正式成立,旨在积极推行联合工作,使各教会宗派在世界各地的宣教工作得以表现出基督徒的合一。1948 年,世界基督教教会联合会(the World Council of Churches, WCC)正式成立,强调"凡认耶稣基督为上帝及救主"的教会都可加入为会员,进一步促进教会不同宗派之间的互相学习和彼此合作。世界基督教会联合会号召教会合一、世界合一、人类合一,宣称"教会是超国家、超民族、超阶级的普世性实体",呼吁基督新教、天主教和东正教终止历史上的对立,采取联合行动。1961 年,世界基督教教会联合会在新德里召开第三次会议,并宣布与国际宣教协会正式合并。自此,普世教会合一运动汇为一条主流。另外,在同一次会议上,东正教也对普世教会运动做出了积极的响应。梵二会议后,天主教也在普世主义的指导理念下展开了与基督教的联合与对话。在今日,普世教会运动已经成为了一个全球性的运动,并通过一些国际性的组织,形成一个从地方到全球的自主网络①。

(2)福音派(evangelism):"福音派"的词语可以追溯到 16 世纪,它最初是用来指那些希望更多地回复到圣经,而不是同中世纪后期的教会相关联的信仰和实践的天主教著作。当代的"福音派"名称则可以追溯到 1942 年"美国福音派联盟"(the National Association of Evangelicals, NAE)的成立。这是福音派同"基要派"分裂的一个重要步骤和措施。福音派的兴起主要有三个文化渊源:16 世纪的宗教改革、清教主义、始于 17 世纪德国的虔敬主义(pietism)。经过 18 和 19 世纪的两次宗教大觉醒,福音派逐渐成为了美国基督教的主流。自二战以来,西方世界出现了一次福音派大复兴,并形成所谓的"新福音派"。福音派的主要信仰包括:圣经的至高权威性;耶稣基督的威严性;圣灵的统治性;个人皈依的必要性;福音传道的优先性;基督徒社团的重要性等。在很大程度上,当代的福音派主要是就其与基要派分离后的情况而言。然而,我们仍不能

---

① 参 Thomas E. Fitzgerald, *The Ecumenical Movement: An Introductory History*, Westport, Connecticut and London: Praeger, 2004。

不承认，福音派是一个比较宽泛的称呼，包含了各种不同的派别，如基要派、灵恩运动、新福音派等①。

(3)灵恩运动(Pentecostalism)：在福音派教会中，灵恩运动可以说是发展最为突出的一支(这主要是相对于基要派而言)。这一运动的根源，可以追溯到1906年西摩尔(William Seymour)在洛杉矶的阿苏撒街(Asuza Street)聚会。它最突出的外在特征即讲方言。除此之外，它包括有四个重要的信条：耶稣拯救，耶稣治病，耶稣用圣灵施洗，耶稣的再临。大约在1960年前后，灵恩运动发生了自成立以来最重大的事件——主流的教会开始接受圣灵的洗礼。到1970年，主流教会内大概有10%的神职人员和大约100万平信徒接受了圣灵的洗礼。1967年，灵恩运动甚至还进入了天主教会，并形成所谓灵恩派天主教徒。这是与所谓第三波或新灵恩运动的潮流密切相关的。与经典的灵恩派教会相比，他们不再需要用说方言来证明自己的灵洗，同时，他们也废除了一些苛刻的道德规定，如不许饮酒、不许戴首饰等。发生变化的一个主要原因，或许在于其成员社会阶层的变化——现在他们主要从中产阶级中吸收成员，以前则主要是下层社会的人们。同时，在全球化的背景下，他们也进行了一些教义上的革新，比如提倡健康和财富、灵性战争等②。

(4)基要派(fundamentalism)："基要主义"(fundamentalism)的名词，最初来自20世纪初美国保守派教会的小册子《基要》(The Fundamentals)，现在则泛指从美国基督教右派到政治伊斯兰的各种保守派教会。基要主义的一个基本观点在于强调经典的准确无误性，提倡对宗教经典逐字逐句的理解，而反对任何形式的诠释。同其福音派联盟内部的其他派别相比，其最突出的特征即分离主义和神定时代论(dispensationalism)信仰。作为一种意识形态，基要主义表现出同现代性的极端对立，希望按照宗教传统来改造世界。但它们同时又是一种现代产物，充分利用了现代社会的各种便利条件，如现代通讯设施等。同福音派相比，基要主

① 参 Kenneth J. Collins, *The Evangelical Moment: The Promise of an American Religion*, Grand Rapids, Michigan: Baker Academic, 2005。

② 参 Walter J. Hollenweger, *Pentecostalism: Origins and Developments Worldwide*, Peabody, Massachusetts: Hendrickson, 1997; Simon Coleman, *The Globalization of Charismatic Christianity: Spreading the Gospel Prosperity*, Cambridge: Cambridge University Press, 2000; Joel Robbins, "The Globalization of Pentecostal and Charismatic Christianity," *Annual Review of Anthropology* 33 (2004), pp. 117-143。

义显得更加保守,更加极端,也更具攻击性。在当代,基要主义已经成了全球化进程中最突出的宗教现象。尤其是因为其在政治中的突出角色以及宗教恐怖主义问题的兴起,基要主义更是成为了全球时代的一个重要公共话题,也是特别值得研究的重要宗教现象①。

二、宗教基要主义

关于基要主义的定义,主要有三种方式:(1)主观的:主要是根据信仰者或运动参与者自己的意向来定义;(2)社会历史的:主要集中于公共行为及宗教的后果;(3)分析的:主要通过对宗教个人或团体的具体特征进行分析来界定②。

1970 年代可被看做是当代宗教基要主义全面兴起的标志性时期。这尤其对于三大一神教传统来说更是如此。1967 年以色列和阿拉伯世界之间的"六日战争"直接促使了两大阵营内宗教民族主义的兴起——宗教复兴运动和世俗民族主义观念的结合。1973 年的阿以战争更加促进了这一趋势。1976 年,美南浸信会的信徒卡特(Jimmy Carter)当选为美国总统,这被看做是当代福音派介入政治的一个重要标志。四年后,他的竞争对手里根(Ronald Wilson Reagan)同样由于迎合了福音派和基要派教会的观点,而击败他成为了下一任总统。1979 年,美国当时最具影响的基督教右派团体道德大多数(Moral Majority)成立。1974 年,犹太

---

① 参 Harriet A. Harris, *Fundamentalism and Evangelicals*, Oxford: Clarendon Press, 1998。

② Frank J. Lechner, "Fundamentalism," in William H. Swatos, Jr. (eds.) *Encyclopedia of Religion and Society*, Walnut Creek, London and New Delhi: Altamira Press, 1998, pp. 197 – 200. 在当今,关于宗教基要主义的研究,最突出的莫过于美国人文与科学研究院(The American Academy of Arts and Sciences)主持的大型系列项目,具体参:Martin E. Marty and R. Scott Appleby (ed.), *Fundamentalisms Observed*, Chicago: University of Chicago Press, 1991; Martin E. Marty and R. Scott Appleby (ed.), *Fundamentalisms and the State: Remaking Polities, Economies, and Militance*, Chicago: University of Chicago Press, 1993; Martin E. Marty and R. Scott Appleby (ed.), *Fundamentalisms and Society: Reclaiming the Sciences, the Family, and Education*, Chicago: University of Chicago Press, 1993; Martin E. Marty and R. Scott Appleby (ed.), *Accounting for Fundamentalisms: The Dynamic Character of Movements*, Chicago: University of Chicago Press, 1994; Martin E. Marty and R. Scott Appleby (ed.), *Fundamentalisms Comprehended*, Chicago: University of Chicago Press, 1995. "9·11"之后,为回应宗教恐怖主义的问题,阿普尔比等人又特在原先研究的基础上出版了一本新著,参 Gabriel A. Almond, R. Scott Appleby and Emmanuel Sivan, *Strong Religion: The Rise of Fundamentalisms around the World*, Chicago and London: The University of Chicago Press, 2003。

教最重要的基要主义团体“虔信者集团”(Gush Emunim)成立。1977 年,工党有史以来第一次在国家选举中落败,右翼人士贝京(Menachem Begin)当选为以色列总理。这直接促使了犹太宗教民族主义的大爆发。1979 年,霍梅尼(Ayatollah Khomeini)领导的伊朗革命不仅是当代政治伊斯兰兴起的重要标志,同时也是整个宗教基要主义发展的一个标志性事件①。

宗教基要主义可被区分为三种类型:(1)非混合型的(unmixed):其主要的利益在于保护一种宗教生活方式。这主要指亚伯拉罕传统的宗教——犹太教、基督教和伊斯兰教。(2)混合型的(syncretic):在其中,种族的和宗教的目标经常是混合的。这主要指佛教和印度教的运动。(3)潜在的和边缘的:它们被媒体看做是基要主义,但却不符合我们关于基要主义的定义,即它们不是为反对世俗化和宗教的边缘化,也不希望提出一种不同于世俗结构和制度的宗教选择。这主要指各种形式的灵恩运动(Pentecostalism)和复兴运动(revivalism)②。

宗教基要主义的特征可以从两个方面来看,共包括九项内容:

意识形态特征:(1)反击性:基要主义是对世俗化以及由此导致的宗教地位的边缘化之反抗。在宗教基要主义者看来,现代化和世俗文化的扩张日益侵蚀着宗教的地盘,并将最终导致宗教的衰落。全球化则将这一效果扩大化了。基要主义反对的目标可能是多样性的,比如多元化、其他宗教等,但现代性则是其最重要的目标。正是在这一点上,宗教基要主义才被称之为基要主义的。(2)选择性:这包括三个方面的内容:基要主义选取并重塑传统的某些特殊方面,尤其是那些可以将基要主义清楚地区分于主流的方面;基要主义选择现代性的某些有利成果加以利用;基要主义选择现代性的某些特定后果和过程作为斗争的目标。因此,宗教基要主义并不是一味地反对现代性或坚持传统文化的,而是根据不同的处境对它们进行选择性的利用。在这一点上,宗教基要主义是实用主义的。(3)道德二元论:宗教基要主义有一种明确的善恶、黑白二元对立观,明确区分我们和敌人的界限。在宗教基要主义看来,世界经常可以被严格地划分为两个领域:宗教的和世俗的。然而,他们不仅与

---

① Gilles Kepel; Translated by Alan Braley, *The Revenge of God: The Resurgence of Islam, Christianity and Judaism in the Modern World*, Cambridge and Oxford: Polity Press, 1994, pp. 6–9.

② Gabriel A. Almond, R. Scott Appleby and Emmanuel Sivan, *Strong Religion*, p. 90.

世俗主义相对立,也同宗教内部的自由派相对立。在很多情况下,宗教与政治的对立则占据了中心的位置。这一点是宗教基要主义意识形态的核心特征。(4)绝对主义:基要主义对宗教经典采取一种文本主义的态度,反对任何哲学的或其他形式的诠释。他们坚信经典的准确无误,无论是《古兰经》、《塔木德经》还是《新旧约圣经》。宗教基要主义坚持一种强化的或者刻板的传统主义读经法。(5)千禧年主义和弥赛亚主义:宗教基要主义者坚信一种未来的审判和救世主的降临。到那时,善将战胜恶,道德的将战胜不道德的,永恒的公义将终结历史。邪恶的必将得到审判,善的将进入天国。这是宗教基要主义意识形态的本质性特征,也是其宗教特征最突出的表现①。

组织特征:(1)"被拣选"的群体身份:根据上帝拣选的区别,宗教基要主义组织内部经常区分为"虔信者"、"余剩民"、"最边远者"、"契约保存者"、"见证人"、"与上帝同行者"等不同的身份。有些群体则直接区分为一个完全虔信的核心部分和作为同情者的边缘部分。这种被拣选的身份实际上将宗教基要主义作为一个小群体与周围的社会区分开来。同时,组织的内部也实现了一定的身份区别。这是宗教基要主义群体形成的基础。(2)明确的边界:同其在意识形态上的二元对立相对应,宗教基要主义在组织上也坚持得救者和罪人、内部和外部、宗教的和世俗的之间的绝对界限。不同的身份将其与周围的社会对立起来,而且,这种对立往往是不可调和的。这也是宗教基要主义在组织上的核心特征。(3)权威主义的组织结构:宗教基要主义的成员身份是志愿性的,但其组织结构却是权威主义的。在其中,一个宗教的领袖处于一种独特的地位,从而与其他的组织成员相区别。而且,这一领袖也常常被赋予了宗教的和世俗的权威,所有成员都必须接受他的领导。这常常通过宗教的仪式或身体语言来证明。(4)个体行为的群体特征:宗教基要主义的成员在身份上往往被赋予一种群体的特征,而忽视了其作为个体的身份。在宗教基要主义群体中,成员们被要求参加同样的礼仪和活动,阅读类似的书籍,坚持统一的意见。因此,通过一种组织的功能,成员的身份牢牢系缚于其所属的群体,并达到某种程度上的身体和心理控制②。

---

① Gabriel A. Almond, R. Scott Appleby and Emmanuel Sivan, *Strong Religion*, pp. 93 – 97.
② Gabriel A. Almond, R. Scott Appleby and Emmanuel Sivan, *Strong Religion*, pp. 97 – 98.

这九个方面的特征在很多重要的方面是相互联系的，从而形成一个互相影响的功能体系。其中，反抗性是其他八个特征的基本动力。实际上，它构成了基要主义运动的本质特征。基要主义可以被定义为对现代性的武力性、能动性和抵抗性反应。千禧年主义和弥赛亚主义的特征可能不那么明显，但它们是潜在的重要因素。其他七个特征主要围绕三个重叠的概念组：选择性、边界和拣选。选择性主要将传统约化到它的本质因素，以应对它所面临的冲击；边界主要涉及群体的身份危机；拣选主要涉及群体决策的有效性和公平性问题①。

在当今，宗教基要主义无疑是一种全球性的现象。这也由此引出了一个所谓“全球基要主义”（global fundamentalism）的概念。论者指出，所谓全球基要主义，并不是一种正在出现的单一形式，在某种程度上等同于保守的基督教会，或是对社会变迁的一种同质的宗教反应。同时，它也不是指那些顽固的教条主义运动，以复兴宗教传统为名寻求世界霸权（至少在比喻的意义上是如此）。相反，“全球基要主义代表了许多当代社会—政治运动的一种模式，作为对共同的全球化进程的反应，它们享有某些共同的特征”②。全球基要主义宗教运动的共同特征包括：（1）基要主义的先知一般都会号召向一种失落的远古文化的回归。这种文明的丢失被看做是导致道德沦丧、非人性化等社会问题的主要原因；（2）这些先知假设一个堕落的世界，以及一系列的象征、阴谋和坏人；（3）现代的复兴既参照神话传统，又利用现代工具，以实现重大的社会变革③。全球基要主义的现象主要有三种类型：（1）“文化—本土基要主义”（cultural-domestic fundamentalism）：它主要针对一个单一社会内的社会势力和进程，表现为对社会经济转型的批判，不愿意接受由此导致的文化、生活方式、价值观和社会行为的变化。（2）“世界体系基要主义”（world-systemic fundamentalism）：它产生的根源既不在国内，也不在国外，而是互不兼容的文化、生活方式和生活世界的交叉点。它主要表现为对西方世界

---

① Gabriel A. Almond, R. Scott Appleby and Emmanuel Sivan, *Strong Religion*, p. 99.

② Anson Shupe and Jeffery K. Hadden, "Is There Such a Thing as Global Fundamentalism?" in Jeffery K. Hadden and Anson Shupe (ed.), *Secularization and Fundamentalism Reconsidered*, New York: Paragon House, 1989, pp. 109 – 122.

③ Bronislaw Misztal and Anson Shupe, "Making Sense of the Global Revival of Fundamentalism," in Bronislaw Misztal and Anson Shupe (ed.), *Religion and Politics in Comparative Perspective: Revival of Religious Fundamentalism in East and West*, Westport CT: Praeger, 1992, pp. 3 – 9.

自以为是的价值、教育、生活方式等的反抗。这可以看做是对于普遍的现代化进程的全球反应。(3)“公民基要主义运动”(civil-fundamentalist movements):这主要是指当代一些激进的甚至暴力的宗教基要主义。他们借用一些边缘的社会身份或等级,如失业工人、退伍军人、青少年等,强调一种反社会的姿态,甚至不惜使用暴力,以博得同情者的支持,赚取布尔迪厄所谓的“象征资本”(symbolic capital)①。

最后,笔者希望强调宗教基要主义的意识形态特征。论者指出,“基要主义是一种新型的意识形态,它代表某些特殊群体的利益,并对当代世界制造的某些张力做出反应。更确切地说,它是一种宗教意识形态,因为其追随者的信念、实践、挑战和动力,都形成于通过经文、教义和道德指南来将行动权威化的话语体系”②。其背后所隐含的意义在于,“意识形态反映了现代主义的思维,也即宗教是传统中腐朽的内核。然而,大多政治意识形态主要关注意义,而不是真理;宗教意识形态则将真理和意义结合了起来”③。在这一点上,宗教不仅与其现代主义的敌人相区别,也与其宗教的同伴相区别。具体来讲,这大概包括五个方面的特征:(1)宗教基要主义是一种纯洁的小群体,以反对占主导地位的污染势力;(2)宗教基要主义坚持一种对立的观点和姿态;(3)宗教基要主义是一种男性精英的亚群体;(4)宗教基要主义自创他们的技术词语;(5)宗教基要主义拥有历史的先辈,却没有意识形态的祖先④。然而,基要主义仅仅是一种宗教意识形态吗?还是一种政治意识形态?就宗教自身来讲,前者自然是一个恰当的论断。然而,如果将基要主义放到其所处的社会背景中,则其与政治的关系就值得特别注意。关于这一问题,我们在本文的第四节再进行详细的讨论。

---

① Bronislaw Misztal and Anson Shupe, "Fundamentalism and Globalization: Fundamentalist Movements at the Twilight of the Twentieth Century," in Anson Shupe and Bronislaw Misztal (ed.), *Religion, Mobilization, and Social Action*, Westport, Connecticut & London: Praeger, 1998, pp. 3-14.

② Bruce B. Lawrence, *Defenders of God: The Fundamentalist Revolt against the Modern Age*, New York: Harper & Row, 1989, p. 97.

③ Bruce B. Lawrence, *Defenders of God*, pp. 99-100.

④ Bruce B. Lawrence, *Defenders of God*, p. 100.

三、宗教恐怖主义

宗教和恐怖主义有着很深的历史渊源。一个重要的证据在于,很多用来描绘恐怖主义的英文单词实际上都来自数个世纪前的宗教群体,比如“狂热者”(zealot)、“暗杀者”(assassin)、“大麻吸食者”(hanish-eater)、“暴徒”(thug)等。实际上,如论者所明确指出的,直到19世纪之前,宗教为恐怖提供了唯一可以接受的理由①。然而,作为一种当代现象,宗教恐怖主义成为一个突出的问题,则是1990年代的事情。

从字面上讲,宗教恐怖主义可被定义为“为了宗教目的而故意对平民施行暴力的行为”②。一个政治和法学的定义为:“宗教恐怖主义是指任何群体或个人因宗教目的而施行的以恐吓个人、平民或政府的暴力行为,或对暴力的恐吓性使用。宗教恐怖主义经常以强加的或自我强加的身体的、心理的、象征性的或精神性的袭击为特征,以实现群体或个人的目的”③。在这里,宗教恐怖主义更多地与一种“仪式性犯罪”(ritual crimes)相联系。一个相关的概念为“基于宗教的恐怖主义”(religious-based terrorism),意指“一个宗教群体、组织、政府或个人,为了宗教/政治的原因而袭击本宗教或其他宗教的目标,使用或威胁使用暴力针对无辜平民或财产的犯罪行为”④。另外,还有一个概念则是所谓宗教极端主义(religious extremism)。它强调由宗教导致的暴力性后果,而不是教义的奇异性或非理性特征⑤。

需要注意的是,同基要主义一样,宗教恐怖主义同样是一种全球性的现象。恐怖主义在每一种主要的宗教传统中都有着不同程度的表现,

---

① 参 David C. Rapoport, “Fear and Trembling: Terrorism in Three Religious Traditions,” *American Political Science Review*, Vol. 78: 3 (1984), pp. 658 – 677。

② Ishtiaq Ahmad, “Religious Terrorism,” in Gabriel Palmer-Fernandez (ed.), *Encyclopedia of Religion and War*, New York and London: Routledge, 2004, pp. 423 – 428.

③ Dawn Perlmutter, *Investigating Religious Terrorism and Ritualistic Crimes*, Boca Raton, London, New York and Washington, D. C.: CRC Press, 2004, pp. 2 – 3.

④ Aref M. Al-Khattar, *Religion and Terrorism: An Interfaith Perspective*, Westport, CT and London: Praeger, 2003, p. 14.

⑤ Neil J. Kressel, *Bad Faith: The Danger of Religious Extremism*, Amherst, New York: Prometheus Books, 2007, pp. 53 – 54.

而不仅仅是与某一种宗教相联系。

如何理解宗教与恐怖主义之间的联系呢？哈佛学者斯特恩(Jessica Stern)在其《上帝之名的恐怖》(Terror in the Name of God：Why Religious Militants Kill)一书的开头写道：

> 宗教恐怖主义的兴起，源于痛苦和失落；也源于对上帝的不满，因为他没有对他们的苦难做出及时的响应，或者没能给他们以答案。宗教恐怖主义的信徒，往往期望一个简单的时代。在其中，正确的和错误的有着明确的区分；有英雄和殉道者；生活是简单的；社区是小型的；人们互相熟悉。而外在的世界，以及其无知的世界主义，不会羞辱我们，或威胁我们的孩子。我们不羡慕他们，甚至不知道他们的存在。这是在一个充满太多选择的迷惑世界里寻找一个清晰的目的。这是对世界的净化。前面的路是清楚的：杀或被杀。杀戮并将获得天国的回报。杀戮，弥赛亚就会来临。这是在黑白之间看待世界。这是把我们所有的恐惧和不满都发泄到他人身上……①

通过这段论述，我们很容易联想到前文关于宗教运动在小群基础上的认同、宗教基要主义二元对立的世界观、宗教基要主义对现代性的不满等。不可否认，宗教恐怖主义是在宗教基要主义的基础上发展起来的。后者为前者提供了意识形态和组织上的前提，或者说前者是后者极端化的结果。宗教恐怖主义是对一种小群认同的乌托邦追求，也是一种宗教的理想主义。然而，其最让人印象深刻的，则是其暴力性特征。

宗教恐怖主义的一般特点包括：

(1)有一种严重的社会不公义侵犯了上帝；

(2)有可识别的敌人来为此负责；

(3)个体要求服从上帝；

(4)上帝需要尘世的帮助来去驱除邪魔，恢复公义；

(5)这是发生在尘世的绝对战争；

---

① Jessica Stern, *Terror in the Name of God*：*Why Religious Militants Kill*? New York：HarperCollins, 2003, p. XI.

(6)上帝同意以他名义所进行的行动,并会给虔信者以奖赏。[①]

宗教恐怖分子的一般特点包括:

(1)中等年纪的;

(2)拥有中级的军事身份;

(3)懂得武器以及低层次的操作;

(4)出现于失败的军事行动之后;

(5)比较厌恶女人;

(6)极度讨厌同性恋,认为这是群体衰弱的表现;

(7)超强的交往能力,却不必然是好的行政管理者;

(8)弥赛亚或卡里斯玛式的领导。[②]

宗教恐怖主义和世俗的恐怖主义有什么区别呢?著名恐怖主义研究专家霍夫曼(Bruce Hoffman)指出,相对于世俗恐怖主义,宗教恐怖主义的特殊性表现在:(1)对于宗教恐怖主义者而言,暴力首先是一种神圣的行为或职责,是对某些具体的神学要求或问题的直接响应。暴力行为如此便与一个神圣的理由联系起来,从而不受限于影响世俗恐怖主义的政治的、道德和实际的条件。(2)世俗恐怖主义的拥护者主要是他们的同情者或他们所代表的利益人群。宗教恐怖主义者则几乎是一个自足的团体。他们不需要其他群体的成员,而是完全由投入全面战争的积极分子构成。这也使得他们几乎可以对任何的目标发动袭击,而其世俗的同伴则不能。(3)在斗争的目标上,世俗恐怖主义主要希望对一些社会问题进行纠偏和改变;宗教恐怖主义则希望推翻整个社会秩序,他们所进行的是一种全面革命[③]。

著名的宗教恐怖主义研究专家尤尔根斯迈耶(Mark Juergensmeyer)则详细阐述了"宇宙战争"(cosmic war)的概念,以表达宗教恐怖主义的核心特征。他指出:"我之所以称这样的形象为'宇宙的',是因为它们大于生活。"它们引起了历史传说中的伟大战争,并同善与恶之间的根本对立联系起来。宗教暴力之所以如此的残忍和无情,关键就在于其

---

① Pauletta Otis, "Religious Warfare on the Global Battlefield," in R. Joseph Hoffmann (ed.), *The Just War and Jihad: Violence in Judaism, Christianity, and Islam*, Amherst, New York: Prometheus Books, 2006, p. 181.

② Pauletta Otis, "Religious Warfare on the Global Battlefield," p. 182.

③ Bruce Hoffman, *Holy Terror: The Implications of Terrorism Motivated by a Religious Imperative*, Santa Monica: RAND, 1993, pp. 2 – 3.

实施者"将圣战之类的宗教形象——宇宙战争——用来服务于现实的政治斗争"①。对于身处其中的人来说:

> 战争的观念不仅仅是一种态度;它最终是一种世界观,以及一种对权力的认可。处于战争状态的个人明白他们的身份,他们为什么受苦,他们的羞辱拜谁所赐,以及他们为坚守所付出的代价。战争的观念提供了宇宙观、历史观、本体论,以及政治控制。可能最重要的是,他指出了胜利的希望以及实现它的方式。在宇宙战争的形象中,这种胜利和成功是一个伟大的社会和个体改变的时期,这将超越所有的现实限制。人们不会轻易放弃这样的期望。没有了这些战争的形象,几乎就等于没有了希望本身。②

宇宙战争的形成有三个重要的条件:(1)战争被看做是为保护基本的身份和尊严;(2)战争的失败几乎是不可想象的;(3)战争受到阻碍,不能在现实中实现③。宇宙战争可被看做是宗教恐怖主义的核心概念。它一方面将恐怖行为同一种更广阔、更根本的含义联系起来,另一方面又体现了一种全面战争的含义。宇宙战争的突出特征不仅仅在于其规模,更在于其所蕴含的本体论意义。宇宙战争的本质特征则在于一种身份的危机和重塑。

战争动员的过程可以分为四个阶段:(1)一个世界的失落:比如以色列占领巴勒斯坦,埃及和印度世俗政府的腐败,美国在中东的驻军及其对沙特政权的支持,传统价值的失落,现实社会的非人性化等。(2)日常方案的排除:他们认为通过正常的途径是无法解决此类问题的。他们对所生活的世界的失落感成为了个人失望和虚无的根源。(3)魔鬼化与宇宙战争:对于处于这种沮丧和失落感状态中的人来说,宗教似乎为他们提供了希望。通过对敌人的妖魔化,世界开始变得有意义。通过宗教的维度,他们可以理解自己为什么受压迫,以及是谁导致了他们的悲惨处境。最重要的,通过上帝的形象,他们似乎获得了一种力量,从而看到某种胜利的曙光,尽管事实常常并不如此。(4)权力的象征行动:过程的最

① Mark Juergensmeyer, *Terror in the Mind of God*, pp. 149 – 150.
② Mark Juergensmeyer, *Terror in the Mind of God*, p. 158.
③ Mark Juergensmeyer, *Terror in the Mind of God*, pp. 164 – 165.

后是一系列用来展示自己力量的表演行为，包括个人集会和集体游行，通过传单、书籍和媒体事件来羞辱敌人，炫耀自己的军事力量，发展交通和组织，成立新的政府机构等。当这类行动强化到一定程度，恐怖主义可能就会爆发，或者作为单独的事件，或是作为系列游击战争的一部分①。

然而，有学者评论说，尤尔根斯迈耶所描绘的，实际上是恐怖主义的一般特征，而非宗教恐怖主义的独有特征。霍夫曼则走向了另一个极端——他所描述的宗教恐怖主义的独特性几乎使得没有任何恐怖主义组织能符合他所列举的条件。宗教恐怖主义最独特的地方，或许在于“终末论”(apocalyptism)的意识形态——“毁灭世界是为了拯救世界”(destroying the world to save it)②。

四、全球宗教政治的命题

罗伯逊指出，全球宗教变迁的一个核心主题在于“宗教政治”的问题。这可以从两个方面来看：“宗教的政治化”(politicization of religion)和“政治的宗教化”(religionization of politics)。前者指：(1)表面上的宗教群体对政府问题关注的升温；(2)具有宗教信仰的群体和世俗的意识形态在利益合作上的膨胀。这实际上意味着对宗教行为，甚至神学信仰的自主性的否定。对于某些人来说，这一否定可能仅仅意味着将宗教观念和实践植根于世俗的意识形态或经验中；对于另一些人来讲，则意味着宗教观念和实践必须具有意识形态的后果。后者指：(1)现代国家卷入了人类生活的“深层”问题，如对生活自身的政治法律定义，以及隐私、性、道德、艾滋病威胁等；(2)国家组织的社会在不同层次上成为了崇敬和“深层”认同的目标。在一定程度上，宗教的政治化和政治的宗教化是互相增强的过程。政府越宗教化，就会导致表面上的宗教活动在政治领域的扩张；同样，宗教的政治化也会导致表面上是世俗政治领域的事物

---

① Mark Juergensmeyer, *Terror in the Mind of God*, pp. 188 – 189.

② Adam Dolnik and Rohan Gunaratna, “On the Nature of Religious Terrorism,” in Jeffrey Haynes (ed.), *The Politics of Religion: A Survey*, London and New York: Routledge, 2006, pp. 83 – 91.

向宗教解释的转变。需要强调的是,这里所谓宗教的政治化和政治的宗教化完全是一个当代现象。尽管历史上同样有类似的例子,然而,它在最近的几十年内则成为了当代宗教变迁的一个突出问题。这一事实是同全球化的进程密切联系的。因此,参照罗伯逊的术语,这里实际上是一个"再政治化"(re-politicization)和"再宗教化"(re-religionization)的问题。它是在近代以来以政教分离为主导的原则之后所发生的一种新现象,也是一种相当突出的现象。可以说,它是对政教分离原则的一个重大冲击。①

当代另一位杰出的宗教社会学家卡萨诺瓦(José Casanova)则提出了一个"公共宗教"(public religion)的概念。他指出,与世俗化理论的"私人化"(privatization)命题相反,当代宗教的发展实际上表现出一种"去私人化"(de-privatization)的特征。其含义在于,"宗教抛弃它被安排在私人领域的地位,进入公民社会未分化的公共领域,并参与到正在进行的论争、散漫的合法化以及重新划分边界的进程中"②。公共宗教大体在三个层面上展开:(1)在国家层面上,主要有建制性的国家教会或试图建立新政府的国家教会。(2)在政治社会的层面上,一方面指整个宗教运动,它们或为反对非建制和世俗领域的分化,或是为反对其他宗教或世俗群体而进行的宗教动员和反动员;另一方面则指宗教群体为保护宗教自由、维护人权、保护公民社会和民主政体而进行的动员。(3)在公民社会的层面上,可以区分霸权式的公民宗教以及宗教群体在公民社会未分化的公共领域中的参与③。宗教在现代社会的公共参与主要表现为"新社会运动"(new social movements)的形式。这主要表现为:(1)宗教为保护传统的生活世界,抵制国家或市场的各种渗透;(2)宗教进入现代社会的公共领域,以批评和质疑两大主要社会系统按照各自的规范进行运作,而不顾及其他的传统道德规范的行为;(3)宗教维护传统的"公共利益"问题,反对自由主义理论将其化约为个人利益的总和④。

参照这一命题,海因斯(Jeff Haynes)指出,宗教的政治影响可以分为

---

① Roland Robertson, "Globalization, Politics, and Religion," in James A. Beckford and Thomas Luckmann (ed.), *Changing Face of Religion*, London: Sage, 1989, pp. 11 – 14.

② José Casanova, *Public Religion in the Modern World*, Chicago and London: The University of Chicago Press, 1994, pp. 65 – 66.

③ José Casanova, *Public Religion in the Modern World*, pp. 218 – 219.

④ José Casanova, *Public Religion in the Modern World*, pp. 227 – 229.

两大并不互相排斥的类型:(1)如果人民大众并不是特别宗教的,组织型的宗教一般会通过这样一条路径来寻求公共地位——他们认为社会采取了错误的路线,从而需要宗教的价值和观念来纠正。宗教会尽力去私人化,从而参与到关于社会和政治问题的讨论中来。其目标在于使宗教声音成为政治商讨中必需考虑的重要因素。宗教领导通过处理某些关键的问题来寻求普通大众的支持,包括公共和私人道德的堕落、在一个以市场为主导的世界里的生活不安全等。总之,宗教在西方世界的回归包含了一系列重要因素,比如宗教信仰者的社会参与、宗教组织对于社会道德问题的关注等;(2)相反,在第三世界,大部分人都是宗教信徒。随着对现代化政策后果的失望,宗教常常同穷人和少数派的反抗斗争联系在一起。政治领导进行现代化的努力导致了宗教领导的反对。因此,在第三世界里,宗教常常被政治反对派用来作为反对主流政治的工具①。

如果说对于整体的宗教变迁而言,上面的论述有些武断,那么,应用到基要主义的问题上,则是再恰当不过的概括了。作为一种社会运动,宗教基要主义具有三个方面的重要特征:保守性(conservative)、民众性(popular)和实践性(practical)。宗教基要主义具有一种保守的意识形态,这在前文已经得到充分的说明;宗教基要主义的教义是简单的,其组织体系是非等级的,这都有利于其获得广泛的大众支持;最后,宗教基要主义强调实际的行为规范,从而弥补了其在教义上的简单化倾向。正是由于这三个方面的重要特征,从而促使宗教基要主义特别容易卷入现实的政治。宗教基要主义的核心本质在于一种积极行动的政治——即要以上帝的旨意来改造现实的世界。其社会含义在于,它拒绝现代性框架下公共领域和私人领域、神圣和世俗、天国和人间之间的区别;而是强调,尘世的生活需要按照现实的指令行事。这是一种由上帝指导的规范政治。具体来讲,则宗教基要主义的政治也包括不同的类型。参照上文海因斯的论述,这主要分为两种形式:(1)宗教基要主义对变迁的反应,表达为一种民族身份的追求,犹太和伊斯兰基要主义可谓这一类型的代表;(2)宗教基要主义对变迁的反应,表达为在一个既定的民族国家框架内寻求公共领域的扩大化,美国基督教右派是这一类型的代表。宗教基要主义的政体则可以分为三种类型:(1)退出社会;(2)反对政教分离;

① Jeff Haynes, *Religion in Global Politics*, London and New York: Longman, 1998, p. 19.

(3)高压统治,反对宗教自由等①。

宗教基要主义政治的另一个重要特点在于其武力性(militancy)。马蒂(Martin E. Marty)和阿普尔比(R. Scott Appleby)曾用五个以"战斗"(fight)为核心的词语来概括宗教基要主义的特征:(1)抵抗(fight back):基要主义是对现代变迁的反击,因为后者对他们的社会和个人身份构成了挑战,而这被他们看做是最重要的。基要主义是反击性的;(2)奋斗(fight for):基要主义为他们所坚持的生活和社会价值而奋斗,为一个被改变的公民政体(civil polity)而奋斗,为领土或社会群体的团结而奋斗等;(3)拣选(fight with):基要主义会因为他们的现实需要而选取他们的斗争工具。他们转向传统,从中挑取对他们的目标有利的资源。基要主义是选择性的;(4)敌对(fight against):基要主义与所有持异见者为敌。处于其族群之外的自然是敌人,其族群内的中间分子、妥协派、改革派等同样也是敌人;(5)荣耀(fight under):所有的基要主义都以神的名义而战。他们都披着宗教的外衣,声称是神的军队,为了神的荣耀而战②。这五个方面的特征可谓是宗教基要主义武力性的一个集中反映。然而,使这一内在特征变为事实的则在于基要主义在全球政治中的一种矛盾地位。

基要主义是一种强大的动力因素,却始终不能与民族国家相抗衡,这即是宗教基要主义政治的局限。论者指出,基要主义可被看做是一种"想象的共同体"(imagined community)。同民族主义一样,基要主义同样希望可以通过一种意识形态的动员来建立一个统一的实体。然而,基要主义的力量注定了是破坏性的,而不是建设性的。作为一种宗教—政治的统一体,基要主义一方面充满了宗教的想象,追求一种天国的回报;另一方面则又充满了政治的想象,希望建立一个地上天国。这种通过超自然力量干预现实的努力,无疑充满了革命的乌托邦精神,却常常因为这种精神而不能进行具体的建设性工作。因此,基要主义政治的前途往往走向两种途径:一是继续保持坚定的革命精神,而最终在现实的压迫下走向衰亡;一是与现实的政治妥协,而牺牲宗教的革命精神。宗教基

① John H. Garvey, "Introduction: Fundamentalism and Politics," in Martin E. Marty and R. Scott Appleby (ed.), *Fundamentalism and the State*, pp. 13 – 27.

② Martin E. Marty and R. Scott Appleby, "The Fundamentalism Project: A User's Guide," in Martin E. Marty and R. Scott Appleby (ed.), *Fundamentalisms Observed*, pp. vii – xiii.

要主义的强大号召力和影响力，来源于宗教作为身份认同的最深层因素的特征，以及未来天国对人们梦幻般的吸引力。然而，作为一种现实的组织因素，宗教的与政治的目标经常相矛盾，这也往往导致宗教基要主义内部的精神分裂。我们不能否认一种中间路线的可能性。但就作为一支整体力量来看，宗教基要主义的内在矛盾，却注定了其在现实中的悖论路径——或者走向衰亡，或者牺牲本真的理想。因此，与民族国家在全球政治中的核心地位相比，宗教基要主义固然提供了另一种全球秩序的选择性方案，但就现实的政治建构而言，它则注定了是失败的。在今后很长的时期内，宗教基要主义或许都无法动摇民族国家在全球政治中的核心地位，更不能改变以民族国家为中心的全球政治的基本原则①。

我们不能说，基要主义必然导致恐怖主义。然而，从本质的特点而言，我们又不得不承认，宗教基要主义在意识形态上的特征实际上为其暴力化准备了条件。同时，其在全球体系中相对于以民族国家为核心的政治之矛盾地位，则形成了其恐怖化和极端化的重要机制。基要主义是一种积极行动的政治，也是一种充满战斗气质的政治。然而，其相对于以民族国家为核心的政治之不平衡地位则促使其寻求一种廉价却具有重大效应的非常规手段，也即暴力的。这已经在当代全球宗教政治的实际发展中得到了证明②。

最后，一个需要明晰的问题在于，宗教基要主义的目标究竟是宗教的，还是政治的？这是判断宗教基要主义本质的一个重要指标，也是衡量其在国际政治中地位的关键。要对这一问题进行全面的论述，无疑不是本文在此处所能胜任的。然而，笔者要强调，宗教基要主义的政治特征表明了，宗教基要主义不只是为了宗教的目的，而是同其他的社会和政治运动一样，充满了对权力的诉求。基要主义群体所吸引的，固然有对一个宗教乌托邦充满幻想的虔信者群体，但同样吸收了很多希望通过宗教动力和方式来追求世俗目的的成员。尤其是，宗教基要主义作为一

---

① Martin E. Marty and R. Scott Appleby, "Conclusion: Remaking the State: The Limits of the Fundamentalist Imagination," in Martin E. Marty and R. Scott Appleby (ed.), *Fundamentalism and the State*, pp. 620 - 643.

② 参 David S. New, *Holy War: The Rise of Militant Christian, Jewish and Islamic Fundamentalism*, Jefferson, North Carolina and London: McFarland & Company, 2002; Leonard Weinberg and Ami Pedahzur (ed.), *Religious Fundamentalism and Political Extremism*, London and Portland, OR: Frank Cass, 2004。

种信念和一种实际的社会组织,宗教基要主义组织的领导和追随者之间,宗教基要主义发展的不同时期,都决定了其在追求目标上的差异和游移。因此,总括起来讲,我们只能说,宗教基要主义既是宗教的,也是政治的。而且,在大多数的情况下,宗教的方面更多的是工具性的,是政治目的的观念佐证和组织基础①。因此,要理解宗教基要主义在全球政治中的角色和地位,不仅要看其在全球和一般层面上的特征,更要将其置于一个具体处境中进行具体分析。

五、结　语

总结上文的论述,可以得出,所谓的全球宗教复兴并不意味着宗教徒或宗教组织在绝对数量上的增长,而是宗教在公共领域地位的凸显。这尤其是指宗教与政治之间的密切联系。全球宗教复兴首先是指全球宗教运动的兴起,包括普世教会运动、福音派、灵恩运动、基要派等。其中,宗教基要主义则以其坚定的保守主义态度、严格的组织以及其在政治中的突出地位,而成为全球宗教复兴中最具影响力的现象。宗教基要主义的发展印证了著名社会学家罗伯逊的著名论断,也即宗教的政治化和政治的宗教化命题。宗教基要主义作为一种社会现象,一方面反映了宗教内部的变迁逻辑,另一方面则反映了一种特殊的政治意识形态。因此,全球宗教复兴和全球宗教政治实际上是同一个问题,或者说后者恰好是前者的本质②。

(作者单位:上海大学历史系)

---

① Martin E. Marty and R. Scott Appleby, *The Glory and the Power: The Fundamentalist Challenge to the Modern World*, Boston: Beacon, 1992, pp. 175 – 176.

② 参 William H. Swatos, Jr. (ed.), *Religious Politics in Global and Comparative Perspective*, New York, Westport and London: Greenwood Press, 1989; Emile Sahliyeh (ed.), *Religious Resurgence and Politics in the Contemporary World*, New York: State University of New York, 1990; David Westerlund (eds.), *Questioning the Secular State: The Worldwide Resurgence of Religion in Politics*, New York: St. Martin's Press, 1996。

后　　记

2008年，吴梓明教授选择在香港中文大学荣休。遗憾之余，我们一群学生也希望能做点儿什么，以纪念吴教授多年来在宗教研究领域的杰出贡献，以及对于我们研究生的培育和指导。经过商讨，我们最终决定在其荣休一周年之际献上一本论文集作为礼物，并推举陶飞亚教授为总发起人。论文集的大致计划为：每人就自己最近的专业研究领域选出一篇代表性的论文，并由大家集资出版。

多年来，吴教授一直致力于宗教研究领域，同时又提倡跨学科的方法。在研究院的招生简章上，吴教授负责的方向为“宗教、教育与社会”。其中，中国基督教史是一个最重要的方向，吴教授的学生也都受过这方面的专门训练。最突出的如陶飞亚关于耶稣家庭的研究，后来获得了香港中文大学的优秀博士论文奖。其他如李智浩做了耶佛对话问题的研究，梁冠霆做了留美华人基督徒群体的研究，曲宁宁做了基督教女青年会的研究。宗教教育是吴教授的一个核心关注点，如吴昶兴、何荣汉、伍德荣和刘贤围绕近代宗教教育界的名人刘廷芳、陶行知、韦卓民、陈垣等进行了个案研究；曾家洛对慈幼会在港教育事业进行了研究。宗教社会学则是吴教授荣休前的一个重要研究方向。如朱峰结合宗教社会学方法对基督教移民问题的研究，刘义对宗教与全球化问题的理论研究，何心平所参与的全球地域化视角下的中国基督教研究项目。另外，如李惠源对近代朝鲜的西学和中学之争所作的研究，也具有特别的意义。

此次论文集的出版，我们特别感谢诸位作者的辛勤劳动和集资出版，特别是徐以骅、李向平、刘家峰三位教授得以惠赐大作，使论文集倍增光彩。感谢东方出版中心的编辑王卫东先生，他认真、细致的工作使我们的愿望变成了现实。最后,我们希望将这本论文集献给吴梓明教授,作为其荣休一周年的礼物,也希望这本著作能对目前的宗教研究有一定的促进和推动作用。

图书在版编目(CIP)数据

宗教·教育·社会:吴梓明教授荣休纪念文集/陶飞亚等编.—上海:东方出版中心,2009.3

ISBN 978-7-80186-944-9

Ⅰ. 宗… Ⅱ. 陶… Ⅲ. 社会科学—文集 Ⅳ. C53

中国版本图书馆CIP数据核字(2009)第038384号

宗教·教育·社会——吴梓明教授荣休纪念文集

出版发行:东方出版中心
地　　址:上海市仙霞路345号
电　　话:021-62417400
邮政编码:200336
经　　销:全国新华书店
印　　刷:昆山市亭林印刷有限责任公司
开　　本:710×1020毫米 1/16
字　　数:320千
印　　张:20.5
插　　页:2
版　　次:2009年3月第1版第1次印刷
ISBN 978-7-80186-944-9
定　　价:32.00元
